John Bunyan • Der heilige Krieg

Die Stadt Menschen-Seele

John Bunyan

Der heilige Krieg

geführt von

Schaddai gegen Diabolus

Verlust und Wiedergewinnung
der Stadt Menschen-Seele

»Ich will meinen Mund auftun in Gleichnissen.«
(Matth. 13, 35)

johannis

clv

Christliche
Literatur-Verbreitung e.V.
Postfach 11 01 35 · 33661 Bielefeld

Bibliografische Information Der Deutschen Bibliothek
Die Deutschen Bibliothek verzeichnet diese Publikation in der
Deutschen Nationalbibliografie; detailierte bibliografische Daten sind im Internet über http://dnd.ddb.de abrufbar.

6. überarbeitete Auflage

der deutschen Übersetzung,
deren 3. Auflage vom Christlichen Verein im nördlichen Deutschland 1887 herausgegeben wurde.
© 1981/1990 by Verlag der St.-Johannis-Druckerei C. Schweickhardt, Lahr
Gesamtherstellung: St.-Johannis-Druckerei, Lahr

ISBN: 3-501-01509-7 (Johannis)
         3-89397-967-0 (CLV)

Printed in Germany

Inhalt

IV. TEIL: Letzter Kampf und Sieg

Zur Einführung

Um heute John Bunyan zu verstehen, muss man drei Dinge von ihm wissen:
John Bunyan war Sohn eines umherziehenden Kesselflickers und hatte zunächst keine Ahnung von den schweren Geisteskämpfen, die sich in seinem Land abspielten. »Niemals ging ich zu Aristoteles oder zu Plato in die Schule, sondern wurde im Elternhaus erzogen, unter sehr einfachen Umständen, in Gesellschaft von armen Landleuten«, schrieb er selbst. Er war wie sein Vater Kesselflicker und verdiente damit sein tägliches Brot. Dann brach die christliche Frage in sein Dasein hinein. Dies geschah zunächst auf ganz einfache Weise. Seine erste Frau stammte ebenfalls aus armen Verhältnissen und brachte als Hochzeitsgabe zwei Bücher in den Ehestand. Eines davon war ein Märtyrerbuch, in dem er zuweilen las und das in ihm eine erste Unruhe bewirkte. Viele Menschen haben Bekehrungen erlebt, bei Bunyan aber war sie ungewöhnlich tief. Er legte sich nicht als gleichgültiger Bursche ins Bett und erwachte am Morgen als gläubiger Mensch. Früh erschreckten ihn unheimliche Träume. Ein gewaltiges Ringen begann, das sich über längere Zeit hinzog und ihn beinahe zugrunde richtete. Es schien, als bliebe er in einem selbstgerechten, christlichen Pharisäismus stecken. Luthers Kommentar zum Galaterbrief, den er, »außer der Bibel, allen Büchern, die ich je gesehen habe, als allerheilsam für ein wundes Gewissen vorziehe«, hat ihm weitergeholfen. Bunyans Durchbruch erfolgte nach überaus eindrucksvollen Geburtswehen, vergleichbar mit Jakobs Ringen mit dem Engel: »Ich lasse dich nicht, du segnest mich denn.« Was Bunyan in dieser Beziehung erlebt hat, gehört zum Eindringlichsten, was man überhaupt lesen kann. Die Umkehr war nicht die Folge eines schnellen Gedankens, sondern ein Mensch war in seinen Grundfesten erschüttert, dermaßen, dass er im buchstäblichen Sinn um Sein oder Nichtsein kämpfte. Ich habe selten einen

aufwühlenderen Glaubenskampf gelesen als jenen von Bunyan, der mich, sooft ich ihn lese, immer wieder neu ergreift. Ohne Zögern darf man ihn mit Augustins Bekehrung in Parallele setzen. Bunyan schilderte ihn in seiner denkwürdigen Selbstbiographie »Überströmende Gnade für den vornehmlichsten Sünder«, in der sich zugleich das religiöse Erdbeben seines wild bewegten Jahrhunderts widerspiegelt.

Ferner muss man von Bunyan wissen, dass er während der englischen Revolutionswirren gefangen genommen und ins Gefängnis überführt worden ist. Es wäre für ihn leicht gewesen, wieder frei zu werden: Bunyan hätte nur seiner baptistischen Überzeugung abschwören und der anglikanischen Kirche beitreten müssen. »Wenn ihr mich heute entlasst, so predige ich morgen wieder, so wahr mir Gott helfe«, antwortete er, besonders da ihn die Gewissheit erfüllte, bei seinen Predigten »stünde ein Engel Gottes hinter ihm«. Das Ansinnen der Abschwörung wurde für ihn zu einer schweren Versuchung, weil sich seine Familie in einer großen Notlage befand. Namentlich quälte ihn der Gedanke an sein blindes Kind, das dem Elend der Welt preisgegeben war. Trotzdem brachte es Bunyan nicht über sich, seinen Glauben zu verleugnen. Der geistesmächtige Prediger verzichtete auf die Freilassung und saß nun zwölf Jahre lang im Gefängnis, das vom damaligen barbarischen Strafvollzug beherrscht war. Auch war Elisabeth Fry, dieser lichte Engel, noch nicht durch die Zellen hindurchgeschritten. Bunyan war nicht bloß ein »Nichtkonformist«, nein, er war ein mutiger Zeuge seines Glaubens, indem er unter Aufbietung aller seelischen Kräfte jeder Verlockung widerstand. Ungebrochen saß er in seiner vergitterten Kerkerzelle, vom grausamen Aufseher gequält, obwohl er nichts anderes getan hatte, als seinen christlichen Glauben zu verkünden. Ganz sicher wäre er nicht fähig gewesen durchzuhalten, wenn er nicht vorher blindlings den »Sprung in die Ewigkeit« getan hätte. »Niemals in meinem ganzen Leben habe ich einen so großen Zugang zum Wort Gottes gehabt wie im Kerker. Die Schriftstellen, an denen ich vorher nichts sah, leuchten an diesem dunklen Ort vor mir auf. Jesus Christus war auch nie-

mals wirklicher und offenbarer als jetzt. Hier habe ich ihn wirklich
gesehen und gefühlt.« Die Christenheit bedarf solcher Zeugen,
die jeden Kompromiss ablehnen, sonst wird sie unweigerlich zum
salzlosen Salz.

Die dritte Tat Bunyans ist wiederum ungewöhnlich: Obwohl er
sich nie im Leben mit literarischen Fragen beschäftigt hat und er
diese ohnehin als überflüssiges Zeug bewertet hätte, ist er unter
die Schriftsteller gegangen. Der Gedanke, ein ästhetisches Kunst-
werk zu schreiben, war ihm gänzlich fremd, dies umso mehr als
der Puritanismus sogar die Dichtung verachtete. Ähnlich wie Je-
remias Gotthelf war Bunyan ein Naturtalent. Er dachte nur daran,
mit der Feder einen noch größeren Kreis zu erreichen, als ihm dies
mit seinen Predigten möglich war. Es lag ihm weder am persön-
lichen Erfolg noch am Ruhm, und trotzdem widerfuhr ihm das
Geschick, eines der bekanntesten Bücher der Welt zu schreiben.
Wohl zu den berühmtesten Büchern Bunyans gehört die »Pilgerreise«, die neben der Bibel und Thomas von Kempens »Nachfolge
Christi« die größte Verbreitung fand, weil sie alle Konfessions-
grenzen überschritt. Begreiflicherweise, denn Bunyan verstand zu
erzählen. Seine seltene Erzählergabe nimmt den Leser gefangen.
Ein moderner Theologe erzählte mir einmal, er habe aus seines
Vaters Bibliothek als erstes Buch Bunyans »Pilgerreise« zu lesen
bekommen und habe sich damit nicht hingesetzt, sondern habe
es, ohne aufzuhören, auf den Knien gelesen. Es ist überaus an-
schaulich und in einer symbolischen Sprache verfasst, die schlech-
terdings nicht zu übertreffen ist. Bunyan hielt sich an das Wort:
»Ich will meinen Mund auftun in Gleichnissen« (Matth. 13, 35).
Mag dieses Buch heutzutage etwas in den Winkel gestellt worden
sein, so bedeutet dies gar nichts. Die lesenden Menschen werden
auf Bunyan zurückkommen, denn was er mit seiner »Pilgerreise«
vollbracht hat, macht ihm nicht so schnell einer nach.
Aber Bunyan schrieb nicht nur die »Pilgerreise«, sondern verfass-
te noch eine Reihe anderer Werke. Im Nachfolgenden wird dem
Leser Bunyans Werk »Der heilige Krieg« übergeben, ein Buch,
dessen deutsche Ausgabe seit fast hundert Jahren nicht mehr auf-

gelegt wurde und deswegen auch in den Antiquariaten höchst selten aufzutreiben ist. Nach Macanlay[1] steht »Der heilige Krieg« an künstlerischer Bedeutung der »Pilgerreise« nahe. Bunyan beschäftigte das gleiche Thema: Verlust und Wiedergewinnung der Stadt Menschen-Seele. Teresa von Avila fasste die menschliche Seele unter dem Bild einer Burg auf, und Bunyan sah sie unter dem Bild einer Stadt. Auf jeden Fall sollen Bilder die Seele des Menschen verdeutlichen. Natürlich schildert Bunyan zunächst einen seelischen Vorgang, und doch würde der Leser danebengreifen, betrachtete er dieses Buch nur unter dem psychologischen Gesichtspunkt. Es geht Bunyan durchaus um ein metaphysisches Geschehen, denn für ihn besaß die menschliche Seele noch Ewigkeitswert. Gott hat sie dem Menschen eingehaucht, und um sie kämpfen gute und böse Mächte. Es ist ein Vorgang, dem Bunyan durch seine anschauliche Glaubenssprache überaus kraftvoll Ausdruck zu geben vermochte. Es ist nicht nötig, den Leser mit vielen Worten in das Werk einzuführen, weil das Buch, wie alle echten Kunstwerke, für sich selbst spricht. Man schlage es auf und beginne zu lesen, und sogleich wird man von der Realität des Geschehens gepackt werden und daraus die nötigen Folgerungen für sein eigenes Leben ziehen.

Ob man sich nun in Bunyans Glaubenskampf, in seine Bewährung oder in seine schriftstellerische Tätigkeit vertieft, immer gelangt man zum gleichen Resultat: Bunyan ist eine bedeutende Gestalt der englischen Christenheit. Er darf auch im deutschsprachigen Raum nicht vergessen werden, weil wir Männer wie Bunyan nötig haben, heute mehr denn je.

Walter Nigg

---

1   Wahrscheinlich Macaulay.

Aus dem Vorwort zur ersten Auflage

Über die Entstehung des Buches in seiner gegenwärtigen Gestalt haben wir noch Folgendes zu bemerken. Eine Übersetzung von Bunyans heiligem Krieg erschien schon 1838 von H. Decker in Reutlingen, die aber im nördlichen Deutschland wenig bekannt geworden zu sein scheint. Herr Pastor C. Becker in Königsberg in der Neumark hat sich das große Verdienst erworben, uns nicht allein auf den »heiligen Krieg« aufmerksam zu machen, sondern auch mit einiger Beschränkung eine neue wortgetreue Übersetzung dieses Buches zu übersenden wie auch von der Londoner Traktatgesellschaft als ein wertvolles Geschenk die Platten zu den schönen Bildern zu verschaffen, mit denen das von ihr herausgegebene englische Original geziert ist und die nun auch den Schmuck des vorliegenden Buches bilden. Sowohl Herrn Pastor Becker als auch der Londoner Traktatgesellschaft fühlen wir uns verpflichtet, öffentlich für ihre Gaben den wärmsten Dank zu sagen. Es schien uns aber ratsam, einesteils die etwas breite Form des englischen Originals, ohne Auslassung wesentlicher Gedanken, zu kürzen, Einzelnes auch wiederum zu vervollständigen und mit dankbarer Benutzung der genauen Übersetzung die ganze Darstellung der Anschauung des deutschen Lesers näher zu bringen; andernteils aber auch durch zusammenfassende erläuternde Inhaltsangaben, kurze eingeschobene Erklärungen, die Anführung und den Abdruck von sorgfältig gewählten Bibelstellen das Verständnis der nicht immer leicht zu erfassenden Bilder und Gleichnisse zu vermitteln, wobei wir wünschen, dass auch die bloß mit Namen und Zahl bezeichneten Bibelstellen nachgeschlagen werden mögen. Wir hoffen, dadurch allen Lesern einen erwünschten Dienst geleistet zu haben, und bitten, dass Gott ihn segnen wolle zu einem in jeder Hinsicht fruchtbaren Gebrauch dieser ernsten und gewichtigen Schrift.

Der Herausgeber

I. TEIL

Die Zeit der Sünde und des Abfalls

1. Kapitel

Die Stadt Menschen-Seele ist die Zier und Krone der Schöpfung El-Schaddais (des allmächtigen Gottes, 1. Mose 17, 1). Diabolus (der Teufel) nimmt sie ein und versichert sich ihres Besitzes.

Bei meinen Reisen kam ich durch viele Länder und wurde auch in das berühmte Land *Erdboden* geführt. Es liegt zwischen den zwei Polen und dehnt sich in der Mitte zwischen den vier Himmelsgegenden weit aus. Viele Leben spendende Gewässer durchfließen es wie das Blut den Leib. Die Luft war rein. Herrlich gelegene Hügel wechselten mit prächtigen Tälern und meistenteils fruchtbaren Ebenen. Die Einwohner waren nicht alle von einerlei Gesichtsfarbe, hatten auch nicht alle eine Sprache und eine Art der Gottesverehrung, und noch verschiedener waren sie in ihrem ganzen Wandel. Einige gingen auf rechten Pfaden, andere auf krummen Wegen, wonach denn ihr Schicksal auch verschieden war.

Durch dieses Land führte meine Reise so lange, bis ich viel von der Muttersprache samt den Gebräuchen und Sitten der Bewohner lernte. Und ich gestehe die Wahrheit, viele Dinge, die ich unter ihnen sah und hörte, bereiteten mir Freude. Ich hätte ohne Zweifel wie ein Einheimischer unter ihnen gelebt und wäre bis zum Tod bei ihnen geblieben, hätte mich nicht mein Herr nach seinem Haus zurückberufen lassen, um dort die von ihm befohlene Arbeit zu tun. *(Die Welt gefällt dem Fleisch.)*

Die Schöpfung des Menschen und sein Zustand vor dem Fall. 1. Mose 1, 26. 27; Kap. 2

Nun liegt aber in diesem Land Erdboden eine schöne, bewundernswerte Stadt, man könnte sie auch eine Gemeinde heißen, *Menschen-Seele* genannt. Eine Stadt, die in ihrer Bauart so kunstvoll und schön, deren Lage so bequem ist und die so ausgedehnte Vorrechte und Freiheiten genießt, dass ich wohl von ihr sagen darf, wie ich es vorhin von dem Land sagte, wo sie liegt: *Es gibt unter dem ganzen Himmel nicht ihresgleichen.* Was die Lage dieser Stadt betrifft, so liegt sie gerade im Mittelpunkt des Landes. Ihr erster Gründer und Erbauer, soweit ich das aus dem besten und glaubwürdigsten Bericht *(Heilige Schrift)* entnehmen kann, war einer mit Namen *Schaddai*, der sie zu seiner eigenen Freude erbaute. Er machte sie zum Spiegel und Widerschein alles dessen, was er schuf, erhob sie in Herrlichkeit über alles und stellte sie als das Meisterstück aller seiner Werke in diesem Land hin (1. Mose 1, 31). Ja, eine so herrliche Stadt war Menschen-Seele bei ihrer Neuschaffung, dass, wie einige sagen, die Götter *(die Engel)* herabstiegen, als sie nun fertig dastand, sie zu besehen, und bei ihrem Anblick vor Freude jubelten. Daher verlieh ihr auch ihr Erbauer Macht und Herrschaft über das ganze umliegende Land. Daraufhin erhielt alles den Befehl, die Stadt Menschen-Seele als Hauptstadt anzuerkennen, ihr ohne Widerrede zu huldigen und ihr in allem Gehorsam zu leisten. Noch mehr, die Stadt selbst hatte von ihrem König den ausdrücklichen Auftrag erhalten, von einem jeden Unterwürfigkeit und Dienst zu fordern, und alle, die sich in Widerspenstigkeit diesem Befehl widersetzen würden, mit Gewalt dazu anzuhalten.[1]
Mitten in dieser Stadt war ein berühmter, stattlicher Palast *(das Herz)* errichtet worden. An Stärke und Festigkeit glich er einer

---

1   1. Mose 1, 26: Und Gott sprach: Lasset uns Menschen machen, ein Bild, das uns gleich sei, die da herrschen über die Fische im Meer und über die Vögel unter dem Himmel und über das Vieh und über alle Tiere des Feldes und über alles Gewürm, das auf Erden kriecht.

Burg, an Annehmlichkeit einem Paradies, und nach seinem Umfang hätte er ein Palast genannt werden können, der die ganze Welt zu umfassen vermag. Diesen Palast bestimmte der König Schaddai zu seinem alleinigen Wohnsitz, den kein anderer mit ihm teilen sollte; teils weil er hier seine eigenen Freuden genießen, teils es verhindern wollte, dass die Schrecken von Fremden über die Stadt hereinbrechen. In diesen Palast legte Schaddai auch eine Besatzung *(die Kräfte der Seele)*, befahl aber die Bewachung allein den Leuten der Stadt (Matth. 22, 37).

Die Mauern und Wälle der Stadt *(der anfangs unsterbliche Leib)* waren nicht allein zierlich und schön, sondern auch so fest und stark gebaut, dass keine Macht sie erschüttern oder gar zerstören konnte. Denn hierin offenbarte sich die Weisheit dessen, der die Stadt Menschen-Seele erbaute, glänzend, dass diese Festungswerke niemals hätten zerbrochen oder auch nur beschädigt werden können, nicht einmal durch die höchste Macht feindseliger Fürsten, außer dass die Einwohner selbst die Hand dazu geboten hätten.[2]

Diese herrliche Stadt Menschen-Seele hatte fünf Tore *(die fünf Sinne)*, um Ein- und Ausgang zu gewähren; und diese Tore waren so eingerichtet, dass auch sie wie die Mauern so lange uneinnehmbar waren, als die Einwohner sie den Feinden nicht selbst öffneten. Die Namen dieser Tore waren: *Ohrtor, Augentor, Mundtor, Nasentor* und *Fühltor*. In jeder Weise war diese Stadt eine Zier der Schöpfung. Ihr mangelte es an keinem Gut. Sie hatte vortreffliche Gesetze, die besten, die damals in der Welt zu finden waren. Es gab keinen Schurken, Schelm oder Verräter innerhalb ihrer Mauern. Alle Einwohner waren treue Männer und fest miteinander zu allem Guten verbunden. Und was das Herrlichste war, solange die Stadt ihre Reinheit bewahrte und sich in Treue unverrückt zu ihrem König hielt, war sein gnädiges Angesicht auf sie gerichtet, sie erfreute sich seines Schutzes und war seine Freude.

Doch zu einer Zeit erhob sich ein mächtiger Riese, *Diabolus (der*

---

2   5. Mose 30, 19: Ich habe euch Leben und Tod, Segen und Fluch vorgelegt, damit du das Leben erwählst. Josua 24, 14-24.

Teufel). Er machte einen heftigen Anlauf auf die berühmte Stadt Menschen-Seele, um sie einzunehmen und zu seiner eigenen Wohnung zu machen. Dieser Riese war ein König der Schwarzen *(der gefallenen Engel)* und ein höchst raubsüchtiger Fürst. Es sei uns erlaubt, zuerst etwas über den *Ursprung* dieses Diabolus zu reden und dann zu zeigen, *wie er sich der berühmten Stadt Menschen-Seele bemächtigte.*

Der Ursprung des Teufels

Dieser *Diabolus* war anfangs einer der Diener des Königs Schaddai, der von ihm dazu geschaffen und verordnet war, die höchste und mächtigste Stelle einzunehmen, und der König vertraute ihm die besten seiner Gebiete und Herrschaften zur Verwaltung an. Er war zum »Sohn des Morgens« oder zum »*schönen Morgenstern*« (Jes. 14, 12) gemacht worden und besaß ein herrliches Fürstentum[3], das ihm viel Glanz und Ruhm verlieh, auch ein solches Einkommen gewährte, das ihn wohl hätte zufrieden stellen können, wenn nicht sein *luziferisches* Herz so unersättlich gewesen wäre wie die Hölle selbst (2. Petr. 2, 4). Denn er hatte nichts Geringeres im Sinn, als sich zum Herrn über alles zu machen und die Alleinherrschaft unter Schaddai so an sich zu reißen, dass dieser ihm nichts mehr anhaben könne. Doch jene Herrschaft hatte der König seinem Sohn *(Christus)* allein vorbehalten und sie ihm auch bereits übertragen. Darum dachte Diabolus zuerst darüber nach, wie die Sache wohl am besten anzufangen ist, und teilte dann seinen Plan einigen seiner Gefährten mit, die ihm sogleich zustimmten. Sie kamen am Ende zu dem Beschluss, dass sie einen Angriff auf des Königs Sohn machen, ihn stürzen und sich in Besitz seines Erbes setzen wollten[4]. Es wurde nun auch gleich die Zeit festgesetzt, das Losungswort ge-

---

3   Jud. 6: Auch die Engel, die ihren himmlischen Stand nicht bewahrten, sondern ihre Behausung verließen, hat er behalten zum Gericht des großen Tages.

4   Matth. 21, 38: Da aber die Weingärtner den Sohn sahen, sprachen sie untereinander: Das ist der Erbe; kommt, lasst uns ihn töten und sein Erbgut an uns bringen!

geben, der Rebellenhaufen an einem bestimmten Ort versammelt und der Angriff versucht. Da nun aber vor dem König und seinem Sohn nichts verborgen bleiben konnte, weil sie allezeit alles sahen und wussten, so mussten ja notwendig auch diese Vorgänge offen vor ihnen daliegen. Und da der König jederzeit die innigste Liebe zu seinem Sohn in seinem Herzen trug, so musste er natürlich durch das, was er sah, sehr beleidigt, ja zum höchsten Zorn entflammt werden. Plötzlich kam er daher über sie und ergriff sie in dem Augenblick, als die Empörung losbrechen sollte, überführte die Empörer ihres Hochverrats, ihrer entsetzlichen Verschwörung, und warf sie aus allen Orten hinaus, die er ihnen anvertraut hatte, entsetzte sie ihrer Ehrenstellen und entzog ihnen seine Vergünstigungen sowie alle Freiheiten und Privilegien.[5] Nachdem das geschehen, verbannte er sie vollkommen von seinem Hof, stieß sie hinab in Grausen erregende Gruben und kündigte ihnen an, dass sie nie mehr die geringste Gunst von seiner Hand zu erwarten hätten, sondern auf ewig unter dem Gericht und Fluch bleiben sollten, die über sie ergangen waren (2. Petr. 2, 4).

Satans Pläne zur Verführung des unschuldigen Menschen

Hinausgestoßen aus den glänzenden Wohnungen des Lichts, beraubt alles Vertrauens, entkleidet aller Ehre und in sich das zermalmende Bewusstsein, ihres Königs Gunst auf immer verscherzt zu haben, hätten sie gern das schreckliche Joch abgeschüttelt, doch vergeblich! Sie knirschten vor Wut und stachelten sich daher in ihrem früheren Hochmut zu neuer Bosheit und Empörung gegen Schaddai und seinen Sohn auf. In wilder Raserei tobten sie deshalb umher und schweiften von Ort zu Ort[6], ob sie nicht vielleicht

---

5   Offb. 12, 7-9:... Und es ward gestürzt der große Drache, die alte Schlange, die da heißt Teufel und Satan, der die ganze Welt verführt. Er ward geworfen auf die Erde, und seine Engel wurden mit ihm dahin geworfen.

6   1. Petr. 5, 8: Seid nüchtern und wachet; denn euer Widersacher, der Teufel, *geht umher wie ein brüllender Löwe* und sucht, welchen er verschlinge.

etwas ausfindig machen könnten, was dem König gehört, um sich durch Raub und Schändung an ihm zu rächen. Und so geschah es, dass sie endlich auch in das ausgedehnte Land Erdboden kamen und ihren Lauf geradewegs auf die Stadt Menschen-Seele richteten. Sie wussten, dass gerade diese Stadt eines der vornehmsten Werke des Königs, ja seine Freude ist, und beschlossen sogleich, sie heftig anzugreifen. Es genügte ihnen ja, dass sie Schaddai gehörte, und da sie dabei gewesen waren, als er sie für sich selbst baute und schmückte, erfüllte sie nach beiden Seiten hin der schwärzeste Neid. Als sie den Ort gefunden hatten, stießen sie ein entsetzliches Freudengeschrei aus und erhoben darüber ein Brüllen wie das Brüllen eines Löwen, bevor er sich auf seine Beute stürzt (1. Petr. 5, 8). Freudetrunken riefen sie sich zu: »Jetzt haben wir das Mittel, ja den lohnenden Preis gefunden, wo wir uns für alles, was er uns getan hat, an dem König Schaddai rächen können.« Sofort setzten sie sich nieder, beriefen einen Kriegsrat und überlegten, welche Wege sie wohl am besten einzuschlagen hätten, um die herrliche Stadt Menschen-Seele in ihre Gewalt zu bringen. Folgende vier Vorschläge wurden dabei in engern Betracht gezogen: 1. Ob sie sich alle auf einmal offen vor der Stadt Menschen-Seele sehen lassen sollen. 2. Ob sie sich in ihrer gegenwärtigen elenden Gestalt und in ihrem bettelhaften Aufzug der Stadt gegenüber lagern. 3. Ob sie der Stadt Menschen-Seele ohne Umschweife ihre Absicht verraten oder ihr Vorhaben in trügerische Worte und falsche Vorspiegelungen hüllen sollen. Oder ob es 4. nicht das Klügste wäre, einigen ihrer Gefährten den geheimen Befehl zu geben, jede Gelegenheit zu suchen, einen oder mehrere der vornehmsten Bürger der Stadt niederzuschießen, wenn sie sich blicken lassen.

Der *erste* dieser Vorschläge wurde mit Nein beantwortet; denn es lag auf der Hand, dass die Einwohner in Furcht und Schrecken geraten, wenn die Diabolianer sich alle auf einmal offen vor der Stadt zeigen würden. Dann würde es unmöglich sein, die Stadt einzunehmen. »Denn«, sprach Diabolus, der jetzt das Wort nahm, »niemand kann ja in die Stadt eindringen ohne ihre eigene freie Zustimmung. Lasset daher nur wenige oder am liebsten nur einen den Angriff auf Menschen-Seele versuchen, und nach meiner Meinung bin ich der Geeignetste dazu!« In diesen Vorschlag stimmten alle mit Freuden ein.

Auch der *zweite* Vorschlag, dass sie sich in ihrer jetzigen elenden Gestalt vor Menschen-Seele niederlassen, wurde entschieden abgelehnt[7]. Sie könnten sich einmal nicht verhehlen, dass sie, seitdem sie durch den Zorn Schaddais aus dem Himmel geworfen, in einem kläglichen Zustand sind. Menschen-Seele sei auch wie sie von Gott geschaffen, aber sie habe nie eines ihrer Mitgeschöpfe in dieser traurigen Gestalt gesehen. So sprach die höllische *Alekto.*

Und *Apollyon* setzte hinzu: Wenn sie nun plötzlich solche Missgestalten erblicken, so werden sie in Bestürzung geraten, sich vor uns entsetzen und ihre Tore gegen uns verrammeln. Wir könnten an die Einnahme der Stadt nicht denken. Dem stimmte der mächtige Riese *Beelzebub* vollkommen bei und meinte, man möge sich ihnen in solcher Gestalt zeigen, die ihnen bekannt ist. Als man nun näher erörterte, welche das wohl ist, nahm *Luzifer* das Wort und sagte, es wird wohl am besten sein, sich in die Gestalt eines der Geschöpfe zu kleiden, über die die Bewohner der Stadt die Herrschaft haben. »Denn«, sprach er, »die sind ihnen nicht allein bekannt, sondern die Bürger werden es sich auch nicht einfallen lassen, dass ein solches Geschöpf es wagen kann, sie zu berücken. Und wir werden ganz sicher gehen, wenn wir den Leib eines der Tiere wählen, die Menschen-Seele für weiser hält als die übrigen[8].« Dieser Rat wurde von allen mit großem Beifall aufgenommen, und sie beschlossen, dass der Riese Diabolus die Gestalt der Schlange annehmen sollte; denn sie war in jenen Tagen der Stadt Menschen-Seele als ebenso harmlos bekannt wie heutzutage die Singvögel einem Knaben; wie denn überhaupt kein Wesen, solange es sich in seinem ursprünglichen Zustand befand, irgendetwas Schreckhaftes für die Menschen-Seele hatte.

---

7   2. Kor. 11, 14: Denn er selbst, der Satan, verstellt sich zum Engel des Lichts.
8   1. Mose 3, 1: Aber die Schlange war listiger als alle Tiere auf dem Felde, die Gott der Herr gemacht hatte.

Man fragte nun *drittens,* ob es geraten sei, Menschen-Seele geradezu die Absicht zu erklären, wozu man gekommen ist. Aber auch dagegen stimmten alle. Menschen-Seele sei schon an und für sich ein starkes Volk und wohne dazu in einer festen Stadt, deren Wälle und Tore uneinnehmbar wären, wenn der Einlass nicht bewilligt wird. »Und«, sagte *Legion,* der bei diesem Punkt das Wort ergriff, »würden sie unsere feindseligen Absichten merken, so würden sie auch sofort eine Botschaft um Hilfe an ihren König absenden, und geschieht das, so ahne ich nichts Gutes. Deshalb lasst uns den Angriff gegen sie unter lauter Schein der Ehrlichkeit verstecken, unsere Absichten in das Gewand der Lügen, Schmeicheleien und täuschenden Worte hüllen, indem wir ihnen Dinge vorspiegeln, die nie geschehen, und Versprechungen machen, die niemals in Erfüllung gehen werden. Dieses ist der Weg, Menschen-Seele zu gewinnen und sie dahin zu bringen, dass sie uns die Tore von selbst öffnet. Und dieser Weg wird umso sicherer sein, als die Einwohner von Menschen-Seele noch ein unschuldiges und aufrichtiges Volk sind, die bis jetzt noch keine Ahnung davon haben, was es heißt, mit Betrug, Verstellung, Falschheit und Heuchelei angegriffen zu werden. Unsere Lügen werden sie für Wahrheit nehmen und in unsere Versprechungen um so größeres Vertrauen setzen, wenn wir bei unsern falschen Worten eine große Liebe gegen sie heucheln und dass unsere Absicht einzig und allein auf ihren Nutzen und ihre Ehre gerichtet sei[9].« Gegen diese Worte erhob sich nicht der geringste Widerspruch, sie gingen so glatt durch wie ein Wasserfall, der von beträchtlicher Höhe herabschießt. Deshalb kam es nur noch darauf an, den *vierten* Vorschlag zu besprechen: Ob es nicht vorteilhaft sei, wenn sie einigen aus ihrer Gesellschaft den Auftrag geben, einen oder mehrere der einflussreichsten Bürger geradezu zu erschießen, wenn sie befürchten müssten, dass sie ihnen besonders hinder-

---

9   2. Kor. 11, 3: Ich fürchte aber, dass, wie die Schlange Eva verführte mit ihrer List, so
     auch eure Gedanken verkehrt werden hinweg von der Einfalt und Lauterkeit gegen-
     über Christus.

lich wären. Das wurde ohne Bedenken angenommen (*der Teufel ist nicht bloß ein Lügner, sondern auch der Mörder von Anfang. Joh. 8, 44*) und zugleich auch der Mann sofort bezeichnet, der zuerst aufs Korn genommen werden sollte. Das war ein gewisser Herr *Widerstand*, sonst auch Hauptmann Widerstand genannt, ein bedeutender Mann in Menschen-Seele, vor dem sich daher der Riese Diabolus und seine Bande mehr fürchteten als vor dem ganzen übrigen Stadtvolk in Menschen-Seele. Mit der Ausführung dieses Mordes wurde aber eine gewisse *Tisiphone*, eine Furie aus dem Feuersee, beauftragt.

Nach beendetem Kriegsrat erhoben sie sich, um ihren Beschluss gleich auszuführen. Sie zogen gegen Menschen-Seele, aber alle unsichtbar (Eph. 6, 12), bis auf Diabolus, der sich der Stadt nicht in seiner eigentlichen Gestalt, sondern unter der Hülle einer Schlange näherte. Sie ließen sich vor dem *Ohrtor* nieder, wo man alles hören konnte, was außerhalb der Stadt vorging. Diabolus stellte einen Hinterhalt gegen Hauptmann *Widerstand* auf, einen Bogenschuss weit von der Stadt. Dann trat der Riese ganz nah an das Tor heran und forderte die Stadt Menschen-Seele auf, freundlich zuzuhören. Er hatte niemand mitgenommen als einen gewissen *Einluller*, der bei allen schwierigen Fällen sein Redner war. Jetzt stand Einluller mit am Tor und stieß (nach der Sitte jener Zeiten) in seine Trompete zum Zeichen, dass er zum Aufmerken auffordere, worauf denn alsbald die Häupter der Stadt, nämlich Herr *Unschuld*, Herr Oberbürgermeister *Wille*, Herr Syndikus oder Registrator *Gewissen* und Herr Hauptmann *Widerstand* auf dem Wall erschienen. Und als nun Herr *Wille* über die Mauer geschaut hatte und sah, wer am Tor stand, fragte er ihn, wer er wäre, was der Zweck seines Kommens sei und weshalb er die Stadt Menschen-Seele durch einen so ungewohnten Klang in Unruhe gesetzt habe.

Satan sucht den unschuldigen Menschen durch schmeichlerische Lügen zu verführen[10].

Sanft wie ein Lamm sprach Diabolus zu ihnen: »Ihr Edlen der berühmten Stadt Menschen-Seele! Ihr werdet mir leicht glauben, dass nicht ein Fremdling euch gegenübersteht, sondern einer, der euch *sehr* nah befreundet ist. Denn es sei euch gesagt, dass mich der König beauftragt hat, euch meine Ehrerbietung zu bezeugen und euch, so viel irgend in meinen Kräften steht, alle nur möglichen guten Dienste zu erweisen. Um dieser Pflicht gegen mich selbst und gegen euch zu genügen, schicke ich mich an, euch Sachen von der höchsten Wichtigkeit mitzuteilen. Gönnt mir daher eure Aufmerksamkeit. Fürs Erste gebe ich euch das volle und heilige Versprechen, dass ich bei allem, was ich hier tue, nicht meinen, sondern euren Nutzen und Vorteil suche. Die Wahrheit dieses Versprechens werdet ihr erst dann recht erkennen, wenn ich euch meine ehrliche Gesinnung ganz bezeugt, euch mein ganzes Herz ausgeschüttet habe. Denn, edle Bürger, ich bin, um euch die Wahrheit zu gestehen, eigentlich nur hierher gekommen, euch die Mittel und Wege anzugeben, wie ihr zu einer großen und herrlichen Freiheit gelangen und aus dem Joch der Sklaverei befreit werden könnt, das ihr jetzt unbewusst tragt, und wie ihr die Ketten abschütteln, ja zerreißen könnt, in denen ihr jetzt doch eigentlich wie Knechte in Dienstbarkeit schmachtet!«[11]
Bei diesen Worten begann Menschen-Seele die Ohren zu spitzen und sich zu fragen: »Was ist das? Sage, was heißt das?« *(Freiheit! ist heut noch die Losung. Da merkt alles auf.)* Arglistig fuhr nun Diabolus fort: »Ich habe euch Wichtiges mitzuteilen, das euren König und

---

10   Joh. 8, 44: Ihr habt den Teufel zum Vater, und eures Vaters Gelüst wollt ihr tun. Der ist ein *Mörder* von Anfang und steht nicht in der Wahrheit; denn die Wahrheit ist nicht in ihm. Wenn er die Lüge redet, so redet er von seinem Eignen; denn er ist ein *Lügner* und der *Vater* der Lüge. 1. Mose 3; Offb. 12, 9; 2. Kor. 11, 14.
11   Joh. 8, 36; Wenn euch nun der Sohn frei macht, so seid ihr recht frei. – 1. Petr. 2, 16: Als die Freien, und nicht als hättet ihr die Freiheit zum Deckmantel der Bosheit. – Röm. 6, 20-22.

Diabolus vor Menschen-Seele

seine Gesetze betrifft und auch euch selbst sehr nahe angeht. Euer König ist allerdings ein großer und mächtiger Fürst; doch was er euch gesagt und befohlen hat, ist nicht wahr, gereicht auch nicht im Mindesten zu eurem Vorteil. Es ist nicht *wahr,* womit er bisher euch in Furcht und Schrecken gesetzt hat, ihr würdet sterben, wenn ihr von der Frucht esst, die er euch verboten hat (1. Mose 3, 4). Wie kann man denn davon sterben sollen? Doch gesetzt auch, es läge eine Gefahr darin, was für eine Sklaverei ist es doch, beständig in Furcht und Schrecken vor den größten Strafen zu leben, und das noch dazu um eines so kleinen, unbedeutenden Vergehens willen, wie es doch wahrlich das Essen von einer kleinen Frucht ist. Seine Gesetze sind, behaupte ich ferner, *unvernünftig, zweideutig, verworren* und dabei ganz *unerträglich. Unvernünftig* sind sie, denn die Strafe steht mit der Übertretung in gar keinem Verhältnis. Der Genuss eines Apfels soll das Leben kosten!? *(Das Essen tut's nicht, aber die Übertretung des göttlichen Gebots.)* Doch das eine muss für das andere gelten nach den Gesetzen eures Schaddai! Seine Gesetze sind aber auch *zweideutig,* denn erst spricht er: Ihr dürft essen von *allem* – und trotzdem verbietet er euch hinterher das Essen von *einer* Frucht. Schließlich sind sie aber auch *unerträglich,* sofern *die* Frucht, von der euch zu essen verboten ist, wenn euch überhaupt etwas verboten ist, ja gerade *die* ist, und die *allein,* die durch ihren Genuss euch das große Gut mitteilen kann, das euch bis jetzt noch völlig unbekannt ist. Das wird ja schon aus dem bloßen Namen des Baumes deutlich, denn er heißt *der Baum der Erkenntnis des Guten und des Bösen* (1. Mose 2, 16. 17). Und habt ihr denn schon die Erkenntnis? Nein, nein! Ihr habt noch nicht einmal einen Begriff davon, wie gut, wie angenehm und wie höchst wünschenswert es ist, weise zu werden, und euch zumal wäre das zehnfach zu wünschen, solange ihr an dem Gebot eures Königs sklavisch festhaltet. Warum sollt ihr denn zur Unwissenheit und Blindheit für immer verdammt sein? *(»Wir sind aufgeklärte Leute!«, sagt man heutzutage.)* Warum sollte euch denn eine weitere Erkenntnis, ein tieferer Verstand vorenthalten werden? Und wie! O ihr Einwohner der berühmten und herrlichen Stadt Menschen-Seele, um besonders *von euch selbst* zu reden und euch ein Wort in Ohr und Herz hineinzusagen: *Ihr seid kein freies Volk!* Ihr werdet in Banden und Sklaverei gehalten, und das durch eine schauerliche Drohung, der nicht einmal ein vernünftiger Grund beigefügt ist, sondern es heißt mit dürren Worten: ›So will ich es haben; und so soll es sein!‹ Also bloß, weil euer Schaddai es will, sollt ihr nicht von einer Frucht essen, die euch den größten Gewinn bringen würde. Denn alsdann würden eure Augen aufgetan werden, und ihr würdet Göttern gleich sein[12]. Und nun frage ich euch: Könnt ihr von irgendeinem Fürsten in größerer Knechtschaft und unter schmählicheren Banden gehalten werden, als die sind, unter denen ihr bis auf diesen Tag schmachtet? Gibt es denn eine größere Sklaverei, als in Blindheit hingehalten zu werden? Sagt euch nicht schon eure eigne Vernunft, dass es besser ist, Augen zu haben, als sie zu entbehren? Und dass es besser ist, in Freiheit zu leben, als in einem finstern verpesteten Kerker verschlossen zu sein?« (Ps. 2, 1-4)

Gerade als Diabolus die letzten Worte noch an Menschen-Seele richtete, legte Tisiphone auf den Hauptmann *Widerstand* an, während er am Tor stand, und verwundete ihn tödlich am Kopf, sodass er zum Entsetzen der Bürger und zur weiteren Ermutigung des Diabolus tot über die Mauer hinabstürzte. Nun freilich, da der Hauptmann Widerstand, der einzige rechte Kriegsmann in der Stadt, tot war, entfiel der armen Stadt Menschen-Seele vollkommen der Mut, ferner noch Widerstand zu leisten. Doch das war es gerade, was der Teufel wünschte. *(Merke 1. Petr. 5, 9 und höre nicht auf den Teufel.)*

Sofort trat Herr *Einluller* hervor, den ja der Teufel als seinen Redner mit sich gebracht hatte, und richtete folgende Ansprache an die Stadt Menschen-Seele: »Edle Bewohner von Menschen-Seele! Es macht meinen Herrn ganz glücklich, dass er heute an euch so ruhige und lernbegierige Zuhörer findet[13]; und wir schmeicheln uns

---

12   1. Mose 3, 5: Sondern Gott weiß: An dem Tage, da ihr davon esset, werden eure Augen aufgetan, und ihr werdet sein wie Gott und wissen, was gut und böse ist.

13   2. Kor. 11, 19-21: Ihr ertraget gerne die Narren, die ihr klug seid …

mit der Hoffnung, auch ferner bei euch so viel Einfluss zu haben, dass ihr am Ende doch wohl guten Rat nicht von euch stoßen werdet. Mein Herr hat eine sehr große Liebe zu euch; und obgleich er Gefahr läuft (wie er sich dessen sehr wohl bewusst ist), den ganzen Zorn des Königs *Schaddai* auf sich zu laden, so wird ihn doch die Liebe zu euch antreiben, noch mehr als diesesfür euch zu tun. Ich brauche die Wahrheit seiner Aussagen nicht erst noch zu bekräftigen; jedes seiner Worte trägt den Selbstbeweis in sich. Der bloße Name des Baumes ist ja schon hinreichend, um alle noch übrigen Bedenken in dieser Sache wegzuräumen. Ich will daher für dieses Mal dem, was mein Herr schon gesprochen hat, unter seiner gnädigen Erlaubnis (bei diesen Worten machte er eine tiefe Verbeugung gegen Diabolus) für euch nur noch einen guten Rat hinzufügen: Erwägt seine Worte; *seht den Baum an* und die viel verheißende Frucht an ihm; vergesst nicht, dass ihr bis jetzt noch so gut wie nichts wusstet, hier aber ist euch der Weg geöffnet, dass *ihr sein werdet wie Gott und wissen, was gut und böse ist (1. Mose 3, 5).* Und wenn sich eure Vernunft nicht überzeugen lässt, einen so guten Rat anzunehmen, so seid ihr die Leute nicht, für die ich euch hielt.«

Der Sündenfall. 1. Mose 3; Röm. 5, 12

Doch als die Stadtleute sahen, *dass von dem Baum gut zu essen wäre und dass er eine Lust für die Augen und verlockend wäre, weil er klug machte (1. Mose 3, 6),* so taten sie, wie jener alte verschmitzte *Einrauner* ihnen geraten hatte. *Sie nahmen und aßen davon.* Und jetzt, das hätte ich schon früher erzählen sollen, gerade jetzt, als dieser böse *Einbläser* sprach und seine verführerische Rede an die Bürger richtete, sank Herr *Unschuld* (sei es durch einen Schuss aus dem Lager des Riesen oder durch eine Ohnmacht, die ihn plötzlich befiel, oder durch den vergifteten Atem des vorhin erwähnten verräterischen Bösewichts, was ich für das Wahrscheinlichste anzunehmen geneigt bin) an dem Ort, wo er stand, nieder und konnte durch nichts wieder ins Leben zurückgerufen werden.
So wurden diese zwei rechtschaffenen und tapfern Männer da-

hingerafft, denen ich ohne Bedenken diesen Titel beilege; denn sie waren die Zier und der Ruhm von Menschen-Seele, solange sie darin lebten. Aber ach, sie waren dahin, und nun blieb auch nicht ein einziger edler und tapferer Geist mehr in ihr übrig, der dem Diabolus hätte Widerstand leisten können. Alle Einwohner der Stadt benahmen sich nicht anders als wie Toren, die eines Narren Paradies gefunden haben. Von der verbotenen Frucht, die sie genossen hatten, wurden sie wie entzückt und berauscht und Betrunkenen gleich, öffneten alsbald in ihrem wilden Rausch beide Tore, das *Augen-* und *Ohrtor*, ließen Diabolus mit seinen Rotten und Banden einziehen und vergaßen ganz ihren guten König Schaddai, sein Gesetz und sein Gericht, das er mit feierlicher Drohung für alle Übertreter ans Gesetz gehängt hatte.

Einmal eingelassen, zog Diabolus in die Mitte der Stadt, um sich seiner Eroberung soviel als möglich zu versichern; und da er fand, dass sich gerade jetzt die Liebe und Zustimmung des Volkes ihm warm zuneigte, auch bedachte, dass es am besten sei zu schmieden, solange das Eisen noch warm ist, so hielt er eine zweite trügerische Rede an sie und sprach: »Ach, meine arme Menschen-Seele! Ich habe dir in der Tat diesen großen, unermesslichen Dienst erwiesen, dass ich dich zu Ehren brächte und zu einem freien Volk machte. Aber ach, unglückliche Stadt! Welches Los wird dir jetzt beschieden sein! Niemals bedurftest du mehr eines tapfern Verteidigers zu deiner Sicherheit. Denn das ist gewiss, sobald Schaddai Kunde von dem Vorgefallenen erhalten wird, wird er gegen dich heranziehen. Es kann ihn ja nur schmerzen, dass du seine Bande zerrissen und seine Seile von dir geworfen hast (Ps. 2, 3). Was willst du nun tun? Könntest du es ruhig geschehen lassen, dass deine eben erlangte herrliche Freiheit dir gleich wieder entrissen würde? Wozu willst du dich entschließen?«

Die Herrschaft des Satans über die gefallenen Menschen. Joh. 8, 44; Luk. 11, 21

Da sprachen sie wie aus einem Mund zu diesem *Dornbusch*: »Du

sollst unser König sein!« (Richt. 9, 14). Mit triumphierender Freude hörte er es und – wurde der König von Menschen-Seele[14].
Man übergab ihm nun zunächst ohne Umstände das Schloss *(das Herz)* und somit die ganze Macht und Kraft der Stadt. Diesen Palast hatte sich Schaddai einst zu seiner Freude als Lieblingsaufenthalt in Menschen-Seele erbaut. Und ach, jetzt wurde es ein Schlupfwinkel, eine Höhle und Lagerstätte für den Riesen Diabolus[15]! Der aber hatte nun nichts Eiligeres zu tun, als in seinen neuen Palast eine Garnison zu legen, alle möglichen Schanzen und Befestigungswerke aufzuführen, hinreichende Munition herbeizuschaffen und ihn so in einen neuen furchtbaren Verteidigungszustand zu versetzen gegen Schaddai und alle, die es versuchen sollten, ihn anzugreifen, damit *das Seine in Frieden bleibt* (Luk. 11, 21).

2. Kapitel

Diabolus beseitigt Schaddais Diener und Gesetz. An die Stelle beider setzt er seine Leute und sein Gesetz.

So weit war nun Diabolus gekommen, doch er hielt seine Herrschaft noch nicht für sicher genug. Das Nächste, was er daher tat, war, dass er eine vollkommene Umbildung der Stadt in ihren inneren Einrichtungen beschloss. Das führte er auch damit aus, dass er nach reiner Willkür einen erhob, den andern absetzte. Zuerst kam die Reihe an den Oberbürgermeister, Herrn *Verstand,* und an den Syndikus oder Registrator, Herrn *Gewissen.* Sie verloren ihr Amt und mit ihm alle Macht, allen Einfluss.

---

14   1. Joh. 3, 8: Wer Sünde tut, der ist vom Teufel; denn der Teufel sündigt von Anfang.
15   Matth. 15, 19: Denn aus dem Herzen kommen arge Gedanken, Mord, Ehebruch, Unzucht, Dieberei, falsch Zeugnis, Lästerung.

Verfinsterung des Verstandes als Folgen des Sündenfalles. Jes. 59, 10[1]

Der Herr *Oberbürgermeister* war zwar einer von denen gewesen, die mit den übrigen Bürgern von Menschen-Seele dafür gestimmt hatten, dass man dem Riesen den Zutritt in die Stadt gewähren wolle. Aber Diabolus fürchtete den Herrn Verstand doch, weil der immer noch ein hellsehender Mann war. Deshalb suchte er ihn nicht bloß dadurch unschädlich zu machen, dass er ihm sein Amt nahm; sondern er ließ auch einen hohen und starken Turm aufbauen, und zwar gerade zwischen die einfallenden Sonnenstrahlen und die Fenster des Palastes dieses Herrn, wodurch er ihm alles Licht raubte und sein Haus und alles um ihn her so finster machte wie die Finsternis selbst[2]. Dadurch geschah es, dass der Oberbürgermeister, dem Licht ganz entfremdet, mit der Zeit wie einer wurde, der blind geboren ist. Dazu kam noch, dass er in dieses finstere Haus verbannt und wie in ein Gefängnis eingeschlossen wurde, auf sein gegebenes Wort sich auch durchaus nicht weiter als innerhalb seiner vier Pfähle ergehen durfte! Hätte er nun unter den beklagenswerten Umständen auch den besten Willen gehabt, sich um das Wohl von Menschen-Seele zu kümmern, wie hätte er es ins Werk setzen können? Und so war denn, solange Menschen-Seele unter der Macht und Regierung des Diabolus blieb (und sie blieb so lange unter ihm, als sie ihm gehorsam war), jener gefangen gehaltene und geblendete Oberbürgermeister mehr ein Hindernis als eine Hilfe für die einst berühmte Stadt Menschen-Seele.

---

1   Eph. 4, 18. 19: Ihr Verstand ist verfinstert und sie sind fremd *geworden* dem Leben, das aus Gott ist, durch die Unwissenheit, die in ihnen ist, durch die Verstockung ihres Herzens.

2   Jes. 59, 10: Wir tasten an der Wand entlang wie die Blinden und tappen wie die, die keine Augen haben. Wir stoßen uns am Mittag wie in der Dämmerung, wir sind im Düstern wie die Toten.

Einschläferung, Verachtung und Verspottung des Gewissens als Folge des Sündenfalles[3]

Was nun aber den Herrn Syndikus *Gewissen* betrifft, so war er, ehe die Stadt eingenommen wurde, in den Gesetzen seines Königs bewandert, dazu auch ein Mann von unbestechlicher Redlichkeit, frei und treu genug, die Wahrheit bei jeder Gelegenheit laut zu bekennen. Überdies war er beredt und gewandt im Ausdruck, und sein Kopf war stets erfüllt mit Scharfsinn und Urteil. Begreiflich, dass Diabolus diesen Mann unter keinen Umständen an seiner Stelle lassen konnte; denn obgleich jener auch seine Zustimmung zu seinem Einlass in die Stadt gegeben hatte, konnte doch Diabolus, ungeachtet aller angewandten Schalkheit, List, Bestechung und Kunstgriffe, ihn nie ganz zu dem Seinen machen. Freilich war er von seinem vorigen König weit abgekommen, ja ihm fast entfremdet, fand auch an vielen Gesetzen sowie im Dienst für den Riesen großes Wohlgefallen; aber alles das genügte doch noch nicht, solange Herr Syndikus Gewissen nicht ganz sein willenloses Werkzeug geworden war. Der Registrator dachte doch immer noch dann und wann auch an Schaddai, und der Gedanke an dessen Gesetze jagte ihm einen Schrecken ein. Zu solchen Zeiten geschah dann wohl, dass er in einer Lautstärke gegen Diabolus sprach, die dem Brüllen eines Löwen glich! Ja zu gewissen Zeiten, wenn seine geistlichen Anfechtungen über ihn kamen (und es kamen oft solche schrecklichen Anfälle über ihn), erschütterte er die ganze Stadt Menschen-Seele durch seine Stimme aufs Tiefste und jagte ihr Furcht und Schreck ein (Hiob 33, 15-20). Diabolus fürchtete daher den Registrator Gewissen auch mehr als alle andern Einwohner der Stadt, die er am Leben gelassen hatte; und nachdem alle Versuche des

---

3   Eph. 2, 2. 3: In welchen ihr vormals gewandelt seid nach dem Lauf dieser Welt, nach dem Mächtigen, der in der Luft herrscht, nämlich nach dem Geist, der zu dieser Zeit sein Werk hat in den Kindern des Unglaubens. Unter ihnen haben auch wir alle vormals unsren Wandel gehabt in den Lüsten unsres Fleisches und taten den Willen des Fleisches und der Sinne und waren Kinder des Zorns von Natur, gleichwie auch die andern.

Riesen, ihn ganz auf seine Seite zu bringen, fehlgeschlagen waren, ging sein ganzes Sinnen nur darauf hinaus, den alten Herrn durch allerlei Lüsternheit zu verführen, durch Schwelgerei seinen Geist abzustumpfen und sein Herz auf den Wegen des Hochmuts und der Eitelkeit zu verhärten. Und leider! gelang ihm dieser Versuch nur allzu gut. Diabolus zog den Mann allmählich immer tiefer in Sünde und Gottlosigkeit hinein, sodass er zuletzt nicht nur mit allen Lastern vertraut wurde, sondern auch fast alles Gefühl für Sünde und Unrecht verlor. Ja noch mehr, um ihn um alles Ansehen zu bringen, sann Diabolus darauf, die Bürger zu überreden, dass der Herr Syndikus wahnsinnig geworden sei, auf den man daher gar keine Rücksicht mehr zu nehmen habe. Und schließlich wies er auf die Anfälle, die jenem doch zuweilen noch kamen, recht geflissentlich hin und sagte:»Würde er denn nicht, wäre er bei rechten Sinnen, immer so handeln? Allein«, setzte er hinzu,»wie es so mit allen wahnwitzigen Menschen geht, sie haben ihre komischen Einfälle und Grillen. Dann faseln und phantasieren sie, wie man es jetzt gerade auch an diesem alten und kindisch gewordenen Herrn sieht!« (*Die Welt schilt die Gläubigen, deren Gewissen geweckt ist, Rasende, Verrückte.*[4]) Durch solche und andere Mittel brachte er es denn gar bald dahin, dass alles, was der Herr Registrator Gewissen sagte, nicht besondern verachtet wurde. Und nun hatte Diabolus bald auch noch andere Mittelchen an der Hand, um den alten Herrn vollends unschädlich zu machen. Er veranlasste ihn, wenn er in heiterer Laune war, alles das zu widerrufen und zu leugnen, was er in seinen Anfällen beteuert hatte! Für König Schaddai sprach er nur noch, wenn er mit Gewalt zu einem Notschrei gezwungen wurde. Manchmal äußerte er sich sehr hitzig und scharf gegen ein Unrecht, und dann wieder beobachtete er über dieselbe Sache ein vollständiges Stillschweigen. Zuweilen schien er bloß in einem Schlummer, dann aber auch wieder in völligem Todesschlaf zu liegen, und dieses gerade zu Zeiten, wo die ganze Stadt Menschen-Seele in ihrem wilden Lauf der Eitelkeit nach dahinstürmte

---

4   Apg. 26, 24: Sprach Festus mit lauter Stimme: Paulus, du rasest!

und nach der Pfeife des Riesen tanzte. Wenn nun auch zuweilen die Stadt Menschen-Seele, wie es früher Regel war, durch die Donnerstimme des Registrators in Furcht und Schrecken gesetzt wurde und sie Diabolus davon in Kenntnis setzte, so sagte der gewöhnlich: »Das, was der wunderliche Alte spricht, geht weder aus Liebe zu mir noch auch aus Mitleid gegen dich hervor, sondern weil er sich einmal auf eine närrische Weise in sein Schwatzen verliebt hat.« Und so gelang es ihm, entstandene Unruhen immer wieder zu stillen, empfangene Eindrücke zu schwächen oder gar vergessen zu machen und alles wieder in Ruhe und Schlaf einzulullen. *(Die Lüste des Fleisches ertöten die Stimme des Gewissens, und wenn sie sich einmal wieder erhebt, bringt sie der Spott der Welt und des Teufels bald wieder zum Schweigen.)*

Demokratische Freiheitsreden des Satans

Und damit Satan keine Beweisgründe unversucht ließe, die unglückliche Stadt in völlige Sicherheit einzuwiegen, redete er sie oft so an[5]: »O Menschen-Seele! Nimm es doch in ernste Erwägung, dass ihr, ungeachtet des Zornes des alten Herrn und seiner Feuer sprühenden, donnernden Reden, nie etwas von Schaddai *selbst* hört!« – »Schweig, Lügner und Betrüger«, könnte man hier sagen, »ist nicht jeder Angstruf und Notschrei des *Gewissens* gegen die Sünde der Menschen-Seele die Stimme Gottes in ihr und an sie?« – Doch erfuhr fort: »Ihr seht, weder die Empörung noch der Verlust von Menschen-Seele geht Schaddai sehr zu Herzen. Auch scheint er sich nicht die geringste Mühe geben zu wollen, seine Stadt dafür zur Rechenschaft zu ziehen, dass sie sich mir ergeben hat. Er weiß recht gut, dass, obgleich ihr ihm früher gehörtet, ihr doch jetzt

---

5   2. Petr. 2, 18. 19: Denn sie reden stolze Worte, da nichts hinter ist, und reizen durch Unzucht zur fleischlichen Lust diejenigen, die kaum entronnen waren denen, die im Irrtum wandeln, und versprechen ihnen Freiheit, obwohl sie selbst Knechte des Verderbens sind. Denn von wem jemand überwunden ist, dessen Knecht ist er geworden.

mein recht- und gesetzmäßiges Eigentum seid. Überdies erwäge ja recht genau, meine liebe Stadt Menschen-Seele, wie ich zu deinem Besten alle meine Kraft angestrengt habe. Habe ich denn nicht alles aufgeboten, das Beste, das ich selbst hatte und in der ganzen Welt zu finden war, für dich herbeizuschaffen, um es deinem Dienst und Gebrauch zu weihen? Ja, ich darf kühn hinzusetzen, dass meine Gesetze, Einrichtungen und Gebräuche, deren ihr euch jetzt bedient und auf die hin ihr mir gehuldigt habt, euch mehr Trost und innerliche Befriedigung gewähren, als es das Paradies vermochte, das ihr anfangs besaßt! Wie ist eure Freiheit, was ihr mir selbst zugestehen müsst, durch mich so außerordentlich erweitert worden! Was für ein verdummtes, eng eingepferchtes Volk wart ihr, als ich zu euch kam! Ich habe euch keinerlei Zwang auf- noch Zügel angelegt. Ihr könnt kein einziges meiner Gesetze, Statuten oder Rechte namhaft machen, das euch einen Schrecken einzujagen vermöchte (1. Kor. 15, 32). Ich ziehe auch niemanden von euch zur Rechenschaft für eure Handlungen, außer jenen Narren. Ihr werdet schon wissen, wen ich meine *(Gewissen)*. So habe ich einem jeden unter euch gestattet, wie ein Fürst zu leben in dem Seinen, ohne dass er sich über irgendeine belästigende Aufsicht von meiner Seite zu beschweren hätte, wie auch ich mir keinerlei Einschränkung von eurer Seite setzen lasse.« *(Satanischer Kontrast! Jes. 28, 15. 18.)*

Ausbruch der Rebellion gegen das strafende Gewissen, das doch nicht gänzlich überwunden wird.

Durch solche und ähnliche Kunstgriffe stillte und beschwichtigte Diabolus die Stadt Menschen-Seele, wenn der Registrator ihr zuweilen scharf ins Gewissen redete und ihr beschwerlich fiel. Ja, mit solchen verfluchten Reden konnte er auch wohl die ganze Stadt so in Wut und Raserei gegen den alten Herrn Syndikus setzen[6], dass

---

6   Ps. 2, 2. 3: Die Könige im Lande lehnen sich auf, und die Herrn halten Rat miteinander wider den Herrn und seinen Gesalbten: »Lasset uns zerreißen ihre Bande und von uns werfen ihre Stricke!«

der gemeine Haufe sogar einige Male von seiner Ermordung redete! Der allgemeine Wunsch war wenigstens, dass er doch lieber tausend Meilen von ihnen entfernt leben möchte! Der Umgang mit ihm, seine Worte, sogar sein Anblick und namentlich die Erinnerung an frühere Zeiten, wo seine Drohungen sie mit Schrecken und Angst erfüllten, riefen die unangenehmen Gefühle hervor. Und doch vermochten die feindseligsten Umtriebe gegen ihn, ihn nicht gänzlich zu beseitigen, obgleich es mir in der Tat unbegreiflich ist, wie er unter diesen Gewalttaten noch am Leben erhalten werden konnte, wenn man es nicht der verborgenen Macht und Weisheit Schaddais zuschreiben müsste. Es kam freilich auch dazu, dass sein Haus wie eine starke Burg war und an einem sehr festen Teil der Stadt stand. Kam es nun auch, dass manchmal der Pöbel oder gemeine Haufe einen Versuch machte, ihn auf die Seite zu schaffen, so durfte er nur die Schleusen öffnen und solche Fluten hereinströmen lassen, dass alle Anstürmenden dahingerafft wurden. *(Die Furcht vor Gottes Gericht bezähmt doch zuletzt die gewissenloseste Frechheit.)*

Die Knechtschaft des Willens unter die Gewalt des Satans als Folge des Sündenfalles[7]

Doch hier wollen wir die Erzählung über den Herrn Syndikus abbrechen und zu dem Herrn *Freiwille* übergehen, auch einer von Adel und Gewalt in der berühmten Stadt Menschen-Seele. Dieser Herr *Freiwille* war von so hoher Abkunft wie irgendein anderer in der Stadt und war so viel als ein *Freiherr*, wenn nicht noch mehr, da er viele andere an Vermögen, Einfluss und Macht überragte. Er besaß auch, wenn ich mich dessen recht erinnere, eine Menge Privilegien in der Stadt Menschen-Seele; war dabei ein Mann von großer Charakterstärke, fester Entschlossenheit und bewähr-

---

7   Röm. 6, 20. 21: Denn als ihr der Sünde Knechte waret, da waret ihr frei von der Gerechtigkeit. Was hattet ihr nun damals für Frucht? Deren ihr euch jetzt schämt; denn das Ende derselben heißt Tod! Eph. 2, 3.

tem Mut, der sich in seinen einmal gefassten Entschlüssen nicht leicht irremachen ließ. Aber – wie es solcher Art von Leuten leicht ergeht – seine Vorzüge machten ihn stolz, und obgleich er doch eigentlich schon Statthalter in Menschen-Seele war, so wollte er noch mehr werden, und die Anerbietungen des Satans schienen ihm einen sichern Weg dazu zu öffnen. Als daher Diabolus seine Rede an dem Ohrtor hielt, war gerade dieser Mann immer der Erste, der seinen Worten Beifall zollte, seinen Rat als sehr heilsam empfahl und auf die Eröffnung der Tore und die Einlassung des Riesen in die Stadt drang. Diabolus hatte deshalb eine besondere Neigung zu ihm; und da er den Wert, die Tatkraft und Festigkeit des Mannes immer besser kennen lernte, wünschte er ihm einen Platz unter den Großen seines Reiches anzuweisen, damit die wichtigsten Staatsangelegenheiten durch seine Hand ausgeführt würden. So schickte er denn nach ihm und redete mit ihm über alles, was ihm schwer auf dem Herzen lag; und es bedurfte gar nicht vieler Überredung, um ihn ganz für sich zu gewinnen. Denn wie er anfangs entschieden dafür gestimmt hatte, dass Diabolus in die Stadt eingelassen werden sollte, so stellte er sich ihm nun ganz zu Diensten, nachdem er einmal drin war. Als aber der Tyrann die große Dienstwilligkeit dieses angesehenen Mannes bemerkte, so machte er ihn alsbald zum Kommandanten der Burg (*Herz*), zum Hauptmann über die Wälle (*Fleisch*) und zum Aufseher über die Tore (*Sinne*) von Menschen-Seele. Ja, es stand eine Klausel in seiner Bestallung: dass ohne seine Zustimmung nicht das Geringste in der Stadt Menschen-Seele geschehen sollte. Das hieß eben so viel: Herr Freiwille sollte der Nächste neben Diabolus sein und alles seinem Befehl gehorchen[8].

Sein Sekretär hieß Herr *Gemüt*, ein Mann, der bei jeder Gelegenheit redete wie sein Herr; denn er und sein Herr waren eins in ihren *Grundsätzen*, und in ihren *Handlungen* gingen sie auch recht

---

8   1. Mose 4, 7: Ist's nicht also? Wenn du fromm bist, so kannst du frei den Blick erheben. Bist du aber nicht fromm, so lauert die Sünde vor der Tür, und nach dir hat sie Verlangen; du aber herrsche über sie. Eph. 2, 3.

wenig auseinander. Und dadurch wurde Menschen-Seele dahin gebracht, ja gezwungen, die Lüste des *Willens* und des *Gemüts zu* beschließen und dann auch wirklich zu erfüllen und zu vollbringen. *(Ist der böse Wille zur Herrschaft gelangt, so stimmen ihm die Neigungen des Gemüts zu.)*

Allein ich kann es gar nicht aus meinen Gedanken bringen, was für ein verzweifelt böser Mensch dieser *Wille* war, als er solche Macht in seine Hand gelegt sah. Schamlos leugnete er zuerst, dass er seinem früheren Fürsten und Landesherrn noch zu einigem Dienst verpflichtet sei (2. Mose 5, 2). Als das geschehen, leistete er einen Eid und schwur, seinem großen Herrn Diabolus in allem treu zu sein, worauf er denn in allen seinen Ämtern, Ehren, Freiheiten und Vorteilen bestätigt wurde. Und wer es nicht selbst mit angesehen und erlebt hat, kann sich doch davon keinen Begriff machen, was für seltsame Dinge nun dieser Geschäftsmann in der unglücklichen Stadt Menschen-Seele vornahm.

Der böse Wille ein Feind des Gewissens, des göttlichen Gesetzes und Urheber aller bösen Gedanken, bösen Lüste und alles Unheils[9]

Zunächst zeigte er es in allerlei Schmähungen, dass er den Herrn Syndikus *Gewissen* bis auf den Tod hasste. Er konnte ihn nicht vor Augen sehen noch viel weniger ein Wort aus seinem Mund hören. Sah er ihn, so schloss er vor ihm die Augen, und hörte er ihn sprechen, so stopfte er sich die Ohren zu. Es war ihm auch ganz unerträglich, dass nur noch ein Bruchstück von den Gesetzen Schaddais bei irgendeinem in der Stadt vorhanden war. So hatte zum Beispiel sein Sekretär, Herr *Gemüt,* noch einige alte, zerrissene und abgenutzte Pergamentrollen vom Gesetz des guten Schaddai in seinem Haus (2. Kön. 22, 8). Als die aber Herr *Wille* erblickte, warf er sie alsbald verächtlich hinter seinem Rücken weg (Neh. 9, 26).

---

9 Röm. 1, 24-32: Darum hat sie auch Gott dahingegeben in ihrer Herzen Gelüste usw.

Nun hatte zwar auch der Herr Syndikus noch einige jener Gesetze in seinem Studierzimmer; aber zu denen konnte Herr *Wille,* trotz aller angewandten Mühe, nicht gelangen. *(Das Gewissen bewahrt noch immer einen Rest des göttlichen Gesetzes, auch hat das Wort Gottes nie ganz vertilgt werden können*[10].*)* So sprach er auch oft die boshafte Ansicht aus, dass die Fenster am Haus des alten Herrn Oberbürgermeisters *(Verstand)* noch immer zu viel Licht für das Wohl der Stadt einließen. Nicht einmal das Licht einer Kerze konnte er ertragen! *(Der böse Wille vertilgt alle göttliche Erkenntnis im Verstand. Eph. 4, 18.)* Ja, es gefiel und behagte jetzt Herrn Wille gar nichts mehr, als was seinem Herrn Diabolus gefiel. Es gab keinen, der wie er in den Straßen die Ehrfurcht erweckende Person, die weise Regierung und die große Herrlichkeit des Königs Diabolus ausposaunt hätte. In diesen ungemessenen Lobsprüchen über seinen mächtigen und glorreichen Fürsten würdigte er sich selbst unter das verworfene Pöbelvolk in der Stadt *(böse Gedanken)* herab. Und wo er mit solchem Gelichter zusammentraf, da machte er sich mit ihnen augenblicklich gemein. Bei allen schlechten Streichen hatte er gewöhnlich die Hand mit im Spiel, wenn er auch dazu gar keinen Auftrag erhalten hatte, und richtete überall Unheil an, ohne dass es ihn jemand tun hieß.

Der Herr Wille hatte auch einen Geschäftsträger unter sich, und der hieß Herr *Leidenschaft.* Das war einer, der nicht bloß die ausschweifenden Grundsätze seines Herrn teilte, sondern das auch in seinem Leben und Wandel ausprägte. Man nannte ihn auch *Böse-Lust.* Nun begab es sich aber, dass er und eine gewisse *Fleisches-Lust,* die Tochter des Herrn Gemüt, sich ineinander verliebten (denn gleich und gleich gesellt sich gern). Sie verlobten sich und machten Hochzeit miteinander. Sie zeugten verschiedene Kinder, nämlich *Unverschämtheit, Lästersucht* und *Tadel-Hasser.* Diese drei waren schwarze Knaben. Außer diesen hatten sie aber auch noch drei Töchter, nämlich *Wahrheitsverspottung* und *Gottesverachtung,*

---

10   2. Kön. 22, 8: Und der Hohepriester Hillda sprach zu dem Schreiber Schaphan: Ich habe dies Gesetzbuch gefunden im Hause des Herrn.

der Name der Jüngsten aber war *Rache*. Alle diese verheirateten sich wieder in der Stadt und zeugten auch eine schlechte Brut, die wir keiner weitern Erwähnung würdigen wollen.

Zerstörung des Ebenbildes Gottes. Eph. 4, 22 bis 24

Als sich nun der Riese auf diese Weise in der Stadt behauptet und in Menschen-Seele nach eigener Willkür abgesetzt und erhoben hatte, wen er wollte, ging er an das Zerstören. Zunächst machte er sich an das Bildnis des hoch gelobten Königs Schaddai (1. Mose 1, 26), das auf dem Marktplatz und über den Toren des Schlosses stand, und zwar so überaus künstlich in Gold eingegraben war, dass es von allem, was damals in der Welt war, dem König am meisten glich. Er gab geradezu den boshaften Befehl, dass es vernichtet werde, was auf eine ebenso gottlose Weise von einem gewissen Herrn *Unwahrheit* ins Werk gesetzt wurde. Ja noch mehr, ebenderselbe musste auch zum großen Schimpf des frühern Königs und zur abschreckenden Erniedrigung der Stadt Menschen-Seele an Stelle jenes das scheußliche und erschreckende Bild des Diabolus aufrichten (Dan. 3). Dazu vernichtete auch Diabolus alle Überreste der Gesetze und Einrichtungen Schaddais, die nur in der Stadt Menschen-Seele gefunden werden konnten; gar nichts fand in seinen Augen Gnade, mochte es die Lehren der *Moral* oder auch nur des *bürgerlichen* und *natürlichen* Rechts betreffen. Kurz, nichts Gutes wurde in Menschen-Seele übrig gelassen (Röm. 7,18); denn Satans Absicht ging eigentlich dahin, mit Hilfe des Herrn Unwahrheit Menschen-Seele in ein Tier, ja in eine unreine Sau[11] zu verwandeln. Um sie sich ganz dienstbar zu machen, ließ er daher seine eigenen, eitlen und verderblichen Verordnungen, Einrichtungen und Gebote an allen Orten, die zu dem Gebiet von Menschen-Seele gehörten, auch an allen Wegscheiden und Versammlungsplätzen bekannt machen. Und welche waren das? Lauter

---

11 2. Petr. 2, 22: Es ist ihnen widerfahren das wahre Sprichwort: »Der Hund frisst wieder, was er gespien hat«, und »Die Sau wälzt sich nach der Schwemme wieder im Kot.«

solche, die den Lüsten des Fleisches völlige Freiheit gewährten, der Augenlust und dem hoffärtigen Leben dienten (1. Joh. 2, 16). Er übersah und ermutigte alle Bubenstücke und alle Gottlosigkeit und versprach denen, die seine Befehle treulich vollziehen würden, guten Frieden und alle Freude, und niemand sollte jemals für seine Taten zur Rechenschaft gezogen werden (2. Petr. 2, 12-15). Und dieses sollte ihnen ein Gefühl von Genuss und Überlegenheit vor denen geben, die in fernen Ländern eine andere Verfassung hatten.

Befestigung der Herrschaft des Satans

Da nun Menschen-Seele vollkommen auf seinen Wink achtete und ganz unter sein Joch gebracht war, so dachte der neue Beherrscher nur noch an die Erhaltung seiner Herrschaft[12]. Er erwog bei sich, dass diese Stadt, ehe er gewaltsamen Besitz von ihr ergriff, die älteste und herrlichste in der ganzen Welt war, und es beschlich ihn doch die Furcht, dass, wenn er ihren Glanz und ihre Größe nicht zu erhalten suchte, die Bürger eines Tages gegen ihn sich erheben könnten, weil er sie beeinträchtigt und hintergangen habe. Die Stadt hatte ansehnliche Ämter sowie einen eignen Oberbürgermeister und Syndikus gehabt. Diese hatte er abgesetzt, deshalb dachte er daran, ihr einen neuen Oberbürgermeister und Syndikus zu geben. Natürlich wählte er dazu nur solche Personen, die ihm gefielen und ganz in seine Absichten und Pläne eingingen. Der Name des neuen Oberbürgermeisters hieß *Lüstling*, ein Mann freilich, der an sich ebenso wenig wert war wie Diabolus selbst. Er schien weder Augen noch Ohren zu haben. Was er tat, sei es als Mann oder als Beamter, tat er nur aus natürlichen Trieben, wie es die unvernünftigen Tiere auch tun. Und was ihn noch verächtlicher machte, wenn auch nicht gerade vor Menschen-Seele in ihrem jetzigen Zustand, so doch vor denen, die den früheren Glanz

---

12   Luk. 11, 21: Wenn ein Starker gewappnet seinen Palast bewacht, so bleibt das Seine in Frieden. Offb. 13.

der Stadt gesehen hatten, war, dass sich bei ihm auch nicht die geringste Liebe für das Gute entdecken ließ. Sein ganzer Sinn stand nur nach dem Bösen (Röm. 7, 5). Und ganz ihm ähnlich war der neue Syndikus, der *Vergiss-Gutes* hieß[13]. Ein erbärmlicher Wicht. Nichts konnte er behalten als gottlose Streiche und übte sie mit der größten Lust aus. Demzufolge ging sein ganzes Dichten und Trachten nur darauf, Unheil anzurichten und Dinge vorzunehmen, die der Stadt Menschen-Seele und allen ihren Einwohnern den größten Schaden brachten. Durch ihre einflussreiche Stellung, ihre Macht, ihr Beispiel und durch die Begünstigung alles Bösen verhalfen diese beiden dem gemeinen Volk erst recht auf lauter schädliche und schändliche Wege. Denn es ist ja eine bekannte Erfahrung, dass die, die an hoher Stelle sitzen, dabei aber gottlos sind, das ganze Land verderben (1. Kor. 5, 6).

Außer diesen bezeichnete Diabolus verschiedene hohe Personen, aus deren Mitte die Stadt nötigenfalls ihre Beamten und höheren Magistratspersonen wählen könnte. Die Namen der bedeutendsten unter ihnen hießen: Herr *Unglaube, Stolz, Schwörer* oder *Flucher, Hurer, Hartherz, Unbarmherzig, Wut, Unwahrheit, Erzlügner, Falschfriede, Trunkenheit, Betrug* und *Atheist* oder *Gottesleugner;* im ganzen dreizehn[14] (1. Petr. 4, 3). Herr Unglaube war der Älteste und Herr Gottesleugner der Jüngste dieser saubern Gesellschaft. Außerdem wurde noch eine Wahl gewöhnlicher Leute getroffen als Vögte, Amtsleute, Gerichtsdiener usw. Aber alle waren den Vorgenannten an Gesinnung ganz gleich und waren entweder deren Väter, Brüder oder Neffen; doch mögen der Kürze wegen ihre Namen mit Stillschweigen übergangen werden. *(Mit dem Verlust des Ebenbildes Gottes ziehen alle Laster und Sünden in die Seele ein.)*
Danach lenkte der Riese sein Augenmerk darauf, einige feste Plät-

---

13   Ps. 103, 2: Lobe den Herrn, meine Seele, und vergiss nicht, was er dir Gutes getan hat.

14   Gal. 5, 19. 20: Offenbar sind aber die Werke des Fleisches, als da sind: Unzucht, Unreinigkeit, Ausschweifung, Götzendienst, Zauberei, Feindschaft, Hader, Eifersucht, Zorn, Zank, Zwietracht, Spaltungen, Neid.

ze in der Stadt zu erbauen. So errichtete er drei Türme, die uneinnehmbar zu sein schienen. Den ersten hieß er *Trotzfeste*[15], weil er zur Beherrschung der ganzen Stadt angelegt war und zugleich so, dass er sie abhalten sollte, von ihrem alten König irgendeine Kenntnis zu erlangen. Dem zweiten gab er den Namen *Mitternachtsfeste*. Er sollte die Einwohner von Menschen-Seele von der wahren Selbsterkenntnis abhalten[16]. Den dritten benannte er *Sündenlust*[17].

Er bestimmte ihn dazu, Menschen-Seele gegen alle Sehnsucht nach dem Guten zu verhärten. Der erste dieser Türme stand dicht am Augentor, damit kein Licht in das Tor eindringt. Der andere war dicht an der alten Burg erbaut, damit sie auch ganz im Dunkeln bleibt. Und der dritte stand auf dem Marktplatz.

Der Befehlshaber, den Diabolus über die erste dieser Befestigungen setzte, war ein gewisser *Gotthasser,* ein elender, Gott lästernder Wicht, der einer von dem Gesindel war, das Diabolus gegen Menschen-Seele heraufgeführt hatte. Der Kommandant der Mitternachtsfeste hieß *Lichthasser,* auch einer von den im Beginn gegen die Stadt Heranstürmenden. Und der, dem die Bewachung der dritten Feste anvertraut wurde, der Feste Sündenlust, hieß *Fleisches-Liebe,* ebenfalls ein lasterhafter Gesell, doch nicht aus demselben Land, in dem die andern zu Hause waren. Dieser abscheuliche Mensch fand mehr Süßigkeit und Befriedigung, wenn er an einer oder der andern sündigen Lust saugte, als an der Herrlichkeit im Paradies Gottes. *(Satan hindert den gefallenen Menschen an der Erkenntnis der Wahrheit, von der die Bekehrung ausgeht, durch Gottlosigkeit und böse Lust. 2. Thess. 2, 9-12.)*

---

15   Jer. 17, 9: Es ist das Herz ein trotzig und verzagt Ding; wer kann es ergründen?

16   1. Joh. 1, 7. 8: Wenn wir aber im Licht wandeln, wie er im Licht ist, so haben wir Gemeinschaft untereinander, und das Blut Jesu Christi, seines Sohnes, macht uns rein von aller Sünde. Wenn wir sagen, wir haben keine Sünde, so verführen wir uns selbst, und die Wahrheit ist nicht in uns.

17   Kol. 3, 5. 6: So tötet nun eure Glieder, die auf Erden sind, Unzucht, Unreinigkeit, schändliche Lust, böse Begierde und die Habsucht, welche ist Götzendienst, um derentwillen der Zorn Gottes kommt.

Nun erst, als Diabolus sein Werk wohlgefällig überschaute, hielt er sich für ganz sicher. Hatte er ja doch alles nur Mögliche zu dem Zweck getan. Er hatte Menschen-Seele eingenommen und sich durch eine starke Besatzung in ihr festgesetzt. Er hatte die alten Beamten ab- und neue eingesetzt. Er hatte das Bild Schaddais vertilgt, dagegen sein eigenes an dessen Stelle gesetzt. Er hatte die alten Gesetzbücher vernichtet und sie durch sein eigenes Machwerk der Lüge ersetzt. Er hatte sich neue Magistratspersonen und Ratsherren geschaffen und ins Amt gebracht. Er hatte sich neue Festungen gebaut und sie mit seinem Volk bemannt. Und alles das hatte er getan, um sich gegen einen etwaigen Überfall Schaddais oder gegen einen Angriff von dessen Sohn zu sichern.

3. Kapitel

Das Gerücht von dem traurigen Zustand der Stadt Menschen-Seele gelangt an den Hof Schaddais. Es werden Vorkehrungen zu ihrer Befreiung getroffen. Diabolus entwirft Gegenmaßregeln.

Die Kunde von dem entsetzlichen Auftreten des Diabolus in Menschen-Seele drang bald zu dem Hof Schaddais. Und das geschah nicht bloß in einzelnen Gerüchten, sondern es kamen Boten über Boten, die klaren und umfassenden Bericht darüber abstatteten, wie sich der abtrünnige Riese Diabolus der Stadt Menschen-Seele bemächtigt und welche schrecklichen Veränderungen er hier vorgenommen habe. Es wurden auch diese Berichte nicht in einer Privataudienz, sondern vor dem versammelten Hof in Gegenwart des Königs, seines Sohnes, seiner Minister, hohen Generäle und aller Edlen abgestattet. Alle Anwesenden ergriff ein unnennbarer Schmerz, auf allen Angesichtern prägte sich der tiefste Kummer aus über den beklagenswerten Fall der einst so berühmten

Stadt[1]. Nur der König und sein Sohn hatten das alles schon längst im Voraus gesehen (Apg. 4, 28) und auch genügend Bedacht auf die Wiederbefreiung ihrer Stadt Menschen-Seele genommen, obgleich sie nicht jedermann darüber Mitteilungen machten (Röm. 16, 25. 26). Doch auch sie beide stimmten mit ein in die tiefe Klage über das entsetzliche Elend von Menschen-Seele[2]. In ergreifender Weise sprach der König: *Es reue ihn, dass er die Menschen gemacht habe auf Erden, und es bekümmere ihn in seinem Herzen* (1. Mose 6, 6). Und sein Sohn fühlte wie er, und alle sahen, wie lieb beide die Stadt hatten und welch ein Mitleid ihre Herzen bewegte. Und als sich beide in ihr geheimes Beratungszimmer zurückgezogen hatten, berieten sie sich von neuem über das, was sie schon längst beschlossen hatten (Eph. 1, 4). So gewiss der Fall von Menschen-Seele zugelassen sei, der sie in zeitliches und ewiges Verderben stürzen müsse, ebenso gewiss sollte sie auch wieder gerettet werden, und zwar auf eine Weise, durch die der König und sein Sohn sich einen ewigen Namen und Ruhm bereiten würden.

Der ewige Ratschluss Gottes zur Errettung der gefallenen Menschen durch den Sohn Gottes[3]

Nach diesem Ratschluss wurde dann festgesetzt, dass der Sohn Schaddais die Wiedergewinnung der Stadt Menschen-Seele durchführen sollte. Es war aber dieser Sohn eine gar freundliche, liebe Erscheinung und einer, den jederzeit das zärtlichste Mitleiden mit denen bewegte, die in Not und Elend versunken waren, aber auch zugleich einer, der eine tödliche Feindschaft gegen Diabolus in seinem Herzen trug, weil er zur ewigen Krone und Würde bestimmt

---

1 Jes. 33, 7: Die Boten des Friedens weinen bitterlich.

2 Jer. 31, 20: Ist nicht Ephraim mein teurer Sohn und mein liebes Kind? Denn darum bricht mir mein Herz, dass ich mich seiner erbarmen muss, spricht der Herr.

3 Eph. 1, 4. 5: Denn in ihm hat er uns erwählt, ehe der Welt Grund gelegt war, dass wir sollten heilig und unsträflich sein vor ihm; in seiner Liebe hat er uns dazu verordnet, dass wir seine Kinder seien durch Jesus Christus nach dem Wohlgefallen seines Willens.

war, die ihm jener zu entreißen gesucht hatte. Dieser Sohn Schaddais versprach nun seinem Vater mit Mund und Hand, er wolle sein Knecht sein, ihm seine Menschen-Seele wiederzugewinnen. Bei diesem Entschluss wolle er bleiben, und es solle ihn in Ewigkeit nicht gereuen. Der Inhalt dieses Vertrags war aber: der Sohn des Königs sollte zu einer gewissen, von beiden festgesetzten Zeit eine Reise in das Land Erdboden antreten und dort auf dem Wege des Rechts und der Gerechtigkeit durch Wiedergutmachen der Torheiten von Menschen-Seele den Grund zu ihrer vollkommenen Errettung von Diabolus und seiner Tyrannei legen[4]. Überdies entschloss sich Immanuel auch noch, zu einer gelegenen Zeit[5] einen Krieg gegen den Riesen Diabolus zu führen, während dieser noch im vollen Besitz der Stadt Menschen-Seele wäre; und dass er ihn nachdrücklich durch die Kraft seiner Hand *(dem Heiligen Geist)* ganz aus seiner Festung treiben und diese für sich selbst zur Wohnung einnehmen wolle (Apg. 3, 20. 21).

Nachdem dieses beschlossen war, wurde dem Herrn Oberstaatssekretär *(dem Heiligen Geist)* der Auftrag gegeben, einen genauen Bericht über die gefassten Beschlüsse *(die Heilige Schrift. 2. Petr. 1, 21)* zu entwerfen und zu veranlassen, dass der Bericht überall bis an die Enden des Erdbodens bekannt gemacht wird[6], kurz etwa derart: »Kund und zu wissen allen Menschen, die dieses angeht, dass der Sohn Schaddais, des großen Königs, kraft eines Bündnisses mit seinem Vater sich verpflichtet hat, seine Stadt Menschen-Seele wieder an ihn zu bringen. Ja durch die Macht seiner unbegrenzten Liebe will er diese Stadt in einen viel glücklicheren und seligeren Zustand versetzen, als der war, den sie vor Diabolus' Besetzung hatte.«

Dem Satan wurde gar nicht ganz wohl, als er diese Vorgänge er-

---

4   Hosea 13, 14: Ich will sie aus dem Totenreich erlösen und vom Tode erretten. Tod, ich
     will dir ein Gift sein; Totenreich, ich will dir eine Pest sein. Jes. 42, 1-4; Hebr. 10, 7.
5   Gal. 4, 4. 5: Als aber die Zeit erfüllet ward, sandte Gott seinen Sohn, geboren von
     einem Weibe und unter das Gesetz getan, auf dass er die, so unter dem Gesetz
     waren, erlöste, damit wir die Kindschaft empfingen. Hebr. 2, 14. 15.
6   Matth. 28, 19: Gehet hin und lehret alle Völker, und taufet sie im Namen des Vaters
     und des Sohnes und des Heiligen Geistes.

fuhr, denn er fürchtete doch sehr für sein Besitztum. Desto freudiger war die Bewegung am Hof des Königs Schaddai. Seine hohen Minister, Generäle und Fürsten, die um seinen Thron standen (*die heiligen Engel*), jauchzten vor Freude, besonders da sie hörten, dass auch sie bei der Ausführung des großen Werkes mit beteiligt werden sollten (Hebr. 1, 14). Alles erstaunte über den wunderbar herrlichen Plan, der zwischen ihm und seinem Sohn zur Errettung der elenden Stadt Menschen-Seele verabredet war. Sie priesen laut die Liebe und das Erbarmen, wovon das Herz des Königs und seines Sohnes zur Stadt Menschen-Seele erfüllt war. Und sie vermochten es nicht, diese überaus wichtigen Nachrichten für sich zu behalten. Ehe noch die Urkunden ausgefertigt waren, kamen sie schon herunter und erzählten es auf dem Erdboden und breiteten die Kunde aus (Dan. 9, 2127; Matth. 1, 20. 21; Luk. 2, 914).

Pläne des Satans gegen die Ausführung der heilsamen Ratschlüsse Gottes. Offb. 12, 12; 1. Petr. 5, 8

Diabolus war unterdessen aber auch nicht untätig. Erst stand er wie vom Blitz getroffen da, doch nach kurzem Nachdenken ging aus seinem stolzen Herzen folgender Entschluss hervor.

Unterdrückung des Evangeliums mit aller List und Bosheit[7]

Erstens: Diese Neuigkeit, diese gute Botschaft muss, so viel nur immer möglich, von den Ohren der Einwohner der Stadt Menschen-Seele fern gehalten werden; »denn«, sagte er, »dringt die Kunde davon, dass Schaddai, ihr früherer König, und Immanuel, sein Sohn, die Befreiung und Beglückung der Stadt Menschen-Seele unter sich beschlossen haben, nur einmal erst zu ihnen, was kann ich dann anders erwarten, als dass sie mir den Gehorsam aufkündigen! Deshalb erneuerte er seine Schmeicheleien gegen Herrn *Wille* und gab ihm

---

7   Apg. 4, 18: Und sie riefen sie und geboten ihnen, dass sie durchaus nicht redeten noch lehrten in dem Namen Jesu.

zugleich den strengsten Befehl, Tag und Nacht alle Tore der Stadt, besonders das *Ohr-* und *Augentor,* aufs Sorgfältigste zu bewachen. »Denn ich höre von einem Vorhaben«, sagte er, »uns alle zu Verrätern zu erklären und Menschen-Seele in ihre frühere Sklaverei zurückzustoßen. Ich hoffe, es ist nur ein Gerücht, eine lügenhafte Sage. *(Satan versucht oft, Gott zum Lügner zu machen.)* Trotzdem muss ich euch den strengsten Befehl geben: Lasst um keinen Preis solche Neuigkeiten in Menschen-Seele herein, damit das Volk nicht durch sie entmutigt wird. Denn ich denke, mein Herr, diese Nachrichten können für euch ebenso wenig erfreulich sein wie für mich. Wir müssen unsre ganze Weisheit und Sorgfalt aufbieten, allen diesen Gerüchten die Spitze abzubrechen, die nur unser Volk beunruhigen können. Deshalb verlange ich überall den strengsten Gehorsam. An jedem Tor muss bei Tag und Nacht unausgesetzt scharf Wache gehalten werden. Jeder Ausländer, der hierher kommt, um Handel unter uns zu treiben, muss angehalten, und wenn er sich nicht als ein entschiedener Anhänger unserer vortrefflichen Regierung ausweist, muss er zurückgeschickt werden. Ferner verordne ich«, fuhr Diabolus fort, »dass unaufhörlich Spione in der Stadt Menschen-Seele auf- und abgehen. Ihr werdet ihnen Vollmacht geben, diejenigen augenblicklich festzunehmen, ja selbst zu töten, die sie auf Schleichwegen und bei Meuterei gegen uns ertappen oder die es wagen, viel von Schaddais und Immanuels Absichten unter dem Volk zu plaudern.«
Diesem Befehl wurde natürlich sogleich Folge geleistet; denn Herr Wille war ja seines Herrn gehorsamster Diener, der auf jedes seiner Worte lauschte und seinem Befehl pünktlich nachkam. Mit allem nur möglichen Fleiß hielt er daher jeden an, der aus der Stadt nach dem Ausland wandern wollte, und wies jeden zurück, der es versuchte, jene hoch erfreulichen Nachrichten in Menschen-Seele hineinzubringen. *(Verfolgung derer, die dem Evangelium anhangen. Joh. 16, 2. 3).*

Erneuerung des Bündnisses mit dem Satan

Zweitens beschloss Diabolus, sich von der Stadt abermals *huldigen* zu lassen und sie durch einen furchtbaren Eid fest an sich zu ketten. Der Eid lautete so: »Niemals wollen die Bewohner der Stadt Diabolus oder seiner Regierung untreu werden, nie ihn verraten oder an seinen Gesetzen etwas ändern, sondern sie wollen ihm mit Leib und Seele ergeben sein, ihn bekennen als ihren rechtmäßigen König, jedermann zum Trotz und zur Fehde, der jetzt oder später unter irgendeinem Vorwand Ansprüche an die Stadt Menschen-Seele erheben würde.« Er mochte sich vielleicht einbilden, Schaddai habe keine Macht, sie von solchem Bund mit dem Tod und solchem Einvernehmen mit der Hölle zu entbinden[8] (Sach. 9, 10). Es hatte auch die törichte alberne Menschen-Seele dabei kein Bedenken, sie wurde nicht einmal stutzig über diesen ungeheuren, abscheulichen Eid; sondern sie schluckte alles unbesehen und ungekaut hinunter, sodass sie in den Schlund Satans hinabfuhren wie ein Hering in den geöffneten Rachen des Wals. Aber vielleicht wurden sie später bestürzt und betrübt über dieses Bündnis? Keineswegs. Im Gegenteil, sie rühmten sich dessen vielmehr, prahlten mit ihrer unerschütterlichen Treue und Ergebenheit an den Tyrannen, ihren vorgeblichen König, und schwuren hoch und teuer, dass sie ihren Sinn nie ändern, keine Wetterhähne seien und ihren alten Herrn um eines neuen willen verlassen würden. Und auf diese Weise fesselte denn Satan die arme Menschen-Seele fest an sich[9].

Gewissenloseste und eifrigste Förderung aller Gottlosigkeit und Sündengräuel. 2. Petr. 2

Drittens ließ Satan durch die Hand eines gewissen Herrn *Unflat*, eines hassenswerten, lasterhaften, unkeuschen, viehischen Buben,

---

8   Jes. 28, 15: Ihr sprecht: Wir haben mit dem Tod einen Bund geschlossen und mit der Hölle einen Vertrag gemacht. Wenn die brausende Flut daherfährt, wird sie uns nicht treffen; denn wir haben Lüge zu unsrer Zuflucht und Trug zu unserm Schutz gemacht. 2. Tim. 2, 26; 3, 13.

9   Phil. 3, 18. 19: Denn viele wandeln, von welchen ich euch oft gesagt habe, nun aber sage ich's auch unter Tränen: Sie sind die Feinde des Kreuzes Christi, ihr Ende ist die Verdammnis, ihr Gott ist ihr Bauch, und ihre Ehre ist in ihrer Schande; sie sind irdisch gesinnt.

eine Schrift aufsetzen *(atheistische Bücher, schmutzige Romane, Lieder und Schauspiele)* und an die Tore des Schlosses anschlagen, durch die er allen seinen getreuen Söhnen in Menschen-Seele Freiheit und Erlaubnis vergönnte, alles zu tun, wozu ihre wollüstigen Begierden sie nur immer reizen und treiben möchten, und dass niemand sie daran hindere, ja auch nur tadele und auf sie merke, bei der höchsten Ungnade ihres mächtigen Fürsten. Zu diesem Schritt bewogen ihn folgende Gründe:

1. Die Stadt Menschen-Seele sollte immer schwächer und also auch desto unfähiger werden, die Wahrheit zu glauben und auf diese Erlösung zu hoffen, wenn ja die Nachricht vom Ratschluss Gottes zu ihrer Erlösung zu ihnen dringen sollte; denn er wusste wohl, dass man denken würde: *Je größer die Sünde, desto weniger Grund zur Hoffnung auf Barmherzigkeit*[10].

2. Sodann meinte Satan, dass Immanuel, der Sohn Schaddais, von der weitern Verfolgung seines Plans abgeschreckt wird, wenn er sieht, wie die schauerlichen Wogen der Gottlosigkeit in Menschen-Seele auf- und niedergehen. Denn er wusste, dass Schaddai heilig ist und auch sein Sohn Immanuel, und hatte es selbst erfahren, wie sein Frevel, seine Empörung ihn aus des Himmels Glanz und von der höchsten Ehrenstufe zum schauerlichen Höllenpfuhl hinabgestürzt hatte. Daher sein Schluss: Um der Sünde willen wird es Menschen-Seele auch so gehen! Doch indem er fürchtete, es möchte auch dieser Knoten am Ende reißen, wollte er

3. sich aus allen Kräften auch bemühen, alle Herzen in der Stadt Menschen-Seele glauben zu machen, Schaddai habe allein darum ein so mächtiges Heer ausgerüstet, dass er sie ganz dem Untergang weiht. Denn, dachte er, gelingt es mir, vorweg das auszusprechen, so wird dadurch der Eindruck aller nachfolgenden Nachrichten geschwächt werden. Hören sie auch, Immanuel käme nur, uns zu erlösen, so werden sie immer wieder denken: Nein! Er kommt nur, uns zu richten und zu verderben!

10　　Röm. 5, 20: Wo aber die Sünde mächtig geworden ist, da ist die Gnade viel mächtiger geworden.

Satan rüstet mit den lügenhaftesten Schmeicheleien und Schreck-bildern seine Anhänger zum Kampf auf Leben und Tod gegen das Heil Christi, im Unglauben, damit sie nicht selig werden[11].

Deshalb rief er die ganze Stadt auf den Marktplatz zusammen und redete sie dort mit betrüglicher Zunge so an: »Meine Herren, die ich mit Stolz meine guten Freunde nenne, ihr wisst, dass ihr alle als Bürger der berühmten Stadt Menschen-Seele meine rechtmäßigen Untertanen seid, da ihr euch selbst mir zum Gehorsam übergeben habt. Ihr wisst ferner, wie ich mich, vom ersten Tag meines Verweilens bei euch bis auf den heutigen, unter euch bezeigt habe, welche Freiheiten und welche ausgedehnten Vorrechte ihr unter meiner Regierung genossen habt, und das ist, wie ich doch wohl hoffen darf, jederzeit zu eurer und meiner Ehre wie auch zu eurer Zufriedenheit, Lust und Wonne ausgeschlagen. Jetzt aber, meine liebe Menschen-Seele, verbreitet sich draußen aller Orten ein beunruhigendes Gerücht, ein Gerücht von einer schauerlichen Heimsuchung, das mich um euretwillen mit der größten Besorgnis erfüllt. Soeben habe ich vom Herrn Luzifer die Nachricht erhalten (und er ist jederzeit sehr gut unterrichtet), dass euer alter König Schaddai eine große Armee gegen euch ausrüstet, um euch mit Stumpf und Stiel zu vertilgen! Und das, liebe Menschen-Seele, ist der Grund, weshalb ich euch heute an diesem Ort zusammengerufen habe; ich will euch sagen, was in diesem kritischen Zeitpunkt zu tun ist. Ich meinesteils bin nur einer und kann mich mit großer Leichtigkeit aus der Schlinge ziehen, wenn ich so pflichtvergessen sein könnte, nur auf meine eigene Rettung zu achten und meine liebe Stadt Menschen-Seele in der Gefahr stecken zu lassen! Allein mein Herz ist so fest mit euch verbunden, und ich habe so wenig Neigung,

---

11   Offb. 21, 8: Der feigen Verleugner aber und Ungläubigen und Frevler und Totschlä-ger und Unzüchtigen und Zauberer und Götzendiener und aller Lügner, deren Teil wird sein in dem Pfuhl, der mit Feuer und Schwefel brennt; das ist der zweite Tod. Eph. 2, 2; 2. Kor. 4, 4.

euch zu verlassen, dass ich vielmehr fest entschlossen bin, mit euch
zu stehen und zu fallen, müsste ich bei diesem Wagestück auch
meine ganze Existenz aufs Spiel setzen. Was sagst du nun, meine
Menschen-Seele? Wollt ihr jetzt euren alten Freund verlassen, oder
seid ihr entschlossen, treu zu mir zu stehen?«

Wie *ein* Mann und wie aus *einem* Mund schrien darauf alle: »Ein
Kind des Todes sei, der dir nicht treu bleiben wollte!«

Darauf fuhr Diabolus fort: »Nun ist es für uns vergeblich, ferner auf
Gnade zu hoffen, denn dieser König weiß nichts von Gnade. Möglich, dass, wenn er sich in einem Lager vor unserer Stadt niederlässt,
er anfangs viel von Gnade spricht und auch den Schein annimmt,
als wollte er sie wirklich gewähren, um mit desto leichterer Mühe
sich wieder zum Meister von Menschen-Seele zu machen. Doch ich
bitte euch, glaubt von alledem nichts; denn alle solche Redensarten
sind nur darauf angelegt, uns zu überrumpeln, ja während wir uns
in unserem eigenen Blut wälzen, uns zu Siegeszeichen seines erbar-
mungs- und herzlosen Triumphes zu machen. Wir müssen uns daher
bis auf den letzten Mann verteidigen und uns auf gar keine Verhandlungen einlassen; denn das wäre so ein Pförtchen, durch das er zu
uns einschlüpfen könnte. *(Wollte Gott, wir ließen uns auch niemals in
irgendeine Verhandlung mit dem Teufel ein!)* Wie? Sollten wir etwa für
süßliche Schmeicheleien und Liebkosungen unser Leben aufs Spiel
setzen? Ich darf von euch hoffen, dass ihr über die ersten Anfänge
einer gesunden Politik so weit hinaus seid, dass ihr euch nicht auf
eine so erbärmliche Weise behandeln lassen werdet. Doch gesetzt,
es käme nun zur Übergabe und jener schenkte einigen aus der un-
tersten Volksklasse in Menschen-Seele das Leben, was würde euch
das helfen, ihr Häupter der Stadt, euch, denen ich zu Amt und Ehren
verholfen habe und die ihr zu eurer Größe und hohen Stellung nur
dadurch gelangt seid, dass ihr euch treu und fest zu mir hieltet? Aber
selbst wenn er auch euch alle begnadigte, macht euch darauf gefasst,
er würde euch in dieselben oder noch härtere und schmählichere
Ketten schmieden, als die waren, unter denen ihr früher seufztet.
Und was wird euch dann euer Leben nützen? Träumt ihr, unter seinem eisernen Zepter ein solch gemächliches und zufriedenes Leben

zu führen, wie ihr es jetzt bei mir genießt? Nein, nein! Ihr müsst euch dann wieder Gesetze auf den Hals legen lassen, die euch bis in die Seele hinein drücken, quälen, martern, dass der bloße Gedanke daran euch schon zum Entsetzen bringen muss. Wohlan denn, ich werde für euch stehen *(Teufel, du lügst!)*, wie ihr für mich steht. Und ich denke, es ist rühmlicher, als Held im Kampf zu sterben, denn als Sklave unter einem erbärmlichen Joch zu leben[12]. Doch ich behaupte dreist: Das Leben eines Sklaven wird man für Menschen-Seele noch für viel zu gut halten. Blut, Blut! Nichts als Blut!, ruft jeder Trompetenstoß aus dem Heer Schaddais gegen die arme Menschen-Seele[13]! Ich bitte, ja beschwöre euch, nehmt es zu Herzen; denn ich höre, er ist bereits im Anmarsch. Auf denn! Und ergreift eure Waffen, damit ich euch, da ihr noch einige Muße habt, mit den Künsten des Krieges ein wenig bekannt mache! Waffen habe ich für euch, wie *ich* sie allein gewähren kann. Sie sind hinreichend, um Menschen-Seele von Kopf bis Fuß mit ihnen auszurüsten. Und seid überzeugt, gürtet ihr sie nur recht fest um euch und lernt sie gehörig handhaben, so wird Schaddai mit aller seiner Macht gar nichts gegen euch vermögen. Kommt deshalb zu mir auf mein Schloss, wo ihr mir willkommen sein werdet, und wappnet euch für den bevorstehenden Krieg. Dort werdet ihr Helm, Brustharnisch, Schwert und Schild finden und was noch alles mehr, das euch in den Stand setzen wird, Männern gleich zu fechten.«

Satan vertauscht die Waffen des Herrn. Eph. 6, 10-17

»Mein *Helm* ist die Hoffnung, es werde am Ende noch alles gut ablaufen, was für ein Leben man auch immer führen möge. Er ist der, den schon längst erprobt haben die, von denen geschrieben steht: ›Lasst niemand, der die Worte dieses Fluches hört, sich dennoch in seinem Herzen segnen und sprechen: Mir wird es wohl

---

12 Matth. 11, 28-30: Christus spricht: Mein Joch ist sanft, und meine Last ist leicht.
13 Hes. 16, 6: Ich aber ging an dir vorüber und sah dich in deinem Blut liegen und sprach zu dir, als du so in deinem Blut dalagst: Du sollst leben! Ja, zu dir sprach ich, als du so in deinem Blut lagst: Du sollst leben.

gehen, auch wenn ich wandle nach meinem verstockten Herzen, damit nicht fortgerafft werde das wasserreiche mit dem dürren Land!‹ (5. Mose 29,18). Wer dieses bewährte Stück Waffenrüstung hat und es festhalten kann, dem wird kein Bogen, Pfeil, Schwert und Spieß schaden. Darum, o Menschen-Seele, setze ungesäumt diesen starken Helm auf das Haupt!

Mein *Brustharnisch* ist ein eiserner Panzer. Ich ließ ihn in meinem eigenen Land schmieden, und alle meine Soldaten sind mit ihm bewaffnet (Offb. 9, 9). Soll ich es geradeheraus sagen, es ist ein hartes *Herz, ein Herz, so hart wie Eisen* und so unempfindlich wie *Stein* (Hes. 2, 4). Wenn ihr dieses bekommt und behaltet, so wird euch weder Liebe noch Gnade gewinnen, noch auch das Gericht schrecken. Das ist ein Stück Waffenrüstung, fast noch notwendiger als das vorige, für alle, die unter meinem Banner gegen Schaddai streiten wollen.

Mein *Schwert* ist eine Zunge, die von der Hölle entzündet ist, stets geneigt, Schaddai, seinen Sohn, seine Wege und sein Volk zu lästern (Ps. 57, 5; 64, 4; Jak. 3, 6). Gebraucht dieses Schwert; es hat sich tausend- und abertausendmal bewährt. Wer es hat, es festhält und recht gebraucht, der kann niemals von meinem Feind überwunden werden.

Mein *Schild* ist der Unglaube. Glaubt nur nichts, und wenn es auch noch so wahr schiene und sage es, wer auch immer. Vor allen Dingen ergreift diesen Schild! Viele Angriffe hat zwar Schaddai schon gegen ihn gerichtet und ihn auch zuweilen, das ist wahr, durchlöchert. Aber diejenigen, die von den Kriegen Immanuels gegen meine Anhänger geschrieben haben, mussten selbst bezeugen: Er konnte wegen ihres Unglaubens dort nicht größere Werke tun (Mark. 6, 5. 6).

Gebraucht nun diese Waffe recht! Redet Schaddai vom *Gericht*, so macht euch darum keine Sorge, sprecht nur immer: Es ist Friede, es hat keine Gefahr[14] (Jer. 8, 11)! Redet er von Gnade und Erbarmung, achtet es nicht!

---

14   1. Thess. 5, 3: Wenn sie sagen werden: »Es ist Friede, es hat keine Gefahr«, dann wird sie das Verderben schnell überfallen gleichwie der Schmerz ein schwangeres Weib, und werden nicht entfliehen.

Verspricht er euch, ja schwört er euch zu, dass er keinen Gefallen an eurem Tode habe, sondern dass ihr leben sollt, wenn ihr euch nur wieder zu ihm kehrt (Hes. 33, 11), schlagt es in den Wind, verachtet es, denn es ist nicht wahr! Das heißt den Schild des Unglaubens recht schwingen, wie es meinen Gefolgsleuten geziemt und wie sie es auch tun. Wer anders handelt, liebt mich nicht, und ich muss ihn für meinen Feind halten.

Auch merkt, wenn Schaddai noch so freundlich mit seiner *Gnade* euch begrüßen wollte, die Antwort sei ein stummer Gegengruß, ein Gruß, der es unter seiner Würde hält, um Gnade zu flehen. Was? Um Gnade und Vergebung rufen? Verfallt nimmer in solche Torheit, solange ich euch meine tapfern Streiter nennen soll. Ich weiß, ihr seid tapfere, unverzagte Männer, und ebenso bin ich dessen gewiss, dass ich euch mit bewährten Waffen ausgerüstet habe. Drum denkt auch nie daran, Schaddai um Gnade anzuflehen. Überdies habe ich noch Streithämmer, Feuerbrände, Pfeile und den Tod, lauter gute Handwaffen, mit denen man alles ausrichten kann.«

Nachdem Diabolus seine Leute auf diese und andere Weise mit Schutz- und Trutzwaffen ausgerüstet hatte, brachte er ihnen noch einmal in Erinnerung, wie er ihr rechtmäßiger König sei, dem sie Treue geschworen, welche Liebe und Freundschaft sie von ihm erfahren, noch dazu ohne ihr Bitten; wie ihre ganze Lage durch ihn so glückselig geworden; welche Vorrechte, Freiheiten, Vorteile und Ehren sie von ihm erlangt, und wie er zum Dank nun von ihnen erwarte, dass sie mit Löwenmut ihre Treue gegen ihn bewähren werden, jetzt, wo ihm seine Herrschaft über sie streitig gemacht werde. »Nur noch ein Wort«, schloss er. »Wenn wir nur diesen einen Stoß und Anprall aushalten, so habe ich nicht den geringsten Zweifel, dass die ganze Welt in kurzer Zeit uns als unser Eigentum zu Füßen liegt[15]. Und bricht dieser Tag an, meine teuren Herren, dann will ich euch zu Königen, Fürsten und Hauptleuten

---

15   Psalm 2, 8: Aber Gott spricht zum Sohn: Bitte mich, so will ich dir Völker zum Erbe geben und der Welt Enden zum Eigentum.

machen; und o!, welche glücklichen, seligen Tage werden dann auf uns warten!«

Unbeschränkte Herrschaft des Teufels über die Ungläubigen und Gottlosen

Diabolus hatte jetzt sein Hauptgeschäft beendet, er hatte seine Diener und Gefolgsleute in Menschen-Seele zur Gegenwehr gegen ihren guten und rechtmäßigen König im Voraus gerüstet und stark bewaffnet und ihnen alles Vertrauen zu Schaddai geraubt. Sein nächster Schritt war, dass er die Wachen an den Toren der Stadt verdoppelte und sich dann nach der Burg, seinem festesten Stadtteil, zurückzog. Seine Lehnsleute aber, um ihren guten Willen zu zeigen und ihrem Herrn eine Höflichkeit (obgleich eine höchst unedle) zu erweisen, übten sich täglich in den Waffen und lehrten einander die Kriegskunst. So trotzten sie ihren Freunden und sangen Siegeslieder zum Lob ihres Tyrannen. Auch Drohworte stießen sie aus, wie sie sich als Männer zeigen würden, wenn es wirklich dahin käme, dass ein Krieg zwischen Schaddai und ihrem jetzigen König ausbricht.

4. Kapitel

Schaddai sendet eine auserlesene Armee gegen die Stadt ab. Diabolus zittert und sinnt auf Verteidigung.

Während allen diesen Vorgängen rüstete der gute König Schaddai das Heer aus, das er aussenden wollte, um die Stadt Menschen-Seele vom Joch ihres vorgeblichen Königs Diabolus zu befreien. Doch er hielt es für das Beste, das Heer nicht gleich unter Führung seines Sohnes Immanuel, sondern zunächst nur unter dem

Befehl anderer Heerführer auszusenden, um zu erforschen, ob Menschen-Seele durch sie vielleicht zum Gehorsam gegen ihren König wiedergewonnen werden kann. Diese Armee bestand aus mehr als vierzigtausend, lauter treue und bewährte Leute, denn sie kamen von des Königs eigenem Hof und waren nach seiner eigenen Wahl.

Gott schickt seine Prediger samt den Gläubigen mit dem Wort Gottes aus, um den Kampf gegen Satans Reich zu eröffnen.[1]

Das Heer zog hin nach Menschen-Seele unter dem Befehl von vier tapferen Generälen. Diese vier Heerführer stellte der König auch sonst bei allen seinen Kriegen in die vorderste Linie; denn er wusste, dass sie tapfere, handfeste Männer waren, die sich nach allen Seiten hin mit dem Schwert in der Hand Bahn zu brechen verstanden. Ihre Mannschaft war ihnen ganz gleich. Einem jeden von ihnen übergab der König eine Fahne, die vor der Stadt entfaltet werden sollte, teils um seine wohlwollende Absicht gegen die Stadt, teils auch sein Recht, das er an Menschen-Seele hatte, offen zu enthüllen.

Der erste Hauptmann hieß *Boanerges (Donnerskind, Mark. 3, 17).* Er war überhaupt der oberste Feldherr und erhielt zehntausend Mann unter seinen Befehl. Sein Fahnenträger war Herr *Donner,* der die schwarze Farbe trug, und sein Wappenschild waren drei brennende Donnerkeile. Der zweite Anführer war Hauptmann *Überzeugung,* unter dessen Befehl auch zehntausend Mann gestellt waren. Sein Fahnenträger hieß Herr *Kummer,* der eine Fahne von blassen Farben trug, und das Wappen auf seinem Schild war das weit geöffnete Gesetzbuch, von dem eine Feuerflamme (5. Mose 32, 22) hervorbrach. Der Name des dritten Anführers war *Gericht.* Auch ihm waren zehntausend Mann beigegeben, und der Name seines Fahnenträgers war Herr *Schrecken.* Er trug eine rote Fah-

---

1   Jes. 40, 3: Es ruft eine Stimme: In der Wüste bereitet dem Herrn den Weg, macht in der Steppe eine ebene Bahn unserm Gott! Jes. 57, 14; Matth. 28, 18-20; Luk. 10.

ne, und sein Wappen war ein brennender Feuerofen (Matth. 13, 40-42). Der vierte Befehlshaber war Herr *Ausführung.* Er befehligte zehntausend Mann. Sein Fahnenträger war ein gewisser Herr *Gerechtigkeit,* der ebenfalls die rote Farbe trug, und sein Wappenschild stellte einen unfruchtbaren Baum vor, dem die Axt schon an die Wurzel gelegt war (Matth. 3, 10). *(Die vierfache Wirkung des Predigtamts.)*

Bevor nun das ganze Heer ins Feld rückte, versammelte der König seine Streitkräfte auf einen bestimmten Tag, prüfte alles genau, nannte alle bei ihren Namen und legte einem jeden einen solchen Harnisch an, der mit dem bevorstehenden Dienst für den König im Einklang stand (Eph. 6, 10-17).

Nach geschehener Musterung gab der König in Gegenwart aller Soldaten den Feldhauptleuten ihre verschiedenen Verhaltensbefehle[2] und schärfte ihnen ein, sie treu und tapfer zu befolgen. Ihre Vollmachten waren dem Wesen nach in der Form alle gleich, obschon sich hinsichtlich der Namen, Titel und Grade der Anführer ein geringer Unterschied fand. Was der König zu *Boanerges* sagte, das war den Übrigen auch gesagt. So hieß es in seinem Befehl: »O *Boanerges,* Sohn des Donners, hervorleuchtend an Mut und unwiderstehlicher Kraft unter meinen Hauptleuten, die wie ein rollender Donner daherfahren, gesetzt über zehntausend meiner starken und treuen Knechte, ziehe aus mit dieser Macht in meinem Namen gegen die verblendete Stadt Menschen-Seele. Und wenn du dort angekommen bist, so biete ihnen zuerst Friedensvorschläge an[3] und befiehl ihnen, dass sie sich mir, ihrem rechtmäßigen König, wieder unterwerfen und das Joch und die Tyrannei des schändlichen Diabolus abschütteln. Schärfe ihnen besonders ein, dass sie sich reinigen von all dem, was sein ist in Menschen-Seele, und sieh

---

2   Matth. 28, 19. 20: Darum gehet hin und machet zu Jüngern alle Völker: Taufet sie auf den Namen des Vaters und des Sohnes und des Heiligen Geistes und lehret sie halten alles, was ich euch befohlen habe. Und siehe, ich bin bei euch alle Tage bis an der Welt Ende.

3   Luk. 10, 5: Wenn ihr in ein Haus kommt, so sprecht zuerst: Friede sei diesem Hause!

wohl darauf, dass dir sichere Bürgschaft gegeben wird, dass mir die Stadt in Wahrheit gehorsam ist. Hast du dergestalt deinen Befehl an sie ausgerichtet und sie zeigen Aufrichtigkeit in ihrer Unterwerfung, so biete alles auf, was in deiner Macht steht, eine hinlängliche Besatzung in die Stadt zu legen, die mir den Besitz der Stadt sichert. Nimm dich aber in Acht, dass du nicht dem allergeringsten Einwohner, der sich in der Stadt befindet, das mindeste Leid erfahren lässt, wenn er sich mir unterwirft. Behandle ihn vielmehr, als wäre er dein Freund und Bruder (1. Thess. 2, 7-11); denn jeder, der so steht, ist mir lieb und wert. Deshalb magst du ihnen auch mitteilen, dass ich zu einer bestimmten Zeit selbst zu ihnen kommen werde, um sie meine Barmherzigkeit erfahren zu lassen (5. Mose 4, 31). Sollten sie aber, ungeachtet deiner Aufopferung und der Vorzeigung deiner Vollmacht, dir Widerstand leisten, ja gar in feindseliger Absicht sich gegen dich erheben wollen, dann befehle ich dir, alle deine Kunst und Macht aufzubieten, sie zu überwältigen und sie deine starke Hand fühlen zu lassen[4]. Ziehe hin in Frieden.«

Nachdem ein jeder Befehlshaber seinen Befehl aus der Hand des Königs empfangen hatte, auch der allgemeine Sammelplatz bestimmt war, erschien ein jeder in solchem Waffenschmuck und Glanz, wie es mit der hohen Bedeutung seines Amtes und seiner Berufung im Einklang stand. Schaddai gab ihnen noch ein besonderes Abschiedsmahl, und mit fliegenden Fahnen setzten sie sich in Marsch gegen die berühmte Stadt Menschen-Seele. Feldhauptmann Boanerges oder Erschütterung führte den Vortrab, die Hauptleute Überzeugung und Gericht die Mitte und Hauptmann Ausführung den Nachtrab. Da sie aber einen sehr weiten Weg zurückzulegen hatten (denn die Stadt Menschen-Seele lag sehr fern vom Hof Schaddais, Eph. 2, 13), so marschierten sie natürlich durch viele Gegenden und Länder der verschiedensten Völker; und niemand taten sie das

---

4   Matth 11, 21-24: Wehe dir, Chorazin! Weh dir, Bethsaida! Wären solche Taten zu Tyrus und Sidon geschehen, wie bei euch geschehen sind, sie hätten längst in Sack und Asche Buße getan. Doch ich sage euch: Es wird Tyrus und Sidon erträglicher gehen am Tage des Gerichts als euch ...

geringste Leid, überallhin brachten sie vielmehr Segen[5]. Sie lebten zudem auf ihrem ganzen Weg nur auf ihres Königs Kosten. Nachdem sie manche Tagereise zurückgelegt hatten, erblickten sie endlich die Stadt Menschen-Seele. Und die Hauptleute vermochten eine ganze Weile lang nichts anderes zu tun, als aus tiefstem Schmerz ihres Herzens den traurigen Zustand der Stadt zu beweinen[6]. Denn sie gewahrten nur zu bald, wie sie dem Willen des Diabolus vollkommen unterworfen war.

Dann aber führten sie ihre Krieger sogleich gegen das Ohrtor[7] (denn das war der Ort, wo man allein unterhandeln konnte) und schlugen da ein Lager auf. Und nachdem sie ihre Zelte aufgebaut und Laufgräben ausgehoben hatten, schickten sie sich zum Angriff an.

Satan fürchtet die Predigt des Evangeliums und sucht ihre Wirkung vorweg zu hindern, indem er durch seine lügnerischen Reden die Sünder in Angst setzt und sie zur Wut entflammt. Jer. 17, 9; Apg. 19, 23. 33

Der ungewohnte Anblick einer so ausgezeichneten, vortrefflich ausgerüsteten und eingeübten Heeresmacht, bei der sich auch bei näherer Betrachtung die strengste Kriegszucht herausstellte *(auch die Welt muss das wohl geordnete Leben der Gläubigen achten)*, lockte durch ihre glänzenden Waffenrüstungen und flatternden Fahnen die neugierigen Bürger aus ihren Häusern hervor, um sie anzustaunen. Doch der alte listige Fuchs Diabolus fürchtete, dass das Volk,

---

5   Ps. 129, 8: Der Segen des Herrn sei über euch! Wir segnen euch im Namen des
      Herrn.
6   Jes. 33, 7. 8: Siehe, die Leute von Ariel schreien draußen, die Boten des Friedens
      weinen bitterlich. Die Wege sind verödet, es geht niemand mehr auf der Straße.
7   Röm. 10, 13. 14. 17: Denn wer den Namen des Herrn wird anrufen, soll gerettet
      werden. Wie sollen sie aber den anrufen, an den sie nicht glauben? Wie sollen sie
      aber an den glauben, von dem sie nichts gehört haben? Wie sollen sie aber hören
      ohne Prediger? So kommt der Glaube aus der Predigt, das Predigen aber durch das
      Wort Christi.

durch diesen Anblick bestochen, bei einer etwaigen Aufforderung
der Hauptleute diesen plötzlich die Tore öffnen könnte, eilte in aller
Hast vom Schloss herab, trieb jene in das Innere der Stadt zurück
und richtete hier folgende lügenhafte und trügerische Rede an sie:
»Edle Bürger! Obgleich ihr meine vertrauten und geliebten Freunde seid, so kann ich doch nicht umhin, euch wegen eurer letzten
unvorsichtigen Handlung etwas zu schelten, da ihr hinausgegan-
gen seid, die große und mächtige Armee anzugaffen, die sich erst
gestern vor der Stadt niedergelassen, jetzt aber schon Laufgräben
aufgeworfen hat, um eine förmliche Belagerung gegen die berühmte Stadt Menschen-Seele in Gang zu bringen. Wisst ihr denn
auch, wer sie sind, woher sie kommen und was sie wollen? Es sind
ebendie, von denen ich euch schon längst im Voraus gesagt habe,
dass sie kommen werden, um diese Stadt zu zerstören *(du lügst,
Satan!)*. Es sind dieselben, gegen die ich euch auf meine Kosten
von Kopf bis Fuß ausgerüstet und bewaffnet und euch Stärke verliehen und guten Mut zugesprochen habe. Warum habt ihr nicht
vielmehr bei ihrem ersten Anblick den Ruf erhoben: ›Zündet die
Wachfeuer an! Lasst Lärm schlagen in der ganzen Stadt, damit sie
in gehörigen Verteidigungszustand gesetzt und den Feinden Trotz
geboten wird‹? Dann hättet ihr euch doch als brave Männer gezeigt, mir gleich und meiner würdig. So aber habt ihr mich durch
euer kindisches Betragen, ich darf es wohl sagen, halb furchtsam
gemacht, dass ihr beim beginnenden Kampf wie feige Memmen
dastehen, den Mut verlieren und den Sieg weggeben werdet. Warum habe ich euch Wachsamkeit so ernstlich eingeschärft und euch
befohlen, die Wachen an den Toren zu verdoppeln? Habe ich euch
vergeblich so hart wie Eisen gemacht und euer Herz wie den un-
tersten Mühlstein? Geschah es dazu, dass ihr euch als Weiber zeigt
und wie eine Schar unschuldiger, harmloser Tröpfe hinausläuft,
um eure Todfeinde anzugaffen? Pfui! Schämt euch! Gleich rührt
die Trommel, tretet nach Kriegsmanier an, damit unsere Feinde,
sollten sie auch die Stadt erobern, doch wenigstens erfahren, dass
es noch streitbare Männer in Menschen-Seele gibt! Ich will euch
nicht länger tadeln, aber noch einmal schärfe ich euch ein, dass

ihr dergleichen nicht mehr tut. Von heute an soll, ohne meine aus-
drückliche Erlaubnis, niemand mehr wagen, den Kopf über die
Stadtmauer zu heben. Ihr habt jetzt meine Worte gehört. Tut nun
nach meinem Befehl, dass ich sicher unter euch leben und wohnen, für euch sorgen und auf meine wie eure Sicherheit und Ehre
Acht haben kann. Lebt wohl.«

Jetzt wurden die Bürger merkwürdigerweise ganz anderer Gesinnung. *(Wer auf den Satan hört, wird bald irre.)* Sie glichen Menschen,
die von einem panischen Schrecken ergriffen werden, und liefen
mit dem Geschrei in den Straßen von Menschen-Seele auf und ab:
»Helfet, helfet! Diese, die den ganzen Weltkreis erregen, sind hierher gekommen« (Apg. 17, 6). Und immer von neuem liefen sie wie
wahnsinnige Menschen mit dem Geschrei umher: »Die Zerstörer
unseres Friedens und Volkes sind gekommen.« Das gefiel dem Diabolus sehr. »Ach«, sprach er zu sich selbst, »so habe ich es gern.
Jetzt geht es, wie ich es schon längst gewünscht habe. Nun zeigt
ihr euren Gehorsam gegen euren Fürsten. Bleibt euch nur selbst
treu, und dann lasst sie die Stadt einnehmen, wenn sie können.«

5. Kapitel

*Die Stadt wird zur Übergabe aufgefordert, die aber Diabolus ver-
hindert.*

*Gott wird nicht müde, durch treue Prediger den verstockten Sün-
dern seine Gnade anzubieten[1].*

Kaum drei Tage hatte das königliche Heer vor der Stadt gelegen, als

---

1   Jes. 65, 2: Denn ich streckte meine Hände aus den ganzen Tag nach einem unge-
     horsamen Volk, das nach seinen eigenen Gedanken wandelt auf einem Wege, der
     nicht gut ist.

auch schon der Feldherr Boanerges seinem Trompeter befahl, sich nach dem Ohrtor hinabzubegeben und da im Namen des großen Königs Schaddai die Stadt aufzufordern, die Botschaft anzuhören, die er ihr in seines Herrn Namen zu überbringen habe (2. Tim. 4, 1. 2). Demzufolge ging der Trompeter mit Namen *Horch auf* zum Ohrtor und stieß dort in seine Trompete, dass ihm Gehör gegeben werde. Doch es erschien niemand, der Antwort gegeben oder auch nur Acht darauf gehabt hätte. Denn so hatte es freilich Diabolus befohlen. Es blieb daher dem Trompeter nichts übrig, als zu seinem Feldherrn zurückzukehren, ihm zu erzählen, was er getan und wie wenig er habe ausrichten können. Über diese Nachricht war der Befehlshaber betrübt, ließ aber den Trompeter in sein Zelt gehen.

Wiederum sandte der Feldoberste Boanerges seinen Trompeter an die Ohrenpforte hinab, sich Gehör zu verschaffen; doch wiederum kamen die Städter nicht hervor, noch weniger gaben sie ihm eine Antwort; so getreu kamen sie dem Befehl ihres Königs Diabolus nach[2].

Jetzt traten die Befehlshaber mit den übrigen Offizieren zu einem Kriegsrat zusammen, um zu besprechen, was ferner zu tun sei. Und nach einigen gründlichen Erörterungen über den Inhalt ihrer Vollmachten beschlossen sie, die Stadt noch einmal auffordern zu lassen. Doch wenn auch das fruchtlos wäre, sollte der Trompeter den Einwohnern ankündigen, die Heerführer würden alle ihnen zu Gebote stehenden Mittel anwenden, die Stadt dem Zepter ihres rechtmäßigen Königs wieder zu unterwerfen (Luk. 14, 23. 24).

So befahl denn Feldhauptmann Boanerges seinem Trompeter zum dritten Mal[3], sich nach dem Ohrtor zu begeben und die Stadt dort im Namen des großen Königs Schaddai laut und nachdrücklich

---

2   Matth. 13, 14. 15: Und an ihnen wird die Weissagung Jesajas erfüllt, die da sagt: Mit den Ohren werdet ihr hören und werdet es nicht verstehen; und mit sehenden Augen werdet ihr sehen und werdet es nicht erkennen. Denn dieses Volkes Herz ist verstockt, und ihre Ohren hören übel, und ihre Augen schlummern, auf dass sie nicht etwa mit den Augen sehen und mit den Ohren hören und mit dem Herzen verstehen und sich bekehren, und ich ihnen hülfe.

3   Hiob 33, 29. 30: Siehe, das alles tut Gott zwei- oder dreimal mit einem jeden, dass er sein Leben zurückhole von den Toten und erleuchte ihn mit dem Licht der Lebendigen.

Der Trompeter des Feldherrn fordert die Stadt auf,
die Botschaft zu hören.

aufzufordern, ohne Verzug zu dem genannten Tor herabzukommen und den Generälen des Königs Gehör zu geben. Der Trompeter tat, wie ihm befohlen war: Durch laute Posaunenstöße forderte er Menschen-Seele zum dritten Mal zum Aufmachen auf, wobei er auch die Drohung laut werden ließ: Sollten sie noch immer kein Gehör geben, so würden die Feldherren seines Königs sie mit Gewalt zu ihrem schuldigen Gehorsam zurückbringen.

Die verstockten Sünder werden nicht müde, die Botschaft des Heils zu verachten.[4]

Da erhob sich endlich Herr *Wille*, der als Gouverneur der Stadt auch zugleich die Aufsicht über die Tore führte (wir lernten ihn oben schon als einen Abtrünnigen kennen). Mit trotzig groben und rauen Worten fragte er daher den Trompeter, wer er wäre, woher er komme und aus welchem Grund er ein so entsetzliches Getöse an dem Tor erhoben, sich auch erlaubt habe, solche unerträglichen Reden gegen die Stadt Menschen-Seele auszustoßen? (Jes. 1, 14). Der Trompeter antwortete: »Ich stehe im Dienst des Feldherrn Boanerges, Befehlshaber der gesamten Streitmacht des großen Königs Schaddai, gegen den du mit der ganzen Stadt Menschen-Seele dich so schändlich empört hast. Mein Herr, der Feldhauptmann, hat aber einen besonderen Auftrag an die ganze Stadt und auch an dich als ihren Bürger. Wollt ihr diese Botschaft mit Frieden annehmen, so ist es gut; wo nicht, so müsst ihr vorlieb nehmen mit dem, was folgen wird[5].«

Darauf erwiderte Herr Wille: »Ich will deine Worte meinem Herrn überbringen und hören, was er dazu sagen wird.« *(Joh. 8, 44. Befrage den Teufel nicht!)*

Aber der Trompeter sprach: »Mit unserer Botschaft sind wir nicht an den Riesen Diabolus, sondern an die beklagenswerte Stadt Menschen-

---

4   Sach. 7, 11. 12: Aber sie wollten nicht aufmerken und kehrten mir den Rücken zu und verstockten ihre Ohren, nicht zu hören, 2. Tim 3, 8.9.

5   Jer. 21, 8: Und sage diesem Volk: So spricht der Herr: Siehe, ich lege euch vor den Weg zum Leben und den Weg zum Tode.

Seele gewiesen. Deshalb werden wir uns auch gar nicht um das kümmern, was er für sich antwortet oder ein anderer in seinem Namen vorbringt. Wir sind zu dieser unglücklichen Stadt gesandt, um sie aus seiner grausamen Tyrannei zu befreien und sie, wenn möglich, durch Güte dahin zu bringen, dass sie sich wieder ihrem allerhöchsten König Schaddai, dem sie von Rechts wegen gehört, unterwirft.«

Als Herr Wille das vernommen, sprach er ausweichend: »So kann ich deine Botschaft der Stadt überbringen.« Doch der Trompeter erwiderte: »Herr, meint nicht, uns zu täuschen, ihr betrügt euch dadurch nur selbst. Wisst, wenn ihr euch auf friedlichem Weg nicht unterwerft, so sind wir fest entschlossen, euch mit Gewalt dem König unterwürfig zu machen. Und das nehmt zum Zeichen: Ihr werdet dort auf jenem Berg die schwarze Fahne mit ihren feurig brennenden Donnerkeilen aufgepflanzt sehen[6].«

Damit war die Unterredung aus. Herr Wille kehrte von der Mauer nach Hause zurück und der Trompeter ins Lager und stattete der Versammlung der Feldherren und den andern Offizieren des großen Königs Schaddai Bericht über den Erfolg seiner Sendung ab (Luk. 14, 21).

»Wohlan«, sprach darauf der tapfere Boanerges, »lasset uns noch eine Zeit lang warten, was die Rebellen tun werden[7].«

Die Zeit verstrich jedoch, in der die Stadt dem tapfern Boanerges und seinen Kriegsgefährten eine bestimmte Antwort hätte geben sollen. *(1. Thess. 5, 3. Heut lebst du, heut bekehre dich!)* Da erteilte Boanerges denn den Befehl, alle Kriegsleute im ganzen Lager sollten wie ein Mann unter die Waffen treten und sich bereithalten. Und mit Tagesanbruch stießen alle Trompeter in ihre Posaunen und gaben durch das ganze Lager den Kriegern das Zeichen[8]. Als aber die in der Stadt

---

6   Ps. 50, 3: Unser Gott kommt und schweiget nicht. Fressendes Feuer geht vor ihm her und um ihn her ein mächtiges Wetter.

7   2. Petr. 3, 9: Der Herr verzögert nicht die Verheißung, wie es etliche für eine Verzögerung achten; sondern er hat Geduld mit euch und will nicht, dass jemand verloren werde, sondern dass sich jedermann zur Buße kehre.

8   Eph. 5, 14: Darum heißt es: Wache auf, der du schläfst, und stehe auf von den Toten, so wird dich Christus erleuchten.

das Schmettern der Trompeten im Lager des Königs Schaddai hörten, glaubten sie, es wäre ein Zeichen zum Sturm, und gerieten für den Augenblick in Bestürzung. Bald aber erholten sie sich von ihrem Schrecken und trafen alle nur erdenklichen Anstalten zu ihrer Sicherheit, wenn es wirklich auf einen Sturm abgesehen wäre. Doch war nun der äußerste Termin abgelaufen, wo die Antwort erfolgen musste. Boanerges sandte deshalb seinen Trompeter abermals ab, sie zu fordern. Der ging und blies, und die Bürger strömten herzu, aber nicht um zu hören, sondern das Ohrtor (Ps. 95, 7. 8) fester zu verrammeln! Als sie dann endlich auf der Zinne der Mauer erschienen, verlangte General Boanerges den Herrn Oberbürgermeister zu sprechen. Zu dieser Zeit bekleidete aber Herr *Unglaube* dieses Amt, der an die Stelle des Herrn *Lüstling* getreten war.

Unglaube stieg daher hinauf und zeigte sich oben auf der Mauer. Sobald ihn aber Feldhauptmann Boanerges erblickt hatte, sprach er: »Mit dem habe ich nichts zu tun! Wo ist Herr *Verstand,* der alte Oberbürgermeister der Stadt? An den geht mein Wort[9].«

In diesem Augenblick nahm der Riese das Wort (denn Diabolus war auch herabgekommen) und sprach zum Feldhauptmann: »Herr General, Ihr habt in Eurer Dreistigkeit wenigstens schon viermal die Aufforderung an Menschen-Seele ergehen lassen, sich eurem König zu unterwerfen. Aus wessen Vollmacht Ihr das tut, weiß ich nicht, will mich auch darüber jetzt mit Euch in keinen weitern Streit einlassen. Ich verlange nur kurzen Bescheid über den Grund alles dieses Lärmens, was das ganze Wesen bezwecken soll, falls Ihr Euch darüber selbst schon klar geworden seid!«

Die Diener Gottes halten an mit Ermahnen, Bitten und Drohen[10].

Der Feldoberste Boanerges, dessen Farbe ja die schwarze war und der in seinem Wappenschild die drei brennenden Donnerkeile trug,

---

9 Eph. 5, 17: Darum werdet nicht unverständig, sondern verstehet, was da sei des Herrn Wille!

10 2. Tim. 4, 2: Predige das Wort, stehe dazu, es sei zur Zeit oder zur Unzeit; weise zurecht, drohe, ermahne mit aller Geduld und Lehre.

beachtete die Rede des Riesen gar nicht. *(Knechte Gottes kümmern sich um das Einreden des Teufels nicht.)* Aber zu der Stadt sprach er: »Es sei dir kundgetan, du unglückliche und aufrührerische Stadt Menschen-Seele, dass der allergnädigste König, der große König Schaddai, mein Gebieter, mich mit dem Befehl an dich gesandt hat *(bei diesen Worten zeigte er der Stadt sein großes Siegel, denn Diener Gottes müssen das Siegel des Heiligen Geistes haben. 2. Kor. 1, 21. 22)*, dich wieder zum Gehorsam gegen ihn zurückzuführen. Und befohlen hat er mir, euch, wenn ihr meiner Aufforderung Gehör geben würdet, wie Freunde und Brüder zu behandeln; falls ihr aber hartnäckig in eurer Rebellion beharrt, euch mit Gewalt zu eurer Pflicht zurückzuführen.«

Nach ihm trat Feldherr *Überzeugung* auf *(dessen Farbe ja die blasse und dessen Wappenschild das weit geöffnete Gesetzbuch war, denn die Überzeugung kommt wohl aus dem Wort Gottes, aber es geht blass und langsam)* und sprach: »Hör mich an, Menschen-Seele! Wie berühmt warst du einst wegen deiner Unschuld, jetzt aber bist du ausgeartet und tief in Lüge und Betrug versunken[11]. Du hast gehört, was mein Waffenbruder, Feldhauptmann Boanerges, gesagt hat; und wenn ihr den angebotenen Frieden annehmt, wird es euer Glück sein. Umso mehr, da unser König Schaddai euch, die ihr euch empört habt, seine Hand reicht, aber wenn er seine Macht gebrauchen wollte, euch auch zerschlagen und in den Staub treten könnte. Wenn sein Zorn entbrennt, kann niemand vor ihm bestehen, er brennt hinunter bis in die unterste Hölle! (Ps. 50, 21. 22; 5. Mose 32, 22). Oder wollt ihr wagen zu behaupten, ihr hättet nicht gesündigt und euch nicht empört gegen unsern König? Zeugen dagegen nicht eure Taten? Habt ihr denn nicht seinen unversöhnlichsten Feind, den Teufel, zu eurem König angenommen? Habt ihr nicht die Gesetze Schaddais verworfen und dem Diabolus Treue geschworen? Und warum ergreift ihr denn jetzt die Waffen gegen uns und verschließt vor uns,

---

11   Offb. 2, 5: Gedenke, wovon du gefallen bist, und tue Buße und tue die ersten Werke. Wo aber nicht, werde ich über dich kommen und deinen Leuchter wegstoßen von seiner Stätte, wenn du nicht Buße tust.

den treuen Knechten eures Königs, eure Tore? Folgt meinem Rat, nehmt das Angebot meines Bruders an, versäumt nicht die euch zugemessene Zeit der Gnade und sucht schnell euren Widersacher loszuwerden, damit er euch nicht in den Kerker werfe und ihr nicht von dort herauskommt, bis ihr auch den letzten Heller bezahlt! (Luk. 12, 58. 59). Du verblendete Menschen-Seele, lass dich nicht länger betrügen durch die trügerische Arglist und Verschmitztheit des Diabolus! Dieser Ausbund des Betruges und der Lüge will euch glauben machen, wir suchten in diesem unserm Dienst unsern eignen Vorteil; doch es ist einzig und allein der Gehorsam gegen unsern König und die Liebe zu euch und eurer Seligkeit, die uns zu euch führt. Und ist es, Menschen-Seele, denn nicht eine unbegreifliche Gnade Schaddais, dass er euch nicht gleich straft, wie ihr es verdient, sondern durch uns, seine Botschafter, euch nur bittet und beschwört, dass ihr wieder zu ihm kommt[12]? Bedarf er denn etwa euer, wie ihr seiner bedürft? Nein, nein! Aber er ist barmherzig und will nicht, dass Menschen-Seele stirbt, sondern dass sie sich zu ihm kehre und lebe« (Hes. 33, 11).

Und als er geendet, trat General *Gericht* hervor, der die rote Fahne trug und dessen Wappen einen brennenden, glühenden Ofen darstellte[13] und sprach: »Ihr Einwohner der Stadt Menschen-Seele, die ihr nun schon so lange in Aufruhr und Verräterei gegen den König Schaddai lebt, wisst, dass wir heute nicht vor eurer Stadt nach unserm Willen erschienen sind, als wollten wir eine eigne Sache an euch rächen. Nein, der König, unser Herr, hat uns hergesandt, um euch wieder zu eurem schuldigen Gehorsam gegen ihn zurückzuführen. Verweigert ihr aber den, so haben wir Auftrag, Gewalt zu gebrauchen. Und lasst euch nur nicht einfallen und noch weniger euch durch den Tyrannen Diabolus bereden,

---

12 2. Kor. 5, 20: So sind wir nun Botschafter an Christi statt, denn Gott vermahnt durch uns; so bitten wir nun an Christi statt: Lasset euch versöhnen mit Gott!

13 Hebr. 10, 26. 27: Denn so wir mutwillig sündigen, nachdem wir die Erkenntnis der Wahrheit empfangen haben, haben wir hinfort kein andres Opfer mehr für die Sünden, sondern es bleibt nichts als ein schreckliches Warten auf das Gericht und das gierige Feuer, das die Widersacher verzehren wird.

als könnte unser König euch nicht zu Boden werfen und unter seine Füße treten. Er ist der Schöpfer aller Dinge, und wenn er die Berge anrührt, so rauchen sie (Ps. 104, 32). Es wird auch die Tür der Gnade des Königs nicht immer offen stehen; denn der Tag, der brennen wird wie ein Ofen, ist vor ihm; ja er eilt schnell hervor und schlummert nicht (Mal. 3, 19; 2. Petr. 3, 312). Du sichere und sorglose Menschen-Seele! Ist es denn ein so Geringes in deinen Augen, dass unser König nach so viel Verachtung und Frevel von deiner Seite dir noch sein goldnes Zepter entgegenstreckt (Esther 5, 2), seine Gnadentür noch nicht verschließt? Ich sage dir, ist sie einmal zu, so tut sie sich dir nicht wieder auf, und du wirst verschmachten in Ewigkeit (Jes. 65,1315; Matth. 25, 1013). Wolltest du aber sagen, so schlimm wird's nicht sein, dann muss ich dir sagen: das ist vergeblich (1. Thess. 5, 3). Darum nimm deine Zuflucht zu ihm, weil es ›heute‹ heißt. Und droht sein Zorn, so nimm dich in Acht, dass er dich nicht dahinreißt unter seinen Streichen. Kein Lösegeld wird dich dann seiner Hand entreißen. Meinst du, er werde deinen Reichtum ansehen, deine Schöne, Klugheit und Macht? (Jer. 9, 23). Er hat seinen Thron errichtet und bereitet zum Gericht, denn er wird kommen mit Feuer und seine Wagen wie ein Wetter, dass er vergelte im Grimm seines Zorns und mit Schelten in Feuerflammen. Denn der Herr wird durch Feuer richten und durch sein Schwert alles Fleisch (Jes. 66, 15. 16). Deshalb gib auf dich Acht, Menschen-Seele, damit nicht, wenn du das Maß der Ungerechtigkeit voll gemacht hast, Gerechtigkeit und Gericht dich ergreifen und dahinreißen!« Während Feldhauptmann *Gericht* der Stadt Menschen-Seele diese Rede hielt, wurde von einigen bemerkt, dass Diabolus zitterte (Joh. 16, 11; Jak. 2, 19).

Nach ihm trat der vierte Befehlshaber, der Feldoberste *Ausführung*, auf und sprach: »Stadt Menschen-Seele, einst so berühmt und jetzt dem dürren Feigenbaum gleich, einst das Entzücken der Engel, jetzt eine Behausung der Teufel, höre auf meine Rede und nimm zu Herzen die Worte, die ich zu dir spreche im Namen des Königs Schaddai! Siehe, es ist schon die Axt den Bäumen an die Wurzel gelegt. Darum, welcher Baum nicht gute Frucht bringt, wird abgehauen und ins Feuer geworfen (Matth. 3, 10). Du, Menschen-Seele, bist bisher dieser unfruchtbare Baum gewesen; deine Früchte zeugen gegen dich. Dein Weinstock stammt von Sodoms Weinstock und von dem Weinberg Gomorras; deine Trauben sind Gift und haben bittere Beeren (5. Mose 32, 32). Du hast dich empört gegen deinen König, und siehe, wir, die Diener und Kräfte Schaddais, sind die Axt, die an deine Wurzel gelegt ist. *An* deine Wurzel ist sie erst gelegt, ehe sie *in* deine Wurzel fährt. Erst noch die *Drohung*, dann die *Ausführung*. Dazwischen trete deine Buße. Zu dieser ist dir noch eine kurze Zeit gestattet. Was willst du tun? Willst du umkehren, oder sollen meine Streiche fallen? Nichts kann die Ausführung hindern als deine Rückkehr zum König Schaddai. Wohlan, Menschen-Seele! Geduld und Langmut haben ihre Zeit. Drei Jahre mag der unfruchtbare Baum stehen, aber sind die drei Jahre hin, so folgt das Urteil: ›*Haue ihn ab*‹ (Luk. 13, 79). Du glaubst es nicht, Menschen-Seele; aber des Herrn Wort ist wahrhaftig, und was er zusagt, hält er gewiss. Das wirst du zu deinem Schrecken erfahren. Deine Sünden haben diese Armee *vor* deine Mauern gebracht; sie wird *in* die Stadt einbrechen. Du hast die Worte der Befehlshaber gehört, und dennoch hältst du deine Tore noch verschlossen. Zum letzten Mal[14], Menschen-Seele: Willst du leben oder sterben?«

Das Wort Gottes tut seine Wirkung, aber der Unglaube vernichtet sie wieder.

Vergeblich! Ein Schall zwar schlug mit Macht an das Ohrtor, aber er vermochte es nicht zu sprengen[15]. Doch verlangte die Stadt endlich *Bedenkzeit*. Diese gestatteten ihnen die Befehlshaber, aber unter einer Bedingung: sie sollten einen ihrer Bürger, *Fleisches-Si-*

---

14 Hebr. 4, 16: Darum lasset uns hinzutreten mit Freudigkeit zu dem Thron der Gnade, auf dass wir Barmherzigkeit empfangen und Gnade finden auf die Zeit, wenn uns Hilfe Not sein wird.

15 Hebr. 4, 2: Denn es ist auch uns verkündigt, gleichwie jenen; aber das Wort der Predigt half jenen nichts, da die nicht glaubten, die es hörten.

cherheit mit Namen, über die Mauern stürzen, damit er den Lohn seiner Werke empfinge (Sprüche 21, 22[16]). »Denn«, sagten die Heerführer, »solange dieser Schurke in Menschen-Seele atmet, wird aus allen guten Gedanken und Vorsätzen nichts werden[17].« Hier wurde dem Diabolus bange, dass er seinen »Sicherheit«, der eine Hauptstütze seiner Macht war, verlieren könnte. Er wollte erst selbst dazwischenfahren, doch änderte er bald seinen Vorsatz und befahl dem Herrn Oberbürgermeister *Unglaube,* an seiner statt das Wort zu nehmen, und sagte: »Mein Herr, gebt Ihr diesen Landstreichern eine Antwort und sprecht so laut, dass es Menschen-Seele hören und verstehen kann.«

Trotz des Unglaubens. 1. Petr. 3, 14; Luk. 10, 16

Sogleich nahm *Unglaube* das Wort und sprach: »Meine Herren! Ihr habt hier, wie uns leider der Augenschein überzeugt, zur großen Bestürzung unseres Fürsten und Belästigung der Stadt Menschen-Seele ein Lager gegen sie aufgeschlagen. Ihr erzählt uns in euren erschreckenden Reden, Schaddai habe euch die Vollmacht dazu gegeben; allein mit welch einem Recht *er* euch das befohlen habe, wissen wir nicht. Auch habt ihr, gestützt auf die erwähnte Vollmacht, dieser Stadt hart zugesetzt, ihr Oberhaupt zu verlassen und sich wieder unter den Schutz des großen Schaddai, eures Königs, zu begeben. Ja, ihr habt ihr mit schmeichlerischen Reden vorgespiegelt, wenn sie das tut, werde Schaddai alles Frühere vergessen und Gnade ergehen lassen. Dagegen habt ihr der Stadt mit grauenvoller Zerstörung gedroht, wenn sie eurem Begehr nicht nachgibt. Nun denn, ihr Herren Generäle, ich will euch nur geradeheraus sagen, das alles kümmert uns gar nicht[18].

---

16 Alte Lutherbibel: Ein Weiser gewinnt die Stadt der Starken und stürzt ihre Macht durch ihre Sicherheit.

17 Sirach 5, 5-9: Und sei nicht so sicher, ob auch deine Sünde noch nicht gestraft ist, dass du darum für und für sündigen wolltest.

18 Ps. 73, 6: Darum prangen sie in Hoffart und hüllen sich in Frevel.

Weder mein Herr Diabolus noch ich, sein Gefolgsmann Unglaube, noch auch unsre wackre Stadt Menschen-Seele fragt das Geringste nach eurer Person, nach eurer Botschaft noch auch nach dem König, der euch gesandt haben soll. Wir fürchten weder seine Macht und Rache, noch suchen wir seine Gnade. Um es kurz zu machen, denn was hilft das viele Reden! Wir halten euch für nichts anderes als für einen Haufen von Landstreichern und losem Gesindel[19], das, nachdem es seinem König den Gehorsam aufgekündigt (Joh. 16, 3), sich zu einer wilden Rotte verbunden hat (Apg. 19, 26) und nun von einem Ort zum andern schweift, um zu sehen, ob ihr durch Schmeicheleien, in denen ihr Meister zu sein scheint, oder durch Drohungen den einen und den andern oder ganze Städte und Landschaften auf eure Seite bringen könnt. *(Das Urteil der Welt über die Gläubigen.)* Doch bei der Stadt Menschen-Seele habt ihr euch verrechnet. Es sei euch kundgetan: *Wir* fürchten euch gar nicht! Unsere Tore werden wir euch zu verschließen wissen; ja, wir werden nicht lange mehr als müßige Zuschauer euch da vor uns in eurem Lager sitzen lassen. Unser Volk soll und muss in Ruhe leben, euer Erscheinen aber beunruhigt uns. Darum macht, dass ihr mit Sack und Pack bald von hier wegkommt, oder wir werden euch von den Wällen herab mit Kugeln den Weg weisen[20].«

Diese Rede des ergrauten *Unglaubens* suchte nun auch der verzweifelte *Wille* noch zu unterstützen und fügte hinzu: »Wir haben euer Begehren vernommen wie auch das Daherrauschen eurer Drohungen und den lauten Lärm eurer höchst unschicklichen Aufforderungen. Glaubt ihr, dass wir das Getöse eurer Macht fürchten? Weit gefehlt! Ihr sollt uns immer als dieselben entschlossenen Leute finden. Wo ihr euch drei Tage noch in hiesiger Gegend blicken lasst, so sollt ihr zu eurem Schrecken erfahren, was

---

19   1. Kor. 4, 13: Wir sind geworden wie der Abschaum der Welt, jedermanns Kehrricht, bis heute.

20   Luk. 11, 21: Wenn ein starker Gewappneter seinen Palast bewacht, so bleibt das Seine in Frieden.

es heißt, es zu wagen, den Löwen Diabolus zu wecken, wenn er in seiner Menschen-Seele schläft[21].«

Der jetzige Syndikus der Stadt, *Vergiss-Gutes*, schloss dann:»Unsre Edlen haben, wie ihr soeben vernommen, mit sehr milden, höflichen und freundlichen Worten eine Antwort gegeben auf eure rauen und Zorn erweckenden Reden. Sie haben euch überdies die Erlaubnis gegeben, im Frieden wegzuziehen. Zwar hätten wir auch einen Ausfall machen und euch die Schärfe unserer Schwerter fühlen lassen können; allein wie wir selbst Frieden, Ruhe und Gemächlichkeit lieben, so wollen wir andern auch kein Böses zufügen. Darum nehmt euren Vorteil wahr und macht, dass ihr fortkommt[22]!«

Sieg des Unglaubens

Hierauf erhob die Stadt Menschen-Seele ein großes Freudengeschrei, als wenn durch Diabolus und seine Bande ein großer Sieg über die Heerführer errungen wäre. Sie läuteten alle Glocken, wussten sich in ihrer Freude kaum zu fassen[23] und tanzten auf dem Wall (1. Kor. 10, 7; Jes. 5, 11-16).

Auch Diabolus kehrte nun wieder nach seinem Schloss zurück, und der Oberbürgermeister und der Syndikus begaben sich jeder an seinen Platz. Doch Herr *Wille* richtete nun seine ganz besondere Sorgfalt auf die Bewachung der Tore, besetzte sie mit doppelten Posten und ließ sie auch durch doppelte Riegel, Schlösser und Balken verwahren. Vor allem war es das Ohrtor, das er stark besetzte, weil die Kriegsmacht des Königs es auf dieses Ohr am meisten abgesehen hatte (Röm. 10, 17). Er machte einen gewissen Herrn *Vorurteil* zum Wachtmeister an diesem Tor, einen zornigen

---

21 Luk. 12, 32: Fürchte dich nicht, du kleine Herde! Denn es ist eures Vaters Wohlgefallen, euch das Reich zu geben.

22 1. Kor. 15, 58: Darum, meine lieben Brüder, seid fest, unbeweglich, und nehmet immer zu in dem Werk des Herrn, weil ihr wisset, dass eure Arbeit nicht vergeblich ist in dem Herrn.

23 Luk. 6, 25: Weh euch, die ihr hier lachet! denn ihr werdet weinen und heulen.

und moralisch verkommenen Mann, dem er auch noch sechzehn Mann zur Verfügung stellte, die man »taube Leute« hieß. Das waren denn freilich auch solche, die sich für diesen Dienst sehr gut eigneten, da sie sich weder an die Worte der Heerführer noch auch an die ihrer Soldaten kehrten.

6. Kapitel

Nach der Aufforderung an die Stadt gehen die Heerführer zum Angriff über.

Die Heerführer des königlichen Heeres hatten aus den trotzigen Antworten der Großen der Stadt sowie aus deren ganzem Gebaren so viel entnommen, dass Menschen-Seele entschlossen ist, einen Kampf zu wagen. Da es ihnen nicht möglich war, mit den früheren besseren Beamten der Stadt in irgendwelche Verbindung zu treten, so blieb auch ihnen nichts anderes übrig, als die Bürger in offener Feldschlacht zu empfangen und es auf eine Entscheidung durch Waffengewalt ankommen zu lassen. So, wie von Diabolus das Ohrtor besonders stark befestigt war, verstärkten sie die Kolonne, die dagegen anzurücken bestimmt war, in wirklich furchtbarer Weise; denn das war ihnen klar: Konnte man hier nicht eindringen, so würde man überhaupt nichts gegen die Stadt ausrichten (Röm. 10, 13-17). Nachdem nun auch jeder andern Heeresabteilung ihr passender Platz in der Kampflinie angewiesen war, wurde das Losungswort ausgegeben: »*Ihr müsset von neuem geboren werden.*« (*Joh. 3, 3. Ohne die neue Geburt kein erfolgreicher Sieg über das Reich des Teufels.*) Das Zeichen zum Angriff wurde durch Trompetenstoß gegeben, was die in der Stadt mit Tumult, Drohung und wildem Kriegsgeschrei erwiderten, und so begann denn der Kampf.

Standhaftigkeit[1] und Besonnenheit[2] der Diener Gottes am Wort

Die Städter hatten aber zwei große Geschütze auf dem Turm über
dem Ohrtor aufgepflanzt und nannten das eine *Hochmut,* das andere *Eigensinn.* Auf diese setzten sie großes Vertrauen, weil sie im
Schloss vom Gießer des Diabolus namens *Aufgeblasen* gegossen
worden waren und sich in jeder Hinsicht als gefährliche schwere
Artillerie erwiesen. Doch die königlichen Befehlshaber waren so
umsichtig und wachsam, dass keiner getroffen wurde, wenn ihnen
auch zuweilen eine Kugel am Ohr vorbeipfiff. Überhaupt kämpfte
das königliche Heer mit der höchsten Tapferkeit und unter unaus-
gesetzter Kraftanstrengung. Die Feldhauptleute des Königs hatten
verschiedene Schleudern oder Wurfmaschinen und zwei oder drei
Mauerbrecher mit sich gebracht. Ohne Aufhören ließen sie diese
gegen die Mauern der Stadt, besonders gegen das Ohrtor, spielen,
um dort Eingang zu gewinnen (2. Tim. 4, 2). Allein Menschen-Seele
hielt so hartnäckig aus und schlug unter der angefachten Wut des
Diabolus, durch die Widersetzlichkeit des Herrn *Wille,* den Trotz
des alten Bürgermeisters *Unglaube* und des Syndikus *Vergiss-Gutes*
alle Angriffe so entschieden ab, dass die großen Anstrengungen
und Kosten für diesen Sommerfeldzug aufseiten des Königs fast
ganz verloren und der Vorteil sich auf die Seite von Menschen-Seele
zu neigen schien. Unter diesen Umständen traten am Ende, zumal
da es Winter wurde, die Generäle des Königs einen gut geordneten
Rückzug an und verschanzten sich in ihren Winterquartieren. Wir
müssen aber über diesen ganzen Feldzug noch Näheres berichten.

Menschenvernunft und Menschenweisheit tut es nicht.[3]

Als die königlichen Generäle vom Hof des Königs abmaschiert
waren, stießen sie auf ihrem Zug gegen die Stadt Menschen-See-

---

1   1. Petr. 5, 9: Dem widerstehet, fest im Glauben.
2   Matth. 10, 16: Darum seid klug wie die Schlangen und ohne Falsch wie die Tauben.
3   1. Kor. 1, 19. 20: Denn es steht geschrieben: »Ich will zunichte machen die Weisheit

le zufällig auf drei junge Burschen, die bei ihnen Dienst nehmen
wollten. Es waren schmucke junge Leute und dem Anschein nach
voll von Mut und Geschick. Ihre Namen waren: *Überlieferung* (Tra-
dition), *Menschenweisheit* und *Menschliche-Erfindung*. Die Feldherren erläuterten ihnen den Zweck ihres Zuges und baten sie, sich
bei ihrem Anerbieten ja nicht zu übereilen. Aber die jungen Leute erklärten, sie hätten sich die Sache schon längst vorher reiflich
überlegt. Als sie hörten, dass ein Feldzug bevorsteht, wären sie
gleich entschlossen gewesen, daran teilzunehmen. Sie schienen
mutige Leute zu sein. So nahm sie Hauptmann Boanerges in seine Heeresabteilung auf, und sie zogen mit hinaus in den Kampf.
Bei einem der schärfsten Rückzugsgeplänkel trug es sich aber zu,
dass eine Abteilung der Leute des Herrn *Wille* aus der Stadt her-
ausbrach, in den Nachtrab des Hauptmanns Boanerges eindrang,
bei der sich zufällig diese drei jungen Leute befanden, sie zu Gefangenen machte und sie mit sich in die Stadt davonführte. Nicht
lange lagen sie in Haft, da sprach es sich in allen Straßen der Stadt
herum, die Leute des Herrn *Wille* hätten drei Vornehme aus dem
Lager Schaddais gefangen genommen. Schließlich drang diese
Nachricht auch bis in die Burg des Diabolus. Dieser ließ sogleich
die Gefangenen zu sich führen und fragte sie, wer sie wären, woher sie kämen und was sie im Lager Schaddais zu schaffen gehabt
hätten. Sie gaben darauf Bescheid und wurden wieder ins Gefängnis zurückgeführt. Nach einigen Tagen ließ sie aber Diabolus wieder vor sich bringen und fragte sie, ob sie geneigt wären, *unter ihm*
gegen ihre früheren Befehlshaber Dienste zu nehmen. Ohne vieles
Bedenken erklärten sie ihm:»Es ist eigentlich nicht so ausschließlich die Religion als vielmehr der Wurf des Glücks mit seinen Gaben, womit wir uns durchs Leben zu schlagen suchen. Wenn daher
Eure Herrlichkeit die Gnade haben will, für unser weiteres Fort-
kommen zu sorgen, so würden wir willig in Euren Dienst treten.«
(Vernunft geh, wie sie will, der Satan kann sie drehen; hilft Gottes Geist

---

der Weisen, und den Verstand der Verständigen will ich verwerfen. Wo sind die
Klugen? Wo sind die Schriftgelehrten? Wo sind die Weltweisen? Hat nicht Gott die
Weisheit dieser Welt zur Torheit gemacht?«

dir nicht, so ist's um dich geschehen.) Nun gab es aber in der Stadt Menschen-Seele einen viel geltenden, regsamen Hauptmann mit Namen *Allesgleich*. *Zu* dem schickte Diabolus diese drei mit einem eigenhändig geschriebenen Brief folgenden Inhalts: *»Allesgleich, mein Liebling!* Diese drei Männer, die dir diesen Brief überbringen, haben den Wunsch, mir in dem gegenwärtigen Krieg zu dienen. Ich weiß sie aber unter keine bessere Leitung zu stellen, als wenn ich sie dir übergebe. Nimm sie daher in deine Kompanie auf und verwende sie, wenn es die Not erfordert, gegen Schaddai und seine Krieger. Leb wohl.« Gern stellte sie der Hauptmann *Allesgleich* ein, ja machte auch zwei von ihnen zu Feldwebeln und den Herrn *Menschliche-Erfindung* zu seinem Fahnenträger. Das Belagerungsheer gewann aber auch manchen nicht unbedeutenden Vorteil über die Stadt. So schossen sie zum Beispiel das Dach auf dem Haus des neuen Oberbürgermeisters *Unglaube* völlig zusammen, und dadurch wurde dessen eigentliches Tun und Treiben den Blicken aller viel mehr offenbar. *(Wodurch freilich der Unglaube innerlich in seinem Wesen noch nicht aufgehoben wird.)* So hätten sie auch Herrn *Wille* fast mit einem Wurfgeschoss erledigt, doch er erholte sich bald wieder. Unter den Ratsherren aber richteten sie ein großes Blutbad an, denn mit einem einzigen Schuss streckten sie sechs von ihnen nieder, nämlich Herrn *Flucher*, Herrn *Hurer*, Herrn *Wut*, Herrn *Lügenmund*, Herrn *Trunkenheit* und Herrn *Betrug*. Es gelang ihnen auch, die zwei Geschütze, die auf dem Turm über dem Ohrtor standen, aus ihren Lafetten zu heben und ohne Umstände in den Schmutz hinabzustürzen. *(Mit Eigensinn und Hochmut wird auch andern Sünden die Spitze abgebrochen.)*

Bei anhaltender kräftiger Predigt des göttlichen Wortes können die Sünder nicht mehr in sicherer Ruhe bleiben. Anfang der Buße.

Wenn nun auch die Feldherren des Königs ihre Winterquartiere bezogen hatten, vergaßen sie dabei doch nicht ihren König, gaben den Kampf nicht auf, beunruhigten fortwährend die Stadt und taten ihr bei Gelegenheit großen Abbruch. Und dieses Verfahren war überaus zweckdienlich. Denn jetzt konnte sich Menschen-Seele nicht mehr so sicher in Schlaf einwiegen wie zuvor, auch war es ihr nicht mehr möglich, sich wie in früherer Zeit mit Ruhe und Sorglosigkeit ihren Schwelgereien und Ausschweifungen zu überlassen. Jeden Augenblick musste sie einen Angriff vom feindlichen Heer erwarten. Und die Überfälle kamen so oft, so heftig, bald hier, bald dort, dass ihre Seele fast matt wurde bis zum Tode. Die Sturmglocke ertönte so häufig und rief sie so oft auf die Lärmplätze, und das gerade, als die Nächte am längsten, das Wetter am kältesten und die Jahreszeit am unfreundlichsten war, dass dieser Winter für Menschen-Seele alle früheren an tausendfachem Ungemach weit übertraf. Zuweilen klangen von draußen her die hellen Posaunentöne herein, ja zuweilen wirbelten die Schleudermaschinen große Steine in die Stadt[4]. Manchmal rannten in finsterer Mitternachtsstunde wohl zehntausend Krieger vom Heer des Königs um die Stadt, erhoben ein Feldgeschrei und riefen sie zum Kampf heraus. Dann wieder wurden manche in der Stadt verwundet, und ihr klägliches Geschrei und Todesröcheln erfüllte die Häuser[5]. Der Schrecken war so allgemein und so groß, dass etwas Außerordentliches geschah: Selbst Diabolus wurde in diesen Tagen in seiner Ruhe und Standhaftigkeit erschüttert!

7. Kapitel

Ein Lichtstrahl will in Menschen-Seele fallen. Diabolus sucht ihn zu dämpfen. Es entsteht ein Kampf, dessen Ausgang erkennen lässt, dass noch eine andere Hilfe kommen muss.

---

4   Jer. 23, 29: Ist mein Wort nicht wie ein Feuer, spricht der Herr, und wie ein Hammer, der Felsen zerschmeißt?

5   Ps. 38, 9: Ich bin matt geworden und ganz zerschlagen; ich schreie vor Unruhe meines Herzens.

Die heilsamen Regungen des erwachenden Sünderherzens. Ps. 102, 4-12

Wie es so geht, wurden in den Tagen der Not und Bedrängnis allerlei Gedanken in Menschen-Seele laut. Einige Bürger sagten: »Solch ein Leben ist nicht auszuhalten.« Andere erwiderten: »Ein wenig Geduld! Es wird bald vorüber sein.« Ein Dritter aber sprach: »Lasst uns zu unserm König Schaddai zurückkehren und damit all diesem Jammer ein Ende machen.« Und ein Vierter fragte bedenklich: »Wird er uns auch wieder in Gnaden annehmen?« Dazu kam, dass jetzt auch der alte Syndikus, der bei dem Einzug des Diabolus in die Stadt sein Amt verloren hatte, seine Stimme wieder laut erhob, und seine Worte fielen wie Donnerschläge. Mitten durch das betäubende Geschrei der Soldaten und das Jauchzen der Feldherren wurden sie gehört, und nichts setzte die Stadt so in Schrecken wie diese Donnerstimme. *(Die Schrecken des Gewissens.)* Alles gewann für Menschen-Seele ein anderes Ansehen. Die Dinge, die ihr sonst eine Quelle unerschöpflichen Genusses schienen, genügten ihr nicht mehr[1]. Auf ihre früheren Ergötzlichkeiten war es wie ein Mehltau gefallen; ihre Lebensblüten waren wie durch einen giftigen Hauch versengt. Dunkle Wolken lagerten um die Stirn der Menschen. Todesgedanken erfüllten das Herz. Die Schrecken der Ewigkeit umdüsterten den Blick[2]. Was hätte Menschen-Seele dafür gegeben, wenn sie nur Frieden gefunden hätte! Aber was kann der Mensch geben, damit er seine Seele löse! (Mark. 8, 37).

Neue Gnade wird durch die Predigt des Evangeliums den unbußfertigen Sündern angeboten. Apg. 10, 42. 43

Die Getreuen Schaddais jammerte diese Not (Jer. 9, 1). Wie gerne

---

1   Luk. 15, 17: Da schlug er in sich und sprach: Wie viele Tagelöhner hat mein Vater, die Brot die Fülle haben, und ich verderbe im Hunger.
2   Ps. 18, .6: Des Totenreichs Bande umfingen mich, und des Todes Stricke überwältigten mich.

hätten sie der armen verkommenen Menschen-Seele die ersehnte
Hilfe gebracht! Obgleich es tief im Winter war, sandte Boanerges
seine Leute durch Sturm und Schnee zur Stadt Menschen-Seele
und ließ sie beschwören, die Tore zu öffnen und bei ihrem König
Gnade zu suchen. Und gewiss hätte die Stadt sich schon längst
ergeben, wären nicht die heilsamsten Absichten durch den hartnäckigen Widerstand des alten *Unglaube* und durch den heillosen Wankelmut und die Flatterhaftigkeit des Herrn *Wille* vereitelt
worden. Und da auch Diabolus anfing dazwischen zu stören und
zu wüten, so konnte es natürlich nicht zum einmütigen Beschluss
der Übergabe kommen. Und die Folgen davon waren neue Sorgen
und Befürchtungen, neue unabsehbare Not. (Ps. 7, 13. 14. *Willst du
dich bekehren, so bekehre dich recht!*)
Doch wir müssen über den Verlauf dieser Verhandlungen etwas
eingehender berichten.
Es war besonders der oft schon genannte bewährte Trompeter
des Feldherrn Boanerges, der zu der geängstigten Stadt geschickt
wurde. Er erschien dreimal vor ihren Toren, und dreimal richtete
er eine feierliche Aufforderung im Namen des Feldherrn an sie,
mit der Übergabe nicht länger zu zögern. Die erste war voll Güte
und Freundlichkeit. Es konnte Menschen-Seele freilich nicht er-
spart werden, dass ihr der schreckliche Abfall, die schändliche
Verräterei wieder mit Ernst vorgehalten wurde, aber darauf folgte die Zusicherung bereitwilliger Gnade und völliger Vergebung
für alle Reuigen und Bußfertigen[3]. Als das erste Anerbieten aber
keinen entscheidenden Erfolg zeigte, stieß der Trompeter bei der
zweiten Aufforderung schon heftiger in die Posaune und kündigte den Säumigen mit kurzen Worten den festen Entschluss der
Feldherren an: »Entweder wir nehmen Menschen-Seele oder lassen unsere Gebeine vor der Stadt.« Und die dritte Aufforderung
bezeichnete der Trompeter im schärfsten Ton als die letzte, die er

---

3   Jes. 55, 7: Der Gottlose lasse von seinem Wege und der Übeltäter von seinen Ge-
     danken und bekehre sich zum Herrn, so wird er sich seiner erbarmen, und zu un-
     serm Gott , denn bei ihm ist viel Vergebung. Röm. 5, 20.

der Stadt vor ihrem herannahenden Verderben zu überbringen hat[4]. Und damit ging er in das Lager zurück.

Besonders die letzte Erklärung rief denn doch eine solche Bestürzung in der Stadt hervor, dass die Bewohner augenblicklich eine Versammlung beriefen, in der endlich beschlossen wurde: Herr *Wille* sollte sich auf das Ohrtor hinaufbegeben und durch Trompetenstöße die königlichen Befehlshaber im Lager zu einer Unterredung einladen. Diese wurde gern bewilligt, und die Feldherren zogen in ihrem Harnisch heran, jeder mit seinen zehntausend Mann. Wie sehr aber wurden ihre Erwartungen getäuscht, als Menschen-Seele, statt ihre Übergabe ohne weiteres zu erklären, eine Menge *Bedingungen* stellte, die nicht geringes Befremden erregen mussten. Es waren hauptsächlich folgende: 1. Es soll der gegenwärtige Herr Oberbürgermeister *Unglaube*, Herr *Vergiss-Gutes* nebst ihrem wackern Herrn *Wille* unter Schaddai Gouverneur der Stadt, der Burg und der Tore von Menschen-Seele bleiben. 2. Es soll niemand, der jetzt unter ihrem großen Riesen Diabolus dient, durch Schaddai aus seinem Haus, seiner Freistätte, verdrängt werden. 3. Allen Bewohnern der Stadt Menschen-Seele soll der Besitz und Genuss der Rechte, Privilegien und Freiheiten, die sie nun schon so lange unter der Regierung ihres Königs Diabolus genossen hatten, aufs Neue zugesichert werden. 4. Kein neues Gesetz, kein neuer Beamter und Richter sollte irgendwelche Macht und Gewalt über sie haben, wenn sie nicht ihre Zustimmung dazu geben.»Dieses sind unsere Vorschläge«, sagten sie, »und nur auf diese Bedingungen können wir uns eurem König unterwerfen[5].«

Der Welt rein ab und Christus an, so ist die Sache recht getan.

Als die königlichen Feldherren dieses schamlose Anerbieten[6] der

---

4   Ps. 7, 13. 14: Will man sich nicht bekehren, so hat er sein Schwert gewetzt und seinen Bogen gespannt und zielt und hat darauf gelegt tödliche Geschosse; seine Pfeile hat er zugerichtet, zu verderben.

5   2. Kor. 6, 15: Wie stimmt Christus mit Belial? Oder was für ein Teil hat der Gläubige mit dem Ungläubigen? Matth. 6, 24.

6   2. Tim. 2, 19: Aber der feste Grund Gottes besteht und hat dieses Siegel: Der Herr

Stadt Menschen-Seele vernommen, richteten sie durch ihren Feldoberst Boanerges folgende Worte an die Stadt: »O ihr Einwohner der Stadt Menschen-Seele! Als der Stoß eurer Trompete in meine Ohren drang, der uns zu einer Verhandlung mit euch einlud, schlug mir vor Freude das Herz, und als ihr euch gar geneigt erklärtet, euch unserm König und Herrn unterwerfen zu wollen, da durchströmte mich doppelte Freude. Als ich aber eure trügerischen Bedingungen vernahm, durch die ihr nur euren Bund mit dem Teufel sichern wollt, da verwandelte sich meine Freud ein unbegrenzten Schmerz, und meine aufglimmende Hoffnung auf eure Umkehr ist zuschanden geworden. Ich sehe, dass der alte Bube *Sicherheit*, dieser Erzfeind von Menschen-Seele, jene stolzen Bedingungen aufgesetzt hat, die ihr uns als Grundlage für eine Übereinkunft vorschlagt; allein es will sich für einen, der erklärt, im Dienst Schaddais zu stehen, nicht geziemen, auch nur darauf zu hören. Wir verachten und verwerfen daher einmütig und mit dem höchsten Abscheu solche Vorschläge als den Ausfluss der größten Gottlosigkeit. Doch, Menschen-Seele, wenn ihr euch uns oder vielmehr dem König, unserm Herrn, von ganzem Herzen übergeben wollt und es ihm überlassen, die Bedingungen zu stellen, unter denen ihr Gnade und Vergebung empfangen sollt, so versichere ich euch, sie werden derart sein, dass sie nur auf euer wahres Wohl abzielen, und wir wollen euch freundlich die Hand reichen. Könnt und wollt ihr das aber nicht, dann stehen die Sachen, wie sie zuvor standen, und wir werden dann wissen, was wir zu tun haben.«

Der Unglaube will die Bekehrung verhindern und preist seine Macht.[7]

Da schrie der alte *Unglaube*, der Oberbürgermeister, aus vollem Hals: »Ei, sagt mir doch, würde nicht der, der seinen Feinden ein-

---

kennt die Seinen; und: Es trete ab von Ungerechtigkeit, wer den Namen des Herrn nennt.

7   Eph. 5, 6: Lasset euch von niemand verführen mit nichtigen Worten; denn um dieser Dinge willen kommt der Zorn Gottes über die Kinder des Ungehorsams.

mal entronnen ist, höchst töricht handeln, wenn er ihnen sein gutes Schwert wieder in die Hand gibt, zumal er nicht einmal weiß, wer sie sind? Ich meinesteils werde mich auf so unsichere und maßlose Bedingungen niemals ergeben. Kennen wir denn die ganze Denk- und Handlungsweise ihres Königs? Es sagen einige: er würde gleich im Zorn gegen seine Untertanen entbrennen, wenn sie auch nur zufälligerweise ein Haar breit von seinen Vorschriften abweichen. Andere behaupten sogar, er fordert von ihnen viel mehr, als sie je leisten können. Darum, liebe Menschen-Seele, überlege es wohl, was du bei diesem Handel aufs Spiel setzt. Übergebt ihr euch einmal, so ergebt ihr euch einem andern und werdet dann nicht mehr eure eigenen Herren sein. Und übergebt ihr euch selbst blindlings und unbedingt *seiner* Macht, so ist es vollends eine Torheit; denn er kann mit euch machen, was er will. Wisst ihr denn, ob dieser König euch nicht alle dem Untergang weihen und aus seinem eigenen Land ein neues Volk hierher senden wird, damit es diese Stadt bewohnt?«

Diese Rede des Oberbürgermeisters vernichtete geradezu alle Hoffnungen auf einen gütlichen Vergleich. Daher kehrten denn auch die Feldherren stehenden Fußes zu ihren Laufgräben, ihren Zelten und Leuten zurück. Der Oberbürgermeister aber begab sich in die Burg zu seinem König. Diabolus hatte auch schon ängstlich auf seine Rückkehr gewartet, denn er hatte vernommen, dass die Verhandlungen schon weit vorgeschritten wären. Als daher der Oberbürgermeister in das Staatszimmer eingetreten war, empfing ihn Diabolus sehr freundlich mit den Worten: »Willkommen, verehrter Herr! Wie sind die Sachen heute zwischen euch abgelaufen?« Herr *Unglaube* machte eine tiefe Verbeugung und erstattete mit vieler Selbstgefälligkeit einen ausführlichen Bericht, besonders über seine Reden. Das war eine frohe Kunde für Diabolus, und hocherfreut sprach er zu ihm: »Mein Herr Oberbürgermeister, mein treuer *Unglaube!* Mehr als zehnmal habe ich bereits deine Treue erprobt und noch nie etwas Falsches an dir entdeckt. Ich verspreche dir daher, sobald wir nur erst einmal diese Widerwärtigkeit hinter uns haben, ich will dich zu einem hohen Ehrenposten erheben, zu einem Ehrenamt, das das eines Oberbürgermeisters in Menschen-Seele weit übertrifft. Als mein erster Minister sollst du der Nächste nach mir sein. Alle Völker sollen unter deine Hand getan werden, ja du sollst sie so in der Gewalt haben, dass sie dir nicht widerstehen können (Eph. 2, 2). Auch sollen die von unseren Gefolgsleuten, die dir unterstellt sind, größere Freiheit erhalten.« Nach diesen Worten trat der Oberbürgermeister aus dem Empfangszimmer des Diabolus mit einem Gefühl restloser Befriedigung. Daher ging er mit stolzen Schritten hinab in seine Wohnung und weidete sich an überspannten Hoffnungen seiner zukünftigen Größe und Allmacht.

Der gute Rat des Verstandes und des Gewissens[8]

Jetzt war er aber doch noch nicht am Ziel. Denn während er im Schloss seines Fürsten die vermeintliche Siegesnachricht verkündigte, hatten der frühere Bürgermeister, Herr *Verstand*, und der ehemalige Syndikus, Herr *Gewissen*, erfahren, was am Ohrtor vorgefallen war. (Man hatte sie von jener Verhandlung ausgeschlossen, weil man fürchtete, sie möchten zugunsten der belagernden Feldherren Unruhe in der Stadt anrichten.) Das erfüllte sie mit tiefem Kummer.

Sie traten alsbald mit einigen der Vornehmsten der Stadt zu einer Beratung zusammen, und es wurde ihnen nicht schwer, auch diese davon zu überzeugen, wie berechtigt die Forderungen der Generäle waren und welche schlimmen Folgen daraus entstehen könnten, wenn man der Rede des alten *Unglaube* Folge leistet. Er habe ja die Bevollmächtigten des Königs geradezu der Unwahrheit und Verräterei bezichtigt; ja, den König selbst griff er aufs Frechste an, indem er sagte, er gehe damit um, die Stadt der völligen Vernichtung preiszugeben; obwohl der König immer aufs Neue beteuerte, er wolle ihr, wenn sie sich unterwirft, nichts als Gnade erweisen.

---

8   Eph. 5, 15-17: So sehet nun wohl zu, wie ihr wandelt, nicht als Unweise, sondern als Weise.

Erkenntnis der Wahrheit und heilsame Bekümmernis um der Seelen Seligkeit[9]*. Apg. 9, 6*

Solche Worte verfehlten ihre Wirkung nicht. Nach und nach kam alles Volk zu der Überzeugung, der alte *Unglaube* habe es schändlich hintergangen und könne es noch an den Rand des Verderbens bringen. Erst traten Einzelne zusammen, dann sammelten sich an allen Plätzen und Straßenecken ganze Haufen. Ein dumpfes Murmeln ging durch Menschen-Seele, bald aber brach es laut hervor, man rief: »O die tapfern Feldherren Schaddais! Wollte Gott, wir wären unter der Herrschaft dieser Edlen und ständen unter dem Zepter ihres Königs selbst!«

Der alte Unglaube tritt in Kampf mit dem erleuchteten Verstand und dem erwachten Gewissen.[10]

Als Herr Oberbürgermeister *Unglaube* von dem Aufruhr hörte, der in Menschen-Seele entstanden war, kam er eilend hinab, um das Volk zu stillen, und wähnte in seiner Selbstgefälligkeit, die Bewegung allein dadurch dämpfen zu können, dass er seine breite Stirn zeigte und sein Auge Feuer sprühen ließ. Allein als ihn das Volk sah, stürmte es auf ihn ein und hätte ihm ohne Zweifel auch ein Leid getan, wenn er sich nicht so schnell als möglich in sein Haus geflüchtet hätte. Aber auch dahin verfolgte ihn die aufgeregte Menge und machte einen Angriff auf das Haus in der Absicht, es ihm über den Kopf zu stürzen. Aber das Haus spottete durch seine Festigkeit ihrer Angriffe[11], und dadurch bekam denn auch Herr *Unglaube* wieder Mut, von einem Fenster aus seine beliebten Reden und Disputationen zu beginnen. »Woher denn«, rief er, »all dieser Lärm heute?« Aber *Herr Verstand* fiel ihm gleich ins Wort

---

9   2. Kor. 7, 9-11: So freue ich mich doch jetzt nicht darüber, dass ihr seid betrübt worden, sondern darüber, dass ihr seid betrübt worden zur Reue. Denn ihr seid ja betrübt worden nach Gottes Sinn.

10   Gal. 5, 17: Denn das Fleisch streitet wider den Geist und der Geist wider das Fleisch. Dieselben sind widereinander, dass ihr nicht tut, was ihr wollt. Röm. 7, 14. 15.

und sagte:»Du fragst noch? Wer anders ist denn schuld daran als du und dein Sippschaft? Warum zogt ihr Herrn *Gewissen* und mich nicht in den Rat? Warum legtet ihr den Hauptleuten solche Friedensbedingungen vor, die sie gar nicht annehmen konnten, ohne ihren König zu verraten? Eine Frechheit war's zu verlangen, dass Menschen-Seele ganz nach ihrem Gefallen und ihrer Lust in aller Sünde und Gottlosigkeit unter Schaddai fortleben sollte. Das hieß doch nichts anderes als: In Wirklichkeit bleibt Diabolus hier König, und Schaddai mag derweil ein elender Scheinkönig sein! Warum verdarbst du, als uns die Hauptleute im Namen ihres Königs Wohlwollen und Gnade verhießen und die Stadt schon bereit war, den Frieden anzunehmen, alles wieder durch deine unzeitigen, gottlosen und verführerischen Reden?« Da schrie *Unglaube* wieder, und noch lauter als zuvor (denn das Schreien war seine beste Waffe):»Verrat! Verrat! Zu den Waffen! Zu euern Waffen, ihr alle, die ihr euch als treue Freunde zu Diabolus in Menschen-Seele halten wollt!« Aber ruhig erwiderte *Verstand:*»Stelle dich noch so ungehalten, mache was du willst, es bleibt doch dabei, du hast die Hauptleute des erhabenen und gütigen Schaddai schändlich behandelt!« *Unglaube:*»Was das für ein Geschwätz ist! Was ich sagte, das sagte ich für die rechtmäßige Regierung unseres Fürsten und zur Beruhigung der Stadt, die du heute durch deine gesetzwidrigen Handlungen in Aufruhr bringst!«

Jetzt trat auch der alte Syndikus Herr *Gewissen* herzu und sagte: »Ganz ungeziemend ist solche Erwiderung auf das, was Herr *Verstand* gesprochen hat. Er hat die Wahrheit gesagt. Du aber bist ein Feind von Menschen-Seele. Lass ab von deiner frechen, vermessenen Sprache, durch die du nicht allein die königlichen Hauptleute aufs Höchste beleidigt hast, sondern auch Menschen-Seele in Gefahr und Unglück bringst! Hättest du dich in die Bedingungen gefügt wie wir, so wäre der Trompetenschall und Kriegslärm längst

---

11 Luk. 18, 8: Ich sage euch: Er wird ihnen ihr Recht schaffen in Kürze. Doch wenn des Menschen Sohn kommen wird, meinest du, er werde den Glauben finden auf Erden?

um Menschen-Seele her verstummt. Deine Torheit und Frechheit ist's, dass wir noch lange den ersehnten Frieden entbehren.« »Ich schwöre dir zu«, rief Unglaube in seiner gewohnten Weise wieder, »ich werde diese deine Botschaft vor Diabolus bringen, und da soll dir eine Antwort werden, wie du sie nicht wünschst. Mittlerweile werden *wir* festhalten, das Beste der Stadt zu suchen, und dich nicht erst um Rat fragen.«

Verstand aber erwiderte: »Höre die Wahrheit! Dein Fürst wie ihr alle habt gar kein Recht in der Stadt Menschen-Seele. Ihr seid nicht in ihr geboren. Mit List und Gewalt seid ihr eingedrungen, verräterische Fremdlinge. In unabsehbare Not habt ihr uns gebracht, und wer steht uns dafür, dass, wenn diese Not aufs Höchste gestiegen, ihr uns treulos verlassen und allein für euch sorgen werdet! Ihr würdet es sogar fertig bringen, unsere Stadt in Brand zu stecken, im Rauch euch auf einmal unsichtbar zu machen, durch das Feuer euch zu eurer Flucht leuchten zu lassen und uns in unserem Unglück noch grausam zu verspotten.« Darauf wusste Unglaube nun wieder nichts anderes zu entgegnen als nichts sagende und ohnmächtige, aber desto wütendere Drohungen[12].

Nach hartnäckigem Kampf scheint doch das Böse wieder die Oberhand zu gewinnen[13].

Während diese Herren so harte Worte miteinander wechselten, stiegen Herr *Wille*, Herr *Vorurteil* und der alte *Sicherheit* von den Wällen und Toren der Stadt hernieder, mit ihnen auch noch einige Ratsherren und Bürger, um die Ursache dieses Lärms zu erfahren. Da entstand nun aber ein solches Durcheinanderreden, dass man

---

12   2. Petr. 2, 17. 18: Das sind Brunnen ohne Wasser und Wolken, vom Windwirbel umgetrieben. Ihr Teil ist die dunkelste Finsternis. Denn sie reden stolze Worte, da nichts hinter ist, und reizen durch Unzucht zur fleischlichen Lust diejenigen, die kaum entronnen waren denen, die im Irrtum wandeln.
13   Röm. 7, 14-24: Ich elender Mensch! Wer wird mich erlösen von dem Leibe dieses Todes?

nichts deutlich vernehmen konnte und schließlich »Ruhe!« geboten werden musste. Diese Gelegenheit benutzte aber der alte Fuchs *Unglaube* und sagte: »Es stehen hier ein paar mürrische, verdrießliche Geister *(verdrießliche Leute müssen die Gläubigen immer heißen)*, die, als eine Frucht ihrer bösen Laune und, wie ich befürchte, auf den Rat eines gewissen Herrn *Missvergnügen*, heute diesen Lärm und Auflauf gegen mich zusammentrommeln, ja es sogar versucht haben, die Stadt zum offenen Aufruhr gegen unsern Fürsten zu verleiten.« Bei diesen Worten standen alle anwesenden Diabolianer auf, um die Wahrheit dieser Aussage zu bekräftigen. Als nun aber die Anhänger des Herrn *Verstand* und *Gewissen* bemerkten, dass diese beiden leicht den kürzern ziehen würden, weil der Haufe auf der andern Seite immer mehr anschwoll, kamen sie zu Hilfe, und so standen sich beide Seiten in ziemlicher Anzahl gegenüber. Da wollten nun die, die es mit dem Herrn *Unglaube* hielten, man solle die beiden alten Herren augenblicklich ergreifen und ins Gefängnis abführen, was jedoch die andere Partei verhinderte. Beide Teile erhoben und rühmten jetzt die Ihren. Die Diabolianer den alten *Unglauben*, den *Vergiss-Gutes,* die neu erwählten Ratsherren und ihren großen Diabolus; und die andere Partei Schaddai, seine Gesetze und Hauptleute, ihre Milde und Barmherzigkeit und ihre Friedensvorschläge. Endlich kam es von Worten zu Tätlichkeiten, und von beiden Seiten gab es harte Stöße. Der ehrwürdige alte Herr *Gewissen* wurde von einem Diabolianer namens *Übertretung* zweimal zu Boden geschlagen; und der Herr *Verstand* würde gar erschossen worden sein, hätte der, der ihn aufs Korn nahm, besser gezielt. Aber auch auf der andern Seite ging's nicht ohne Verlust ab. Einem gewissen Diabolianer namens *Brausekopf* wurde von einem Herrn *Gemütlich*, einem Anhänger des Herrn *Wille,* das Gehirn eingeschlagen. Und es war ein komischer Anblick, wie der alte *Vorurteil* so derbe Genickstöße bekam, dass er endlich in den Schmutz niedertaumelte. Denn obgleich er einige Zeit vorher zum Hauptmann über eine Kompanie von Diabolianern, zum großen Nachteil der bessern Städter, befördert worden war, so bekamen sie ihn jetzt doch unter ihre Füße, und einige von den Leuten des

Herrn *Verstand* zerbrachen ihm seine Krone. *(Wenn man die schlimmen Folgen der Sünde erfährt, schwinden die bösen Vorurteile.)* Auch Herr *Allesgleich* hatte sich munter und kräftig mit in diesen Streit gemischt; doch beide Seiten waren gegen ihn, da er keinem Treue bewies. Gleichsam zum Lohn für sein bisheriges zweideutiges Benehmen wurde ihm ein Bein gebrochen, und der, der es tat, hätte lieber gesehen, es wäre sein Genick gewesen. Sehr auffallend war aber allen das Benehmen des Herrn *Wille* während des ganzen Vorgangs; denn er blieb ganz gleichgültig. Er neigte sich weder entschieden auf die eine noch auf die andere Seite. Man bemerkte nur, dass ein wohlgefälliges Lächeln seinen Mund umspielte, als er sah, wie der alte *Vorurteil* im Schmutz umhergezogen wurde. Dasselbe war auch der Fall, als Herr *Allesgleich* an ihm vorüberhinkte, und er schien gar keinen Anteil an dessen Unglück zu nehmen. Leider gewannen aber die Diabolianer am Ende doch die Oberhand, sodass Diabolus die Herren *Verstand* und *Gewissen* in seine Gewalt bekam und sie als die Rädelsführer ins Gefängnis werfen ließ. Und damit war die Ruhe in der Stadt wiederhergestellt. Diabolus glaubte sich alle Härte gegen die beiden Gefangenen erlauben zu dürfen, ja er ging sogar mit dem Plan um, sie ganz aus dem Weg zu räumen. Nur hinderte ihn noch das Kriegsgetümmel daran, das an allen Toren von neuem sich hören ließ. Doch davon müssen wir jetzt Näheres berichten.

8. Kapitel

Die königlichen Feldherren beraten sich und bitten Schaddai um Unterstützung. Zur Freude der Armee tritt Immanuel an ihre Spitze.

Als sich die königlichen Befehlshaber wieder vom Ohrtor in ihr Lager zurückgezogen hatten, beriefen sie einen Kriegsrat, um die weiteren Schritte in Erwägung zu ziehen. Da waren nun einige der Meinung, man solle sogleich wieder umkehren und die Stadt mit aller Macht angreifen. Allein der größere Teil meinte doch, man müsse mit Menschen-Seele gerade jetzt glimpflicher umgehen. Offenbar seien etliche auf andere Gedanken gekommen und sehr geneigt, den Frieden anzunehmen. Wenn man jetzt allzu hart gegen sie verführe, so wäre zu befürchten, dass sich ihre Herzen wieder verschließen, was doch ein großer Schaden wäre[1].

Neue Angebote der Gnade an die verblendeten Sünder[2]

Dem letzten Rat gaben sie sämtlich Beifall, und ein Trompeter wurde mit dem entsprechenden Auftrag abgeschickt. Er eilte zum Ohrtor und stieß in die Posaune. In großer Menge erschienen die Einwohner auf den Wällen der Stadt, und der Bote Schaddais sprach zu ihnen: »Du unbeständige und beklagenswerte Stadt Menschen-Seele! Es schien ja, als wolltest du dich zu uns wenden. Warum hast du dich wieder betören lassen? Warum glaubst du den Lügen des Diabolus mehr als den goldenen Zusicherungen des treuen Schaddai? Wenn er euch seiner mächtigen Hand unterworfen haben wird, denkt ihr, dass das Andenken an diese eure Torheit euch Trost bringen wird? Oder meint ihr gar, dass ihr ihm auf die Länge widerstehen werdet? Ist es etwa Furcht, dass er euch bittet? Oder meint ihr, ihr seid stärker als er? Schaut auf gen Himmel! Könnt ihr die Sonne in ihrem Lauf wenden oder des Mondes Licht auslöschen? Könnt ihr die Sterne zählen oder etwa einen Stern vom Himmel reißen? Vermögt ihr dem Wasser des Meeres zuzurufen, dass es den Abgrund bedeckt? Oder könnt ihr die Herzen ergründen, die Niedrigen erheben und den Gewaltigen vom Thron stürzen und einen Ring ihm an die Nase legen

---

1   Jes. 42, 3: Das geknickte Rohr wird er nicht zerbrechen, und den glimmenden Docht wird nicht auslöschen. 2. Kor. 5, 11; 10, 1. 2.

2   Jer. 3, 12: Kehre zurück, du abtrünniges Israel, spricht der Herr, so will ich nicht zornig auf euch blicken. Hosea 14, 2-6; 2. Petr. 3, 9.

und ein Gebiss ins Maul? (2. Kön. 19, 28). Im Namen dieses erhabenen, über alles mächtigen und gewaltigen Herrn fordere ich euch abermals auf, jeden Widerstand aufzugeben und euch seinen Feldherren zu unterwerfen.«

Der Eindruck dieser Rede war unverkennbar. Bestürzung ergriff viele, und es war nahe daran, dass sie reuig zu ihrem König zurückkehrten. Kaum aber bemerkte dies Diabolus, als er dazwischenfuhr und Menschen-Seele so anredete:»Wenn das, was dieser zudringliche Abgesandte von der Macht und Größe seines Königs gesagt hat, wahr ist, was werdet ihr unter seiner Schreckensregierung zu leiden haben! Obgleich er noch weit von euch weg ist, so zittert ihr schon vor ihm! Wie vertraulich gehe ich, euer Fürst, mit euch um, und ihr spielt mit mir, wie ein Kind mit einer Heuschrecke spielt[3]! Seht doch, in welchem schmählichen Joch die Untertanen Schaddais überall seufzen, keinen Fuß dürfen sie regen, keine Hand bewegen ohne seinen tyrannischen Willen. Unglücklichere Menschen gibt es nicht auf dem ganzen Erdboden. So wird er euch unter die Füße treten. Welche Vorrechte und Freiheiten habe ich euch verliehen! Was hätte ich euch je verwehrt? Was euch gelüstete, ihr durftet es tun! Noch liegt der Würfel in eurer Hand! Lasst euch die edle Freiheit nicht rauben. Ihr habt einen Fürsten, der sie schützen wird. Menschen-Seele, lass nicht von mir, ich lasse nicht von dir!« (2. Tim. 2, 26).

Die Sünder verzweifeln an der Menge ihrer Sünden und werden darum aufs Neue eine Beute des Satans. Matth. 27, 5

Leider war auch diese bestrickende Rede des Satans nicht ohne Wirkung auf die arme, schwache, unbeständige Menschen-Seele. Wie das Korn im Sieb wurden sie hin- und hergerüttelt zwischen

---

3   Sirach 21, 2. 3: Fliehe vor der Sünde wie vor einer Schlange; denn wenn du ihr zu nahe kommst, so sticht sie dich. Ihre Zähne sind wie Löwenzähne und töten den Menschen.

Furcht und Hoffnung, Freude und Bangen. Sie wussten nicht, wie sie aus den Zweifeln herauskommen sollten, und versanken zuletzt in Verzweiflung[4]. So konnte Satan mit ihnen machen, was er wollte. Am Ende ließen sie es wirklich geschehen, dass die Diabolisten den Abgesandten der königlichen Feldherren rundweg erklärten: »Wir sind fest entschlossen, unserem Fürsten unverbrüchlich anzuhangen, und würden eher sterben als uns Schaddai ergeben[5]. Jede weitere Aufforderung ist unnütz und vergeblich.« Und doch war die Liebe und die Geduld der Feldherren Schaddais noch nicht erschöpft. Sie dachten immer wieder daran, dass sie zur Rettung von Menschen-Seele von ihrem König gesandt sind, und erließen noch einmal eine Aufforderung an die Stadt, aber dringender und ernster als die vorige. Doch im selben Maß wurde Menschen-Seele verstockter, und es ging an ihr in Erfüllung, was geschrieben steht: Wenn man sie jetzt ruft, so wenden sie sich davon (Hos. 11, 2).

Die Diener Gottes fahren in ihrer Arbeit fort, obwohl sie keinen Erfolg sehen, suchen aber eine andere Hilfe und bitten desto inniger zu Gott.[6]

Damit war es klar, dass ein anderer Weg zur Wiedergewinnung von Menschen-Seele eingeschlagen werden musste. Die Feldherren traten daher zu einer neuen Beratung über die Maßnahmen zusammen, die jetzt zu ergreifen waren. Einer gab diesen, der an-

---

4 Klagel. 1, 14: Schwer ist das Joch meiner Sünden; durch seine Hand sind sie zusammengeknüpft. Sie sind mir auf den Hals gekommen, sodass mir alle meine Kraft vergangen ist. Der Herr hat mich in die Gewalt derer gegeben, gegen die ich nicht aufkommen kann.

5 Matth. 27, 5: Und er warf die Silberlinge in den Tempel, hob sich davon, ging hin und erhängte sich selbst.

6 2. Kor. 3, 4. 5: Ein solch Vertrauen aber haben wir durch Christus Gott. Nicht dass wir tüchtig sind von uns selber, etwas erdenken als von uns selber; sondern dass wir tüchtig sind, ist von Gott. Jes. 40, 31.

dere jenen Rat. Endlich aber erhob sich der Feldhauptmann *Über-zeugung* und sprach:»Meine Brüder! Es ist zunächst unbestreitbar unsere Pflicht, den uns von Schaddai erteilten Befehl, die Stadt zu belagern, so lange auszuführen, bis wir sie eingenommen haben. Wir ziehen uns daher nicht zurück, sondern lassen unsere Wurf-maschinen weiter gegen die Mauern der Stadt spielen (Apg. 18, 9), sodass sie Tag und Nacht nicht zur Ruhe kommt. Dadurch wird wenigstens dem zunehmenden Aufruhr gewehrt; selbst ein Löwe kann durch unausgesetzte Ängstigungen niedergehalten wer-den. Weil es aber offenbar ist, dass wir allein das Werk nicht zu Ende bringen werden[7], so wollen wir unsere Lage unserm König Schaddai offen vertrauensvoll schildern[8] und ihn bitten, er möge uns verzeihen, dass wir bis jetzt noch keine bessern Erfolge erzie-len konnten. Außerdem wolle er uns neue Hilfstruppen senden und an die Spitze dieser neuen Streitkräfte einen ausgezeichneten Heerführer stellen, der uns mit Rat und Tat beisteht, sodass die gewonnenen Vorteile uns nicht verloren gehen und endlich die völlige Bezwingung der Stadt zustande gebracht wird.«

Diesem Vorschlag des Hauptmanns *Überzeugung* stimmten alle wie *ein* Mann zu. Sogleich wurde die vorgeschlagene Bittschrift an Schaddai aufgesetzt, die so lautete:»Allergnädigster, allerheiligs-ter König, Herrscher über die Welt, Bildner und Erbauer der Stadt Menschen-Seele! Allererhabenster Herrscher! Auf deinen Befehl haben wir unser Leben in Gefahr begeben und auf dein Gebot ei-nen Krieg gegen die berühmte Stadt Menschen-Seele unternom-men. Als wir vor sie rückten, taten wir nach dem uns gegebenen Befehl und legten ihr zuerst Friedensbedingungen vor. Aber sie verachteten unsern wohlgemeinten Rat, setzten sich leichtsinnig über unsere ernstlichen Vorstellungen hinweg, verschlossen sogar ihre Tore und verweigerten uns hartnäckig den Zutritt zu ihrer Stadt (Sach. 7, 1013). Ja, sie richteten selbst ihre Kanonen auf uns,

---

7   Röm. 9, 16: So liegt es nun nicht an jemandes Wollen oder Laufen, sondern an
     Gottes Erbarmen.
8   Ps. 142, 3: Ich schütte meine Klage vor ihm aus und zeige an vor ihm meine Not.

machten Ausfälle und fügten uns allen nur möglichen Schaden zu[9]. Doch auch wir haben sie geängstigt mit Lärm und Sturmlauf einmal über das andere und haben ihnen damit vergolten nach Gebühr. Dadurch haben wir bereits manchen Vorteil über die Stadt erreicht. Um nun von diesen Errungenschaften nichts zu verlieren, halten wir die Stadt fortwährend eingeschlossen und werden sie auch ferner in Angst und Aufregung erhalten. Wir beklagen jedoch sehr, dass wir nicht *einen* wahren Freund in der Stadt haben, der unsere Aufforderungen unterstützt hätte. Kein Einwohner hatte ein Wort für unsern König. Darum bleibt denn auch Menschen-Seele immer noch in einem Zustand der Empörung gegen dich[10]. Und nun, König aller Könige, verzeihe in Gnade, dass wir bis jetzt noch nichts Erheblicheres gegen die Stadt haben ausrichten können; sende uns neue Streitkräfte und stelle einen ausgezeichneten Feldherrn an die Spitze, damit die Stadt unterworfen werde und dich lieben und fürchten möge. Nicht deshalb lassen wir diese alleruntertänigste Bitte vor deinen Thron gelangen, als wollten wir uns den Mühsalen und Beschwerden des Krieges entziehen (Apg. 20, 24), sind wir doch entschlossen, lieber unsere Gebeine vor dem Ort ins Grab legen zu lassen, als ihn aufzugeben, sondern nur, dass die Stadt Menschen-Seele dem Zepter deiner Majestät wieder unterworfen werde. Amen.«

Durch den Sohn Gottes wird die Bitte der Gläubigen vor Gott vertreten und erhört.

Diese Bittschrift wurde eiligst durch die Hand eines zuverlässigen Mannes namens *Liebe-zu-Menschen-Seele* an den König gesandt.

---

9   Matth. 22, 5. 6: Aber sie verachteten das und gingen hin, einer auf seinen Acker, der andere zu seiner Hantierung; etliche aber griffen seine Knechte, höhnten und töteten sie.

10   Ps. 14, 3: Sie sind alle abgewichen und allesamt verdorben; da ist keiner, der Gutes tut, auch nicht einer.

Von diesem wurde sie, wie es auch recht und billig war, zunächst dem Sohn des Königs übergeben[11]. Er las sie und fügte nur noch einige verbessernde Zusätze bei. In dieser Gestalt legte er sie in die Hände seines Vaters nieder und empfahl sie ihm durch seine kräftige Fürsprache[12].

Der König nahm die Bittschrift mit Wohlgefallen entgegen, da sie von seinem geliebten Sohn so kräftig unterstützt wurde. Mit Wohlgefallen vernahm er auch, dass seine Getreuen Mut und Ausdauer vor Menschen-Seele bewiesen und dadurch auch schon einige Vorteile erlangt hatten. Dann berief er seinen Sohn *Immanuel* (Jes. 7, 14) zu einer besonderen Besprechung. Der bekundete gleich beim Eintreten seinen willigen Gehorsam und sprach:»Hier bin ich, mein Vater!« Der König aber erwiderte:»Du kennst so gut wie ich den Zustand der Stadt Menschen-Seele, mein Sohn, und die Beschlüsse, die wir zu ihrer Rettung gefasst haben (Eph. 1, 4; Jes. 43, 24. 25; 2. Kor. 5, 1921), weißt auch, was du schon getan hast, um sie zu erlösen. Komm nun, mein Sohn, und schick dich selbst zum Krieg an, denn du sollst in das Lager vor der Stadt Menschen-Seele ziehen. Du sollst dort auch Erfolg haben, die Oberhand behalten und die Stadt Menschen-Seele gewinnen[13].« Hocherfreut sprach darauf der Sohn:»Deinen Willen tue ich gern, und dein Gesetz hab ich in meinem Herzen (Ps. 40, 9; Hebr. 10, 7). Dies ist der Tag, nach dem ich mich schon längst sehnte, und das Werk, das ich schon längst auszuführen brannte. Ich will hinziehen und die dem Untergang entgegeneilende Stadt Menschen-Seele von Diabolus und seiner Gewalt erretten (1. Joh. 3, 8). Oft blutete mir mein Herz beim Anblick ihres unbeschreiblichen Jammers. Kein Opfer soll mir für sie zu groß sein. Und mit Freuden danke ich es dir, mein Vater, dass du mich zum Herzog ihrer Seligkeit bestimmt hast (Hebr. 2, 10). Jetzt will ich anfangen alle zu plagen, die

---

11   Joh. 14, 6: Niemand kommt zum Vater denn durch mich.
12   1. Joh. 2,1.2: Und ob jemand sündigt, so haben wir einen Fürsprecher bei dem Vater, Jesus Christus, der gerecht ist. Und derselbe ist die Versöhnung für unsre Sünden, nicht allein aber für die unsren, sondern auch für die der ganzen Welt.

ihr zur Plage wurden, und meine Stadt Menschen-Seele erlösen aus ihrer Hand.«

Mit Blitzesschnelle verbreitete sich die Kunde von diesen Worten Immanuels am Hof des Königs, und sie wurden der einzige Gegenstand aller Gespräche. Man kann sich keine Vorstellung davon machen, wie besonders alle hohen Hofbeamten von diesem Entschluss des Fürsten begeistert wurden. Der höchste Würdenträger des Königreichs (der Engel Gabriel: Dan. 9, 21-27; Luk. 1, 26-38; 2, 9-14) eilte gleich herzu und bat den Fürsten dringend, seine Dienste anzunehmen in diesem heiligen Krieg, wo es nichts Geringeres gelte, als Menschen-Seele zu erretten. Und so sprachen alle.

Aber die treuen Feldherren vor der Stadt sollten gleich von dem so überaus glücklichen Erfolg ihrer Bittschrift Nachricht erhalten, damit sie keinen Augenblick länger zweifelten. Wie Läufer flogen die Boten Schaddais sogleich hinaus in das Lager. Als die Feldherren im Lager aber hörten, dass der König seinen eigenen Sohn senden wolle und dass Immanuel in heiliger Liebe brenne, den Willen seines Vaters auszuführen, erhoben sie ein Freudengeschrei, dass die Erde bei diesem Schall erbebte und die Berge das Echo wiedergaben. Diabolus' Thron aber wankte.

Doch Menschen-Seele wurde von allen diesen Vorgängen wenig berührt, denn die Menschen waren in ihrer fleischlichen Sicherheit und geistigen Blindheit wie betäubt und jagten in ihrem Taumel nur ihren Lüsten nach. Diabolus war ja noch ihr Beherrscher, und er versäumte auch keine Vorsichtsmaßnahme, seine Herrschaft zu sichern. Überall hatte er seine Spione, die ihm Kunde brachten von allem, was vorfiel. Sie berichteten ihm denn auch bald, dass Immanuel in kurzem mit großer Macht über ihn hereinbrechen werde. Das traf ihn wie ein Blitz. Im ganzen Reich gab es nicht *einen* Mann, den er so gefürchtet hätte wie diesen Prinzen, dessen Hand er ja auch schon schwer gefühlt hatte (1. Mose 3, 15; 1. Joh. 3, 8; Hebr. 2, 14. 15).

---

13   1. Kor. 15, 57: Gott aber sei Dank, der uns den Sieg gibt durch unsern Herrn Jesus Christus. Jes. 53, 10-12.

Der Sohn Gottes erscheint, die Werke des Teufels zu zerstören und die Gefangenen zu erlösen[14]

Als aber die für *Immanuel* von seinem Vater festgesetzte Zeit zur Ausführung des großen Liebesrates herangerückt war (Gal. 4, 4. 5), schickte er sich zum Aufbruch gegen Menschen-Seele an. Fünf tapfere Hauptleute samt ihren Scharen standen aber für seinen Wink bereit.

Der Erste war jener weit und breit berühmte Hauptmann *Glaube,* dem eine rote Fahne übergeben worden war, die Herr *Verheißung* trug. Als Wappen führte er das heilige Lamm und den goldenen Schild (Joh. 1, 29; Eph. 6, 16). Und unter seinem Befehl standen zehntausend Mann. Der Zweite war der berühmte Hauptmann *Gute-Hoffnung* mit blauer Fahne. Sein Fahnenträger war Herr *Erwartung,* und zum Wappen hatte er drei goldene Anker (Hebr. 6, 19).

Auch er, wie jeder der fünf Hauptleute, befehligte zehntausend Mann. Der Dritte war der starke und tapfere Hauptmann *Liebe,* dessen Fahnenträger Herr *Mitleid* hieß. Seine Fahne war grün, und in seinem Wappen standen drei nackte Waisen, die an das Herz gedrückt werden (1. Kor. 13). Der Vierte war der liebenswürdige und rüstige Hauptmann *Unschuld.* Sein Fahnenträger war Herr *Arglos.* Er hatte eine weiße Fahne und als Wappen drei goldene Tauben (Matth. 10, 16). Der Fünfte war der unerschütterlich treue und von jedem geliebte Hauptmann *Geduld.* Sein Fahnenträger war Herr *Langmut,* der trug eine schwarze Fahne, und sein Wappen bildeten drei Pfeile, die durch ein goldenes Herz gehen.

Dieses waren die Hauptleute, mit denen sich Immanuel gegen Menschen-Seele in Marsch setzte. Hauptmann *Glaube* führte den Vor- und Hauptmann *Geduld* den Nachtrab. Die drei andern bildeten mit ihren Mannschaften den Kern der Armee. Der Prinz selbst

---

14   Luk. 11,22: Wenn aber ein Stärkerer über ihn kommt und überwindet ihn, so nimmt er ihm seinen Harnisch, darauf er sich verließ, und teilt den Raub aus. 1. Joh. 3, 8; Hebr. 2, 14. 15.

aber fuhr in seinem Wagen an der Spitze voran, und alle folgten
ihm. Die Trompeten und Posaunen ertönten, und die Fahnen flatterten lustig im Wind. Die Rüstung des Prinzen war von reinem
Gold und glänzte wie die Sonne am Himmel. Waffen und Rüstung
der Hauptleute strahlten wie die flimmernden Sterne. Aus Liebe
zu ihrem König Schaddai und zur Befreiung der Stadt Menschen-
Seele zogen vom Hof auch noch einige Freiwillige mit aus. *(Die
Engel: Ps. 34, 8; Hebr. 1, 14.)*
Auf Befehl seines Vaters nahm Immanuel noch 54 Mauerbrecher
und 12 Schleudermaschinen mit. *(Die Heilige Schrift, sie enthält 66
Bücher.)* Jede Maschine dieser Art war auch aus reinem Gold, und
auf dem Marsch nach Menschen-Seele führte man sie im Mittelpunkt und Kern der Armee.
So setzten sie ihren Marsch fort, bis sie eine Meile vor der Stadt
ankamen. Hier machten sie Halt, bis die schon früher abgesandten Hauptleute hierher kamen. Die erstatteten Immanuel genau-
en Bericht über die gegenwärtige Kriegslage und vereinigten sich
mit ihm. Als nun das neue stattliche Hilfsheer vor dem Lager
erschien, erhoben die alten Soldaten dicht unter den Wällen der
Stadt solch ein Freudengeschrei, dass Diabolus dadurch von neuem in Schrecken gesetzt wurde. Nun lagerte sich das ganze Heer
vor der Stadt, und zwar so, dass jetzt alle Zugänge besetzt wurden
und die Stadt, nach welcher Seite hin sie auch immer den Blick
wenden mochte, sich überall von dem mächtigen Belagerungsheer umringt sah. Überdies hatte man auch mehrere Höhen gegen
die Stadt aufgeworfen; den Berg der *Gnade* auf der einen, den der
Gerechtigkeit auf der andern Seite, auf denen vier große Schleudermaschinen aufgestellt waren. Außerdem sah man noch mehrere
kleinere Anhöhen: den Hügel der *Wahrheit* und der *Sündlosigkeit*,
auf denen noch mehrere Schleudermaschinen sich befanden. Fünf
der stärksten Mauerbrecher waren auf dem Berg *Aufhorchen* an-
gebracht, einem Schanzhügel, der dicht an dem Ohrtor in der Absicht aufgeworfen worden war, um von hier aus vor allem dies Tor
zu erbrechen.

II. TEIL
Die Zeit der Rückkehr und Buße

1. Kapitel

Immanuel selbst fordert die Stadt zur Übergabe auf und lässt mehrere Fahnen aufpflanzen. Es ist vergeblich. Doch werden mehrere Diabolianer getötet.

Beim Anblick der fast unübersehbaren Kriegsscharen Schaddais, der Mauerbrecher, Berge und Schanzen, auf denen die verschiedenen Belagerungsgeschütze aufgestellt waren, die Rüstungen glänzten, die Fahnen flatterten, wurde ein Sturm von auf- und abwogenden Gedanken in Menschen-Seele erregt. Es waren aber nicht mehr Gedanken des Trotzes und des Widerstandes, sondern vielmehr des Kleinmuts. Denn hatten sie sich vorher in Gedanken der Sicherheit eingewiegt, auf ihre Stärke getrotzt, so las einer auf des andern Angesicht nun die ängstliche Frage: Was wird aus uns werden?

Alle Versuche Gottes, durch Gnade und Gericht die Sünder zu gewinnen, scheitern jetzt an der Verzweiflung des verzagten Herzens. Dadurch Nerden die Menschen aufs Neue eine Beute des Satans[1].

Was tat aber der gute Fürst Immanuel? Mitten unter den goldenen Wurfmaschinen auf dem Berg der *Gnade* ließ er die *weiße* Fahne aufstellen; und das tat er, um Menschen-Seele vorweg gleich bekannt zu geben, dass er nur kommt, ihr Gnade und Heil zu brin-

---

1   Jer. 17, 9: Es ist das Herz ein trotzig und verzagt Ding; wer kann es ergründen?

gen, und dass es ihre Schuld ist, wenn er bei fortgesetztem Widerstand am Ende Gewalt brauchen muss.

Zwei Tage lang blieb die weiße Fahne mit den drei goldenen Tauben aufgepflanzt, um ihnen Zeit und Raum zum Nachdenken zu lassen. Doch so verstrickt waren sie in die Gedanken ihres Elends, so ohne allen Mut, so abgestumpft durch Unglauben, dass sie das gnadenreiche Zeichen Immanuels kaum bemerkten.

Darauf gab er Befehl, die *rote* Fahne auf dem Berg *Gerechtigkeit* aufzuziehen. Sie war die Fahne des Hauptmanns *Gericht*, dessen Wappen der glühende Feuerofen war. Und auch diese wehte vor ihnen im Wind mehrere Tage lang. Aber sie beachteten sie ebenso wenig wie die weiße Fahne, und Immanuels Gnadenabsichten waren gänzlich vereitelt.

Da befahl er seinen Getreuen, die *schwarze* Fahne der Fehde mit dem Wappen der drei brennenden Donnerkeile aufzuziehen. Als aber auch das nicht fruchtete und der Prinz sah, dass weder Gnade noch Gericht und Schrecken Menschen-Seele aus ihrem tiefen Schlaf erwecken konnte, jammerte es ihn, und er sprach voll Mitleid: »Sie scheinen wohl meine Gnade zu verachten, aber ihr erst trotziges Herz ist jetzt dagegen so verzagt geworden, dass es ganz verfinstert ist. In ihrer Verzweiflung und ihrem Unglauben verstehen sie nichts mehr von meinen Gnadenabsichten gegen sie, wissen und verstehen es nicht, warum ich ausgezogen bin, und es ist vor ihren Augen verborgen, wie ich lauter Gedanken des Friedens gegen sie habe; denn ich will ihnen Gutes tun und sie aus ihrer Feinde Hand erlösen[2].«

Er sandte deshalb eine Botschaft an Menschen-Seele, durch die ihnen ausführlich erklärt wurde, was die Fahnen zu bedeuten hätten. Darin forderte er aber auch eine bestimmte Antwort, was sie wählen wollten, ob Gnade und Verzeihung oder Gericht und Strafe. Doch man sollte es nicht für möglich halten: Während dieses ganzen Vorgangs hielten sie die Tore mit Schlössern, Riegeln und

---

2   Luk. 19, 41.42: Und als er nahe hinzukam, sah er die Stadt an und weinte über sie und sprach: Wenn doch auch du erkenntest zu dieser deiner Zeit, was zu deinem Frieden dient! Aber nun ist's vor deinen Augen verborgen.

Auf dem Berg der Gnade ließ Immanuel
die weiße Fahne aufstellen

Querbalken so fest verschlossen, wie sie nur konnten. Auch doppelte, starke Wachen stellten sie auf, und Diabolus ließ es an nichts fehlen, das Feuer des Widerstands zu schüren. Weil sie doch aber eine Antwort auf die an sie ergangene Botschaft geben mussten, erklärten sie ausweichend, sie könnten sich noch zu nichts entschließen *(Judas konnte sich auch zu nichts entschließen, darum ergab er sich dem Satan)*; es würde ihren Gesetzen, ihrer Regierungsweise und den Vorrechten ihres Beherrschers zuwiderlaufen, wenn sie nach eigenem Ermessen über Krieg und Frieden entscheiden wollten. Doch wollten sie ihren Fürsten bitten, dass er auf den Wall hinabkommt, um hier mit dem Prinzen auf eine Weise zu verhandeln, die ihm als die zweckmäßigste und für sie zuträglichste erscheint. Aus dieser Antwort musste freilich Immanuel entnehmen, dass Menschen-Seele in ihrer Verzweiflung lieber in Diabolus' Ketten bleiben als Schaddais Gnade annehmen wollte. Das machte ihm tiefen Kummer, und dieser erneuerte sich später, sooft er diese schrecklichen Folgen des Unglaubens an irgendeinem wahrnahm[3]. Was tat aber Diabolus! Als die Bürger ihm meldeten, sie hätten gebührenderweise den Prinzen an ihn gewiesen und er erwarte eine Antwort von ihm, wich er erst aus, und als sie dringender wurden, schnaubte er sie hart an und ließ sie sogar seine Faust fühlen *(Der Schächer hat bei Christus im Glauben noch das Paradies gefunden, aber Saul und Judas haben in ihrer Verzweiflung die Faust des Satans schrecklich gefühlt. Hüte dich!)*; in seinem Herzen aber bebte er (Jak. 2, 19). Weil er aber für sein Ansehen fürchtete, musste er sich zuletzt doch entschließen, zum Mundtor hinabzugehen, um Immanuel die viel verlangte Antwort zu geben. Er sprach aber so:

Satan sucht sein Recht auf die Sünder, die sich ihm im Unglauben ergeben haben, geltend zu machen.

»O großer Immanuel! Herr der ganzen Welt! Ich kenne dich und

---

3   Luk. 24, 25: O ihr Toren und trägen Herzens, zu glauben alle dem, was die Propheten geredet haben!

weiß, dass du bist der Sohn des großen *Schaddai.* Warum bist du gekommen, um mich zu quälen und mich aus meinem Besitztum zu verdrängen[4]? Diese Stadt Menschen-Seele ist, wie du selbst am besten weißt, mein Eigentum; zum Ersten, weil ich sie mir im offenen Feld erobert habe, und wer dürfte dem Sieger die rechtmäßige Beute streitig machen? Zum andern, weil sie sich mir auch nach eigner Wahl und Freiheit unterworfen, mir ihre Tore selbst geöffnet, ihre Burg mir übergeben, den Eid der Treue mir geschworen und mich öffentlich zu ihrem König gewählt hat. Dich aber, deinen Namen und dein Gesetz haben sie verworfen, dein Bildnis in den Staub getreten und alles, was dein ist, aus ihrer Mitte getan. Aber meinen Namen, mein Bildnis, mein Gesetz und was je mein war haben sie mit Freuden aufgenommen und hoch erhöht. Frage nur deine Hauptleute, die werden dir einmütig bezeugen, dass Menschen-Seele, sooft sie die Stadt zur Übergabe aufforderten, nur Liebe und Anhänglichkeit gegen mich, gegen dich aber und die Deinen nur Abneigung und Verachtung, ja Spott und Hohn an den Tag gelegt hat. Bist du nun wirklich der Gerechte und Heilige, bei dem kein Unrecht gefunden wird: so ziehe ab von mir, und lass mich im friedlichen Besitz meines rechtmäßigen Erbes.« *(Erst verführt Satan, dann verklagt er. Offb. 12, 10.)*
Diese Rede hielt Diabolus in seiner eigenen Sprache; denn obgleich er mit einem jeden, den er verführen wollte, in dessen Sprache zu reden verstand, so hatte er doch auch *seine* Sprache, die Sprache der höllischen Grube, des schwarzen Pfuhls, die er vor Schaddai nicht verleugnen konnte. Diese Sprache hörten die armen betrogenen Herzen nicht, bekamen sie auch niemals zu hören, sonst hätten sie sich vor dem Erzbetrüger entsetzt; sie sahen auch nicht, wie er sich bückte und schmiegte, solange er vor *Immanuel,* ihrem Fürsten, stand. Deshalb vertrauten sie ihm noch immer, ja in dem Augenblick, als Diabolus auf das Demütigste den Fürsten bat, er möge ihm doch seine Wohnung in Menschen-Seele belassen,

---

4   Matth. 8, 29: Und siehe, sie schrien und sprachen: Was willst du von uns, du Sohn Gottes? Bist du hergekommen, uns zu quälen, ehe denn es Zeit ist? Luk. 4, 41.

rühmten sie sich in der unsinnigsten Verblendung seiner Macht und sprachen: »Wer ist imstande, Krieg mit ihm zu führen[5]?«

Der Herr schilt Satan und behauptet sein gutes Recht auf alle Seelen der Menschen und Sünden[6].

Doch als dieser anmaßende Scheinkönig seine Rede geendet hatte, trat Prinz Immanuel im vollen Glanz seiner göttlichen Majestät hervor und sprach zu Diabolus: »Du Erzbetrüger! Höre, was ich dir in meines Vaters und in meinem eigenen Namen für diese unglückliche Stadt Menschen-Seele zu sagen habe. Du meinst, ein begründetes Recht an ihr zu haben, weil du sie im offnen Krieg gewonnen; aber nur durch Hinterlist und Falschheit bist du in ihre Pforten eingedrungen. Durch die schändlichsten Lügen über meinen Vater und sein Gesetz hast du das Volk von Menschen-Seele getäuscht und betrogen. Du wendest vor, das Volk habe dich in freier Wahl zu seinem König und rechtmäßigen Oberherrn angenommen; aber du hast sie mit deinen heillosen Überredungskünsten schändlich überlistet! Nur wenn Lügen, Arglist und alle Arten entsetzlicher Heuchelei an dem Hof meines Vaters (und an diesem Hof musst du gerichtet werden) für Recht gelten sollten, hättest du eine rechtmäßige Eroberung gemacht. Du Lügner von Anfang! Wie konntest du es wagen, solche Lügen auf meinen Vater zu wälzen, dass Menschen-Seele ihn für den ärgsten Betrüger der Welt halten muss! Was fiel dir ein, seine heiligen Gesetze so schmählich zu verdächtigen! Wie konntest du durch deine grausame Arglist die einfältigen Herzen, die mir noch gehörten, so betören, dass sie in der Übertretung dieser ewigen Gebote ihre höchste Glückseligkeit finden sollten, da du doch aus deinen eigenen Erfahrungen nur

---

5   2. Kön. 18, 35: Wo ist ein Gott unter den Göttern aller Länder, der sein Land aus meiner Hand errettet hätte, dass allein der Herr Jerusalem von meiner Hand erretten sollte?

6   1. Tim. 2, 4: Welcher will, dass allen Menschen geholfen werde und sie zur Erkenntnis der Wahrheit kommen.

zu gut wissen musstest, dass das der gerade Weg zu ihrem Untergang sein würde. Um das Maß deiner Sünden voll zu machen, hast du dich, du Meister in aller Bosheit, nicht gescheut, meines Vaters Bild in Menschen-Seele zu beschmutzen und zu vertilgen und dein eigenes verruchtes Bild an seine Stelle zu setzen, zur höchsten Verachtung meines Vaters und zum unaussprechlichen Schaden der zugrunde gehenden Stadt Menschen-Seele. Und als wenn das alles noch zu wenig, hast du auch durch deine boshaften Lügen diese arme verblendete Stadt gegen ihre eigene Befreiung eingenommen. Wie hast du sie gegen meines Vaters Hauptleute aufgehetzt und sie zum offenen Kampf gegen die entflammt, die von ihm zu ihrer Rettung ausgesandt waren. Aber wie du selbst vor dem Angesicht meines Vaters auf ewig verstoßen bist, so war es deine verruchte wohl bewusste Absicht, diese unglückliche Stadt auch auf ewig der Gnade ihres Königs zu berauben. Nun aber sollst du wissen, dass ich gekommen bin, all das Unrecht zu rächen, das du meinem Vater und seinem rechtmäßigen Eigentum angetan hast. Ja, ich will dir dies alles, du Fürst des höllischen Pfuhls, auf deinen Kopf vergelten und diese Stadt deinen brennenden Klauen entreißen. Denn das sollst du wissen, dass diese Stadt Menschen-Seele *mir* und meinem Vater gehört und keinem andern. Ich bin dir keine Rechenschaft schuldig, aber doch will ich's dir deutlich sagen vor allem Volk, dass keiner eine Entschuldigung hat.

Mein Vater hat sie gebaut und mit eigener Hand gebildet. Von Rechts wegen ist sie daher *sein* Eigentum, und wer dem widerspricht, der lügt gegen seine eigene Seele. Aber ebenso sicher ist sie *mein* Eigentum; denn zum Ersten bin ich meines Vaters Sohn, sein Erst- und Einziggeborner und sein Erbe[7], und alles, was sein ist, das ist mein (Joh. 16, 15). Und wenn ich auch nichts weiter hätte als dieses Erbrecht, so gehörte die Stadt *mir* und nicht dir, Diabolus! Aber mein Vater hat sie mir auch noch ganz besonders *geschenkt*; diese Menschen waren sein, und er hat sie mir gege-

---

7   Hebr. 1, 2: Ihn hat Gott gesetzt zum Erben über alles, durch ihn hat er auch die Welt gemacht.

ben, dass ich sie ihm bewahrte (Joh. 17). Und wo ist der Wucherer, dem ich sie verkauft hätte? (Jes. 50, 1). Hatte ich nicht alle meine Lust an den Menschenkindern? (Sprüche 8, 31). Und dir, Satan, sollte ich dies über alles geliebte Geschenk meines Vaters lassen? Und wäre das noch nicht genug, dass Menschen-Seele mein recht- mäßiges Erbe und meines Vaters Geschenk ist, so *wisse:* Ich habe diese Stadt auch mir *erkauft,* ja teuer erkauft[8]. Gesündigt hatte Menschen-Seele gegen meinen Vater; denn er hatte ihr zuvor ge- sagt, dass sie sterben muss, wenn sie von der verbotenen Frucht essen wird (1. Mose 2, 17). So war sie dem Tod verfallen[9]. Aber ich habe mich meinem Vater zum Bürgen für sie gestellt, habe Leib um Leib und Seele um Seele für sie gegeben, habe sie mit meinem Blut erlöst[10]. Es ist nun dem Gesetz meines Vaters Genüge getan; befriedigt ist seine Gerechtigkeit durch den Fluch, den ich für sie auf mich nahm und mit meinem Tod büßte[11]. Er ist versöhnt, und wie die erlöste undteuer erkaufte Menschen-Seele nun mein ist, so ist es auch meines Vaters Wohlgefallen, dass ich mein Werk voll- ende und herabkomme und sie aus deiner mörderischen Hand errette. Ja er selbst hat es mir befohlen[12], und auf seinen Befehl bin ich hier, und du wirst es erfahren, du Urgrund alles Betruges und aller Bosheit, dass ich mein und meines Vaters Recht zum Sieg an dir hinausführen werde« (Matth. 12, 20).

---

8   Jes. 43, 1: Und nun spricht der Herr, der dich geschaffen hat, Jakob, und dich ge- macht hat, Israel: Fürchte dich nicht, denn ich habe dich erlöst; ich habe dich bei deinem Namen gerufen; du bist mein.

9   Röm. 5, 12: Derhalben, wie durch *einen* Menschen die Sünde ist in die Welt gekom- men und der Tod durch die Sünde, so ist der Tod zu allen Menschen durchgedrun- gen, weil sie alle gesündigt haben.

10   1. Petr. 1, 18. 19: Und wisset, dass ihr nicht mit vergänglichem Silber oder Gold erlöst seid von eurem eitlen Wandel nach der Väter Weise, sondern mit dem teuren Blut Christi als eines unschuldigen und unbefleckten Lammes.

11   Gal. 3, 13: Christus aber hat uns erlöst von dem Fluch des Gesetzes, da er ward ein Fluch für uns, denn es steht geschrieben: »Verflucht ist jedermann, der am Holz hanget.«

12   »Geh hin, mein Kind, und nimm dich an der Kinder, die ich ausgetan zur Straf und Zornesruten; die Straf ist schwer, der Zorn ist groß, du kannst und sollst sie machen los durch Sterben und durch Bluten.« (»Ein Lämmlein geht ...« V. 2.)

Der Sohn Gottes preist seine Liebe den Sündern an, dass sie glauben und selig werden.

»Und nun«, sprach der Prinz weiter, »habe ich auch ein Wort an dich, du Stadt *Menschen-Seele!*« Kaum aber hatte er diesen Namen genannt und gesagt, dass seine Botschaft auch diese *betörte* Stadt angeht, als auch schon die Tore doppelt bewacht und alle Einwohner mit Schrecken bedroht wurden, wenn sie die Rede des Prinzen anhören[13]. Dessen ungeachtet fuhr er fort und sprach: »Unglückliche Stadt Menschen-Seele! Mein Herz ist vom tiefsten Mitleid über dein Schicksal bewegt[14]. Du hast den Diabolus als deinen König aufgenommen und bist auch eine Pflegerin, ja Sklavin der Diabolisten gegen deinen rechtmäßigen Oberherrn geworden. Dem Diabolus hast du alsbald deine Tore geöffnet, mir aber hast du sie verschlossen. Ihm hast du schnell und willig gehorcht, von mir aber deine Ohren und Herzen abgewendet. Er brachte dir das Verderben, und du rissest es in unseliger Verblendung an dich. Mit vollen Händen bringe ich mein Heil zu dir, und du verachtest es. Alles, was mein in dir war, ja dich selbst hast du mir mit verruchten Händen geraubt, und meinem und deinem Todfeind hast du dich übergeben und mit einem Eid dich ihm verschworen. Was soll ich dir nun tun? Soll ich dich schützen, Menschen-Seele? Soll ich nicht gerechterweise ein Adma aus dir machen und dich wie Zeboim zurichten? Mein Herz ist andern Sinnes, alle meine Barmherzigkeit ist entbrannt (Hosea 11, 8). Ich bin gekommen, dich zu erhalten, und nicht, dich zu verderben (Luk. 9, 56). Mein Vater hat mich nicht gesandt, dass ich dich richte, sondern dass ich dich rette (Joh. 3, 17). Warum fliehst du vor *mir* wie vor einem Feind und verschließt mir deine Tore, in die dein Leben einziehen soll? Kehre doch wieder, du Abtrünnige, so will ich nicht zornig

---

13   Apg. 4,18: Und sie riefen sie und geboten ihnen, dass sie durchaus nicht redeten
      noch lehrten in dem Namen Jesu.
14   Jer. 8, 21: Mich jammert von Herzen, dass mein Volk so ganz zerschlagen ist; ich
      gräme mich und entsetze mich.

auf euch blicken. Denn ich bin gnädig und will nicht ewig zür-
nen. Allein erkenne deine Schuld, dass du wider den Herrn, deinen Gott, gesündigt hast (Jer. 3, 12. 13). Und wirf dein Vertrauen
nicht weg. Das Heil ist dir nahe. Denn siehe, der Stärkere kommt
über den Starken, der seinen Palast bewahrte, dass das Seine mit
Frieden bliebe; seinen Harnisch will ich ihm nehmen und seinen
Raub austeilen (Luk. 11, 21), ich will entkleiden seine Reiche und
die Gewaltigen ihrer Macht und sie öffentlich zur Schau stellen
und einen Triumph aus ihnen machen (Kol. 2, 15); ich will sie mit
ewigen Banden in der Finsternis binden (Jud. 6). Mit Gericht und
Gerechtigkeit werde ich es hinausführen, meine Stadt aber will
ich einnehmen und darin wohnen, und sie soll meine Herrlichkeit
sehen und voll werden meines Lichts« (Offb. 21, 23).

*Halsstarrig verwerfen die in Verzweiflung, Unglauben und andern
großen Schanden und Lastern verstockten Sünder abermals unter
den nichtigsten Ausflüchten die Angebote der Gnade*[15].

Und was war der Erfolg dieser in Gottes Kraft gleichsam daherstür-
menden und von Gnade erfüllten Rede? Sie hatten ihre Tore ja so
fest verriegelt, diese zum äußersten verblendeten Diener des Teufels, und er hatte ihre Herzen im Unglauben stein- und eisenhart
gemacht, ja härter als einen Diamanten (Hes. 2, 4). Was Wunder,
dass jene Gottespfeile von dieser satanischen Rüstung abprallten
und auch den Worten des Sohnes Gottes selbst nichts als Trotz geboten wurde[16]! (Matth. 13, 13-15). Was war nun aber anderes zu tun,
als dass Gewalt gebraucht wurde. Immanuel rief seine Hauptleute
zusammen, und weil es hauptsächlich darauf ankam, das Ohrtor zu
stürmen, so gab er ihnen Befehl, mit ihren Mauerbrechern, Wurfmaschinen und Mannschaften an dieses Tor heranzurücken.

---

15   Apg. 7, 51: Ihr Halsstarrigen und Unbeschnittenen an Herzen und Ohren, ihr wider-
      strebet allezeit dem Heiligen Geist, wie eure Väter so auch ihr.

16   Luther sagt einmal: »Das Herz eines Unbekehrten ist von Natur stock-, stein-, eisen-,
      teufelfest!«

Aber noch einmal sandte er eine Botschaft an die Stadt, und dies hatte doch, da man sah, dass Immanuels Heer Ernst machte, den Erfolg, dass die Belagerten zu einem Rat zusammentraten, um die Bedingungen zu überlegen, unter denen sie die weitern Vorschläge der Belagerer in Betracht ziehen wollten. Es war freilich von übler Vorbedeutung, dass sie sich bewogen fanden, zuerst zu beraten, wen sie mit der Überbringung der Antwort betrauen wollten. Es lebte aber in der Stadt Menschen-Seele ein alter Mann, ein Diabolianer mit Namen *Halsstarrig*, steif und hartnäckig bei allem, was er sich einmal in den Kopf gesetzt hatte, dabei äußerst tätig für Diabolus. Unglücklicherweise fiel auf diesen ihre Wahl, der, mit den genauesten Instruktionen, die man mit seiner Hilfe unter Diabolus' mächtigem Einfluss entworfen hatte, nun sofort in das Lager Immanuels abging und nach seiner Ankunft auch gleich eine Audienz erhielt. Er aber begann nach einigem diabolischen Begrüßungszeremoniell folgendermaßen:

»Großer Machthaber! Mein erlauchter Fürst, der voll Ehrerbietung vor Eurer hohen Majestät gern mit Euch in Frieden bleiben möchte und jedermann seine Herzensgüte kund werden lassen[17], hat mich abgesandt, Eurer königlichen Hoheit zu erklären, wie er lieber Euch die eine Hälfte der Stadt Menschen-Seele abtreten wolle, als es auf eine Entscheidung im blutigen Kampf, der für beide Teile gleich verhängnisvoll ist, ankommen zu lassen! Eurer königlichen Hoheit Willenserklärung darüber soll ich entgegennehmen.«

Da sprach *Immanuel*: »Die *ganze* Stadt ist *mein* Eigentum nach Schenkung und Erkaufung, drum will ich nimmer eine Hälfte von ihr verlieren[18].«

Halsstarrig fuhr fort: »Mein Herr lässt Euch erklären, er wolle

---

17   Tit. 1, 16: Sie sagen, sie kennen Gott; aber mit den Werken verleugnen sie ihn. Sie sind die Gott ein Gräuel sind, und gehorchen nicht und sind zu allem guten Werk untüchtig.

18   Matth. 6, 24: Niemand kann zwei Herren dienen: entweder er wird den einen hassen und den andern lieben, oder er wird dem einen anhangen und den andern verachten. Ihr könnt nicht Gott dienen und dem Mammon.

Euch gern Namen und Titel gönnen, wenn man ihm nur einen Teil überließe[19].«

Immanuel: »Die ganze Stadt gehört *mir* in der Tat und Wahrheit, nicht bloß dem Titel oder Namen nach: deshalb will ich der ausschließliche Herr und Besitzer von Menschen-Seele bleiben oder sie ganz aufgeben[20].«

Halsstarrig: »Schlagt doch die Herablassung und Willfährigkeit meines Herrn nicht gering an! Seht, er erklärt, zufrieden sein zu wollen, wenn ihm nur *ein* Plätzchen in Menschen-Seele eingeräumt werde, wo er als Privatmann leben könne. Über alles Übrige mögt Ihr ja Herr bleiben[21].«

Darauf sprach der Prinz die goldenen Worte: »Alles, was mir mein Vater gibt, das kommt zu mir. Und von allem, was er mir gibt, will und werde ich nichts verlieren (Joh. 6, 37. 39), nein, nicht einmal eine Klaue (2. Mose 10, 26) und ein Haar. Darum will ich ihm auch nicht den geringsten Winkel in Menschen-Seele zu einer Wohnung einräumen. Ich will alleiniger Besitzer sein und bleiben.«

Darauf sprach *Halsstarrig* weiter: »Aber Herr, einmal angenommen, mein Fürst tritt Euch die ganze Stadt ab, doch unter dem Vorbehalt allein, dass, wenn er etwa zuweilen wieder in dieses Land käme, er als ein Durchreisender aus alter Bekanntschaft zwei oder zehn Tage oder auch einen Monat lang, oder wie es nun gerade kommt, aufgenommen und bewirtet wird: wollte man ihm denn auch dieses geringe Zugeständnis nicht einmal machen[22]?«

Immanuel: »Nein. Als ein Durchreisender kam er einst auch zu Da-

---

19   Offb. 3, 1: Du hast den Namen, dass du lebest, und bist tot. 2. Tim. 3, 5.

20   Luk. 11, 23: Wer nicht mit mir ist, der ist wider mich; und wer nicht mit mir sammelt, der zerstreut.

21   1. Kor. 5, 6: Wisset ihr nicht, dass ein wenig Sauerteig den ganzen Teig versäuert? Apg. 5, 1-5.

22   Hes. 18, 24: Wenn sich der Gerechte abkehrt von seiner Gerechtigkeit und tut Unrecht und lebt nach allen Gräueln, die der Gottlose tut, sollte der am Leben bleiben? An alle seine Gerechtigkeit, die er getan hat, soll nicht gedacht werden; sondern in seiner Übertretung und Sünde, die er getan hat, soll er sterben. Joh. 15 4.

vid, hielt sich auch nicht lange bei ihm auf, und doch hätte es dem
David beinahe seine Seele gekostet! (2. Sam. 11, 15). Er soll durchaus keine Herberge fortan in Menschen-Seele haben.«
Halsstarrig: »Herr, Ihr scheint sehr hart zu sein! Doch gesetzt, mein
Herr und Meister ginge auf alle Eure Forderungen ein, stellte aber
eine Bedingung, nämlich die, dass alle seine Freunde und Verwandten in Menschen-Seele *(die Sünde und fleischlichen Lüste)* volle
Freiheit behalten, da ihren Verkehr und Handel zu treiben, ohne
dass man sie auch in ihren gegenwärtigen Wohnungen belästigt:
wollt Ihr denn auch das nicht zugestehen?«
Immanuel antwortete: »Nein; das wäre gegen meines Vaters Willen. Denn alle Diabolianer, die sich jetzt schon in der Stadt Menschen-Seele vorfinden oder sich zu irgendeiner Zeit einnisten
sollten, sollen nicht allein ihre Häuser, Ländereien und Freiheiten,
sondern selbst ihr Leben verlieren[23].«
Halsstarrig fuhr fort: »Aber Herr, dürfte denn nicht mein Meister
und hoher Beherrscher, wenn er Euch nun wirklich alles übergeben hätte, durch Briefe, Durchreisende, zufällige Gelegenhei-
ten und dergleichen wenigstens noch einen Schimmer von alter
Freundschaft mit der Stadt unterhalten?«
Immanuel: »Nein, unter keinen Umständen; denn die Unterhaltung irgendeiner Verbindung, Freundschaft, Vertraulichkeit oder
Bekanntschaft derart, auf solchem oder ähnlichem Wege, würde
nur dazu dienen, Menschen-Seele mir zu entfremden, ihren Frieden zu stören, das Böse zu stärken und sie wieder zeitlichem und
ewigem Verderben preiszugeben, in mir aber sollen sie Leben und
volle Genüge haben[24].«
»Aber«, fiel der unermüdliche Redner ein, »du selbst, großer Fürst,
weißt, dass mein Herr viele Freunde in Menschen-Seele hat. Sie
sind seinem Herzen teuer. Wenn er sichvon ihnen trennen müsste,

---

23   Kol. 3, 5: So tötet nun die Glieder, die auf Erden sind, Unzucht, Unreinigkeit, schänd-
      liche Lust, böse Begierde und die Habsucht, welche ist Götzendienst. Gal. 5, 24.
24   Joh. 10, 10: Ein Dieb kommt nur, dass er stehle, würge und umbringe. Ich bin ge-
      kommen, dass sie das Leben und volle Genüge haben sollen.

dürfte er denn nicht dem Zug seines Herzens folgen und ihnen wenigstens ein Andenken, ein Unterpfand seiner fortwährenden Liebe verehren und zurücklassen? Menschen-Seele sollte beim Anblick dieses Liebeszeichens, das sie von ihrem alten Freund empfing, der einst ihr König war, sich seiner nur dann und wann erinnern und der fröhlichen Tage, die sie einst miteinander genossen.«

Immanuel erwiderte: »Auch das muss ich rundweg abschlagen. Bin ich erst einmal wieder im Besitz von Menschen-Seele, so werde ich nimmer zugeben, dass Diabolus auch nur das geringste Fädchen oder Stäubchen von sich zurücklässt, an dem das Andenken ihres miteinander gehabten entsetzlichen Umganges wieder erneuert werden könnte[25].«

»Wohlan denn, Herr!«, begann noch einmal *Halsstarrig,* »hört jetzt meinen letzten Vorschlag an. Angenommen, mein Meister wäre nun von Menschen-Seele abgezogen, es ereignete sich aber, dass einem von denen, die noch in der Stadt leben, die Besorgung einer Angelegenheit übertragen würde, woran das Wohl der ganzen Stadt hinge, und es fände sich niemand, der einem so entscheidenden Geschäft gewachsen wäre als mein Herr und Meister; dürfte denn mein Herr auch in einem so dringenden Fall nicht berufen werden? Und wenn ihm selbst der Zutritt zu der Stadt versagt werden müsste, dürfte er sich denn mit der betreffenden Person nicht in einem der Dörfer in der Nähe von Menschen-Seele treffen, um mit ihr vertraulich zu verhandeln[26]?«

Dieses war der letzte der umstrickenden und hinterlistigen Vorschläge des Herrn *Halsstarrig,* die er Immanuel im Auftrag seines Herrn, des *Diabolus,* zu machen hatte. Aber auch diesen wollte Im-

---

25 Luk. 9, 62: Wer seine Hand an den Pflug legt und sieht zurück, der ist nicht geschickt zum Reich Gottes. Phil. 3, 13. Eins aber sage ich: Ich vergesse, was dahinten ist, und strecke mich nach dem, das da vorne ist. 1. Mose 19, 26.

26 1. Sam. 28, 6. 7: Und er befragte den Herrn; aber der Herr antwortete ihm nicht, weder durch Träume noch durch das Los »Licht« noch durch Propheten. Da sprach Saul zu seinen Getreuen: Sucht mir ein Weib, das Tote beschwören kann, dass ich zu ihr gehe und sie befrage.

manuel nicht gewähren, denn er sprach: »Nach dem Abzug deines Meisters von Menschen-Seele kann gar kein Fall von Schwie-
rigkeit vorkommen, den mein Vater nicht zum gewünschten Ende
hinauszuführen vermag; und es würde seinem Willen wenig ent-
sprechen, wenn ich irgendjemand aus Menschen-Seele gestatten
wollte, gar bei *Diabolus* sich Rat zu holen, da sie alle von jeher angewiesen sind, nichts zu sorgen, sondern in allen Dingen ihre Bitte
im Gebet und Flehen mit Danksagung vor meinem Vater kund
werden zu lassen (Phil. 4, 6). Überdies hieße auch das auswärtige
Ratholen beim Feind dem Diabolus und seinem Anhang Tor und
Tür in Menschen-Seele öffnen, damit sie ihre verräterischen Pläne
hier ausbrüten und die Stadt einem sichern Untergang entgegen-
führen können[27].«

So war denn Herr *Halsstarrig* gründlich abgefertigt. Er wusste
nun, woran er war, und meldete denn auch treulich seinem Herrn
Diabolus in ziemlich stachliger Rede, dass Immanuel weder mit
ihm noch mit allen seinen Freunden etwas zu schaffen haben will.
Er habe bei Immanuel das Äußerste versucht, in allem aber sei
er schmählich zurückgewiesen worden. Wie kann es befremden,
dass auf diese Nachricht ein allgemeiner Aufruhr in der Stadt entstand? Bei dieser Stimmung wurde es Diabolus gar nicht schwer,
eine förmliche Kriegserklärung gegen Immanuel zu veranlassen.
Sofort bestieg, dem erhaltenen Auftrag gemäß, der alte Sünder *Sicherheit* die Spitze vom Ohrtor und schrie mit gellender Stimme in
das Lager Immanuels hinab: »Mein allerhöchster Herr tut durch
mich eurem Fürsten *Immanuel,* seinen Feldherren und euch allen
kund, dass wir entweder siegen oder sterben werden, ehe wir die
Stadt euch übergeben.« Als diese trotzigen Worte des alten Diabolisten *Sicherheit* dem Prinzen überbracht wurden, sprach er: »Und
ich will sie ängstigen, und ihre Opferhöhen will ich zerstören,
und die Menge ihrer Tyrannen soll werden wie wehende Spreu,

---

27   2. Kor. 6, 17. 18: »Darum gehet aus von ihnen und sondert euch ab«, spricht der Herr,
      »und rühret kein Unreines an, so will ich euch annehmen und euer Vater sein, und
      ihr sollt meine Söhne und Töchter sein«, spricht der allmächtige Herr.

mein Volk aber will ich erlösen von der Hand seiner Feinde, und ihr Joch will ich zerbrechen« (Jes. 29, 3. 5; Hes. 6, 3).

Die halsstarrigen Sünder werden durch Christi Macht und fortgesetzten mutigen Kampf seiner Getreuen erschüttert, und der Widerstand wird gebrochen.

Sofort gab Immanuel Befehl, dass die vier gewaltigen Hauptleute *Boanerges, Überzeugung, Gericht und Ausführung* unter Trompetenschall, mit fliegenden Fahnen und unter lautem Kriegsgeschrei gegen das Ohrtor heranrücken. Auch Hauptmann *Glaube* sollte sich ihnen anschließen und die Hauptleute *Gute-Hoffnung* und *Liebe* sich vor dem Augentor aufstellen. Die übrigen Hauptleute nahmen mit ihren Mannschaften die vorteilhaftesten Plätze rings um die Stadt her ein. Die Parole wurde ausgegeben, sie lautete »*Immanuel*«, dann zum Angriff geblasen. Die Mauerbrecher fingen an, gegen die Wälle der Stadt zu spielen. Die Wurfmaschinen schleuderten einen Steinregen hinein. Die Scharen der Krieger drangen nach. *Diabolus* aber führte selbst die Bürger in den Streit, und besonders an den Toren war der Widerstand so hartnäckig, so furchtbar und höllisch, wie man es kaum je erlebt[28]. Erhebend aber war es zu sehen, welchen Mut, welche Kriegserfahrung und Macht die Hauptleute Schaddais in diesem Kampf bewiesen[29]. Der tapfere Hauptmann *Erschütterung* stürmte dreimal hintereinander gegen das Ohrtor. Da erbebten dessen Pfosten[30]. Ihm hatte sich Hauptmann *Überzeugung* so eng als möglich angeschlossen.

---

28 Offb. 12, 12: Denn der Teufel kommt zu euch hinab und hat einen großen Zorn und weiß, dass er wenig Zeit hat.

29 2. Kor. 10, 4-6: Denn die Waffen, mit denen wir kämpfen, sind nicht fleischlich, sondern mächtig im Dienste Gottes, zu zerstören Befestigungen. Wir zerstören damit Anschläge und alles Hohe, das sich erhebt wider die Erkenntnis Gottes, und nehmen gefangen alle Gedanken unter den Gehorsam Christi und sind bereit, zu strafen allen Ungehorsam, wenn euer Gehorsam völlig geworden ist.

30 Apg. 2, 37: Als sie aber das hörten, ging's ihnen durchs Herz.

Als beide bemerkten, dass das Tor nachzugeben begann, gaben sie Befehl, dass die Mauerbrecher desto mächtiger und unablässiger arbeiteten[31]. Als sich jedoch Hauptmann *Überzeugung* zu nahe an das Tor heranwagte, wurde er mit großer Gewalt zurückgetrieben und erhielt bei der Gelegenheit drei Wunden in den Mund[32]. *(Wer erweckt ist, ist darum noch nicht gläubig.)* Während des heißen Kampfes eilten aber die Freiwilligen *(die Engel, Hebr. 1, 14)* von einem Kampfabschnitt zum andern, um die Hauptleute zu ermutigen. Als aber der Prinz die übermenschlichen Anstrengungen der Hauptleute sah, ließ er sie in sein Zelt rufen, forderte sie auf, ein wenig zu ruhen, und ließ ihnen Erfrischungen zuteil werden, damit sie neue Kräfte sammelten[33]. Besonders aber wandte er dem Hauptmann *Überzeugung* seine Teilnahme zu, verband seine Wunden und sprach ihm kräftigen Trost ein.

Die Hauptleute *Gute-Hoffnung* und *Liebe* hatten sich bei diesem verzweifelten Kampf so tapfer gehalten[34], dass sie das Augentor beinahe erbrochen hätten. Sie wie die Übrigen erhielten von ihrem Fürsten goldene Ketten und andere Auszeichnungen zum Lohn für ihre Treue[35].

Wir müssen uns aber auch nach Diabolus und seiner Rotte umsehen. Man kann es sich schon denken, dass es ihnen nicht zum Besten erging, sonst hätten ja die tapfern Feldherren Immanuels vergeblich gekämpft. Es wurden nicht wenige Offiziere erschla-

---

31   Zeph. 3, 16: Zur selben Zeit wird man sprechen zu Jerusalem: Fürchte dich nicht, Zion! Lass deine Hände nicht sinken!

32   Apg. 26, 28. 29: Agrippa aber sprach zu Paulus: Es fehlt nicht viel, du wirst mich noch bereden und mich zum Christen machen. Paulus aber sprach: Ich wünschte vor Gott, es fehle nun viel oder wenig, dass nicht allein du, sondern alle, die mich heute hören, solche würden, wie ich bin, ausgenommen diese Fesseln.

33   Mark. 6, 31: Und er sprach zu ihnen: Geht ihr allein an eine einsame Stätte und ruhet ein wenig. Jes. 35, 3: Stärkt die müden Hände und erquickt die strauchelnden Kniee!

34   1. Kor. 13, 7: Die Liebe verträgt alles, sie glaubet alles, sie hoffet alles, sie duldet alles.

35   Jak. 1, 12: Selig ist der Mann, der die Anfechtung erduldet; denn nachdem er bewährt ist, wird er die Krone des Lebens empfangen, welche Gott verheißen hat denen, die ihn liebhaben.

gen. Unter ihnen war ein gewisser *Prahlhans*. Dieser Mensch hatte immer die hochmütigsten Reden geführt und damit großgetan, niemand könne die Pfosten vom Ohrtor erschüttern und noch viel weniger das Herz des Diabolus[36]. Nächst ihm fiel ein gewisser Hauptmann *Sicher*. Dieser *Sicher* sagte wiederholt, die Blinden und Lahmen in Menschen-Seele seien schon genug, Immanuel samt seiner ganzen Armee abzuwehren (2. Sam. 5, 6). Diesem Hauptmann *Sicher* spaltete Hauptmann *Überzeugung* den Kopf mit seinem zweischneidigen Schwert (Hebr. 4, 12), wobei er selbst freilich jene drei Wunden in den Mund erhielt. Gleich neben ihm stand ein gewisser Hauptmann *Ruhmredig*, ein verzweifelter Kerl, der eine Bande befehligte, die Feuerbrände, vergiftete Pfeile und Tod schleuderte. Er erhielt aber am Augentor von der Hand des Hauptmanns *Gute-Hoffnung* eine tödliche Wunde in die Brust. Ein gewisser Herr *Gefühl* war zwar kein Hauptmann, aber ein großer Aufwiegler, der die Stadt Menschen-Seele stets zur Empörung aufstachelte. Er erhielt von der Hand eines Soldaten unter Boanerges eine Wunde in ein Auge und wäre von dem Hauptmann selbst sicherlich erschlagen worden, wenn er sich nicht eiligst davongemacht hätte. Keiner aber sah so erschrocken und bestürzt aus wie Herr *Wille*. Er war jetzt durchaus unfähig, nach gewohnter Weise zu handeln. Man erzählte sich, er habe ebenfalls eine Wunde in den Schenkel erhalten. Wenigstens steht so viel fest, dass ihn später einige Leute aus der Armee des Prinzen auf der Mauer umherhinken sahen. Es würde zu weit führen, wollte man auch noch das Schicksal der einzelnen Soldaten in der belagerten Stadt erzählen. Als sie sahen, dass die Pfosten am Ohrtor wankten, das Augentor fast erbrochen wurde und ihre Hauptleute tot niedersanken, entfiel fast allen Diabolianern das Herz. Es wurden viele von ihnen verwundet und erschlagen. Manche mussten auch

---

36   Jer. 9, 22. 23: So spricht der Herr: Ein Weiser rühme sich nicht seiner Weisheit, ein Starker rühme sich nicht seiner Stärke, ein Reicher rühme sich nicht seines Reichtums. Sondern wer sich rühmen will, der rühme sich dessen, dass er klug sei und mich kenne.

noch den Staub küssen, als sie sich unter den Wällen schon geborgen glaubten; denn sie wurden noch von den Schüssen aus den goldenen Schleudern erreicht, die bis mitten in die Stadt trafen. Eine tödliche Wunde empfing ein gewisser *Feind-des-Guten*, der schon viel Unheil gestiftet hatte. Es wäre an ihm auch gar nichts verloren gewesen, wenn er wirklich an seiner Wunde gestorben wäre, aber er blieb doch noch am Leben. Auch der alte Herr *Sicherheit*, der einer der Ersten war, die zu Diabolus hielten, erhielt eine furchtbar klaffende Wunde in den Kopf. Einige sagen sogar, die Hirnschale sei ihm eingeschlagen worden. Doch so viel habe ich als verbürgte Nachricht vernommen: Er war nach diesem Vorfall durchaus nicht mehr fähig, so viel Unordnung in Menschen-Seele anzurichten wie früher. Der alte Herr *Vorurteil* aber und Herr *Allesgleich* ergriffen die Flucht.

2. Kapitel

Veränderte List Satans wird vereitelt und schlägt zur Wut um. Bei erneutem Angriff wird er endlich überwunden, gebunden und die Stadt eingenommen.

Die erste Schlacht war zwar siegreich beendet, jedoch die Stadt nicht eingenommen. Aber wenn auch Berge wichen und Hügel hinfielen, die Gnade Immanuels war nicht von seiner Stadt gewichen und der Bund seines Friedens nicht hingefallen (Jes. 54, 10). Drum ließ er sogleich wieder die *weiße* Fahne auf dem Gnadenberg wehen zum Zeichen, dass er im Augenblick des Zorns sein Angesicht wohl ein wenig vor seinem verblendeten Volk verborgen habe, aber mit *ewiger* Gnade sich ihrer wieder erbarmen wolle (Jes. 54, 8).

Unter scheinbaren Zugeständnissen will Satan seine Herrschaft im Sünder noch behaupten.

Diabolus sah es. Er wusste aber wohl, dass nicht ihm dieses Gnadenzeichen galt, sondern nur der zwar tief gefallenen, aber noch immer Immanuel zugehörigen Menschen-Seele. Und seine unerschöpfliche List ersann einen neuen Plan, um die Gnadenabsichten ihres Erbarmers zu vernichten. Ziemlich lange nach Sonnenuntergang erschien er deshalb am Tor und bat um eine Unterredung mit Immanuel, die dieser ihm auch gewährte. Anscheinend in höchster Demut und mit schmeichlerischer Rede begann Diabolus: »Die weiße Fahne flattert aufs Neue auf dem Berg als ein glückliches Friedenszeichen. Und ich komme als ein Herold des Friedens zu dir. Friedensvorschläge bringe ich aufs Neue dem erhabenen Friedensfürsten, und ich weiß, dein zum Frieden geneigtes Herz wird sie nicht von sich weisen, denn allen deinen Wünschen kommen sie entgegen. Scharf sind wohl deine Pfeile, o König, aber das Zepter deines Reiches ist ein gerechtes Zepter. Du liebst Gerechtigkeit und hassest gottloses Treiben (Ps. 45, 68). Das ist der Zweck deines Krieges, dass du Gerechtigkeit in deiner Stadt wieder aufrichtest. Wohlan denn! Ziehe deine Heere von ihren Mauern hinweg; ich will es tun, Menschen-Seele soll unter dein gerechtes Zepter sich beugen. Aus deinem Feind will ich dein Freund werden; kehre getrost heim, ich will dein Gefolgsmann sein und dein Stellvertreter in der Stadt deines Eigentums. *(Satan als Reformator von Menschen-Seele! Merke dirs!)* Und nun höre, wie ich tun will. Traue mir und zweifle nicht, ich werde Menschen-Seele überreden, sich dir allein zu unterwerfen, und sie werden es umso freudiger tun, wenn sie hören, dass ich dein Bevollmächtigter bin. Ich will sie lehren, wie sie gesündigt haben und dass die Sünde der Leute Verderben ist. Dein heiliges Gesetz will ich ihnen erklären, nach dem sie ihr Leben fortan bessern müssen. Ich will ihnen einschärfen, dass ohne eine gänzliche Reformation von innen und außen mit Herz, Mund und Tat kein Glück zu erhoffen ist. Auf meine eigenen Kosten und unter meiner steten Aufsicht soll eine ausreichende Zahl von Predigern dies in Menschen-Seele unablässig verkündigen. Als Zeichen unsrer Unterwerfung unter dein Zepter sollst du unverbrüchlich Jahr für Jahr das von uns erhalten, was du nach deinem Ermessen von uns fordern wirst!«

Der Satan wird entlarvt und ihm nichts zugestanden.

Jetzt aber sprach Immanuel zu ihm[1]: »Du Abgrund alles Betrugs! Alle Künste hast du schon versucht, im Besitz von Menschen-Seele zu bleiben, die doch mein ist, mein rechtmäßiges und teuer erkauftes Erbe! Wie leicht wird es deiner Arglist, deine Farbe zu wechseln, obgleich du immer derselbe bleibst. Deine Täuschung gelang dir nicht, solange du in deiner schwarzen Gestalt kamst, nun verstellst du dich in einen Engel des Lichts (2. Kor. 11, 14) und gebärdest dich als ein Prediger der Gerechtigkeit[2]. Doch wisse, Diabolus, ich verachte alle deine Vorschläge. Wie glänzend sie auch sein mögen, in dir ist weder Treue noch Glauben, weder Wahrheit noch Liebe. Alle deine Reden quellen aus dem bittern Brunnen der Bosheit und Schalkheit. Du sinnst auf Verrat und Tod, wie sollte man dir trauen? Fliehen muss man dich wie eine Schlange voll tödlichen Gifts, die unter Blumen auf ihre Beute lauert. Du zeigst einen so großen Eifer, Menschen-Seele zur Buße zu bringen, warum bekennst du nicht erst deine Sünden und Gräuel vor mir? Du willst mein Gesetz aufrichten in Menschen-Seele, aber du weißt sehr wohl, dass das vergeblich ist, solange der Fluchnicht hinweggenommen, der über die Übertreter des Gesetzes gekommen ist[3]. Auch das ist dir nicht verborgen, dass

---

1   Ps. 50, 16. 17: Aber zum Gottlosen spricht Gott: »Was hast du von meinen Geboten zu reden und nimmst meinen Bund in deinen Mund, da du doch Zucht hassest und wirfst meine Worte hinter dich?«

2   Matth. 7, 15-23: Sehet euch vor vor den falschen Propheten, die in euch kommen, inwendig aber sind sie reißende Wölfe.

3   Gal. 3, 10: Die mit des Gesetzes Werken umgehen, die sind unter dem Fluch. Denn es steht geschrieben: »Verflucht sei jedermann, der nicht bleibt in alledem, was geschrieben steht in dem Buch des Gesetzes, dass er's tue!«

überhaupt durch das Gesetz das Heil nicht erlangt wird[4]. Darum sind es Irrwege, auf die du unter dem Schein des höchsten Wohlmeinens die führen möchtest, die dir trauen. Eine gänzliche Reformation willst du in Menschen-Seele machen. Ich möchte doch wissen, was das für eine Reformation wird, bei der der Teufel der Reformator ist. Ich kenne dich, Satan! Betrug war die erste Karte, die du ausspieltest, Betrug ist auch diese letzte. Magst du andere täuschen in deiner Lichtsgestalt, ich sehe deine Wolfsklauen und deinen Löwenrachen. Es soll dir aber auf diesem Weg nicht gelingen. Noch wacht meine treue Liebe über Menschen-Seele. Wisse, dass ich dazu gekommen bin, Menschen-Seele zu erlösen von Fluch und Tod und sie meinem Vater zu versöhnen, dass sie glaubt und selig wird. Ich bedarf deiner nicht, dass sie unter das gerechte Zepter meines Reiches wieder zurückgebracht wird. Ich bin von meinem Vater gesandt, die Stadt in Besitz zu nehmen und sie durch das Werk meiner Hände zuzurichten zu einer Wohnung seines Wohlgefallens[5]. Ich werde sie einnehmen, dich aber werde ich hinauswerfen. Mein eigenes Banner werde ich in ihrer Mitte aufrichten, das deine aber vertilgen. Was du gebaut hast, werde ich niederreißen, und das Alte soll vergehen; denn siehe, ich mache alles neu (Offb. 21, 5), und Menschen-Seele soll werden eine leuchtende Stadt auf dem Berg wie eine geschmückte Braut ihrem Mann.« (Offb. 21, 2)

So sah sich Diabolus ganz entlarvt. Wie vernichtet stand er da; im Geist sah er schon Menschen-Seele für sich verloren. Aber die Verzweiflung schlug bald in eine rasende Wut um. Sollte er untergehen, so wollte er in seinen Untergang wenigstens mit hineinziehen, was er konnte. Was fragte er nach Schaddai, nach Immanuel, nach dem Wohl der Stadt, die so viele Versicherungen der göttlichen Lie-

---

4   Röm. 3, 28: So halten wir nun dafür, dass der Mensch gerecht werde ohne des Gesetzes Werke, allein durch den Glauben.

5   Eph 5, 27: Auf dass er sie sich selbst darstellte als eine Gemeinde, die herrlich sei, die nicht habe einen Flecken oder Runzel oder etwas dergleichen, sondern dass sie heilig sei und unsträflich.

be und Treue, so viele Verheißungen des unwandelbaren Glücks empfangen hatte? Der Feind, der Mörder von Anfang blieb er.

Der letzte verzweifelte Kampf des Satans und seiner Rotte

Racheschnaubend befahl daher Satan seinen Offizieren, nicht allein mit Immanuel und seinem Heer auf Leben und Tod zu kämpfen, sie sollten auch, wenn sie sehen, dass sie die Stadt nicht mehr halten können, ihr alles Leid zufügen, das sie erdenken könnten, sie sollten Männer, Weiber und Kinder zerreißen und zerfleischen[6]. »Denn«, sprach er, »es ist uns geziemender, den Platz als einen Aschen- und Schutthaufen hinter uns zu lassen, als ihn dem verhassten Immanuel zur Wohnung einzuräumen.«

Nachdem das Werk Gottes durch das geöffnete Ohr ins Gewissen gedrungen, kann sich Satan mit seinem Anhang in dem Herzen nicht mehr behaupten.

Immanuel wusste, dass der Ausgang des nächsten Kampfes ihn zum Herrn des Platzes machen musste. Demgemäß sprach er seinen Hauptleuten Mut ein. Er sagte: Niemand wird gekrönt, er kämpfe denn recht (2. Tim. 2, 5); ein letztes sollten sie wagen, es gelte Diabolus und seine Rotte zu vernichten, keinem solle Gnade gegeben werden[7]. Aber mit den alten Einwohnern von Menschen-Seele sollten sie rücksichtsvoll umgehen, »denn«, sagte er, »wer sie antastet, der tastet meinen Augapfel an« (Sach. 2, 8 od. 12).

Mit Anbruch des Tages schon standen die mutigen Krieger des Prinzen unter den Waffen. Das heutige Losungswort war: »Gewonnen ist Menschen-Seele.« Und damit stürzten sie in den Kampf, vor

---

6   Mark. 9, 26: Da schrie er und riss ihn sehr und fuhr aus. Und der Knabe ward, als wäre er tot, sodass die Menge sagte: Er ist tot.

7   1. Sam. 15, 3: So zieh nun hin und schlag Amalek und vollstrecke den Bann an ihm und an allem, was er hat; verschone sie nicht, sondern töte Mann und Frau, Kinder und Säuglinge, Rinder und Schafe, Kamele und Esel.

Das Ohrtor wird aufgebrochen und erstürmt

allem, wie immer, gegen das *Ohrtor*. Diabolus war auch auf dem Plan. Er hatte seine Obergeneräle zur äußersten Wut entflammt. Sie fochten wie Verzweifelte gegen die Armee des Prinzen. Aber umsonst – nach drei oder vier Hauptangriffen auf das Ohrtor war dieses erstürmt, und die Balken und Riegel, mit denen es so gut verrammelt war, zerbrachen in Stücke. Darauf ertönten die Posaunen des Prinzen. Die Hauptleute erhoben ein freudiges Kriegsgeschrei, von dem die Stadt erbebte. Dann hielt Immanuel selbst seinen Einzug. Er schlug in dem eroberten Ohrtor seinen Thron auf, und dicht daneben ließ er von einem Berg, auf dem die Wurfmaschinen standen, sein Panier wehen. Diese Anhöhe erhielt den Namen: *Höregut*. Diabolus war in sein Schloss geflohen. Hier hatte er sich befestigt. Dahin wendete sich hauptsächlich der Kampf. Dicht am Schloss stand aber das Haus des Herrn Syndikus *Gewissen*, dem die Einnahme der Stadt durch Diabolus sein Amt gekostet hatte. Von dem bereits eingenommenen Ohrtor führte eine gerade Straße zu diesem Haus. Der Fürst gab Befehl, dass die Hauptleute *Boanerges* oder *Erschütterung*, *Überzeugung* und *Gericht* zunächst auf dieses Haus marschieren sollten. *(Wenn das Ohr des Sünders dem Wort geöffnet ist, muss das Gewissen geweckt werden.)* Sie säuberten zugleich die Straße, und bald hatten sie das bezeichnete Haus erreicht. Vorerst klopften sie an und forderten Einlass[8]. Der alte Herr hatte jedoch, da er ihre Absichten noch nicht klar erkannte, seine Pforten während der ganzen Zeit des Streits völlig verschlossen gehalten. Als darum Hauptmann *Erschütterung* auf sein Begehr, eingelassen zu werden, keine Antwort erhielt, gab er der Pforte einen derben Stoß mit einem Mauerbrecher, der nicht bloß den alten Herrn in große Bestürzung, sondern das ganze Haus in ein starkes Wanken und Schwanken versetzte[9]. Jetzt kam der Herr Syndikus hinab zur Pfor-

---

8   Offb. 3, 20: Siehe, ich stehe vor der Tür und klopfe an. So jemand meine Stimme
     hören wird und die Tür auftun, zu dem werde ich eingehen und das Abendmahl mit
     ihm halten und er mit mir.
9   Apg. 16, 26. 27: Plötzlich aber ward ein großes Erdbeben, also, dass sich bewegten
     die Grundfesten des Gefängnisses. Und alsbald wurden alle Türen aufgetan und die

te, konnte aber kaum mit bebenden[10] Lippen fragen, wer da wäre. *Boanerges* antwortete: »Wir sind die Hauptleute des großen *Schaddai* und seines hochgelobten Sohnes *Immanuel* und beanspruchen euer Haus für unsern Fürsten.« Und damit gab der Mauerbrecher der Pforte einen weiteren Stoß. Der alte Herr geriet in neues Zittern und Beben. Er leistete nicht länger Widerstand, und die Hauptleute zogen in sein Haus ein und nahmen es für Immanuel in Besitz. Das war wichtig, da man von hier aus die Burg des Satans am besten bestürmen konnte, der sich gar nicht mehr herauswagte. Gegen den Syndikus benahmen sich die Hauptleute sehr zurückhaltend[11], da er bis jetzt durchaus noch keine klare Einsicht in die großen Zwecke und Absichten *Immanuels* hatte, auch gar nicht zu beurteilen vermochte, wohin diese ersten stürmischen Angriffe führen würden. *(Das erschütterte Gewissen weiß den Weg zur Seligkeit noch nicht.)* Wie ein Lauffeuer verbreitete sich die Nachricht durch die Stadt: »Das Haus des Syndikus ist eingenommen, seine Zimmer besetzt und sein Palast zu einem Waffenplatz gemacht.« Man wusste nicht, dass die Hauptleute eigentlich gar nichts Böses gegen den alten Herrn im Sinn hatten, man hörte nur von den Schrecken der Bestürmung seines Hauses und von der Angst, in der er selbst war. Wie ein Schneeball im Fortrollen mit jedem Augenblick wächst, so vergrößerte das Gerücht, je weiter es drang, die Gefahr ins Unermessliche. Als viele herbeiliefen, um selbst zu sehen und zu hören, und gewahr wurden, wie die Hauptleute unaufhörlich mit ihren Mauerbrechern gegen die Pforten der Satansburg donnerten, kam ein grauenvolles Entsetzen über alle; denn sie meinten, es sei nun aus mit ihnen. Und der Mann des Hauses nahm ihnen auch nichts von ihrer Angst; er wusste nichts andres, als dass Tod und Untergang über Menschen-Seele kommen müsse. »Denn«, sagte der alte

---

Fesseln aller gelöst. Als aber der Kerkermeister aus dem Schlaf fuhr und sah die Türen des Gefängnisses aufgetan, zog er das Schwert und wollte sich selbst töten; denn er meinte, die Gefangenen wären entflohen.

10   Ps. 38, 11: Mein Herz erbebt, meine Kraft hat mich verlassen, und das Licht meiner Augen ist auch dahin.

11   Joh. 2, 24: Aber Jesus vertraute sich ihnen nicht; denn er kannte sie alle.

Herr, »es ist mir wie euch allen nur zu gut bewusst, dass wir alle
Verräter gewesen sind – gegen den einst verachteten, doch jetzt so
siegreichen, mit Ruhm gekrönten Prinzen *Immanuel*. Ach, wer sich
doch rein wüsste! Mag es auch sein, dass ich manches von der Hand
des Diabolus erlitten habe, weil ich zuweilen für die Gesetze *Schaddais* eiferte: aber wie oft habe ich geschwiegen, wo ich hätte reden
sollen; wie oft geschlafen, wo ich hätte wachen, rufen und warnen
sollen! Wehe mir, die Schuld des Verrats und der Empörung fällt
ganz auf mich[12]! Und Immanuel ist eingedrungen in die Stadt, in
mein Haus. Bald wird die Feste des Diabolus, den wir zur Schmach
dieses unsers rechtmäßigen Fürsten und Herrn uns erkoren, fallen
und er auf der Flucht sein. Dann kommt der Tag des Gerichts und
des Zorns über uns alle[13]. Wehe! Wehe! Wehe!«

Während die drei tapfern Hauptleute in dem Haus des alten Syndikus allein gegen den Hauptfeind und Anstifter alles Unheils in
Bewegung waren, setzte unterdessen Hauptmann *Ausführung* in
andern Teilen der Stadt verschiedenen Bösewichtern nach, die dem
Feind treu beigestanden hatten. Er war scharf hinter dem Herrn
Wille her, ließ ihm in keinem Winkel Ruhe und verfolgte ihn so hart,
dass er sein ganzes Gefolge zerstreute und *Wille* froh sein musste,
ein Loch zu finden, in das er sich verkriechen konnte. (*Sündenangst
macht den Willen auch noch nicht völlig gut. 2. Kor. 5, 17.*) Der genannte mächtige Kriegsheld hieb auch mit eigener Hand drei Offiziere
des Herrn *Wille* nieder. Einer von ihnen war der alte *Vorurteil*, der
von Diabolus als Wächter am Ohrtor bestellt worden war (*Vorurteile hindern sehr die Annahme des Worts*[14]). Nachdem ihm schon die
Krone beim Getümmel vom Haupt gestoßen war, wurde dieses
ihm auch durch die Hand des Hauptmanns *Ausführung* gespalten.

---

12   Ps. 51, 6: An dir allein habe ich gesündigt und übel vor dir getan, auf dass du Recht
      behaltest in deinen Worten und rein dastehst, wenn du gerichtet wirst.
13   Röm. 1, 18: Denn Gottes Zorn vom Himmel wird offenbar über alles gottlose Wesen
      und Ungerechtigkeit der Menschen, die die Wahrheit in Ungerechtigkeit gefangen
      halten.
14   Joh. 1, 46: Und Nathanael sprach zu ihm: Was kann von Nazareth Gutes kommen?
      Philippus spricht zu ihm: Komm und sieh es!

Es fand sich da auch ein gewisser *Nachjager-der-Nichtigkeit*, einer der Beamten des Herrn *Wille*, und zwar Führer der zwei Kanonen, die auf der Zinne des Ohrtors aufgepflanzt waren *(wer dem Eiteln nachjagt, ist ein Feind des Worts. Phil. 3, 19)*; auch er fiel unter den Streichen des Hauptmanns *Ausführung*. Der Dritte, dem Hauptmann *Ausführung* ohne Mühe mit den andern das Lebenslicht ausblies, war ein gewisser *Verräter*, ein loser Mann, der seine Stelle nur dem hohen Vertrauen verdankte, das Herr *Wille* in ihn setzte. Außer den erwähnten Taten richtete jener wackere Hauptmann auch noch ein großes Blutbad unter den Soldaten des Herrn *Wille* an, indem er etliche tötete, die mit den Waffen in der Hand hartnäckigen Widerstand leisteten, viele andere aber, die ihm nur so folgten, unschädlich machte. Sie alle aber waren solche, die mit Diabolus erst gekommen und in Menschen-Seele sich festgesetzt hatten (Offb. 14, 9. 10). Von den Einheimischen wurde nicht einer verletzt. Auch am Augentor führten Hauptmann *Gute-Hoffnung* und *Liebe* tapfere Kriegstaten aus. Ersterer erschlug mit eigener Hand einen Hauptmann *Verblendet*, den Hüter dieses Tores, und viele seiner tausend Mann, die mit Streithämmern kämpften, während die andern flohen und sich in Höhlen verkrochen. An dieser Pforte ereilte nun auch den alten, uns schon bekannten *Sicherheit*, der einen bis auf den Gürtel herabreichenden Bart trug und der Redner des *Diabolus* war, sein Verhängnis, nachdem er in der Stadt so viel Unheil angerichtet hatte. Er fiel unter den Streichen des Hauptmanns *Gute-Hoffnung*. *(Verblendung und Sicherheit betrügen sich mit einer falschen Hoffnung und müssen einer wohl gegründeten Hoffnung Platz machen.)* Was soll ich sagen? Tote Diabolisten lagen in diesen Tagen an jeder Straßenecke in Menschen-Seele, obgleich leider nur noch allzu viele in der Stadt lebendig blieben. *(Wenn auch viel Böses vertilgt wird, bleibt doch immer noch nicht weniges zurück.)*

Das erwachte Gewissen schwebt zwischen Furcht und Hoffnung.

Bei dieser Lage der Dinge traten eines Tages der alte Registrator oder Syndikus *Gewissen* und Herr *Verstand* mit einigen der vornehmsten

Häupter der Stadt, die alle die große Gefahr erkannten, die der ganzen Stadt drohte, zu einer gemeinsamen Beratung zusammen. Sie beschlossen einstimmig, eine Bittschrift aufzusetzen, um sie dem Prinzen zu überreichen, solange er noch im Tor der Stadt thronte: »Wir, die alten Einwohner der jetzt so beklagenswerten Stadt Menschen-Seele, bekennen unsere Sünde, durch die wir den Zorn des Fürsten so sehr herausgefordert haben, und bitten untertänig, dass er unser Leben schonen wolle.« Doch diese Bittschrift ließ der Prinz völlig unbeantwortet[15], was sie noch bestürzter machte. Unterdessen ließen aber die Hauptleute vom Haus des Syndikus aus ohne Aufhören die Mauerbrecher gegen die Tore der Burg spielen; und nach einiger Zeit gelang es wirklich ihren ausdauernden Anstrengungen, das Tor *(Herz)*, es hieß das *Unbezwingliche,* zu sprengen, dass die Splitter umherflogen *(Bezwingung des Herzens),* wodurch nun der Weg nach der Burg eröffnet wurde, in der *Diabolus* sich immer noch verbarg. Und eine Botschaft wurde nun herabgesandt zur Ohrenpforte, wo *Immanuel* noch immer verweilte: »Der Weg durch die Tore in die Burg von Menschen-Seele ist geöffnet.« Oh, wie ertönten bei dieser frohen Kunde die Trompeten durch das ganze Lager des Prinzen, denn nun sah man ja dem baldigen Ende des Krieges und der völligen Befreiung der Stadt Menschen-Seele entgegen!

Hierauf erhob sich der Prinz in der Mitte seiner Krieger, um sich die Straße entlang nach dem Haus des alten Syndikus zu begeben, das schon längst für ihn zugerichtet war. Er trug eine Rüstung von reinem Gold, sein Schwert glänzte wie der Blitz (Offb. 1, 16), und sein Banner wehte vor ihm. Neugierig traten alle Bürger an ihre Türen heraus, ihn zu sehen; und von dem Anblick seiner Person, der Liebenswürdigkeit und dem milden Glanz, der sie umfloss, wurden sie ganz hingerissen[16]. Aber eines war auffallend: es war etwas Zurück-

---

15   Jes.1,15: Und wenn ihr auch eure Hände ausbreitet, verberge ich doch meine Augen vor euch; und wenn ihr auch viel betet, höre ich doch nicht; denn eure Hände sind voll Blut.

16   Ps. 45, 3: Du bist der Schönste unter den Menschenkindern, voller Huld sind deine Lippen; wahrlich, Gott hat dich gesegnet für ewig.

haltendes in seinem ganzen Wesen; nirgends zwar eine Spur von Feindschaft, aber auch kein gewinnendes Zuneigen des Hauptes, kein freundliches Lächeln zu bemerken. Man musste dabei an Joseph denken, wie er mit seinen Brüdern sprach, ehe er sich ihnen offenbarte (1. Mose 44). Und gerade wie sie sich ihrer Schuld bewusst waren und sich sein Benehmen aufs Schlimmste auslegten und das Gegenteil von dem annahmen, was in seinem Herzen war; so dachten auch sie, weil sie ihre Strafwürdigkeit wohl fühlten: »Wenn *Immanuel* uns liebte, so würde er es uns wohl zeigen; da er aber so fremd gegen uns tut, so hasst er uns. Hasst uns aber *Immanuel*, so wird er Menschen-Seele schlagen und sie in einen Schutthaufen verwandeln.« Ja, das Bewusstsein, seine und seines Vaters Gebote übertreten und sich mit seinem Erzfeind, *Diabolus*, gegen ihn verbunden zu haben, und die Überzeugung, dass der Prinz *Immanuel* dieses alles weiß, denn es schimmerte durch ihre Seele, er sei wie der Engel Gottes, dem nichts verborgen ist und den man ungestraft nicht erbittert[17], das alles zusammengenommen, ließ sie ihren Zustand als hoffnungslos betrachten. Und doch ging trotz aller dieser Besorgnisse und Befürchtungen ein stiller Zug zum Prinzen hin durch ihre Seele, und sie konnten es nicht lassen, wie sie ihn in seiner stillen Majestät durch die Straßen ziehen sahen, sich ihm zuzuneigen, vor ihm sich zu beugen, vor ihm niederzufallen, ja sie waren bereit, ihm den Staub von seinen Füßen zu küssen. Tausendmal wünschten sie, sie möchten sich nie von ihm abgewandt haben, und ebenso oft verlangten sie, unter sein mildes Zepter wieder zurückzukehren. Wie wurden sie nicht müde, untereinander von seiner Anmut, von seiner Liebenswürdigkeit, von seiner Hoheit und Würde, von seinem Glanz und seiner Herrlichkeit zu reden[18]! Und doch arme Herzen!

---

17 2. Mose 23, 20. 21: Siehe, ich sende einen Engel vor dir her, der dich behüte auf dem Wege und dich bringe an den Ort, den ich bestimmt habe. Hüte dich vor ihm und gehorche seiner Stimme und sei nicht widerspenstig gegen ihn; denn er wird euer Übertreten nicht vergeben, weil mein Name in ihm ist.

18 Schönster Herr Jesu, Herrscher aller Enden, Gottes und Marien Sohn! Dich will ich lieben, dich will ich ehren, du, meiner Seele Freud und Kron!

Lenkten sie den Blick auf sich selbst, wie schwanden alle diese lieblichen Vorstellungen vor den Schrecken, die das Gedächtnis ihrer Sünden vor ihnen auftürmte. Wie wurden sie bald gleichsam hoch zum Himmel erhoben, bald in die Tiefe gestürzt. Wie war Menschen-Seele einem Ball gleich, der hin- und hergeworfen wird, gleich einer Feder, die vom Wirbelwind umgetrieben wird.

Der Sohn Gottes triumphiert über den Satan und stößt ihn aus.

Als Immanuel bis zu den Toren der Burg vorgerückt war, befahl er dem *Diabolus*, zu erscheinen und sich selbst seiner Hand zu übergeben. Doch wie ungern kroch die Bestie aus ihrem Versteck hervor! Immer wollte er wieder hinein entschlüpfen, sträubte sich, drehte und wand sich! Doch es half nichts, er musste vor dem Prinzen erscheinen. Und *Immanuel* gab Befehl, und sie nahmen *Diabolus* und banden ihn fest mit Ketten, um ihn desto besser zum Gericht aufzubewahren, das *Immanuel* für ihn bestimmt hatte[19]. Diabolus bat zwar kläglich, Immanuel wolle ihn nicht in die Tiefe senden (Luk. 8, 31), sondern ihm gestatten, mit Frieden von Menschen-Seele abzuziehen. Aber der erhabene Sieger führte ihn in seinen Ketten ohne weiteres auf den Marktplatz, um ihm hier vor den Augen aller Einwohner seine Waffenrüstung abzunehmen, deren er sich zuvor so hoch gerühmt hatte[20]. Und während der Riese gleichsam bis aufs Hemd ausgezogen wurde, schmetterten die Trompeten des goldenen Prinzen, die Hauptleute jauchzten, und die Soldaten sangen mit Freuden: Die Rechte des Herrn behält den Sieg! Die Rechte des Herrn ist erhöht; die Rechte des Herrn behält den Sieg! (Ps. 118, 15. 16). Ganz Menschen-Seele wurde Zeuge dieses Schauspiels des beginnenden Triumphes *Immanuels* über seinen

---

19   2. Petr. 2, 4: Denn Gott hat selbst die Engel, die gesündigt haben, nicht verschont, sondern hat sie in finstere Höhlen hinabgestoßen und übergeben, dass sie zum Gericht behalten werden.

20   Luk. 11, 21. 22: Wenn ein Starker gewappnet seinen Palast bewacht, so bleibt das Seine in Frieden. Wenn aber ein Stärkerer über ihn kommt und überwindet ihn, so nimmt er ihm seinen Harnisch, darauf er sich verließ, und teilt den Raub aus.

Diabolus wird mit Ketten gebunden

Widersacher, auf den sie in den Tagen seiner trügerischen Macht gebaut hatten wie auf einen Fels.

Dann ließ Immanuel nach seiner weisen Vorsicht noch zwei seiner Hauptleute, *Erschütterung* und *Überzeugung*, an den Toren der Burg zurück. Sie sollten die Tore gegen mögliche Angriffe der Anhänger des Diabolus verwahren. Den entwaffneten Riesen band er mit Ketten an die Räder seines Wagens und zog im Triumph durch die ganze Stadt. Danach begab er sich durch das *Augentor* auf die Ebene, wo sich sein Lager ausbreitete. Doch nur ein Augenzeuge, wie ich das Glück hatte es sein zu dürfen, kann sich einen Begriff von dem Jauchzen und Freudengeschrei machen, das sich hier aufs Neue erhob, als die Krieger ihren Fürsten daherziehen sahen mit dem an die Räder seines Wagens gefesselten Tyrannen. Sie begrüßten ihn mit dem Jubelruf: »*Er führte Gefangne gefangen. Er hat die Reiche und die Gewaltigen ihrer Macht entkleidet und sie öffentlich zur Schau gestellt und hat einen Triumph aus ihnen gemacht in Christus*« (Ps. 68, 19; Kol. 2, 15). Zumal die, die herniedergekommen waren, um den Feldzug als Freiwillige mitzumachen *(die Engel),* jauchzten und frohlockten so laut, sangen so herrliche Siegeslieder, dass diejenigen, die in den obersten Welten wohnten, gleichsam ihre Fenster öffneten, die Köpfe heraussteckten, ja sogar herniederstiegen, um den Grund solcher Herrlichkeit selbst zu erfahren.

Auch die Städter, soweit sie ein geöffnetes Auge bekamen, wurden von diesen Vorgängen ganz hingenommen. Zwar konnten sie den Plan, die Weisheit, die Kraft noch nicht begreifen, womit das alles ausgeführt war, und noch weniger, was das Ende dieser wunderbaren Ereignisse sein würde, aber ein milder Lichtstrahl war doch in ihre erst so dunkeln Herzen gedrungen. Wie ein freundlicher Gruß, wie ein Gnadenzeichen gegen die arme Stadt dünkte ihnen alles, was sie sahen und erfuhren, und ihre Herzen wurden getrost, fröhlich und hoffnungsvoll, und sie konnten sich nicht satt sehen an ihrem Immanuel und waren bereit, alles zu tun, was er ihnen sagen und befehlen würde.

Und nachdem *Immanuel* seinen Triumphzug beendet hatte, wies er den überwundenen Feind von sich und bedrohte ihn, nie mehr es sich gelüsten zu lassen, Menschen-Seele zu betreten. So eilte denn Diabolus mit Spott und Hohn hinweg, um in öden Gegenden Ruhe zu suchen und nicht zu finden[21].

3. Kapitel

Große und immer steigende Bedrängnis in Menschen-Seele, weil Immanuel ihre wiederholten Gnadengesuche abweist.

Nach Besiegung des Satans fängt die wahre Buße an in Angst und Zwang und sucht bei Gott Gnade, wiewohl erst vergeblich.

Die Hauptleute *Boanerges* und *Überzeugung*, beides Männer von majestätischem Ansehen und Einfluss, deren Angesichter den Angesichtern von Löwen, deren Stimme dem Brüllen des Meeres glich, hatten noch immer ihr Hauptquartier im Haus des Herrn Syndikus aufgeschlagen. *(Allein vom Gewissen geht die wahre Bekehrung aus.)* Sie hatten von ihrem Fürsten Befehl empfangen, nicht allein ein wachsames Auge auf die Stadt zu haben, sondern auch jede irgendwie verdächtige Bewegung aufs Schärfste zu ahnden. Und Menschen-Seele hatte denn auch nach dem ersten Freudenrausch durch Immanuels Triumphzug Muße genug, die ernste Haltung der Hauptleute genauer zu beobachten. Da war es, als wenn ein kalter Tau auf ihre grünende Hoffnung fiel. Ein Meer von zweifelnden Gedanken über ihr künftiges Schicksal fing an in der ganzen Stadt von Menschen-Seele auf- und abzuwogen; und nun mussten sie auch sehen, wie der Prinz sich ihnen so gar nicht näherte, sondern allezeit mitten unter seinen gerüsteten Kriegern in seinem königlichen Lagerzelt verweilte. Und eines Tages sandte er sogar dem Hauptmann Boanerges

---

21   Matth. 12, 43: Wenn der unsaubere Geist von dem Menschen ausgefahren ist, so durchwandelt er dürre Stätten, sucht Ruhe und findet sie nicht.

den Befehl zu, die ganze Einwohnerschaft auf dem Schlosshof zu versammeln und dort vor aller Augen den Herrn Verstand, Herrn Gewissen und den so einflussreichen Herrn Wille zu ergreifen und sie alle drei in strengsten Gewahrsam zu setzen, bis er weitere Befehle erhält. *(Soll es zur wahren Bekehrung kommen, so müssen nicht allein das Gewissen, sondern auch alle Regungen des bösen Willens und alle Gedanken in die Zucht des göttlichen Wortes genommen werden.)*
Das alles setzte Menschen-Seele so in Angst, dass sie sich ganz verloren gaben. Dass sie untergehen müssten, war ihnen eine ausgemachte Sache, und nur das quälte ihre Seele, dass sie nicht wussten, wie lange sie noch in solchen Todesängsten schweben müssten, welcher Tod sie endlich ereilt[1] und ob sie gar in dieselbe Tiefe verstoßen werden, vor der selbst Diabolus erbebte. Bei alledem mussten sie sich sagen, dass sie dies schreckliche Los als ehemalige Bundesgenossen Satans mit vollem Recht verdient hätten, und ihre geängstigte Seele malte sich mit allen Farben des Schreckens aus, wie sie als schuldige Missetäter, von der Gnade eines so guten heiligen Fürsten verstoßen, endlich vor dem Angesicht der ganzen Stadt und des ganzen Heeres Immanuels dem schimpflichsten Tod übergeben werden, samt den edlen Gefangenen, die einst ihre Stütze und ihr Schutz gewesen waren. Was sollten sie unter diesen Umständen tun? Vor dem Tod graut jedem, darum versuchten sie noch eins. In Gemeinschaft mit den Gefangenen setzten sie eine Bittschrift auf und sandten sie durch einen gewissen Herrn *Lebens-Lust* an Immanuel ab. Sie lautete so:»Großer, wundervoller Herrscher, Besieger des *Diabolus* und ruhmgekrönter Eroberer der Stadt Menschen-Seele! Wir, die unglücklichen Einwohner dieses mit höchstem Weh und Unglück heimgesuchten Ortes, bitten aller untertänigst, uns Gnade finden zu lassen vor deinen Augen. Gedenke doch nicht unserer früheren Übertretungen noch auch der Sünden der Häupter unsrer Stadt; sondern schone unser nach deiner großen Barmherzigkeit,

---

1   Ps. 55, 5.6: Mein Herz ängstet sich in meinem Leibe, und Todesfurcht ist auf mich gefallen. Furcht und Zittern ist über mich gekommen, und Grauen hat mich überfallen.

und lass uns nicht sterben, sondern leben vor dir. Dann wollen wir willig deine Knechte sein und dir dienen, sollten wir auch die Brotkrumen unter deinem Tisch zu unserer Leibes- und Lebens-Nahrung zusammensuchen müssen. Amen.«

Der Prinz nahm nun zwar die Bittschrift in seine Hand, sandte aber den Boten ohne alle Antwort zurück[2]: Das war für sie ein Donnerschlag. Aber der Tod war ihnen zu bitter, als dass sie nicht einen neuen Versuch hätten machen sollen, von der Gnade Immanuels ihr Leben zu erflehen. Es war ihnen aber bedenklich, dieses neue Gnadengesuch durch denselben Boten dem Prinzen vorzulegen. Wohl nicht ohne Grund befürchteten sie, dass sein leichtfertiges Benehmen dem Fürsten zum Anstoß gereicht habe[3]. *(Leichtfertige Buße des Fleisches hilft nicht.)* So dachten sie denn, es würde ihnen besser glücken, wenn sie den Hauptmann *Überzeugung zu* ihrem Fürsprecher wählten. Der aber erklärte kurzweg, er wolle und werde sich nicht als Sachwalter bei dem Fürsten für Rebellen gebrauchen lassen. Geratener wäre es, dass einer aus ihrer Mitte geradewegs an den Stufen des erhabenen Thrones des huldreichen Fürsten erscheint, vorausgesetzt, dass er sich mit einem Strick um den Hals auf den Weg macht und um nichts als um Gnade bittet[4]. *(Ermahnung zur wahren Buße.)*

Nur das lautere und uneigennützige Verlangen des bußfertigen Sünders nach der Gnade Gottes gefällt Gott wohl[5].

Wie es Menschen geht, die einmal in der Angst sind, konnten sie

---

2　　Jes. 38, 13: Bis zum Morgen schreie ich um Hilfe; aber er zerbricht mir alle meine Knochen wie ein Löwe; Tag und Nacht gibst du mich preis.

3　　Röm. 8, 8: Die aber fleischlich sind, können Gott nicht gefallen. 2. Kor. 7, 10: Denn die göttliche Traurigkeit wirkt zur Seligkeit eine Reue, die niemand gereut; die Traurigkeit aber der Welt wirkt den Tod.

4　　Eph. 2, B. 9: Denn aus Gnade seid ihr gerettet worden durch den Glauben, und das nicht aus euch: Gottes Gabe ist es, nicht aus den Werken, auf dass sich nicht jemand rühme.

5　　Luk. 15, 17. 18: Da schlug er in sich und sprach: Wie viel Tagelöhner hat mein Vater,

lange zu keinem Entschluss kommen. Aber sie fühlten den Strick wirklich schon an ihrem Hals, darum musste das Gnadengesuch abgehen, ehe es zu spät war[6]. So entschlossen sie sich kurz und gut, einem gewissen *Erwachte-Sehnsucht*[7] das Überbringen des Gesuchs zu übertragen. Er war dem vorigen Boten, dem Herrn *Lebenslust*, ziemlich unähnlich. Wenn dieser, vollends sobald ihm alles nach Wunsch ging, sehr übermütig werden konnte (Weish. Sal. 2, 69), war er dagegen ein ernster Mann, obwohl gar nicht mürrisch. Er wohnte einsam in einer niedrigen Hütte, aber man sah ihn oft am Fenster stehen und hinausblicken, als erwarte er einen lieben, lange gewünschten Gast[8]. Der schien nun gerade der rechte Mann zu sein, um das schmerzliche, tief empfundene Verlangen von Menschen-Seele vor den barmherzigen Fürsten zu bringen. Konnten sie doch mit Recht erwarten, dass er ihre Bitte so vor ihm aussprechen würde, wie sie es selbst fühlten, denn er brauchte nur sein eigenes Herz reden lassen. Er war darum auch gleich bereit, zu tun, was sie von ihm begehrten. Im Stillen hoffte er den Freund zu finden, nach dem er so lange ausgeschaut hatte. Wie auf Flügeln eilte er hin ins Lager zu dem goldenen Zelt Immanuels. Kaum hatte er seine Bitte um eine gnädige Audienz ausgesprochen, trat der Fürst selbst in liebevoller Anmut zu ihm heraus. Wie wurde ihm da so wohl ums Herz!

Er konnte sich nicht halten, er fiel vor ihm nieder auf sein Angesicht und küsste ihm die Füße und netzte sie mit seinen Tränen. Als er die Bittschrift übergab, rief er:»Möchte doch Menschen-Seele vor dir leben!« Da ging es dem barmherzigen Fürsten wie

---

die Brot die Fülle haben, und ich verderbe im Hunger! Ich will mich aufmachen und zu meinem Vater gehen und zu ihm sagen: Vater, ich habe gesündigt gegen den Himmel und vor dir.

6   Jes. 55, 6: Suchet den Herrn, solange er zu finden ist; rufet ihn an, solange er nahe ist.

7   Ps. 119, 82: Meine Augen sehnen sich nach deinem Wort und sagen: Wann tröstest du mich? Ps. 143.

8   Hoheslied 1, 7: Sage mir an, du, den meine Seele liebt, wo du weidest, wo du ruhst am Mittag, damit ich nicht herumlaufen muss bei den Herden deiner Gesellen.

Joseph, als er die Angst seiner Brüder sah; er wandte sich ab und weinte (1. Mose 45, 1. 2). Schnell aber fasste er sich wieder und hob den Mann auf, der noch immer vor ihm auf den Knien lag, und sprach zu ihm liebevoll: »Gehe hin mit Frieden, ich will deine Bitte erwägen.«

Seitdem Erwachte-Sehnsucht die Stadt verlassen hatte, blickte Menschen-Seele manchmal sehnsuchtsvoll nach Immanuels Zelt und erwartete unter tiefem Schuldbewusstsein, was der Bote für Nachricht bringt. Als sie endlich den Abgesandten erblickten, eilten sie ihm hastig entgegen und bestürmten ihn mit Fragen, als hinge daran ihr Leben, wie Immanuel das Gnadengesuch aufgenommen hat. Er aber verlangte statt aller Antwort nur, dass er in das Gefängnis geführt würde, wo die drei Männer, *der Oberbürgermeister*, der *Syndikus* und Herr *Wille* noch immer schmachteten. *(Ehe der volle Genuss der Gnade dem Sünder zuteil werden kann, muss erst der Verstand erleuchtet, das Gewissen gestillt und der Wille verändert werden.)*

Der Bußkampf des Sünders

Obwohl nun der Oberbürgermeister wie auch der Syndikus im Gefühl ihrer Schuld zuerst erblassten, als sie den Boten erblickten, fassten sie sich doch bald wieder, hießen ihn näher treten und befragten ihn, freilich mit etwas zitternder Stimme, über die Antwort des Fürsten. Und *Erwachte-Sehnsucht* berichtete nun alles ganz getreu, was geschehen war, wie die hohe Majestät und Würde Immanuels und der Glanz seines liebevollen Angesichts ihn so ergriffen, dass er zu seinen Füßen habe niedersinken müssen und nur stammeln konnte: »Möchte doch Menschen-Seele leben vor dir!« Der Fürst habe dann die Bittschrift gelesen, in tiefer Bewegung sich abgewandt und zu ihm gesprochen: »Gehe deines Weges wieder heim zu deiner Stadt, ich will deine Bitte erwägen.« Der Abgesandte konnte nicht fertig werden, die Schönheit und Majestät des Prinzen zu erheben, wodurch Ehrfurcht und Liebe gleich stark erweckt wurden, wusste dabei freilich nichts Gewisses von dem Erfolg der Bitte zu sagen. Das Letztere beunruhigte die Gefangenen nicht wenig, und als sie ihre Gedanken untereinander austauschten, konnten sie nicht zu einer rechten Verständigung kommen. Herr Oberbürgermeister meinte, die Antwort habe eigentlich nichts Abschreckendes, worauf Herr Wille äußerte, sie bedeute auch nichts Gutes, und der Syndikus blieb dabei: »Es ist dies eine Botschaft des Todes!« Diesem Gespräch hatten aber auch einige Bürger, die mit in das Gefängnis gedrungen waren, zugehört, aber auch nicht *recht* gehört. Der eine hatte einen halben Satz aufgefangen, ein anderer auch wohl nur ein einzelnes Wort. Einige hielten sich an das, was sie von dem Boten gehört hatten, andere an das Urteil der Gefangenen darüber, sodass eigentlich *keiner* das rechte Verständnis der Dinge besaß[9]. Und als nun diese Leute auf die Straßen hinauseilten und ihre so widersprechenden Meinungen bald diesem, bald jenem begierigen Frager mitteilten, immer mit der Versicherung, er habe es selbst gehört: so gingen ihre Reden von Mund zu Mund weiter, und wie es in solchem Fall geschieht, kamen neue Entstellungen hinzu. Da schrie der eine: »Wir sind alle Kinder des Todes«; der andere: »Wir werden alle gerettet werden«; ein Dritter: »Der Prinz will sich nicht um Menschen-Seele bekümmern«; und ein Vierter rief gar dazwischen: »Die Gefangenen werden sogleich hingerichtet werden.« Ging einer an dem andern vorüber und hörte dessen Erzählung, so behauptete er sicherlich das gerade Gegenteil, und jeder blieb fest dabei, nur er habe das Rechte gesagt. *(Allerlei ungewisse Gedanken im Bußkampf.)* Es herrschte in Menschen-Seele eine vollkommene Verwirrung. Furcht und Hoffnung wogten auf und ab. Jetzt brach die Nacht herein, und die arme Menschen-Seele blieb bis an den nächsten Morgen in voller Marter und Qual der Ungewissheit[10].

---

9   Matth. 16, 13. 14: Da kam Jesus in die Gegend von Cäsarea Philippi und fragte seine
      Jünger und sprach: Wer sagen die Leute, dass des Menschen Sohn sei? Sie sprachen: Etliche sagen, du seiest Johannes der Täufer; andere, du seiest Elia; wieder
      andere, du seiest Jeremia oder der Propheten einer.
10   Ps. 69, 3. 4: Ich versinke in tiefem Schlamm, wo kein Grund ist; ich bin in tiefe Wasser geraten, und die Flut will mich ersäufen. Ich habe mich müde geschrien, mein

Soviel ich aber aus den besten Nachrichten über die Sache entnehmen konnte, entsprang all dieser Wirrwarr aus der Äußerung des
Syndikus, nach seiner Ansicht sei die Antwort des Prinzen eine
Todesbotschaft. Der Syndikus war in der Zeit des allgemeinen Abfalls durch Satans List und seine eigene Schuld sehr um sein Ansehen gekommen. Doch jetzt waren die Blendwerke des Verführers
zerronnen, und die Erinnerung an die Wahrheit und Macht, womit *Gewissen* früher Menschen-Seele beherrscht hatte, wurde so lebendig, seine Aussprüche achtete man wie Stimmen Gottes, dass
man wieder fast nur auf ihn hörte. Und das umso mehr, da man
selbst jetzt zur Genüge fühlte, wie sehr man durch die hartnäckige
Rebellion gegen Immanuel seinen Zorn und Ungnade, zeitlichen
Tod und ewige Verdammnis verdient habe[11]. (*Das erwachte Gewissen lässt sich so bald nicht stillen.*)
Sicherlich wäre Menschen-Seele diesem Sturm von Schrecken er-
legen, der doch nur eine natürliche Folge des frevelhaften Abfalls
von Schaddai war, wenn nicht etliche wieder einigen Mut gefasst
und den Vorschlag gewagt hätten, die Gnade des Prinzen aufs
Neue anzurufen und um ihr Leben zu bitten. Manche äußerten
zwar kleinmütig, es werde doch nichts helfen. Endlich aber kam
folgende Bittschrift zustande:
»Großer Fürst Immanuel, Herr aller Welten und Meister in der
Barmherzigkeit, wir, deine arme, elende, unglückliche und da-
hinsterbende Stadt Menschen-Seele, bekennen deiner großen und
herrlichen Majestät, dass wir gesündigt haben gegen deinen Vater
und dich und nicht mehr wert sind, deine Menschen-Seele zu heißen, sondern vielmehr verdient haben, in den Abgrund und Pfuhl
von dir geworfen zu werden. Willst du uns zur Hölle verdammen,
so können wir nur sagen: Du bist gerecht. Wir können und dürfen

---

Hals ist heiser. Meine Augen sind trübe geworden, weil ich so lange harren muss auf
meinen Gott.

11   Klagel. 3, 42-44: Wir, wir haben gesündigt und sind ungehorsam gewesen, darum hast
du nicht vergeben. Du hast dich in Zorn gehüllt und uns verfolgt und ohne Erbarmen
getötet. Du hast dich mit einer Wolke verdeckt, dass kein Gebet hindurchkonnte.

uns über nichts beklagen, das du über uns verhängen willst. Doch ach, lass Gnade für Recht und Barmherzigkeit für Gericht ergehen. Lass sich Barmherzigkeit über uns ausbreiten wie den Tau des Morgens. O lass deine Barmherzigkeit herrschen über uns, erlöse uns von unsern Sünden und Missetaten, und wir wollen rühmen deine herrliche Gnade und deine Gerichte. Amen.«

Jetzt aber entstand wieder die Frage, die Menschen-Seele schon früher so angelegentlich beschäftigt hatte, wer der Überbringer des Gnadengesuchs sein sollte. Denn es ist ja so, wie sie es nun selbst erfahren hatten: Zwar kommt es viel auf die Bitte an, aber die Person, die sie überbringt oder äußert, gibt doch zuletzt den Ausschlag[12]. Nun aber lebte in der Stadt ein alter Mann mit Namen *Gutwerk*. Der Name war gut, aber wie es oft geht, er war besser als die Taten dieses Menschen. Und doch wollten ihn einige, die sich mit dem Schein überhaupt gern blendeten und sich blenden ließen, durchaus zum Gesandten haben. Dem aber widersetzte sich der Registrator, Herr *Gewissen*, mit aller Macht. »Denn«, sagte er, »wir brauchen jetzt Gnade und nicht gute Werke, weil wir an denen ganz bankrott sind. Wollen wir nun diesen Gutwerk zu Immanuel mit dem Gnadengesuch schicken, so sieht das aus wie Spott und Hohn. Ich will Herrn Gutwerk durchaus nichts zu nahe gesagt haben; aber es ist unmöglich, dass wir ihn zu unserm Boten machen, wenn wir um Gnade flehen wollen[13]. Und was meint ihr, wenn auch der Prinz erst ohne weiteres die Bittschrift aus seinen Händen entgegennimmt, fragt dann aber nach seinem Namen, was doch stark zu vermuten ist, und er antwortet mit größter eigener Genugtuung, mit einem selbstgefälligen Lächeln: ›Ich heiße der alte *Gutwerk*‹, was würde der Mann mit den Augen wie Feuerflammen dazu sagen? ›Wie‹, würde er sprechen, ›ist es möglich? Bei so viel Sünden und Gräuel, die meine Augen in Menschen-

---

12   Luk. 18, 10-14: Es gingen zwei Menschen hinauf in den Tempel, zu beten, einer ein Pharisäer, der andere ein Zöllner … Jes. 1, 10-17; Jak. 1, 6. 7.

13   Röm. 11, 6: Ist's aber aus Gnade, so ist's nicht aus Verdienst der Werke; sonst würde Gnade nicht Gnade sein.

Seele gesehen haben, lebt der alte Gutwerk immer noch? Und er ist der Mann eures Herzens und eurer Wahl? Wohlan denn, so möge der alte Gutwerk auch euer Helfer sein und bleiben. Ihr mögt zusehen, wie weit ihr mit ihm kommt.‹ Kurz«, so schloss der alte Herr Syndikus, der ganz warm bei seiner Rede geworden war, »schicken wir den ehrenwerten Herrn Gutwerk, so sind wir alle verloren, und tausend solcher *Gutwerk* werden Menschen-Seele nicht retten[14].«

Diesen sonnenhellen Gründen des würdigen Herrn Syndikus, der immer mehr seine alte Kraft wiedererlangte, konnte keiner in der Stadt widerstehen; denn Menschen-Seele waren die Augen über ihre Sünde ohnehin schon aufgegangen. So sah man von dem alten *Gutwerk* ganz und gar ab. Man dachte nun an diesen und jenen, man schlug vor und verwarf wieder, und am Ende konnte man doch keinen passenderen Boten finden als den frühern, dem doch Immanuel keinesfalls ungnädig gewesen war, obgleich er die gewünschte Antwort noch nicht gebracht hatte. Man schärfte ihm jedoch ein, er solle sich ja hüten, Immanuel den geringsten Anstoß zu geben, weil das von den übelsten Folgen für die Stadt sein kann. Der gute *Erwachte-Sehnsucht* war auch bereit, wieder zu gehen, denn sein Herz verlangte innig nach dem Anblick Immanuels. Aber er traute sich allein nicht recht, so bat er noch um einen Beistand. Dicht neben ihm wohnte ein Freund mit Namen *Nassauge*. Er war ein armer Mann, ein Mann eines zerschlagenen Gemüts. Seine Augen waren voll Tränen, aber diese Tränen waren eine beredtere Sprache als alle Worte, und von diesen Tränen hoffte *Erwachte-Sehnsucht* eine tiefe Wirkung auf das mitleidige Herz Immanuels[15]. Um die Begleitung dieses seines Freundes bat der

---

14   Es ist das Heil uns kommen her von Gnad und lauter Güte; die Werk, die helfen nimmermehr, sie mögen nicht behüten.
        Der Glaub sieht Jesum Christum an, der hat gnug für uns all getan, er ist der Mittler worden. Gal. 16; 3, 10-13.

15   Ps. 6, 7. 10: Ich bin so müde vom Seufzen, ich schwemme mein Bett die ganze Nacht und netze mit meinen Tränen mein Lager. Der Herr hört mein Flehen, mein Gebet nimmt der Herr an.

erwählte Bote, und beide machten sich denn ohne Säumen auf den Weg, der eine wieder einen Strick um den Hals, und der andere ging neben ihm einher mit ringenden Händen.

Wenn zum aufrichtigen Verlangen nach der Gnade ebenso aufrichtige und schmerzliche Reue über die Sünden kommt, wächst die Hoffnung.

Es war das dritte Mal, dass dem Prinzen ein Gnadengesuch überreicht werden sollte. Dieser Gedanke hatte die beiden Boten auf dem Weg so beschäftigt, dass sie bei ihrer Ankunft am Zelt des Fürsten es vor allem für nötig hielten, ihr wiederholtes Kommen demütig zu entschuldigen. »Wir sehen wohl ein«, sagten sie, »dass es eine Kühnheit ist, den erhabenen Fürsten so oft mit unseren dreisten Bitten zu belästigen. Wir sind auch nicht wert, vor Seiner hohen Majestät zu erscheinen; nur die höchste Not hat uns dazu getrieben. Denn das strafende Bewusstsein, so frevelhaft gegen *Schaddai* und seinen Sohn *Immanuel* gesündigt zu haben, lässt uns weder bei Tag noch bei Nacht Ruhe.« *Erwachte-Sehnsucht* setzte noch hinzu, er fürchte, dass einige Ungebühr, der er sich ohne sein Wissen und Willen bei seinem ersten Erscheinen vor dem Prinzen schuldig gemacht, die Ursache gewesen sei, dass er von einem so gnadenreichen Fürsten doch eigentlich ohne Trost und erkennbare Gnadenbezeugung habe scheiden müssen.

Dann warf er sich, wie das erste Mal, auf den Boden zu den Füßen des mächtigen Fürsten und rief: »Möchte doch Menschen-Seele vor dir leben!« So überreichte er mit flehender Gebärde die Bittschrift.

Nachdem sie der Prinz gelesen hatte, wandte er sich, wie das erste Mal, eine Weile ab. Dann fragte er den noch immer zu seinen Füßen Liegenden wohlwollend nach seinem Namen und Stand in Menschen-Seele und warum *er* gerade vor allen andern mit der Bittschrift an ihn abgesandt worden wäre. Darauf erwiderte der Mann etwa Folgendes: »Warum fragst du nach meinem Namen, der ich nichts weiter vor dir bin als ein toter Hund (1. Sam. 24,

15), den deine hohe Majestät keines Anblicks zu würdigen hätte? Darum lass das. Weshalb aber die Bürger gerade mich mit dieser Botschaft betraut haben, darüber würden sie selbst wohl die beste Auskunft geben können; doch haben sie vielleicht gedacht, ich würde Gnade finden vor meinem Herrn. Nun achte ich mich selbst zwar dieser Gnade gar nicht wert, sondern bin unter allen Sündern gewiss der Erste. Dennoch möchte ich gern leben und nicht sterben, und dasselbe gönne ich auch meinen Mitbürgern. Weil aber sie ebenso wohl wie ich durch unsere großen Übertretungen uns des Todes schuldig gemacht haben, so erscheine ich denn auch in ihrem und meinem Namen vor dir, um die Gnade und Erbarmung meines Herrn zu erflehen. Neige uns daher deine Barmherzigkeit zu; aber frage nicht, welche Leute deine Knechte sind.«

Der Prinz wollte doch aber wissen, wer der Begleiter des Redenden wäre. Dieser aber sagte erst nur, jener wäre einer seiner armen Nachbarn, zugleich aber auch einer seiner besten Freunde. Dann nannte er mit gnädiger Erlaubnis des hohen Herrn geradeheraus auch seinen Namen. Zwar, setzte er hinzu, gebe es viele dieses Namens, die wenig taugen *(heuchlerische Tränen)*; doch wage er zu hoffen, seine Majestät werde keinen Anstoß daran nehmen, dass er diesen seinen armen Nachbarn mit sich gebracht habe. Bei diesen Worten aber fiel *Nassauge* auf sein Angesicht zur Erde, stammelte auch seine Entschuldigung und gab dann selbst die verlangte weitere Auskunft.

»Mein Herr!«, sprach er, »was ich bin, weiß ich selbst nicht noch auch, ob mein Name eine Wahrheit enthält. Einige sagen, dieser Name sei mir gegeben worden, weil mein Vater *Buße* geheißen habe[16]. Aber gute Eltern haben oft böse Kinder, und Fromme zeugen nicht selten Heuchler *(die Tränen der wahren und heuchlerischen Buße)*. Meine Mutter nannte mich schon Nassauge von der Wiege an, aber ob sie es deshalb tat, weil meine Augen von Natur schon zu Tränen geneigt waren oder weil ich weichen Herzens war, kann

---

16   Luk. 22, 62: Und Petrus ging hinaus und weinte bitterlich.

ich nicht sagen. Ich für mein Teil sehe nur Unrat in meinen Tränen und Unreinigkeit im Grund meines Herzens. Doch ich bitte dich mit meinen Tränen (und während der ganzen Rede weinte er), rechne uns unsere Übertretungen nicht zu und nimm keinen Anstoß an dem Unwert deiner Knechte; sondern übersieh in Erbarmung die Sünde von Menschen-Seele, und lass der Verherrlichung deiner eigenen Gnade ganz freien Lauf.«

Der Sünder muss ganz an sich verzweifeln, ehe er völlig begnadigt werden kann.

Auf sein Geheiß erhoben sich jetzt beide vom Boden, und während sie zitternd und bebend vor ihm standen, sprach er zu ihnen: »Die Stadt Menschen-Seele hat meinen Vater, der ihr Schöpfer, Herr und König war, verworfen und sich einem Lügner, Mörder und Rebellen in die Arme geworfen, ja ihn zu ihrem einzigen König und Oberhaupt gewählt, der vordem eine abscheuliche Verschwörung gegen meinen Vater und mich an unserm eigenen höchsten Hof anzettelte. Mein Vater sandte die mächtige Armee, die ihr kennt, gegen euch ab, um diesen Schimpf zu rächen und euch zum Gehorsam zurückzuführen. Euer eigenes Gewissen möge euch sagen, wie ihr sie behandelt habt. Schmählich verwarft ihr ihre wohl gemeinten Ratschläge, ihr verschlosst ihnen eure Tore, ihr fochtet wie Rasende gegen sie und für euren *Diabolus!* Und da sie nichts gegen eure tolle Verwegenheit schaffen konnten, baten sie meinen Vater um Hilfe, und so bin ich selbst auf seinen Befehl mit meinen Scharen gekommen, um euch zu unterwerfen. Doch wie einen Untergebenen habt ihr den Herrn behandelt: Auch mir habt ihr eure Tore verschlossen, eure Ohren verstopft, die Angebote meiner Gnade verhöhnt. Nun aber bin ich euer Meister geworden. Jetzt könnt ihr um Gnade schreien; tatet ihr es, solange euch noch einige Hoffnung des Sieges schimmerte? Die weiße Fahne meiner Gnade wehte lange genug auf dem Berg, die rote und schwarze dazu, die euch meine Gerechtigkeit und Gericht verkündeten. Warum konnten die euch nicht zur zeitigen Umkehr

Erwachte-Sehnsucht und Nassauge vor Fürst Immanuel

bewegen? Warum kommt ihr nun, da es zu spät ist? Nun, nachdem ich euern Diabolus besiegt und in die Tiefe verstoßen habe, bittet ihr um Gnade. Warum halft ihr mir nicht gegen meinen und euren Todfeind? Doch genug. Ihr mögt gehen, ich will eure Bitte erwägen und zu seiner Zeit euch einen Bescheid geben, wie ihn meine Ehre erfordert. Aber überbringt den Hauptleuten *Boanerges* und *Überzeugung* meinen Befehl, morgen die Gefangenen ins Lager zu mir zu führen, und den Hauptleuten *Gericht* und *Ausführung*, unterdessen in der Burg zu bleiben, dass in Menschen-Seele kein Frevel geschieht.« Mit diesen Worten wandte er sich von ihnen und begab sich wieder in sein königliches Zelt. Sie aber traten ihren Rückweg in einem Sturm angstvoller Gedanken und Empfindungen zur Stadt an.

Schon an den Toren der Stadt hatten eine Menge Bürger mit banger Sorge und Ungeduld auf ihre Rückkunft geharrt, und als sie die beiden erblickten, riefen sie ihnen schon aus der Ferne entgegen: »Was bringt ihr Neues[17] von dem Prinzen, und was hat *Immanuel* gesagt?« Aber die Boten vertrauten sich dieser zusammengelaufenen Menge nicht auf offnem Markt an, sondern wie das erste Mal sagten sie, sie würden den Bescheid im Gefängnis verkündigen[18]. Dahin folgten ihnen denn viele, freilich auch Neugierige genug, denen es nie heiliger Ernst um die Sache war[19].

Die Boten traten ins Gefängnis und machten zunächst Mitteilung von der scharfen Rüge, die sie aus dem Mund Immanuels gehört hatten. Da erblassten die Gefangenen. Nun aber verhehlten die Abgesandten auch nicht, dass der Prinz zugesagt hat, er wolle das Gnadengesuch in Erwägung ziehen und eine Antwort erteilen, wie sie mit seiner Ehre im Einklang steht.

Doch das konnte die ihrer Schuld sich bewussten Gefangenen wenig trösten, und als nun auch Nassauge einen tiefen Seufzer

---

17   Apg. 17, 21: Die Athener aber alle, auch die Fremdlinge, die bei ihnen wohnten, waren gerichtet auf nichts anderes, als etwas Neues zu sagen oder zu hören.

18   Ps. 62, 2: Meine Seele ist stille zu Gott, der mir hilft. Joh. 2, 24.

19   Phil. 2, 12: Schaffet, dass ihr selig werdet, mit Furcht und Zittern.

ausstieß, wurden alle von so großer Bestürzung und Traurigkeit ergriffen, dass sie kein Wort hervorbringen konnten. Ihre Angst war wie die einer Gebärerin[20], denn sie wussten nicht, was es für ein Ende nehmen würde, und Todesgrauen begann sich über ihre Stirn zu lagern. Aber nicht bei allen war es so. Unter der Menge fand sich auch ein außerordentlich scharfsinniger Mann, sonst arm an Vermögen, das war der alte *Neugierig*. Wie man vorhin schon bemerken konnte, hatte er unter den Stadtbewohnern eine große Verwandtschaft. Er fragte die beiden Berichterstatter sehr angelegentlich aus, ob sie auch alles, was Immanuel gesagt hat, ganz genau bis aufs kleinste Wort berichtet hätten, was sie denn doch nicht behaupten konnten. Da sprach Neugierig laut: »Das habe ich mir doch gleich gedacht. Mit Erlaubnis, was hat er euch denn noch weiter gesagt?« Darauf schwiegen sie eine Weile, dann aber erzählten sie alles, was sie wussten und was weder dem Herrn Neugierig und seiner Sippschaft noch auch den andern Anwesenden zu hören sehr angenehm sein konnte. Sie sagten: »Der Prinz trug uns auch auf, den Hauptleuten *Erschütterung* und *Überzeugung* den Befehl zu überbringen, morgen die Gefangenen zu ihm hinabzuführen. Die Hauptleute *Gericht* und *Ausführung* aber sollten das Schloss und die Stadt besetzt halten, bis sie seine weiteren Verfügungen vernehmen würden. Und nachdem der Prinz uns diesen Auftrag gegeben hatte, wandte er uns alsbald den Rücken zu und begab sich in sein königliches Zelt zurück.«

---

20   Jer. 30, 6: Wie kommt es denn, dass ich sehe, wie alle Männer ihre Hände an die Hüften halten wie Frauen in Kindsnöten und alle Angesichter so bleich sind?

4. Kapitel

Nach dem Leid kommt die Freude. Menschen-Seele lernt endlich mit dem Propheten jubelnd sprechen: Ich freue mich im Herrn, und meine Seele ist fröhlich in meinem Gott; denn er hat mir die Kleider des Heils angezogen, und mich mit dem Mantel der Gerechtigkeit gekleidet. Jes. 61, 10.

Nach allen diesen Bitten und Botschaften an Immanuel war das Ende der langen bangen Erwartung: Er hatte sich abgewandt und befohlen, dass die Gefangenen zu ihm ins Lager gebracht werden. Was hatten sie nun noch zu hoffen? Zwar hatte er auch gesagt, er wolle die Bitte noch in Erwägung ziehen, aber welche Erwägung hatten sie von einem zu erwarten, der sich von ihnen gewandt? So war es denn bei ihnen beschlossen, dass sie alle Kinder des Todes sind[1]. Die drei Gefangenen erwogen, dass sie nur noch wenige Stunden zu leben hätten, und der Syndikus sprach: »Daran ist unsere Bosheit schuld, dass wir so gestäupt werden, und unser Ungehorsam, dass wir so gestraft werden. Also müssen wir innewerden, was es für Jammer und Herzeleid bringt, den Herrn unsern Gott zu verlassen und ihn nicht zu fürchten (Jer. 2, 19).« In der ganzen Stadt hörte man ein klägliches Heulen. Sie war ein zweites Ninive geworden; war es ihnen doch auch, als sollten sie in vierzig Tagen oder noch früher untergehen (Jon. 3, 4). Sie fasteten und zogen Säcke an, groß und klein, und riefen: »Ach, Herr, wenn unsre Sünden uns verklagen, so hilf doch um deines Namens willen! Denn unser Ungehorsam ist groß, womit wir wider dich gesündigt haben (Jer. 14, 7). Unsers Herzens Freude hat ein Ende, unser Reigen ist in Wehklagen verkehrt. Die Krone ist von unserm Haupt gefallen: O weh, dass wir so gesündigt haben! (Klagel. 5, 15. 16). Schaut

---

1   Ps. 18, 5. 6: Es umfingen mich des Todes Bande, und die Fluten des Verderbens erschreckten mich. Des Totenreichs Bande umfingen mich, und des Todes Stricke überwältigten mich.

doch«, sprachen sie, »und seht, ob irgendein Schmerz ist wie unser Schmerz, der uns getroffen hat; denn der Herr hat Jammer über uns gebracht am Tage seines grimmigen Zorns (Klagel.1, 12).« Und doch zeigte sich auch hier, dass nicht alle von Herzen bußfertig waren, wie das Unkraut überall unter dem Weizen wächst. Es gab unruhige Köpfe, die die allgemeine Verwirrung benutzten, um ihrer Wildheit den Zügel schießen zu lassen. Lärmend und wie besessen liefen sie durch die Straßen; der eine schrie das, der andere jenes[2], zur unglaublichen Zerrüttung der ganzen Stadt.

Jedoch die Zeit war da, dass man ins Lager vor Immanuel musste. Der Zug ordnete sich: voran Hauptmann *Erschütterung* mit einer Wache, und Hauptmann *Überzeugung* schloss den Zug, dazwischen gingen die Gefangenen in Ketten. Die Soldaten hatten ihre Fahnen aufgerollt als Siegeszeichen, die Gefangenen aber gingen einher zerschlagenen Geistes. Oft schlugen sie auch an ihre Brust und wagten die Augen nicht aufzuheben zum Himmel[3]. Und je näher sie dem Lager kamen, je deutlicher sie das prächtige Zelt des ruhmreichen Fürsten sahen und alle seine Herrlichkeit, desto mehr wuchs ihre Angst und Zerknirschung, und ihrer gepressten Brust entwand sich der Seufzer: »Unglückliche Männer! Beklagenswerte, verlorne Stadt Menschen-Seele!«, und dabei schüttelten sie ihre Ketten, dass es einen Stein erbarmen musste.

Das gottgefällige Bekenntnis der wahren Buße

Jetzt standen sie vor dem Zelt des Prinzen, und ein Diener meldete seinem Herrn ihre Ankunft. Und er bestieg seinen Thron. Als die Gefangenen aber zu ihm hingeführt wurden, verhüllten sie ihr Angesicht und warfen sich zu Boden. Der Fürst aber sprach zum

---

2   Jes. 57, 20: Aber die Gottlosen sind wie das ungestüme Meer, das nicht still sein kann und dessen Wellen Schlamm und Unrat auswerfen.

3   Luk. 18, 13: Und der Zöllner stand von ferne, wollte auch seine Augen nicht aufheben gen Himmel, sondern schlug an seine Brust und sprach: Gott sei mir Sünder gnädig!

Hauptmann *Erschütterung:* »Lass die Gefangenen aufstehen.« Und
als sie nun zitternd vor ihm standen, fragte er sie: »Seid ihr die
Männer, die vordem die Diener *Schaddais* waren?« Und als sie es
bejahten, fuhr der Prinz fort: »Und seid ihr auch die Männer, die
sich durch jenen abscheulichen *Diabolus* verführen und zum Abfall von eurem rechtmäßigen König und Herrn verleiten ließen?«
»Ach, Herr!«, antworteten sie, »wir taten mehr als das; wir wählten
den höllischen Fürsten aus eigenem Antrieb zu unserm Herrn.«
Der Prinz fragte weiter: »Wäret ihr es denn wohl zufrieden gewesen, wenn eure Sklaverei unter seiner Tyrannei bis an euer Lebens-
ende gedauert hätte?« »Ja, Herr, leider ja, denn seine Wege gefielen
unserm Fleisch wohl. Wir kannten nichts Besseres mehr und waren
ganz in seiner Gewalt[4].« Der Prinz fuhr fort: »Welche Strafe von
meiner Hand erkennt ihr euch nun selbst zu für diese und andere
schreckliche Sünden und Freveltaten?« Da sprachen sie: »Beides,
Tod und Verdammnis, Herr, denn Geringeres haben wir nicht verdient.« Dann fragte er, ob sie zu ihrer Entschuldigung noch irgendetwas vorzubringen wüssten. »Nichts, Herr, gar nichts«, riefen
sie, »denn du, Herr, bist gerecht, wir aber müssen uns schämen«
(Dan. 9, 7; Ps. 51, 6). Noch fragte er, was die Stricke an ihrem Hals
bedeuten. Die Unglücklichen antworteten: »Es sind unsere Sünden, die uns gefangen haben und uns nun in den Abgrund ziehen werden[5].« Endlich fragte er sie, ob alle Einwohner in der Stadt
Menschen-Seele in das Bekenntnis einstimmen, das sie eben abge-
legt haben. »Ja«, sagten sie, »die Einheimischen alle! Nur für die
Diabolianer, die mit dem Tyrannen einzogen, als er von unserer
Stadt Besitz nahm, können wir es nicht versprechen.« *(Bei wahrer
Buße gibt man sich für alle Sünden schuld, die man erkennt[6].)*

---

4   Jer. 13, 23: Kann etwa ein Mohr seine Haut wandeln oder ein Panther seine Flecken?
      So wenig könnt auch ihr Gutes tun, die ihr ans Böse gewöhnt seid.
5   Spr. 5, 22: Den Gottlosen werden seine Missetaten fangen, und er wird mit den
      Stricken seiner Sünde gebunden.
6   Ps. 139, 23. 24: Erforsche mich, Gott, und erkenne mein Herz; prüfe mich und erken-
      ne, wie ich's meine. Und sieh, ob ich auf bösem Wege bin; und leite mich auf ewigem
      Wege.

Hierauf befahl der Prinz, es solle ein Herold unter Trompetenschall mitten in der Stadt und durch das ganze Lager *Immanuels* ausrufen:»Er, der Prinz, der Sohn *Schaddais*, hat im Namen seines Vaters und zu dessen Verherrlichung eine vollkommene Besiegung der Stadt Menschen-Seele zustande gebracht. Und alles Volk soll sagen: Amen[7].« Und in diesem Augenblick ertönte eine melodische Musik in den obern Regionen[8]. Die Hauptleute im Lager jauchzten, und die Soldaten sangen Triumphlieder zur Verherrlichung ihres Fürsten. Die Fahnen flatterten in der Luft, und große Freude war an allen Enden. Nur konnten noch nicht alle Einwohner von Menschen-Seele so recht von Herzen einstimmen.

Die Begnadigung des Sünders und seine Freude nach dem Leid.

Doch bald sollten sie es können. Der Augenblick war gekommen, wo der gnadenreiche Fürst sich nicht mehr abwenden noch sein Angesicht und Herz verhüllen sollte, weil der Zweck seiner anscheinenden Härte an Menschen-Seele erreicht war. Wie strahlte sein Angesicht vor Wohlwollen und Freude, als er zu den Gefangenen sprach:»Ich habe Vollmacht und Befehl von meinem Vater, alle Sünden, Übertretungen und Missetaten, die ihr gegen meinen Vater und mich mit der ganzen Stadt Menschen-Seele begangen habt, zu vergeben[9], und so seien sie hiermit geschenkt.« Mit diesen Worten übergab er den drei Herren *Verstand, Wille* und *Gewissen* einen großen, alle umfassenden Gnaden- und Freibrief, geschrieben auf Pergament und besiegelt mit sieben Siegeln, und befahl ihnen zugleich, ihn am folgenden Tag bei Sonnenaufgang in der gan-

---

7   Offb. 19, 6: Und ich hörte, und es war wie eine Stimme einer großen Schar und wie eine Stimme großer Wasser und wie eine Stimme starker Donner, die sprachen: Halleluja! Denn der Herr, unser Gott, der Allmächtige, hat das Reich eingenommen!

8   Luk. 15, 10: Also auch, sage ich euch, wird Freude sein vor den Engeln Gottes über einen jeden Sünder, der Buße tut.

9   Jer. 33, 8: Und will sie reinigen von aller Missetat, womit sie wider mich gesündigt haben; und will ihnen vergeben alle Missetaten, womit sie wider mich gesündigt und gefrevelt haben.

zen Stadt Menschen-Seele bekannt zu machen. Überdies ließ der Prinz die Gefangenen ihre Trauerkleider ablegen und gab ihnen Schmuck statt Asche und Freudenöl statt Trauerkleid und Lobgesang statt eines betrübten Geistes (Jes. 61, 3), dazu einen Fingerreif an ihre Hand, Schuhe an ihre Füße (Luk. 15, 22), und für den Strick, den sie an ihrem Hals getragen hatten, hängte er ihnen eine goldene Kette um. Die Gefangenen aber konnten kaum glauben, was sie doch mit ihren eignen Augen sahen und mit ihren Ohren hörten. Denn es dünkte sie zu viel, was ihnen geschenkt wurde[10]; und der Übergang vom tiefsten Leid zur höchsten Freude war zu unerwartet und zu rasch, als dass sie es gleich fassen und tragen konnten. Und kaum war es zu verwundern, dass Herr *Wille* geradezu ohnmächtig wurde. *(Wir sind nichts ohne dich, Herr Jesus!)* Doch der Prinz fing ihn in seinen ausgebreiteten Liebesarmen auf, küsste ihn und hieß ihn guten Mutes sein. Auch die beiden andern umarmte und küsste er und erquickte in liebevoller Freundlichkeit ihre Herzen durch ähnliche Worte des Trostes und der Verheißung. Und zugleich wurden ihre Fesseln vor ihren Augen Stück für Stück zerbrochen und weit weggeworfen, und ihre Freiheit war ihnen wie ein Traum[11]. Und überwältigt von der Macht ihrer seligen Empfindungen, fielen sie nieder zu den Füßen des Prinzen, küssten sie, benetzten sie mit ihren Tränen und sprachen: »Der Herr hat Großes an uns getan; des sind wir fröhlich.« Dann schickten sie sich an, in die Stadt zurückzukehren, um dort alles mitzuteilen, was ihnen widerfahren und aufgetragen war. Der Prinz aber gab Befehl, dass man mit Pfeifen und kleinen Pauken vor ihnen auf dem ganzen Weg spielen sollte bis nach Menschen-Seele hin, dass es war wie ein Triumphzug (Ps. 98).
Jetzt berief der Prinz den Hauptmann *Glaube* und befahl ihm, mit seiner Mannschaft und mit fliegenden Fahnen zur Stadt zu mar-

---

10   Jes. 64, 3: Kein Ohr hat gehört, kein Auge hat gesehen einen Gott außer dir, der so wohl tut denen, die ihn harren.
11   Ps. 126, 1: Wenn der Herr die Gefangenen Zions erlösen wird, so werden wir sein wie die Träumenden.

Fürst Immanuel spricht zu Gefangenen:
»Ich habe Vollmacht, eure Sünden zu vergeben.«

schieren und genau um die Zeit, wenn der Syndikus die allgemeine Begnadigung in der Stadt Menschen-Seele verlesen würde, mit seinen zehntausend Mann und mit klingendem Spiel durch das Augentor einzurücken. Sofort soll er dann die hohe Straße der Stadt bis an die Tore des Schlosses hinaufziehen und das Schloss so lange in Besitz nehmen, bis sein Herr selbst dahin kommt. Zur selben Zeit sollten aber die Hauptleute *Gericht* und *Ausführung* ihm das feste Schloss einräumen, die Stadt Menschen-Seele verlassen und in Eile ins Lager zum Prinzen zurückkehren, wodurch die Stadt Menschen-Seele nun gänzlich von den Schrecken des Krieges befreit und zu einer Wohnstätte des Friedens gemacht wird. *(Wenn Glaube bleibt, bis Christus selbst erscheint, und wenn Glaube und Vergebung zusammenkommen, so weicht das Gericht mit allen seinen Schrecken und macht dem Frieden Platz.)*

Zwar wusste die Stadt jetzt noch nichts von ihrem Glück. Sie erwartete vielmehr stündlich die Kunde von der Hinrichtung der Gefangenen, und mit Entsetzen dachten sie daran, was dann ihr Los sein würde. Ein schwacher Hoffnungsstrahl fiel dann wohl einmal in ihre Seele, aber bald vertrieben ihn wieder die dunklen Wolken der Angst, die sich über ihren Herzen lagerten[12]. Menschen-Seele glich jetzt einer Waage, die zitternd auf- und abgeht. Lange hatten sie vergeblich so sehnsuchtsvoll über die Mauern hinaus zum Lager Immanuels geschaut, ob ihnen daher nicht eine Hilfe käme[13]. Endlich glaubten sie in der Ferne einen Punkt zu sehen, der mit jedem Augenblick sich vergrößerte. Es war wirklich ein Haufe von Menschen, und deutlich konnten sie sogar ihre Gefangenen unterscheiden. Und wer vermag ihr freudiges Erstaunen zu beschreiben, als sie den glückseligen Wechsel gewahr wurden, den sie erfuhren! In schwarzen Trauerkleidern waren die Gefan-

---

12   Jes. 21,11.12: Man ruft zu mir aus Seir: Wächter, ist die Nacht bald hin? Wächter, ist die Nacht bald hin? Der Wächter aber sprach: Wenn auch der Morgen kommt, so wird es doch Nacht bleiben. Wenn ihr fragen wollt, so kommt wieder und fragt.

13   Ps. 14, 7: Ach dass die Hilfe aus Zion über Israel käme und der Herr sein gefangenes Volk erlöst! So würde Jakob fröhlich sein und Israel sich freuen.

genen hinabgezogen zum Lager, und in hellen weißen Kleidern kehrten sie zurück zur Stadt. Stricke trugen sie bei ihrem Hingang am Hals, nun prangten sie in goldenen Ketten. Das Geklirr der Fesseln, die sie an ihren Füßen trugen, hörte man bei ihrer Wegführung, jetzt erklangen herrliche Lieder der Freiheit. Den sichern Tod erwarteten sie, als sie den Weg zum Lager antraten, und mit der Zusicherung des Lebens kehrten sie zurück. Entsetzen und Grauen war in ihren Herzen, als sie wegzogen, nun kamen sie wieder mit Freude und Wonne und unter dem Schall der Pauken[14]. Die Verwunderung hatte bisher den Mund der armen tiefgedrückten Stadt verschlossen; aber als der Zug das Augentor erreicht hatte, entwand sich ihrer Brust ein Freudengeschrei, und zwar so laut, dass die königlichen Hauptleute von der stürmischen Freude mit fortgerissen wurden. Was Wunder? Hatten sie ihre Freunde tot geglaubt, jetzt standen sie lebend vor ihnen; hatten sie mit nichts als mit dem Beil und dem Block gerechnet, nun sahen sie die Freunde vor sich, mit Glück und Ehre gekrönt.

Endlich waren die Zurückkehrenden in ihrer Mitte. Ein freudiges Willkommen begrüßte sie. Aber bald wurde die bange Frage laut: Wird auch die ganze Stadt Menschen-Seele teilhaben an eurem Glück? Aber frohlockend riefen mit einer Stimme der Oberbürgermeister und Syndikus:»Glückliche Botschaft! Gnade und Heil dir, du erlöste Stadt!« Da erscholl aus aller Mund ein Jauchzen, dass die Erde erbebte. Und als sie nun weiter forschten und von den Glücklichen erfuhren, was alles geschehen und wie Immanuels Wohlwollen ihre Angst beschwichtigt und ihre Ketten zerbrochen und welch ein Geschenk sie dazu noch aus seiner Hand für Menschen-Seele empfangen hätten, da war des Jubels kein Ende. Aber morgen erst sollten sie ihr ganzes Glück erfahren, morgen sollte in feierlicher Versammlung auf dem Marktplatz die allgemeine Begnadigung verlesen werden, dieser glückselige Freibrief Imma-

---

14   Jes. 35, 10: Die Erlösten des Herrn werden wiederkommen und nach Zion kommen mit Jauchzen; ewige Freude wird über ihrem Haupte sein; Freude und Wonne werden sie ergreifen, und Schmerz und Seufzen wird entfliehen.

nuels, den die Boten für alle mitgebracht. Welche Nacht aber für
Menschen-Seele! Gestern noch Sorge, Furcht, Martern der Angst,
Schrecken des Todes und des Gerichts – heute die Gefangenen
los, nicht mehr in Ketten und Banden, in dem Schmuck der goldenen Freiheit, die sich selbst richteten, der Angst und dem Gericht entnommen (1. Kor. 11, 31), gesandt von Immanuel, Gutes zu
predigen, Heil zu verkündigen (Jes. 52, 7)! Und morgen, morgen
soll der Tag anbrechen, der Tag der Wonne, wo die Verheißung
erfüllt wird: Euch aber, die ihr meinen Namen fürchtet, soll aufgehen die Sonne der Gerechtigkeit und Heil unter ihren Flügeln,
ihr sollt herausgehen und springen wie die Mastkälber (Mal. 4, 2).
Einer sprach zum andern: »Wenn der Herr die Gefangenen erlösen wird, werden wir sein wie die Träumenden. Dann wird unser
Mund voll Lachens und unsre Zunge voll Rühmens sein. Dann
wird man sagen unter den Heiden: Der Herr hat Großes an ihnen
getan! Der Herr hat Großes an uns getan; des sind wir fröhlich (Ps.
126,13).«

O wie war dieser selige Morgen ihr einziger Gedanke, ihr einziges Sehnen! Wie warteten sie darauf, wie zählten sie die Stunden,
bis das Wort »Gnade, allen Sündern Vergebung«, ihre Ohren und
Herzen vernehmen würden[15]!

Und die Stunden waren verronnen, und in dem Glanz des Morgens traten die Boten Immanuels, der Oberbürgermeister, Herr
Wille und der Herr *Syndikus*, hervor auf den Marktplatz, wo bereits die ganze Einwohnerschaft ihrer harrte. Und sie gingen einher in dem Schmuck und der Herrlichkeit, die der Prinz tags zuvor ihnen angelegt hatte, und die Straße leuchtete gleichsam davon wieder. Umringt von der Menge schritten sie zum Mundtor
am untern Ende des Marktplatzes; denn hier war es, wo man von

---

15   Ps. 130, 5-8: Ich harre des Herrn, meine Seele harret, und ich hoffe auf sein Wort.
        Meine Seele wartet auf den Herrn mehr als die Wächter auf den Morgen; mehr als
        die Wächter auf den Morgen hoffe Israel auf den Herrn! Denn bei dem Herrn ist die
        Gnade und viel Erlösung bei ihm. Und er wird Israel erlösen aus allen seinen Sün-
        den.

alters her des Königs Willen kundtat. Unter Paukenschlag erhob sich der Syndikus, winkte mit der Hand und verkündigte mit lauter Stimme die allgemeine Begnadigung für Menschen-Seele. Als er aber an die Worte kam: *»Herr, Herr, Gott, barmherzig und gnädig und geduldig und von großer Gnade und Treue, der da Tausenden Gnade bewahrt und vergibt Missetat, Übertretung und Sünde«* (2. Mose 34, 6. 7), und: *»Alle Sünden werden vergeben den Menschenkindern, auch die Lästerungen, so viel immer sie lästern«* (Mark. 3, 28), da konnte sich die Menge nicht länger halten, sondern brach unter den Tränen des Dankes in laute Lobpreisung Immanuels aus. Es war aber in dem Gnadenbrief der Name eines jeden einzelnen Bewohners von Menschen-Seele genannt, und die Siegel Immanuels unter dem Brief wurden allen gezeigt. Als der Syndikus geendet hatte, liefen die Einwohner auf die Wälle der Stadt, als wollten sie sie niedertreten *(sie treten das Fleisch unter ihre Füße)*, und neigten sich mit ihren Angesichtern wohl siebenmal gegen das Zelt *Immanuels* und riefen laut vor Freuden: »Ewig herrsche *Immanuel!«*

Und die jungen Leute in Menschen-Seele läuteten die Glocken, und überall ertönten Lobgesänge[16]. Aber in demselben Augenblick, Freude über alle Freude!, hört Menschen-Seele auch die Posaunen im Lager erschallen und sieht, wie alle Fahnen entfaltet werden, hier auf dem Berg *Gnade,* dort auf dem Berg *Gerechtigkeit.* Und die Hauptleute stehen in voller glänzender Waffenrüstung, und die Soldaten erheben ein Freudengeschrei. Und der Hauptmann *Glaube,* obgleich er noch im Schloss war, konnte auch nicht schweigen. Von der Zinne der Burg herab ließ er seinen Siegesruf durch Trompetenschall über die Stadt hinweg bis nach dem Lager *Immanuels* hinrauschen[17]. Zur Verherrlichung des Tages ließ auch der Fürst seinen Hauptleuten und Soldaten vor Menschen-Seele

---

16 Ps. 98, 1. 2: Singet dem Herrn ein neues Lied, denn er tut Wunder. Er schafft Heil mit seiner Rechten und mit seinem heiligen Arm. Der Herr lässt sein Heil kundwerden; vor den Völkern macht er seine Gerechtigkeit offenbar.

17 1. Joh. 5, 4: Denn alles, was von Gott geboren ist, überwindet die Welt; und unser Glaube ist der Sieg, der die Welt überwunden hat.

einige Proben ihrer Kriegskunst entfalten, und man musste erstaunen, mit welcher Hurtigkeit, Zierlichkeit, Kunstfertigkeit und Tapferkeit diese braven Krieger den Kampf ausführten, und es war Menschen-Seele ein nicht geringer Antrieb, ihnen nachzuarten[18].

Der Dank des begnadigten Sünders, seine Bitte und Übergabe an den Herrn.

Nun aber konnte die glückliche Menschen-Seele sich nicht länger halten. Wie ein Mann eilten sie hinaus zum Prinzen ins Lager, um ihr dankerfülltes Herz vor ihm auszuschütten. In der tiefsten Demut und Ehrerbietung bekannten sie, dass sie nicht wert seien aller Barmherzigkeit, die er an ihnen getan hatte, und neigten sich vor ihm wohl siebenmal zur Erde. Immanuel aber sprach mit einem Blick voll Wohlwollen und Gnade: »Friede sei mit euch!« (Joh. 20, 19. 26). Und die Gesegneten des Herrn traten näher herzu und berührten mit ihrer Hand die Spitze seines goldenen Zepters, das er ihnen zuneigte (Esther 5, 1. 2), und sprachen: »O dass es *Immanuel* gefallen möchte, mit seinen Hauptleuten und Kriegern für immer Wohnung zu nehmen in Menschen-Seele! Denn«, fuhren sie fort, »wir haben Raum genug für dich, deine Krieger und Kriegswaffen, deine Wagen und Reiter. Erfülle unsere Bitte, Fürst *Immanuel*, und du sollst König und Regent in Menschen-Seele in Ewigkeit sein. Setze deine Hauptleute und Kriegshelden zu Regenten und Fürsten unter uns, dass sie uns lehren deine Wege; denn dir wollen wir dienen und deine Gesetze halten ewiglich[19]!« Und es war ihnen ein rechter Ernst mit dieser Bitte! »Denn«, sagten sie weiter, »wenn du, unser hochgelobter *Immanuel*, wieder von uns scheiden wolltest, jetzt, nachdem du uns eine so überreiche Gnade erzeigt hast, unsere Freude würde dahin sein, denn du bist unser Licht und Leben,

---

18   Phil. 3, 17: Folget mir, liebe Brüder, und sehet auf die, die so wandeln, wie ihr uns habt zum Vorbild. Hebr. 12, 1. 2.

19   Josua 24, 24: Und das Volk sprach zu Josua: Wir wollen dem Herrn, unserm Gott, dienen und seiner Stimme gehorchen.

unsere Sonne und Wonne, unser Trost und Heil, unsere Stärke und Zuversicht. Solange wir dich haben, fürchten wir kein Unglück[20]. Ohne dich aber waren wir der Hand unserer Feinde preisgegeben; denn wir wissen es nur zu gut, dass bis auf den heutigen Tag noch viele Diabolianer *(sündliche Lüste)* in der Stadt Menschen-Seele versteckt auf der Lauer liegen, um uns durch ihre trügerischen Künste sogleich wieder in die Hände des Diabolus zu spielen. Und wer kann wissen, welche Pläne, Entwürfe und Umtriebe bereits wieder unter ihnen geschmiedet sind[21]! Uns schaudert davor, von neuem in seine entsetzlichen Klauen zu geraten. Lass es dir daher doch gefallen, unser Schloss zu deiner Residenz einzunehmen und die Häuser der besten Männer in unserer Stadt zur Aufnahme deiner Krieger und ihrer Kriegsgeräte.« Darauf erwiderte der Prinz: »Wohlan denn! Wenn ich in eure Stadt einziehe, wollt ihr euch mir dann ganz hingeben[22], wollt ihr mich tun lassen nach allem, was in meinem Herzen ist, ja wollt ihr selbst willig und freudig mir helfen, wenn ich meinen Rat ausführe gegen meine und eure Feinde, dass es wohl gelingt und alles ein glückliches Ende nimmt?«

Sie aber antworteten ihm: »Wir wissen nicht, was wir tun sollen[23]; hätten wir uns einst doch nicht vorzustellen vermocht, dass wir solche Verräter an *Schaddai* werden könnten, wie wir es nun leider bewiesen haben. Was sollen wir daher jetzt zu unserm Herrn sagen? Er kann sich nicht verlassen auf seine Heiligen[24]! Doch möge

---

20 Ps. 91, 1. 2: Wer unter dem Schirm des Höchsten sitzt und unter dem Schatten des Allmächtigen bleibt, der spricht zu dem Herrn: Meine Zuversicht und meine Burg, mein Gott, auf den ich hoffe.

21 1. Mose 4, 7: Ist's nicht also? Wenn du fromm bist, so kannst du frei den Blick erheben. Bist du aber nicht fromm, so lauert die Sünde vor der Tür, und nach dir hat sie Verlangen; du aber herrsche über sie. Röm. 6, 12: So lasst nun die Sünde nicht herrschen in eurem sterblichen Leibe, Gehorsam zu leisten seinen Gelüsten.

22 Spr. 23,26: Gib mir, mein Sohn, dein Herz und lass deinen Augen meine Wege wohlgefallen.

23 2. Kor. 3, 5: Nicht, dass wir tüchtig sind von uns selber, etwas zu erdenken als von uns selber; sondern dass wir tüchtig sind, ist von Gott. Joh. 15, 5.

24 Hiob 15, 15: Siehe, seinen Heiligen traut Gott nicht, und selbst die Himmel sind nicht rein vor ihm.

der Prinz nur wohnen in unserm Schloss *(Herz)*, in unsere Stadt eine Garnison *(Gottes Wort)* legen und seine Hauptleute und tapfern Krieger *(Diener Gottes)* über uns setzen. Ja, er überwinde uns selbst mit seiner Liebe und besiege uns mit seiner Gnade, dann werden wir ihn nicht lassen noch von ihm weichen. Wir werden stark sein in der Macht *seiner* Stärke, und mit *seinen* Waffen werden wir den Sieg gewinnen und das Feld behalten zu seines Namens Ehre und Ruhm (Eph. 6, 1014). Erhabener Fürst!«, schlossen sie, »wer mag die Tiefen deiner Weisheit ergründen! Wer hätte es zu denken vermocht, dass aus unsern Verirrungen, Sünden, Leid und Jammer so selige Erfahrungen der Gnade hervorgehen würden, wie wir sie erlebt. Es ist ein Wunder[25] vor unsern Augen, und wir sind uns selbst ein Wunder! Ja, du bist ein Gott, der Wunder tut, und du führst deine Heiligen wunderlich. Darum, Herr, verlass uns nicht, lass dein Licht uns voranleuchten und deine Liebe uns nachfolgen. Halte du uns bei unserer rechten Hand, leite du uns nach deinem Rat, sieh, ob wir auf bösem Wege sind, und leite uns auf ewigem Wege (Ps. 139, 24). Schaffe du in uns, was dir wohlgefällt; nur komm, komm und bleibe bei uns immerdar, dass wir vor dir leben!«

Voll Wohlwollen und Gnade erwiderte der Prinz: »Kehrt heim mit Frieden. Euer Herzenswunsch soll geschehen. Ich will mein königliches Zelt abbrechen und morgen meinen Einzug in die Stadt Menschen-Seele halten, eure Burg in Besitz nehmen, meine Krieger über euch setzen und unter euch wohnen[26]. Ja, ich will noch Dinge in Menschen-Seele tun, wie man sie noch unter keinem Volk und in keinem Land unter dem Himmel gehört hat[27].«

---

25   Jes. 8, 18: Siehe, hier bin ich und die Kinder, die mir der Herr gegeben hat als Zeichen und Weissagung in Israel vom Herrn Zebaoth, der auf dem Berg Zion wohnt.

26   Joh. 14, 23: Jesus antwortete und sprach zu ihm: Wer mich liebt, der wird mein Wort halten; und mein Vater wird ihn lieben, und wir werden zu ihm kommen und Wohnung bei ihm machen. Gal. 2, 20.

27   Joh. 14, 12: Wahrlich, wahrlich, ich sage euch: Wer an mich glaubt, der wird die Werke auch tun, die ich tue, und wird größere als diese tun, denn ich gehe zum Vater.

Der Einzug des Herrn in das Herz des begnadigten Sünders.

Da jauchzten die Leute von Menschen-Seele von neuem, kehrten heim in Frieden, wie ihnen gesagt war, und erzählten[28] ihren Verwandten und Freunden, was sie gesehen und gehört und welche seligen Verheißungen Immanuel ihnen gegeben habe. »Und morgen«, sagten sie, »will er in unsere Stadt einziehen mit seinen Kriegern, seinem himmlischen Heer, und will bei uns wohnen!« Wie regte sich nun alles in Menschen-Seele! Die einen eilten hinaus auf die Wiesen und in den Wald, um grüne Zweige und Blumen zu holen, die sie Immanuel auf den Weg streuen wollten[29] (Matth. 21, 8-10); die andern errichteten Ehrenpforten und umwanden sie mit Kränzen und steckten Fahnen darauf. Die Sänger übten ihre schönsten Weisen ein, die Harfner stimmten ihre Harfen, man hörte den Schall der Trompeten und Posaunen[30], kurz, wohin man sah und hörte, alles beeiferte sich, dem glorreichsten Fürsten den glorreichsten Empfang zu bereiten. Endlich brach der ersehnte Morgen an, und man sah, wie der fürstliche Zug vom Lager her sich in Bewegung setzte. »Machet die Tore weit und die Türen in der Welt hoch, dass der König der Ehre einziehe!« (Ps. 24), erscholl es von allen Seiten. Und unter nicht enden wollendem Jubel zog der Fürst durch die weit geöffneten Tore in die glückliche Stadt ein.

---

28 Ps. 40, 11: Deine Gerechtigkeit verberge ich nicht in meinem Herzen; von deiner Wahrheit und von deinem Heil rede ich. Ich verhehle deine Güte und Treue nicht vor der großen Gemeinde.

29 Dein Zion streut dir Palmen
und grüne Zweige hin,
und ich will dir in Psalmen
ermuntern meinen Sinn.
Mein Herze soll dir grünen
in stetem Lob und Preis
und deinem Namen dienen,
so gut es kann und weiß.

30 Ps. 98, 4-6: Jauchzet dem Herrn alle Welt, singet, rühmet und lobet! Lobet den Herrn mit Harfen, mit Harfen und mit Saitenspiel! Mit Trompeten und Posaunen jauchzet vor dem Herrn, dem König!

In liebenswürdiger Anmut, mit goldner Rüstung angetan, fuhr er daher auf seinem Triumphwagen. Um ihn her schmetterten die Trompeten, die Fahnen wehten lustig in der Luft, seine Zehntausend folgten ihm nach und vor ihm zogen die Ältesten der Stadt mit lautem Jubelruf. Auf den Wällen der Stadt standen unzählige Menschen, die ihre Augen an dem prächtigen Einzug ihres gesegneten Fürsten und seiner königlichen Armee weideten. Alle Fenster, Balkone, ja die Dächer der Häuser waren mit glücklichen Menschen besetzt, die Zeugen des Heils sein wollten, das der Stadt heute zuteil wurde. Der glänzende Zug war jetzt bei dem Haus des Herrn Syndikus angelangt. Da sandte der Fürst Botschaft in das dicht daneben liegende Schloss, das der Hauptmann *Glaube* noch immer besetzt hielt, mit der Anfrage, ob das Schloss *(Herz)* zur Aufnahme des Prinzen vorbereitet sei[31]. Und als ein freudiges Ja erscholl, erhielt dieser Hauptmann den ehrenden Befehl, sich mit seinem Kriegsvolk dem Zug des Fürsten anzuschließen. Ihm wurde das unaussprechliche Glück zuteil, den Prinzen in die Burg einzuführen[32]. Und hier nahm der Fürst seine bleibende Wohnung mit seinen vornehmsten Hauptleuten und Kriegern, zur unendlichen Freude der Stadt Menschen-Seele.

Aber es war ja noch die ganze königliche Armee unterzubringen. Wie ganz anders war es nun! Wenn kurz zuvor diesen Edlen die Tore, Türen und Herzen in Menschen-Seele verschlossen, ja verrammelt waren, jetzt bedauerte jeder, dass er nicht die *ganze* Armee des Prinzen bei sich aufnehmen könne; und wie beeiferten sich

---

31   Apg. 16, 31: Sie sprachen: Glaube an den Herrn Jesus, so wirst du und dein Haus selig.

32   Eph. 3, 17: Dass Christus wohne durch den Glauben in euren Herzen. 1. Mose 24, 31.
     Warum willst du draußen stehen,
     du Gesegneter des Herrn?
     Lass dir bei mir einzugehen
     wohl gefallen, du mein Stern!
     Du, mein Jesu, meine Freud,
     Helfer in der rechten Zeit;
     hilf, o Heiland, meinem Herzen
     von den Wunden, die mich schmerzen.

alle, jeden Wunsch zu erfüllen, den sie ihren Gästen nur an den Augen absehen konnten! Nach längerer Beratung, bei der es jeder dem andern an Bereitwilligkeit zuvortun wollte, wurde folgende Quartierliste entworfen. Hauptmann *Unschuld* sollte bei Herrn *Vernunft*, Hauptmann *Geduld* aber bei Herrn *Gemüt* wohnen, der zur Zeit der letzten Empörung Herrn *Willes* Sekretär gewesen war. Hauptmann *Liebe* sollte sein Quartier im Haus des Herrn *Affekt* oder *Gemütsbewegung* haben und der Hauptmann *Gute-Hoffnung* bei dem Oberbürgermeister *Verstand*. Herr Syndikus *(Gewissen)* sollte aber die beiden Hauptleute *Erschütterung* und *Überzeugung* mit allen ihren Leuten bei sich aufnehmen, der Prinz hatte nämlich befohlen, dass der Stadt Menschen-Seele nötigenfalls das Alarmzeichen von hier aus gegeben werden sollte. Zu diesem Zweck wären jene beiden gleich bei der Hand. *(Das erwachte Gewissen soll den Sünder erschüttern und von seiner Schuld überzeugen.)* Die beiden Hauptleute *Gericht* und *Ausführung* lud Herr *Wille* mit ihrer ganzen Mannschaft dringend zu sich ein; denn er brannte, Immanuel jetzt mit der Tat zu beweisen, dass er ihm in demselben Maß ergeben ist wie früher dem Diabolus[33]. Hauptmann *Glaube* aber blieb mit seiner Schar im Schloss, denn er war es doch eigentlich, der unter der unmittelbaren Leitung Immanuels die ganze Stadt zu seinem Wohlgefallen regieren musste[34].

---

33   Röm. 6, 19: Gleichwie ihr eure Glieder ergeben habt zum Dienst der Unreinigkeit, und von einer Ungerechtigkeit zu der andern, so ergebt auch nun eure Glieder zum Dienst der Gerechtigkeit, dass sie heilig werden.

34   Hebr. 11, 6: Aber ohne Glauben ist's unmöglich, Gott zu gefallen; denn wer zu Gott kommen will, der muss glauben, dass er sei und denen, die ihn suchen, ein Vergelter sein werde.

5. Kapitel

Liebliche Umgestaltung in Menschen-Seele. Siehe, ich mache alles neu. Offb. 21, 5

Die erste Liebe des geretteten Sünders.

Nachdem Immanuel seinen dauernden Wohnsitz in der Stadt Menschen-Seele aufgeschlagen hatte, begann für sie eine Zeit hoher und unablässiger Freude. Die Quelle dieser Freude war allein Immanuel[1]. Sein Angesicht war das Ebenbild Gottes und der Abglanz seiner Herrlichkeit, sein Blick liebevoll, seine Worte ein duftender Balsam, sein Gang triefte von Segen, sein ganzes Benehmen eine Sonne der Gnade.

Ihn, nur ihn wünschten sie, in diesem einen Wunsch gingen alle andern Wünsche unter. Dass sie ihn bei sich wussten, war ihnen der süßeste Trost, aber sie wollten ihn auch sehen, darum baten sie, er wolle sich ihnen auch zeigen, er wolle herabkommen aus seiner Burg, wolle durch ihre Straßen wandeln, ihre Häuser besuchen, mit ihnen essen und trinken. »Denn«, sagten sie, »deine Gegenwart ist unser Leben, unser Licht, unsere Freude und Wonne.« Wenn er aber nicht immer zu ihnen kommen könne, so wolle er ihnen einen steten und freien Zutritt zu ihm gestatten. Und wie gern erfüllte er ihre Bitte[2]! Er nahm die Riegel von allen Toren und Türen der Burg und ließ sie weit offen stehen Tag und Nacht, damit alle durch ihn auch allezeit einen freien Zugang zu seinem

---

1   Ps. 36, 10: Denn bei dir ist die Quelle des Lebens, und in deinem Lichte sehen wir das Licht.

     Aller Trost und alle Freude   Leuchte mir, o Freudenlicht,
     ruhn in dir, Herr Jesus Christ.   ehe mir mein Herze bricht!
     Dein Erfreuen ist die Weide,   Lass mich, Herr, an dir erquicken,
     da man sich recht fröhlich isst.   Jesus, komm, lass dich erblicken!

2   Matth. 11, 28: Kommet her zu mir alle, die ihr mühselig und beladen seid; ich will euch erquicken.

Vater hätten und nähmen, was sie wollten[3]. Und wenn er nun zu ihnen sprach, so lauschte alles seiner Rede; und wohin er ging, da folgten sie seinen Tritten[4].

Zu gewissen Zeiten richtete *Immanuel* der Stadt Menschen-Seele auch ein Freudenmahl an, zu dem sie auf das Schloss eilten. Da bewirtete er sie mit wunderbar lieblichen Speisen, wie sie weder auf den Gefilden von Menschen-Seele wuchsen noch auch in allen Reichen der ganzen Welt gefunden wurden[5]. Es war eine Himmelsspeise und so kräftig und reich, dass sie nicht alle wurde, allen Hunger auf immer stillte, ja ein ewiges Leben gab (Joh. 6, 35. 51). Sooft aber ein neues Gericht aufgetragen wurde, so flog ein Flüstern durch die Reihen der Gäste: »Was ist das?« (2. Mose 16, 15); denn sie wussten nicht zu sagen, was es war. Auch gab er ihnen zu trinken von einem ebenso wunderbaren Wasser, das köstlicher war als Wein, das auch allen Durst stillte und sie mit einem Lebensstrom durchgoss[6].

So tranken sie denn den edlen Trank und aßen Engelbrot (Ps. 78, 24. 25) und hatten Honig, der ihnen aus dem Felsen gegeben wurde. *(Himmlische Nahrung in Wort und Sakrament.)* Und bei dem Mahl erscholl die herrlichste Musik; sie war aber ebenso wenig aus dem Land von Menschen-Seele – die Spielleute waren die Meister der Gesänge, die gesungen werden am Hof *Schaddais*[7]. Wie Men-

---

3   Hebr. 10, 19-22: Weil wir denn nun, liebe Brüder, durch das Blut Jesu die Freiheit haben zum Eingang in das Heilige, welchen er uns bereitet hat als neuen und lebendigen Weg durch den Vorhang, das ist durch sein Fleisch, und haben einen Hohenpriester über das Haus Gottes: So lasset uns hinzugehen mit wahrhaftigem Herzen in völligem Glauben, besprengt in unserm Herzen und los von dem bösen Gewissen und gewaschen am Leibe mit reinem Wasser.

4   1. Petr. 2, 21: Denn dazu seid ihr berufen, da auch Christus gelitten hat für euch und euch ein Vorbild gelassen, dass ihr sollt nachfolgen seinen Fußstapfen.

5   Joh. 6, 33: Denn Gottes Brot ist das, das vom Himmel kommt und gibt der Welt das Leben.

6   Joh. 4, 14: Wer aber von dem Wasser trinken wird, das ich ihm gebe, den wird ewiglich nicht dürsten, sondern das Wasser, das ich ihm geben werde, das wird in ihm ein Brunnen des Wassers werden, das in das ewige Leben quillt.

7   Offb. 19, 6: Und ich hörte, und es war wie eine Stimme einer großen Schar und wie eine Stimme großer Wasser und wie eine Stimme starker Donner, die sprachen: Halleluja! Denn der Herr, unser Gott, der Allmächtige, hat das Reich eingenommen!

schen-Seele alles, was sie sah und hörte und genoss, so wunderbar
rätselhaft und unbegreiflich war, so achtete es Immanuel angemes-
sen und heilsam, seine Gäste nach dem Mahl auch mit Rätseln zu
unterhalten, die die Weisheit seines Vaters ersonnen und sein Sekretär *(der Heilige Geist)* aufgeschrieben hatte *(in der Heiligen Schrift,*
2. Petr. 1, 21). Dergleichen war nicht zu finden in allen Königreichen[8]. Diese Rätsel betrafen aber den König *Schaddai* selbst, seinen
Sohn *Immanuel* und ihre Ratschlüsse und Werke im Himmel und
auf Erden. Wie diese Rätsel, mit denen Menschen-Seele ja selbst
ganz umgeben war und die sie nun aufs Neue hörten, das Staunen
der Gäste erregten, so noch viel mehr ihre Enthüllung durch Immanuels eignen Mund! Sie mussten sich gestehen, sie hätten keine
Ahnung davon gehabt, dass so unbeschreiblich herrliche Dinge in
so wenige und gewöhnliche Worte haben gefasst werden können.
Und immer heller leuchtete ihnen das Licht; immer klarer sahen
sie, dass Immanuel der Wunderbare war, in dem alle diese Rätsel
sich lösten – alle Worte und Dinge nur Bild, Vorbild, Abbild und
Schatten von ihm[9]! Denn schauten sie dem Prinzen ins Angesicht,
so sahen sie das Urbild von dem Bild, das Wesen von dem Schatten, und sie mussten rufen: »Dieser ist das Lamm und das Opfer,
dieser ist das Brot und das Wasser und der Fels, dieser ist die Tür
und der Weg, der Hirt und der Weinstock« (Joh. 1, 29; Hebr. 9, 13.
14; 2. Mose 16, 4; Joh. 10, 7; 14, 6;15, 5). Das war der Schluss des Fes-
tes, und so entließ der Prinz Menschen-Seele. Von dem Eindruck
aber, den dieses Mahl auf die Bürger gemacht hatte, kann man sich
kaum eine Vorstellung machen. Sie waren trunken vor Freude,
denn sie waren getränkt mit Wonne wie mit einem Strom (Ps. 36,
9), und ihre Verwunderung über alles, was sie genossen und was
ihnen enthüllt war von den tiefen Reichsgeheimnissen Immanuels,

---

8   Luk. 8, 10: Er aber sprach: Euch ist's gegeben, zu wissen die Geheimnisse des
     Reiches Gottes, den andern aber in Gleichnissen, auf dass sie es nicht sehen, ob
     sie es schon sehen, und nicht verstehen, ob sie es schon hören.

9   Kol. 2,17: Das alles ist nur der Schatten von dem, was zukünftig sein soll; aber leib-
     haftig ist es in Christus.

kannte keine Grenzen. Als sie nun wieder in ihren Häusern waren, überdachten sie es noch einmal in der Stille, und er, Immanuel, blieb der alleinige Gegenstand ihrer Gedanken, Gespräche und Lobpreisungen, sodass sie auch von ihm des Nachts träumten.

Die Maßnahmen zur Bewahrung des bekehrten Sünders.

Wie viel Ursache Immanuel nun auch hatte, der neu erwachten Liebe der Stadt Menschen-Seele zu ihm sich zu freuen, so vergaß seine Weisheit doch nicht, dass dies nur der Anfang der Umgestaltung der Stadt war. Immanuel allein konnte der sichere Grund ihres wahren und beständigen Glücks sein. Die Stadt hatte noch ihre Feinde inwendig und auswendig, die sie in Gefahr brachten, alles wieder zu verlieren, was sie eben gewonnen hatte. Seine Liebe traf daher die mannigfaltigsten Vorkehrungen, dass das Heil ihnen bewahrt würde.

So gab er vor allem Befehl, dass die großen *Schleudern,* die er bei seinem Kriegszug gegen Menschen-Seele vom Hof seines Vaters mitgebracht hatte *(Predigt des göttlichen Worts),* aufgestellt wurden, und zwar einige auf den Zinnen der Burg[10], andere auf den Türmen, die Immanuel seit seinem Einzug neu aufgebaut hatte. Auch hatte Immanuel selbst ein Gerät geschaffen, das bestimmt war, von dem Schloss der Stadt *(Herz)* mittels des Mundtores oder auch unmittelbar Steine auszuschleudern, die immer sicher trafen. Es war so wundervoll bereitet, hatte auch so wunderbare Erfolge, wenn es recht angewendet wurde, dass man gar keinen Namen für das Gerät fand. *(Die unaussprechlichen Seufzer im Heiligen Geist[11].)* Es wurde der Überwachung des tapfern Hauptmanns *Glaube* anvertraut. Dann berief Immanuel den Herrn *Wille* zu sich und übertrug ihm die Sor-

---

10   Jes. 40, 9: Zion, du Freudenbotin, steig auf einen hohen Berg; Jerusalem, du Freudenbotin, erhebe deine Stimme mit Macht; erhebe sie und fürchte dich nicht! Sage den Städten Judas: Siehe, da ist euer Gott!

11   Röm. 8, 26: Desgleichen hilft auch der Geist unserer Schwachheit auf. Denn wir wissen nicht, was wir beten sollen, wie sich's gebührt; sondern der Geist selbst vertritt uns mit unaussprechlichem Seufzen.

ge für die Tore, Wälle und Türme in Menschen-Seele. Zugleich stellte der Prinz die ganze Kriegsmacht unter seine Hand und schärfte ihm ein, alle Aufstände und Unruhen, die sich in Menschen-Seele etwa gegen den Frieden des Königs oder gegen die Ruhe und Sicherheit der Stadt erheben sollten, sofort niederzuschlagen. Ebenso sollte er, wenn er einige Diabolianer in einem Schlupfwinkel in der Stadt Menschen-Seele entdeckt, sie sogleich töten oder in sichern Gewahrsam bringen, um sogleich nach dem Gesetz mit ihnen verfahren zu können[12]. Herrn *Verstand,* den früheren Oberbürgermeister der Stadt, hatte der Prinz sogleich wieder in sein Amt eingesetzt, und zwar auf Lebenszeit. Ihm befahl er, dicht am Augentor seine Wohnung einzurichten und sie so zu befestigen, dass er sie leicht verteidigen könne. Auch wurde ihm eingeschärft, er solle fleißig in dem Buch forschen, in dem die Gesetze und Geheimnisse des Reichs geschrieben standen[13], damit er immer besser erkennt, wie er sein Amt recht zu führen habe. Herrn *Erkenntnis* machte der Fürst zum Syndikus, nicht um dadurch eine Verachtung gegen den früheren Syndikus, Herrn *Gewissen,* an den Tag zu legen, sondern weil er diesem Letztem ein anderes Amt übertragen wollte, von dem, wie er dem alten Ehrenmann sagte, er später mehr erfahren sollte. *(An die Stelle des natürlichen Gewissens tritt nach der Bekehrung die göttliche Erkenntnis als Leitstern des neuen Wandels.)*

Erneuerung von Gottes Ebenbild im bekehrten Sünder[14].

Nun erst tat Immanuel den wichtigsten Schritt in der Erneuerung seiner Herrschaft über die wiedergewonnene Stadt. Noch immer

---

12   Hoheslied 2, 15: Fangt uns die Füchse, die kleinen Füchse, die die Weinberge verderben; denn unsere Weinberge haben Blüten bekommen.

13   Apg. 17, 11: Diese aber waren besser als die zu Thessalonich; die nahmen das Wort auf ganz willig und forschten täglich in der Schrift, ob sich's so verhielte.

14   Eph. 4, 22-24: Leget von euch ab den alten Menschen mit seinem vorigen Wandel, der durch trügerische Lüste sich verderbt. Erneuert euch aber im Geist eures Gemüts und ziehet den neuen Menschen an, der nach Gott geschaffen ist in rechtschaffener Gerechtigkeit und Heiligkeit.

stand das schreckliche Bild des Diabolus, seines Erzfeindes, auf dem Marktplatz. Nun aber wurde es auf seinen Befehl herabgestürzt, zerstört, ja zu Pulver zermalmt und außerhalb der Stadtmauern in den Wind zerstreut. Stattdessen wurde das Bild *Schaddais*, seines Vaters, und sein eigenes über den Toren der Stadt wieder aufgestellt, und hier prangte es viel herrlicher als zuvor; denn die Gnade, die Menschen-Seele nun erlangt hatte, war größer als das Gute, das sie früher von der Hand Schaddais empfangen hatte[15]. Sein Name war in wunderbaren Zügen mit dem lautersten Gold auf die Vorderseite der Stadt zu seiner Ehre und zum Ruhm der Stadt Menschen-Seele eingegraben[16].

6. Kapitel

Es ergeht das Gericht über die Diabolianer.

So glorreich nach Überwindung des Satans das Bild Schaddais und Immanuels auf dem Angesicht der Stadt Menschen-Seele nun auch prangte, so weise und kräftig die Vorkehrungen auch waren, die der Prinz zur Sicherheit der Stadt getroffen hatte: so lebten die Diabolianer doch noch immer in Menschen-Seele, wenn sie sich auch jetzt aus ihren Schlupfwinkeln nicht hervorwagten *(die heimlichen Lüste und unerkannten Sünden)*. Sollte Menschen-Seele dauernden Frieden haben, so mussten sie aus ihren Verstecken hervorgezogen, es musste ein klares Urteil über sie gefällt und die verdiente Strafe an ihnen vollzogen werden[1], damit nicht allein

---

15 2. Kor. 3, 18: Nun aber spiegelt sich bei uns allen die Herrlichkeit des Herrn in unsrem aufgedeckten Angesicht, und wir werden verklärt in sein Bild von einer Herrlichkeit zur andern von dem Herrn, der der Geist ist.
16 Offb. 22, 4: Und sehen sein Angesicht, und sein Name wird an ihren Stirnen sein.
1   1. Kor. 11, 31: Wenn wir uns selber richteten, so würden wir nicht gerichtet.

jedermann wusste, was an ihnen war und sich vor ihnen hüten konnte, sondern sie auch auf alle Weise unschädlich gemacht wurden. Dieses Gericht veranstaltete jetzt die Weisheit, Gerechtigkeit und Liebe Immanuels.

Um alle Diabolianer aus ihren Schlupfwinkeln hervorzuziehen, befahl Immanuel zuerst, die Burgen, die sie auf ihres Herrn Geheiß in Menschen-Seele erbaut hatten, gänzlich zu zerstören und dem Boden gleichzumachen, was freilich keine leichte Arbeit war; denn sie waren groß und fest genug, und es gab viel Schutt wegzuräumen. Doch hatten die Soldaten Immanuels Waffen und Werkzeuge genug, auch die stärksten Bollwerke niederzuwerfen[2]. Wie Ungeziefer kamen die Diabolianer hervor und wurden leicht ergriffen. Es waren zum Teil früher sehr angesehene Leute, der Oberbürgermeister Herr *Unglaube*, der Syndikus *Vergiss-Gutes*, Herr *Lüstling* und die Ratsherren Herr *Atheismus*, Herr *Hartherz*, Herr *Falschfriede*; auch die Gemeindeabgeordneten Herr *Unwahrheit*, Herr *Unbarmherzig*, Herr *Hochmütig* nebst anderm solchen Gelichter. Herr *Wille* ergriff sie mit fester Hand, und sie wurden der Bewachung eines Kerkermeisters namens *Treumann* übergeben, den *Immanuel* gleich anfangs, als er den Krieg gegen Diabolus begann, vom Hof seines Vaters mitgebracht hatte.

Wie der bekehrte Mensch die in ihm noch verborgenen Sünden erforscht, richtet und tötet.

Sofort erging der Befehl des Prinzen an den Oberbürgermeister und die Ratsherren von Menschen-Seele, einen Gerichtshof zu bilden. Es wurden die Richter, die Schreiber, auch die Geschworenen ernannt, die folgende waren: Herr *Glaube*, Herr *Treuherzig*, Herr *Aufrichtig*, Herr *Böseshasser*, Herr *Liebegott*, Herr *Siehwahrheit*, Herr

---

2   2. Kor. 10, 4. 5: Denn die Waffen, mit denen wir kämpfen, sind nicht fleischlich, sondern mächtig im Dienste Gottes, zu zerstören Befestigungen. Wir zerstören damit Anschläge und alles Hohe, das sich erhebt wider die Erkenntnis Gottes, und nehmen gefangen alle Gedanken unter den Gehorsam Christi.

Himmlischgesinnt, Herr *Mäßig,* Herr *Dankbar,* Herr *Guttat,* Herr *Eifer-für-Gott* und Herr *Demütig.* Die Zeugen aber hießen *Weißalles, Sprichwahrheit, Lügenhass* nebst Herrn *Wille* und seiner Mannschaft, wie es erforderlich sein würde.

Und als die Stunde des Gerichts gekommen war, führte Herr Treuherz seine Gefangenen, aneinander gefesselt, vor die Schranken des hohen Gerichtshofes. Herr *Tuerecht,* der Stadtschreiber, nahm zuerst den *Atheismus (Gottesleugner),* einen Narren zwar, aber doch den gräulichsten der Diabolianer[3], ins Verhör. »*Atheismus*«, sprach er, »halt deine Hand hoch. Du bist als Eindringling in Menschen-Seele angeklagt worden, dass du schamlos genug gewesen seist, laut und öffentlich zu sagen und zu behaupten, *es gebe keinen Gott* und man brauche sich deshalb auch nicht um Gott zu kümmern und könne leben, wie man wolle. Du hast die Ehre unseres Königs und Herrn aufs Frevelhafteste angetastet und alles Unheil über Menschen-Seele gebracht. *(Die Gottesleugnung ist die Ursache aller Sünden und Gräuel.)* Sprich: Erkennst du dich für schuldig?«

Da *Atheismus* weit entfernt war, seine Schuld zuzugeben, wurden die Herren *Weißalles, Sprichwahrheit* und *Lügenhass* zum Zeugnis aufgerufen. »Kennt ihr diesen Menschen?«, fragte der *Stadtschreiber.* »Wohl kennen wir ihn«, antwortete *Weißalles,* »er heißt *Atheismus.* Viele Jahre hindurch ist er eine wahre Pest in der unglücklichen Stadt Menschen-Seele gewesen.« »Kennt ihr ihn auch gewiss?«, fragte der *Stadtschreiber* aufs Neue. »Ich sollte ihn nicht kennen?«, rief *Weißalles.* »Nur zu oft *bin ich* leider vordem in seiner Gesellschaft gewesen. *(Der gefallene Mensch ist von Natur ein Atheist.)* Er ist ein Diabolianer, der Sohn eines Diabolianers. Ich kannte seinen Vater, sogar seinen Großvater.« Auf näheres Befragen erzählte dann noch *Weißalles* umständlich, wie er in der *Lasterstraße* die frechsten Reden von ihm gehört. Unter anderm habe er gesagt: »Ich für mein Teil bin zwar weit entfernt zu glauben, dass es einen Gott gibt, aber es liegt mir auch nichts daran, mich

---

3   Ps. 14, 1: Die Toren sprechen in ihrem Herzen: »Es ist kein Gott.« Sie taugen nichts; ihr Treiben ist ein Gräuel; da ist keiner, der Gutes tut.

fromm zu stellen, wenn es die Gesellschaft, in der ich gerade bin, oder die Umstände erfordern; denn klug muss man sein.« *(Dem Atheisten kommt es nicht darauf an, nach Gelegenheit auch den Frommen zu spielen.)* Als der *Stadtschreiber* Herrn *Sprichwahrheit* nun um sein Zeugnis befragte, versicherte auch dieser, er sei früher, was er jetzt schmerzlich bereue, treuer Gefährte des Atheismus gewesen und habe ihn oft, und das noch dazu in stolzer Vermessenheit, sagen hören: Er glaube, es gebe weder einen Gott noch Engel, noch Geist[4]! Er habe solche Reden von ihm namentlich in der Schwarzmundsgasse, auf der Lästererstraße und noch an vielen andern Orten gehört. Und als der Stadtschreiber weiter fragte, ob er ihn auch ganz genau kenne *(der Atheismus des natürlichen Herzens ist so leicht nicht zu erkennen),* sagte *Sprichwahrheit:* »Ich kenne ihn als einen Diabolianer und schrecklichen Gottesleugner. Sein Vater hieß *Nimmergut,* der außer diesem *Atheismus* noch mehrere Kinder hatte.« Ein ganz ähnliches Zeugnis legte *Lügenhass* ab. Er sagte: »Dieser Gottesleugner ist einer der verwerflichsten, nichtswürdigsten Menschen, mit denen ich je in meinem Leben zu tun hatte. Ich habe ihn sagen hören: ›Es gibt keinen Gott, kein zukünftiges Leben, keine Sünde und keine Bestrafung der Sünde in alle Ewigkeit.‹« Er fügte hinzu, dass er diese schändlichen Reden in der *Trunkenboldstraße,* gerade am Ende der *Schurkengasse,* an einem Haus, in dem Herr *Gottlosigkeit* wohnte, von ihm gehört habe.

Darauf sprach der *Stadtschreiber:* »Führt ihn ab, Kerkermeister, und bringt Herrn *Lüstling*[5] vor die Schranken.« Zu diesem sprach er: »Du bist ebenfalls als Eindringling in die Stadt Menschen-Seele angeklagt worden. Du sollst teuflischer- und verräterischerweise durch Wort und Tat gelehrt haben, es sei dem Menschen nicht allein erlaubt, sondern sogar nützlich, allen seinen fleischlichen

---

4   Apg. 23, 8: Denn die Sadduzäer sagen, es gebe keine Auferstehung noch einen
      Engel noch einen Geist.

5   Jak. 1, 14. 15: Ein jeglicher wird versucht, wenn er von seiner eigenen Lust gereizt
      und gelockt wird. Danach, wenn die Lust empfangen hat, gebiert sie die Sünde; die
      Sünde aber, wenn sie vollendet ist, gebiert sie den Tod.

Lüsten nachzuleben, und dass du selbst keine deiner sündlichen Vergnügungen und Ausschweifungen dir versagen würdest und wolltest. Was sagst du zu dieser Anklage, bist du schuldig oder nicht?« *Lüstling* antwortete:»Mein Herr! Ich bin ein Mann von hoher Geburt[6], von Jugend auf an Vergnügen, angenehmen Zeitvertreib[7], und zwar in hoher glänzender Weise, gewöhnt. Ich bin nicht gewohnt, mich wegen meines Tuns und Lassens zur Rede stellen zu lassen, sondern man hat es mir überlassen, meinem eigenen Willen zu folgen und mir selbst meine Gesetze zu geben. Daher kommt es mir doch sehr sonderbar vor, dass ich heute hier Rechenschaft geben soll, was nicht ich allein, sondern alle Menschen entweder heimlich oder öffentlich tun, lieb haben und billigen.« Nachdem der *Stadtschreiber* auf diese kecke Rede erwidert hatte, nicht nach seiner hohen Abkunft frage er, nur von der gegen ihn erhobenen Anklage sei die Rede, forderte er, dass er nur kurz sagen solle, ob er sich schuldig oder nicht schuldig weiß. Natürlich wollte dieser freche Bube nichts von seiner Schuld wissen, und abermals mussten die Zeugen aufgerufen werden. Der Zeuge *Weißalles* wusste auch von diesem Verbrecher genug zu sagen. Er kenne diesen *Lüstling* sehr wohl und seine ganze Familie: er sei der Sohn eines gewissen *Viehisch*, seine Mutter, eine Tochter von *Böselust*, habe ihn auf dem »*Fleischesweg*«[8] geboren. Freilich sei er, wie er selbst gesagt, nach seiner Abkunft ein großer Mann, doch tausendmal größer in der Gottlosigkeit. Er kenne ihn als einen Flucher, Lügner, Sabbatschänder, als einen Hurer und einen ganz unreinen Menschen, der sich unzähliger Sünden und Laster schuldig gemacht habe[9]. Nicht allein in geheimen Winkeln,

---

6   Luk. 16, 19: Es war aber ein reicher Mann, der kleidete sich mit Purpur und köstlicher Leinwand und lebte alle Tage herrlich und in Freuden.

7   1. Kor. 15, 32: Lasst uns essen und trinken; denn morgen sind wir tot.

8   Gal. 5, 17: Denn das Fleisch streitet wider den Geist und der Geist wider das Fleisch.

9   Sir. 23, 5. 6: Behüte mich vor lüsternem Blick und wende von mir alle bösen Begierden! Lass mich nicht in Wollust und Unkeuschheit geraten und behüte mich vor schamlosem Sinn!

sondern auch öffentlich in der ganzen und vor der ganzen Stadt habe er seine Bubenstücke ausgeführt. Und Herr *Sprichwahrheit,* der dann aufgerufen wurde, bestätigte alle diese Aussagen und wusste noch mehr Schändliches von diesem Bösewicht anzuführen. Als nun der Stadtschreiber rief: »*Lüstling!* Hörst du, was diese Herren gegen dich sagen?«, erwiderte er ganz schamlos: »Ich bin immer der Ansicht gewesen, das glücklichste Leben, das ein Mensch auf dieser Erde führen kann, besteht darin, dass er sich während seines kurzen Lebens keine Lust und Freude versagt, die ihm winkt[10]; und diese meine Meinung habe ich auch nie verhehlt und habe nach diesen Grundsätzen immer gelebt. Auch war ich nie so selbstsüchtig, die Süßigkeit eines solchen Lebens andern zu missgönnen oder zu beeinträchtigen.« Entrüstet über so freche Reden, sprach der *Gerichtshof:* »Mit seinem eigenen Mund hat er sich sein Urteil gesprochen. Führt ihn ab, Kerkermeister, und bringt Herrn *Unglaube* vor die Schranken.«

Der *Stadtschreiber* aber nahm das Wort und sprach: »Angeklagter, auch gegen dich, als einen Eindringling in Menschen-Seele, sind schwere Beschuldigungen erhoben worden. Du sollst, solange du noch ein Amt in Menschen-Seele hattest, vor allem auf eine verräterische, gottlose Weise den Hauptleuten des großen Königs Schaddai Widerstand geleistet haben, als sie den Wiederbesitz der Stadt für ihren König forderten. Wie dein Meister *Diabolus* hast du die Stadt aufgehetzt, dem König trotzig die Stirn zu bieten und seiner Kraft und Macht zu spotten. Was hast du gegen diese schwere Anklage vorzubringen? Bist du dir deiner Schuld bewusst oder nicht?« *Unglaube* aber erwiderte in seinem alten Trotz: »Ich kenne *Schaddai* gar nicht[11]; ich liebe meinen alten Fürsten und hielt es für meine Pflicht, meinem Amt treu zu sein und demnach

---

10   Jes. 56, 12: Kommt her, ich will Wein holen, wir wollen uns voll saufen, und es soll morgen sein wie heute und noch viel herrlicher! Weish. 2, 6-9.

11   2. Mose 5, 2: Der Pharao antwortete: Wer ist der Herr, dass ich ihm gehorchen müsse und Israel ziehen lasse? Ich weiß nichts von dem Herrn, will auch Israel nicht ziehen lassen.

auch alles aufzubieten, die Gemüter der Leute in Menschen-Seele für ihn zu gewinnen, ja zu begeistern, dagegen aus aller Macht den Fremdlingen und Ausländern zu widerstehen, ja sie mit dem Degen in der Faust zu empfangen. Auch bin ich nicht der Mann, der aus Furcht vor irgendeinem Menschen seine Meinung ändert, und wenn ihr auch jetzt die Macht hier in Händen habt.« Nach solchen Auslassungen konnte der *Gerichtshof* über die Schuld des Unglaubens gar nicht mehr im Zweifel sein. Alle riefen: »Ihr seht, der Mensch ist unverbesserlich; wie trotzig verficht er seine Gottlosigkeit, wie frech beharrt er in seiner Empörung! Führt ihn deshalb ab, Zuchtmeister, und bringt Herrn *Vergiss-Gutes* vor die Schranken.«

Der *Stadtschreiber* begann: »Als *Vergiss-Gutes* oder ›der das Gute vergisst‹, bist du angeklagt, nicht allein betrüglicherweise dich in Menschen-Seele eingeschlichen zu haben, sondern auch dich gänzlich mit dem Tyrannen *Diabolus* gegen den König *Schaddai*, seine Hauptleute und ganze Kriegsmacht verbunden zu haben, weil du alle frühern Wohltaten, Befehle und Ermahnungen zum Guten dir ganz aus dem Sinn geschlagen hast. Dadurch hast du den Namen des Königs geschändet, seine Gesetze verhöhnt und den Untergang der Stadt Menschen-Seele herbeigeführt. Bekennest du deine Schuld?« *Vergiss-Gutes* leugnete sie nicht gänzlich und bat nur die Richter, seine Vergesslichkeit seinem Alter und der Schwäche seines Gedächtnisses, nicht aber einer vorsätzlichen Sorglosigkeit beizumessen, und hoffte, so weitgehend entschuldigt zu sein, dass er keine große Strafe zu fürchten hätte. Aber hierin irrte er sich. Der *Gerichtshof* erklärte geradezu, er gebrauche nur Vorwände, um die Richter zu täuschen. Das Böse könne er recht gut behalten, das Gute sei ihm im innersten Grunde seines Herzens zuwider, darum vergesse er es. Und das bestätigten denn auch die nun aufgerufenen Zeugen. *Lügenhass* bezeugte: er habe diesen *Vergiss-Gutes* sagen hören, es sei ihm ganz unerträglich, auch nur eine Viertelstunde an etwas Gutes zu denken. Und als er befragt wurde, wo er das gehört habe, sagte er: »In der Straße ›Aller Schlechtigkeit‹, in einem Haus, das neben dem steht, das

das Zeichen eines mit einem glühenden Eisen ausgebrannten Gewissens führt« (1. Tim. 4, 2). Dem fügte der Zeuge *Weißalles* hinzu: *Vergiss-Gutes* sei ihm als ein Diabolist sehr wohl bekannt, er sei der Sohn eines Diabolianers mit Namen *Liebe-Schlechtes* und habe ihn gar oft sagen hören, dass er auch schon den Gedanken an etwas Gutes für die allergrößte Last von der Welt halte. In *Fleischesgasse,* gerade der Kirche gegenüber, habe er so gesprochen. Diese Aussage bestätigte auch der Zeuge *Sprichwahrheit,* der ihn sagen hörte, er denke viel öfter und lieber über das allerschlechteste Zeug nach als über einen Bibelspruch. So habe er an gar vielen Orten gesprochen, besonders in der Straße *Ekelhaft,* in dem Haus eines gewissen *Schamlos* und in der *Kotgasse* beim Schild des *Verworfenen* neben der Tür des Hinuntergangs in den Pfuhl[12].

Dann wurde Herr *Hartherz* vor die Schranken gefordert, und der *Stadtschreiber* hielt ihm vor, er habe auf die gottloseste Weise die Stadt Menschen-Seele mit Unbußfertigkeit und Verstocktheit so sehr erfüllt, dass sie wie besessen davon gewesen wäre und zu keiner Regung der Reue und Buße habe kommen können, um sich wieder zu ihrem hoch gelobten König *Schaddai zu* wenden. *Hartherz* war weit entfernt, seine Schuld zu bekennen. Er sagte vielmehr ganz frech: »Ich habe noch nie in meinem ganzen Leben erfahren, was man so Gewissensbisse nennt. Ich bin undurchdringlich, hart wie ein Stein[13], keines Menschen Kummer kann mein Herz bewegen, kein Seufzer mich rühren. Beleidigen, Kränken, Verwunden und Töten ist meine Lust, und die Wehklage und das Jammergeschrei der Elenden ist meinen Ohren eine Musik!« Entsetzt rief der ganze Gerichtshof: »Was bedarf es weiter Zeugnisses? Wenn dieser Bube kein Diabolist ist, wer sonst?«

Nun wurde *Falscher-Friede* vorgeführt. Der Stadtschreiber sagte, unter dem Namen *Falschfriede,* als ein Eindringling in Menschen-

---

12   Ps. 50, 22: Begreift es doch, die ihr Gott vergesset, damit ich nicht hinraffe, und kein Retter ist da!

13   Jer. 5, 3: Sie haben ein Angesicht, härter als ein Fels, und wollen sich nicht bekehren.

Seele, sei er angeklagt. Er habe auf die verderblichste Weise die Stadt Menschen-Seele nicht allein in ihren Abfall, in ihre höllische Empörung gestürzt, sondern sie auch darin erhalten, indem er sie in eine verdammliche Sicherheit eingewiegt habe, wodurch sie zugrunde gerichtet worden ist. Der Angeklagte erwiderte darauf: »Ich erkenne an, dass mein Name *Friede* ist, aber dass ich *Falscher-Friede* heißen soll, leugne ich aus aller Macht. Wenn es meinen Richtern gefallen wollte, nach meinen Paten oder nach sonst jemandem zu schicken, der mich genau kennt, so würde es sich ja schnell ergeben, dass ich nicht *Falscher-Friede*, sondern schlechtweg *Friede* heiße. Die Anklage trifft mich daher gar nicht, weil der Name nicht passt. Ich war jederzeit ein Mann, der Stille und Frieden liebte; und was ich selbst liebte, dachte ich, würden auch andere lieben. Sah ich daher jemand unter meinen Nachbarn unruhig und bekümmert, so bestrebte ich mich, ihn zu trösten. Als gleich nach dem Abfall von *Schaddai* einige unter uns in Menschen-Seele anfingen, über diesen Schritt sich in unruhige Gedanken zu verlieren, so ergriff mich ihr Schmerz, und ich sann sogleich auf Mittel, ihr Herz zu stillen. Und wenn ich zu der Zeit, als die Kämpfe zwischen *Schaddai* und *Diabolus* ausgebrochen waren, jemand aus Menschen-Seele mit banger Furcht vor der zu erwartenden Zerstörung erfüllt sah, so dauerte mich auch das, und ich bot alles auf, ich gestehe es, selbst durch Erfindungen, alle Besorgnisse zu zerstreuen und den geängstigten Seelen ihre Ruhe wiederzugeben. Weil ich denn nun jederzeit in meinem Tun und Lassen eine so ehrenhafte Gesinnung an den Tag gelegt habe und in der Tat den Namen eines wohlwollenden Friedenstifters verdiene, so bitte ich euch, meine Richter, deren Gerechtigkeit in so hohem Ansehen steht, lasst mich auch ein gerechtes Urteil hören und schützt mich selbst gegen meine Ankläger durch eine wohlverdiente Ehrenerklärung.« (*Wie sehr ist man bemüht, die fleischliche Sicherheit zu entschuldigen!*) Da *Falschfriede* so hartnäckig die Richtigkeit seines Namens bestritt, forderte der Stadtschreiber durch den *Ausrufer* alle diejenigen auf hervorzutreten, die über den wahren und ursprünglichen Namen des Gefangenen Auskunft geben

könnten. Es meldeten sich zwei: *Suchewahrheit* und *Zeugewahrheit*.
Der Wichtigkeit der Sache wegen wurde ihnen aber erst der Zeugeneid abgenommen. Dann begann *Suchewahrheit:* »Meine Herren!
Ich kenne diesen Mann von seiner Kindheit an und kann es wahrheitsgemäß bezeugen, dass er *Falschfriede* heißt. Ich kannte seinen
Vater, er hieß Herr *Schmeichler*, und seine Mutter führte vor ihrer
Verheiratung den Namen *Verzärtelung*. Als dieser ihr Sohn geboren wurde, nannten sie ihn *Falschfriede*. Ich war sein Gespiele und
war nur etwas älter als er, und wenn seine Mutter ihn vom Spiel
nach Hause haben wollte, rief sie: ›Komm, *Falschfriede*! *Falschfriede*, spute dich!‹ Ja, ich habe ihn schon gekannt, als er noch an der
Brust seiner Mutter lag; denn obwohl ich damals selbst noch klein
war, so kann ich mich doch erinnern, dass seine Mutter, wenn sie
mit ihm vor der Tür saß oder mit ihm auf ihrem Arm spielte, ihn
wohl zwanzigmal hintereinander nannte: ›Mein kleiner *Falschfriede*! Mein hübscher *Falschfriede*! O mein süßer Schelm *Falschfriede*!
O mein kleiner Spaßvogel *Falschfriede*! Wie lieb habe ich dich, mein
Kind!‹ *(Wie herzt und liebkost man die fleischliche Sicherheit!)* Die Gevattern wissen es ja auch, obgleich er die Frechheit gehabt hat, das
hier vor öffentlichem Gerichtshof zu leugnen.«

Zeugewahrheit bestätigte das alles. Er sagte noch: »Falschfriedes Vater hieß Herr *Schmeichler*, seine Mutter Frau *Verzärtelung*. Ich habe
ihn auch früher sehr häufig im heftigsten Zorn über die entbrennen sehen, die ihn unversehens anders als *Falschfriede* nannten.
Das geschah aber freilich in der Zeit, als die Diabolianer noch ihr
Unwesen in der Stadt trieben und Herr *Falschfriede* in Menschen-
Seele als ein angesehener Mann eine große Rolle spielte.« Hierauf
wandte sich der *Gerichtshof* an *Falschfriede* selbst und sprach: »Du
hast geleugnet, dass du *Falschfriede* heißt; diese Zeugen haben es
bejaht. Als Friede bist du nicht angeklagt. Frieden unter den Nachbarn stiften, wie du dich dessen rühmst, ist an sich ja ein gutes
Werk. Aber es handelt sich darum, dass du die Stadt Menschen-
Seele auf eine satanische Weise zum Abfall verleitet und sie in der
Empörung gegen ihren König bestärkt hast, indem du sie in einen
falschen, lügenhaften, verdammlichen Frieden einwiegtest, der

sie dem Untergang nahe brachte. Wisse, dass ein Friede, der nicht mit Wahrheit und Heiligkeit im Bunde steht und sich allein auf Lügen gründet, betrügerisch und verdammenswert ist, wie es der große *Schaddai* in seinem Wort und Gesetz oft genug so bezeichnet hat[14]. Dass du deinen Namen vertauscht hast, ist dein eigentliches Verbrechen. Aber weil du an unsere Gerechtigkeit appelliert hast, so wollen wir noch weiter Zeugnis hören über die Tatsachen, die gegen dich vorliegen.« So wurde denn wieder der Zeuge *Weißalles* aufgerufen. Dieser bezeugte, er wisse es ganz genau, dass dieser Mann es sich seit langer Zeit zu seinem eigentlichen Geschäft gemacht habe, die Stadt Menschen-Seele in ihrer Lauheit, sündlichen Ruhe, ja in dem tiefen Schlamm ihrer Unzucht und Unreinigkeit und damit in ihrer Empörung zu erhalten. Mit seinen eigenen Ohren habe er ihn sagen hören: »Friede um jeden Preis! Wär's auch ein erlogener Friede, was schadet's! Sünde hin, Sünde her! Nur immer lustig!« Der Zeuge *Lügenhass* hatte ähnliche Reden von Falschfriede gehört und wusste auch den Ort zu nennen, wo er so verwegen sich seines Betrugs gerühmt. Es war im Narrenhof am Hause eines gewissen Herrn *Einfältig*, nächste Tür zum Wirtshaus mit dem Schild: Zum *Selbstbetrüger*.

Da man durch diese hellen Zeugnisse ihn seiner Schuld überführt hielt, schickte man ihn zurück zum Gefängnis und brachte Herrn *Unwahrheit* vor die Schranken. Er wurde angeklagt, dass er stets darauf ausgegangen sei, die Stadt Menschen-Seele total zu verunstalten, alle Überbleibsel der Gesetze und des Bildnisses des Königs, die nach ihrem Abfall von diesem noch etwa in ihr gefunden wurden, vollends zu vertilgen und so ihren gänzlichen Ruin herbeizuführen[15]. *Unwahrheit* erwiderte zwar darauf, es sei an

---

14   Jer. 6, 14: Und heilen den Schaden meines Volks nur obenhin, indem sie sagen: »Friede! Friede!«, und ist doch nicht Friede. 1. Thess. 5, 3: Wenn sie sagen werden: »Es ist Friede, es hat keine Gefahr«; dann wird sie das Verderben schnell überfallen gleichwie der Schmerz ein schwangeres Weib, und werden entfliehen. Jes. 48, 22; Ps. 39, 6.

15   Röm. 1,25: Die Gottes Wahrheit verwandelt haben in Lüge und haben geehrt und gedient dem Geschöpf statt dem Schöpfer, der da gelobt ist in Ewigkeit. Amen.

alledem kein wahres Wort. Aber der Zeuge *Weißalles* versicherte, er habe selbst dabeigestanden, wie er mit eigener Hand das Bild Schaddais herabgerissen, in den Staub getreten und an dessen Stelle das gehörnte Bild der Bestie *Diabolus* gesetzt habe. Auf Befehl des *Diabolus,* dessen eifrigster Gefolgsmann er gewesen, habe er auch alle noch übrig gebliebenen Fetzen vom Gesetz des Königs, wo er ihrer nur habhaft werden konnte, zerzupft oder ins Feuer geworfen. Wohin seine raubgierigen Hände nur reichen konnten, habe er alles dem sichern Untergang geweiht. *Lügenhass* bezeugte dasselbe; außerdem sei das alles nicht heimlich, sondern vor aller Augen geschehen; ja dieser Sünder habe seine wahre Lust daran gehabt, es ganz öffentlich zu tun.

Nachdem auch diesem Verbrecher seine Schuld genügend nachgewiesen war, wurde er abgeführt, und Herr *Unbarmherzig* stand vor den Schranken. Unter diesem Namen wurde er angeklagt, dass auch er sich listigerweise in Menschen-Seele eingedrängt und hier jede Äußerung des Mitleids und Mitgefühls unterdrückt habe. Er habe nicht einmal dulden wollen, dass die arme Stadt Menschen-Seele ihr Unglück, von ihrem rechtmäßigen König abgefallen zu sein, beweint und Buße tut. *Unbarmherzig* erklärte aber geradezu, dass er sich nie der Unbarmherzigkeit schuldig gemacht habe. Denn alles, was er getan, habe er, wie sein Name auch besage, nur zur Aufheiterung getan; denn er heiße nicht *Unbarmherzig,* sondern *Frohsinn.* Und deshalb sei ihm auch ganz unerträglich gewesen, Menschen-Seele in Trübsinn versinken zu sehen. Der Zeuge *Weißalles* blieb aber dabei, er heiße *Unbarmherzig; (Ja, unbarmherzig gegen sich selbst sind alle, die den Schmerz der Buße scheuen!)* so habe er jederzeit in allen Briefen und bei wichtigen Verhandlungen unterschrieben. Aber diese Diaboliner lieben es, sich erdichtete Namen zu geben. Herr *Geiz* wolle *Gute-Haushaltung* oder *Sparsamkeit* heißen, Herr *Stolz* nenne sich gern *Ehrenmann, Schönherr, Zierlich;* und so machen sie es alle. Der Zeuge *Sprichwahrheit* stimmte dem bei, der Angeklagte heiße wirklich *Unbarmherzig* und habe alles ausgeübt, wofür ihm die Schuld gegeben worden ist. Es gebe aber eine ganze Gesellschaft von dieser Sorte, denen die Gefahr, ewig verdammt zu werden, eine ganz unbekannte Sache ist. Deshalb nennen sie auch diejenigen schwermütig oder melancholisch, die ein Erbarmen mit sich selbst haben und sich Gedanken darüber machen, wie sie der Hölle entfliehen.

Nun ließ man Herrn *Hoffärtig* oder *Hochmütig* vorführen[16]. Der Stadtschreiber sagte, er sei angeklagt worden, er habe mit Wort, Beispiel und Tat die Stadt Menschen-Seele angestiftet, hochmütig und trotzig nicht allein die Aufforderungen, die die Hauptleute *Schaddais* an sie ergehen ließen, zu verwerfen, sondern auch verächtlich und schimpflich von dem großen König *Schaddai* selbst zu reden; ja die Waffen gegen ihn und seinen Sohn *Immanuel zu* ergreifen. *Hochmütig* war um eine Antwort nicht verlegen. Wie es seine Art war, rühmte er sich, dass er jederzeit ein Mann von Mut und Tapferkeit gewesen, der nie gewohnt war, wäre es auch noch so schlimm gegangen, sich vor jemand zu schmiegen oder zu biegen. Es habe ihm noch niemals gefallen, wenn er gesehen, dass ein anderer vor seinem Widersacher die Segel gestrichen oder den Hut abgenommen. Er habe sich noch vor keinem gebückt, auch wenn er den größten Vorteil davon haben konnte. Er habe auch nie lange überlegt, was für einen Feind er vor sich habe. Es habe ihm genügt, tapfer seine Sache auszufechten und dann als Sieger davonzugehen. Auf diese stolze Rede wurde dem Großsprecher nur bemerkt, er sei nicht angeklagt, weil er allezeit ein tapferer Mann gewesen, sondern weil er durch seine vermeintliche Herzhaftigkeit, durch seine Unbeugsamkeit und seinen Trotz die Stadt Menschen-Seele zum Aufruhr und zur Empörung gegen ihren großen König und seinen Sohn *Immanuel* aufgestachelt habe. Weil *Hochmütig* nichts mehr dagegen vorbringen konnte, wurde er wie die andern Gefangenen wieder abgeführt.

---

16 Die Hoffart ist ein gar hässliches Übel, ein heimliches Gift, verborgene Seuche, eine Erzkünstlerin des Betrugs, eine Mutter der Heuchelei, ein Vater der Missgunst, die rechte Quelle aller Gottlosigkeit und aller Laster, ein Zunder der Sünden, ein Rost der Tugenden, eine Motte der Heiligkeit und Verblenderin der Herzen, ein Vorbote der Hölle. So nennt sie der heilige Bernhard.

Nachdem nun alle Gefangenen verhört waren, wandte sich der Vorsitzende des Gerichts an die Geschworenen:»Meine Herren! Ihr habt die Gefangenen alle gesehen, die gegen sie erhobenen Anklagen gehört, ihre Verteidigung nebst der Zeugenaussage vernommen. Es bleibt nun noch übrig, dass ihr euch an einen besondern Ort zurückzieht, dort ohne Störung in genaue Erwägung zieht, welchen Urteilsspruch ihr über sie in Wahrheit und Gerechtigkeit fällen wollt zur Ehre unseres hoch gelobten Königs Schaddai und seines Sohnes Immanuel. Tut darum eure Schuldigkeit.« So zogen sich denn die Geschworenen zur geheimen Beratung zurück. Herr *Glaube*, der den Vorsitz führte, begann:»Meine Herren! Nach dem, was ich eben gesehen und gehört, habe ich gar keinen Zweifel, dass die Angeklagten alle den Tod verdient haben.«»Mit vollem Recht«, fiel Herr *Treuherzig* ein.»Jawohl«, rief der Herr *Böseshasser*,»was ist es für ein Glück, dass solche Bösewichter ergriffen sind und nun unschädlich gemacht werden können!« Und Herr *Liebegott* rief:»Gottlob, dass die Feinde des Herrn gestürzt sind und den Lohn ihrer Bosheit empfangen werden.« Herr *Siehwahrheit* versicherte:»Wenn das Todesurteil über die Verräter gesprochen wird, so wird Schaddai selbst es mit Brief und Siegel bestätigen.«»Das bezweifle ich nicht im Geringsten«, bekräftigte Herr *Himmlischgesinnt*,»denn wenn solche Ungeheuer wie diese aus Menschen-Seele ausgerottet sein werden, wird die Stadt sich in himmlischem Glanz erheben.« Herr *Mäßig* aber sagte:»Es ist zwar nicht meine Art, mein Urteil so geschwind zu fällen, allein hier liegt das Verbrechen so offen da, die Zeugnisse sind so klar und überwältigend, dass einer sich absichtlich verblenden müsste, wenn er noch sagen wollte, die Gefangenen hätten den Tod nicht verdient.«»Gott sei Dank!«, sagte Herr *Dankbar*,»dass nun Gerechtigkeit geübt werden kann an diesen Frevlern.«»Und ich danke Gott auch«, rief Herr *Demütig*,»und das auf meinen Knien.« Endlich nahm noch der warme und treuherzige Herr *Eifer-für-Gott* das Wort und sprach:»Hauet sie ab, diese unfruchtbaren Bäume! Lange genug haben sie mit ihren faulen Früchten das Land von Menschen-Seele verderbt.« Da sie nun alle in ihrem Urteil übereinstimmten, kehrten sie in den

Gerichtshof zurück. Dort fragte sie der Stadtschreiber, nachdem er sie alle namentlich aufgerufen, ob sie alle in ihrem Urteilsspruch übereinstimmten. Als sie es bejaht und der Vorsitzende noch einmal für sie das Wort genommen, antwortete er auf die Frage des Stadtschreibers: »Schuldig oder nicht schuldig?« mit lauter Stimme: »*Schuldig.*« Dieses geschah am Vormittag, und nachmittags wurde den Gefangenen, dem Gesetz gemäß, ihr Todesurteil bekannt gemacht. Der Kerkermeister aber sperrte sie alle in das innerste Gefängnis ein, um sie dort sicher bis zum Tag der Hinrichtung zu bewahren, die schon am folgenden Morgen an ihnen vollzogen werden sollte. Doch was geschah? Einer der Gefangenen, *Unglaube* mit Namen, brach in der Zeit zwischen Verkündigung und Vollstreckung des Urteils aus dem Gefängnis aus, entwischte *(der Unglaube wird nie ganz überwunden)* und entkam aus der Stadt Menschen-Seele. Darauf verbarg er sich in Höhlen und Löchern, so gut es ging, und legte sich auf die Lauer, um zu gelegener Zeit an Menschen-Seele Rache zu nehmen. Als aber Herr *Treumann*, der Kerkermeister, bemerkte, dass sein Gefangener fehlte, fiel er in große Traurigkeit und Bestürzung, weil gerade dieser Gefangene, wenn man so sagen soll, der Allerschlimmste der ganzen Rotte war. Daher eilte er sogleich, Herrn *Oberbürgermeister,* Herrn *Syndikus* und Herrn *Wille* von dem Besorgnis erregenden Ereignis in Kenntnis zu setzen und von ihnen den Befehl zu erwirken, in der ganzen Stadt nach Unglaube fahnden zu dürfen. Der Befehl wurde ihm gern erteilt, aber trotz Haussuchungen konnte jetzt kein solcher Mann in der ganzen Stadt Menschen-Seele aufgefunden werden. *(Wie schwer ist es, den Unglauben zu erkennen!)* Alle Nachrichten, die man über ihn einziehen konnte, gingen dahin, dass er sich eine Zeit lang an der Außenseite der Stadt verborgen gehalten habe und dass hier und da, an dem einen oder andern Einwohner ein Schimmer von ihm vorübergeschwebt sei, als er aus Menschen-Seele entfloh. Einer oder zwei behaupteten auch, sie hätten ihn außerhalb der Stadt häufig quer über das ebene Feld laufen sehen. Herr *Scharfblick* aber versicherte, dass er über öde Steppen dahingewandelt sei, bis er mit seinem Freund *Diabolus* am Höllentor zusammentraf. *(Der Teufel ist eine Herberge des Unglaubens.)* Doch ach, welche Berichte hatte der alte Sünder dem *Diabolus* zu machen über die Veränderungen, die in Menschen-Seele seit Satans Flucht vorgegangen waren: Wie Menschen-Seele nach einiger Verzögerung dennoch aus den Händen *Immanuels* eine allgemeine Begnadigung zuteil geworden. Wie sie Immanuel dann in die Stadt eingeladen und ihm das Schloss zur Residenz eingeräumt hätten. Wie sie die Soldaten *Immanuels* in die Stadt berufen und gewetteifert hätten, wer von ihnen die meisten ins Quartier bekommen würde. »Aber die herbste und empfindlichste Maßregel gegen uns war«, fuhr Unglaube fort, »dass Immanuel dein Bild, o Vater, herabgerissen, in den Staub getreten und dagegen das seine aufgerichtet, deine treuen Diener und Beamte alle ersetzt und die Seinen mit Macht und Ehre gekrönt hat. Und der Rebell *Wille*, von dem doch wohl niemand geglaubt hätte, dass er sich je von uns wenden würde, steht jetzt bei *Immanuel* in ebenso großer Gunst als irgend jemals bei dir. Und er hat von seinem Herrn den besondern Auftrag erhalten, allen Diabolisten, die sich etwa noch in Menschen-Seele finden möchten, nachzuspüren, sie zu ergreifen und dem Tod zu überliefern. Und noch mehr! Dieser *Wille* hat bereits acht der treuesten Freunde meines hohen Gebieters ergriffen und ins Gefängnis geworfen. Ja, was soll ich sagen? Unter dem tiefsten Schmerz und Ingrimm muss ich dir berichten, sie sind alle vor Gericht geführt, angeklagt, verurteilt und – ohne Zweifel ehe sich heute die Sonne zum Untergang neigt – in Menschen-Seele hingerichtet worden. Ich sagte meinem Herrn von acht, und ich selbst war der Neunte und würde auch sicherlich von diesem Geschick ereilt worden sein, wenn ich nicht durch List, wie du siehst, mich ihnen entwunden und davongemacht hätte.«

Bei solch einer kläglichen Nachricht heulte Diabolus wie ein Drache und brüllte wie ein Löwe, dass von seinem Gebrüll der Himmel hätte erzittern mögen, schwur auch hoch und teuer, er werde sich für diesen Schimpf an Menschen-Seele zu rächen wissen. Und nun ging er mit seinem alten Freund *Unglaube* in eine lange Beratung ein, wie sie sich wohl dereinst der Stadt Menschen-Seele wieder bemächtigen könnten. Doch ehe sich dazu Gelegenheit fand, war der Tag angebrochen, an dem die Gefangenen in Menschen-Seele hingerichtet werden sollten[17]. Sie wurden, und zwar von Menschen-Seele selbst, auf eine feierliche Weise ans Kreuz geschlagen[18]. Denn der Fürst hatte es als seinen ausdrücklichen Wunsch ausgesprochen: die Stadt selbst solle sich diesem Geschäft unterziehen, »damit ich«, sprach er, »die Bereitwilligkeit sehe, mit der meine erlöste Menschen-Seele meinem Wort und Befehl nachkommt und ich sie dafür segnen kann.« Der Vollzug der Strafe machte aber Menschen-Seele unglaubliche Mühe und Not. *(Wie schwer fällt es, die Sünde zu töten!)* Denn da die Verurteilten wussten, dass jetzt ihre Todesstunde geschlagen hat, rafften sie, schon unter dem Kreuz stehend, noch einmal all ihren Mut zusammen und stellten sich Menschen-Seele zur Wehr[19]. Dadurch sahen sich die Bürger genötigt, die Hauptleute und Krieger *Immanuels* um neue Hilfe anzurufen. Nun hatte aber der große *Schaddai* einen *Sekretär (der Heilige Geist)* in der Stadt, der ein großer Freund und Liebhaber der Leute von Menschen-Seele war. Dieser hatte sich auch nach dem Hinrichtungsplatz begeben, und da er die Bürger von Menschen-Seele um Hilfe gegen das Sträuben und die Widersetzlichkeit der Gefangenen rufen hörte, kam er herbei, und mit seiner Hilfe gelang es endlich Menschen-Seele, die Diabolianer zu töten, womit die Stadt in Wahrheit erst ihr rechtes Leben erlangte[20].

Die Heilserfahrung sichert den Sieg über die Sünde.

Nachdem dieses gute Werk vollbracht war, kam der Prinz von der Burg hinab und bezeugte Menschen-Seele sein Wohlgefallen und seine Freude darüber, dass sie seinem Willen so gehorsam sich erwiesen hätten. Er sagte ihnen seinen fernern Beistand zu, und be-

---

17   Kol. 3, 5: So tötet nun die Glieder, die auf Erden sind, Unzucht, Unreinigkeit, schändliche Lust, böse Begierde und die Habsucht, welche ist Götzendienst.

18   Gal. 5, 24: Welche aber Christus angehören, die haben ihr Fleisch gekreuzigt samt den Lüsten und Begierden.

19   Gal. 5, 17: Denn das Fleisch streitet wider den Geist und der Geist wider das Fleisch; dieselben sind widereinander, dass ihr nicht tut, was ihr wollt.

20   Röm. 8, 13: Wenn ihr durch den Geist des Fleisches Geschäfte tötet, so werdet ihr leben.

Fürst Immanuel ernennt Erfahrung zum Hauptmann

sonders versprach er ihnen den Schutz eines neuen Hauptmanns, den er aus ihrer eigenen Mitte ernennen wollte und der tausend Mann unter sich haben solle. Und sogleich befahl er einem Herrn *Warten*, nach dem Schlosstor zu eilen, um einen gewissen Herrn *Erfahrung*[21] zu ihm zu rufen, der unter dem Hauptmann *Glaube* diente. Als er dahin kam, sah er, wie dieser Hauptmann seine Leute im Schlosshof musterte und mancherlei Übungen anstellen ließ. Auf den erhaltenen Befehl ging Herr *Erfahrung* unverweilt mit zu *Immanuel*, vor dem er eine ehrfurchtsvolle Verbeugung machte. Die Städter kannten aber Herrn *Erfahrung* gut; denn er war in Menschen-Seele geboren und erzogen; sie wussten auch, dass er ein einsichtsvoller, kluger und tapferer Mann war und glücklich in allen seinen Unternehmungen. Die Bürger waren daher auch ganz entzückt, als sie sahen, dass der Prinz ihnen diesen würdigen und bewährten Mann zum Schutz erwählte. Einstimmig wie auf einen Wink beugten sie darum ihre Knie vor *Immanuel* und riefen wie mit einer Stimme: »Es lebe *Immanuel!*« Hierauf sprach der Prinz zu dem jungen ritterlichen Herrn *Erfahrung:* »Ich habe es für gut erachtet, dir in meiner Stadt Menschen-Seele eine Vertrauens- und Ehrenstelle zu übertragen. Du sollst in meiner geliebten Stadt Menschen-Seele ein Hauptmann über tausend Mann sein.« Gleich darauf erteilte der Prinz dem *Sekretär* des Königs Befehl, für Herrn *Erfahrung* eine Ernennungsurkunde aufzusetzen, die, nachdem sie von Immanuel eilig in Kraft gesetzt war, von dem jungen Herrn *Warten* dem neuen Hauptmann feierlich überreicht wurde.

Kaum hatte dieser seine Ernennung erhalten, als er in seine Posaune stieß und bekannt machte, er sei bereit, Freiwillige anzunehmen. Darauf strömte ihm schnell eine Schar von jungen Leuten zu, ja die Häupter und angesehensten Leute der Stadt sandten ihre Söhne, um sich unter seinen Fahnen einreihen zu lassen. Auf diese Weise trat Hauptmann *Erfahrung* unter den Oberbefehl *Immanuels*, zum

---

21 Phil. 1, 9: Und ich bete darum, dass eure Liebe je mehr und mehr reich werde an Erkenntnis und aller *Erfahrung*. Röm. 5, 4: Geduld aber bringt *Erfahrung; Erfahrung* aber bringt Hoffnung.

großen Gewinn für die Stadt Menschen-Seele. Sein Leutnant hieß Herr *Geschickt* und sein Fähnrich Herr *Gedächtnis*. Seine Fahnen waren weiß, und sein Wappen war der tote Löwe und der tote Bär. *(1. Sam. 17, 36. 37. Die Heilserfahrung macht stark zum Überwinden.)* Der Prinz kehrte jetzt in seinen königlichen Palast zurück. Dorthin begaben sich nun aber die Ältesten der Stadt, nämlich der Herr *Oberbürgermeister*, der Herr *Syndikus* und der Herr *Wille*, um ihm ihre Glückwünsche darzubringen und ihm zu danken für die Errettung und Begnadigung der ihm nun ewig verbundenen Stadt Menschen-Seele[22]. Sie blieben eine Zeit lang bei ihm, hatten einen herzlichen Umgang mit ihm, wurden entzückt durch seine Liebe und seine Worte und kehrten, nachdem sie ihm als die Stellvertreter der Stadt ihre tiefste Ehrfurcht bezeugt hatten, jeder zu seinem Haus und Arbeitsplatz zurück.

7. Kapitel

Immanuel erneuert und erweitert die Rechte und Freiheiten der Stadt und versetzt sie dadurch in einen neuen herrlichen Zustand.

Nun war die Stadt Menschen-Seele von den Diabolianern, soweit es anging, völlig gereinigt. Da schrieb Immanuel einen Tag aus, an dem er der Stadt einen neuen Beweis seiner Gnade geben wollte. Die alten Rechte der Stadt bestätigte er, gab ihr neue Vorrechte dazu und eine neue Verfassung für ihren veränderten Zustand nach der Errettung aus Satans Gewalt[1].

---

22   Kol 1,12.13: So sagt nun Dank dem Vater, der uns tüchtig gemacht hat zum Anteil
      am Erbe der Heiligen im Licht, welcher uns errettet hat aus der Gewalt der Finsternis
      und versetzt in das Reich des Sohnes seiner Liebe. .
1   Hebr. 8, 10-13: Denn das ist der Bund, den ich machen will mit dem Hause Israel

Die neutestamentliche Gnade wird den Bekehrten und Gläubigen verbrieft.

Zuerst gab er ihnen einen *neuen Gnaden-, Frei- und Schutzbrief.* Denn als er den alten durchblickte, den er sich hatte bringen lassen, sprach er: »Was alt und überlebt ist, das ist nahe bei seinem Ende« (Hebr. 8, 13). Der wesentliche Inhalt dieses kostbaren Unterpfands der überschwänglichen und ewigen Gnade Immanuels war folgender:

»Ich, *Immanuel,* Fürst des Friedens und großer Liebhaber der Stadt Menschen-Seele, gebe, gewähre und vermache in dem Namen meines Vaters und nach meiner eigenen Gnade und Barmherzigkeit meiner geliebten Stadt Menschen-Seele 1. freie, volle und ewige Vergebung aller Sünde, alles Bösen, aller Ungerechtigkeiten, aller Missetaten und Beleidigungen, deren sie sich gegen meinen Vater, mich, ihren Nächsten oder gegen sich selbst schuldig gemacht haben[2]. 2. Ich gebe ihnen mein heiliges Gesetz und mein Testament mit allem, was darin enthalten ist, zu ihrem ewigen Trost und Labsal[3]. 3. Ich gebe ihnen Anteil an derselben Gnade und Güte, die in meines Vaters Herzen und in dem meinen wohnt, sodass sie göttlicher Natur sein sollen[4]. 4. Ich gebe, verleihe und schenke ihnen die Welt und was darin ist, frei zu

---

nach diesen Tagen, spricht der Herr: Ich will geben mein Gesetz in ihren Sinn, und in ihr Herz will ich es schreiben und will ihr Gott sein, und sie sollen mein Volk sein. Und wird keiner lehren seinen Nächsten noch jemand seinen Bruder und sagen: Erkenne den Herrn!, denn sie werden mich alle kennen von dem Kleinsten an bis zu dem Größten. Denn ich will gnädig sein ihrer Ungerechtigkeit, und ihrer Sünden will ich nicht mehr gedenken. Indem er sagt: »Einen neuen Bund«, macht er den ersten alt. *Was aber alt und überlebt ist, das ist nahe bei seinem Ende.*

2　　Eph. 1, 7: In ihm haben wir die Erlösung durch sein Blut, die Vergebung der Sünden, nach dem Reichtum seiner Gnade.

3　　Jer. 31, 33: Sondern das soll der Bund sein, den ich mit dem Hause Israel schließen will nach dieser Zeit, spricht der Herr: Ich will mein Gesetz in ihr Herz geben und in ihren Sinn schreiben, und sie sollen mein Volk sein, und ich will ihr Gott sein.

4　　2. Petr 1, 4: Durch sie sind uns die teuren und allergrößten Verheißungen geschenkt, auf dass ihr dadurch teilhaftig werdet der göttlichen Natur, die ihr entronnen seid der vergänglichen Lust der Welt.

ihrem Eigentum und Besitz; und sie sollen solche Macht darüber haben, wie es mit meines Vaters und mit meiner Ehre und mit ihrem wahren Wohl vereinbar ist. Ja Leben und Tod, Gegenwärtiges und Zukünftiges soll in ihrer Gewalt sein[5]. Solche Vorrechte soll keine andere größere oder kleinere Stadt, Gemeinde oder Genossenschaft genießen, sondern allein meine liebe Menschen-Seele. 5. Ich gebe und gewähre ihnen für alle Zeiten die Erlaubnis eines freien Zutritts zu meinem Palast auf dieser Erde und zu dem droben, ihre Not, ihren Mangel und ihre Leiden mir zu klagen, und gebe ihnen meine Zusage, dass ich sie hören und erhören und endlich alles Leid vollkommen von ihnen nehmen will[6]. 6. Ich bekleide und belehne die Stadt Menschen-Seele mit der Vollmacht und dem umfassenden Recht, alle und jeden Diabolianer, die hin und wieder zu irgendeiner Zeit oder an irgendeinem Ort in oder außer der Stadt Menschen-Seele umherschweifend gefunden werden, aufzuspüren, zu greifen, zu Sklaven zu machen und alle vom Erdboden zu vertilgen[7]. 7. Ich verleihe ferner meiner geliebten Stadt Menschen-Seele volle Macht, nicht zu dulden, dass irgendein Reisender oder Fremdling oder jemand dieser Art in ihr wohne oder gar herrsche[8]. Nur ihre alten, ursprünglichen und legitimen Kinder sollen das Recht haben, in ihr zu bleiben und Anteil an der Gnade und den Vorrechten zu genießen, die ihr verliehen sind; aber alle Diabolianer, von welcher Geburt, aus welchem Land und Königreich sie auch immer sein mögen, sollen ewig davon ausgeschlossen sein.«

---

5   1. Kor. 3, 21-23: Es ist alles euer: es sei Paulus oder Apollos oder Kephas, es sei Welt oder Leben oder Tod, es sei Gegenwärtiges oder Zukünftiges, alles ist euer, ihr aber seid Christi, Christus aber ist Gottes.

6   Eph. 3, 12: Durch welchen wir haben Freimut und Zugang in aller Zuversicht durch den Glauben an ihn. Joh. 16, 24. Bisher habt ihr nichts gebeten in meinem Namen. Bittet, so werdet ihr nehmen, dass eure Freude vollkommen sei. 2. Tim. 4, 18.

7   Luk. 10, 19: Sehet, ich habe euch Vollmacht gegeben, zu treten auf Schlangen und Skorpione, und über alle Gewalt des Feindes; und nichts wird euch schaden.

8   Röm. 6, 12: So lasset nun die Sünde nicht herrschen in eurem sterblichen Leibe, Gehorsam zu leisten seinen Gelüsten.

Als die Stadt Menschen-Seele diesen Gnade bringenden Schutz-
und Freibrief aus der Hand *Immanuels* erhalten hatte, der unend-
lich umfangreicher war, als hier mitgeteilt werden konnte, wurde
er auf dem Marktplatz vom Herrn Syndikus in Gegenwart der
ganzen Bevölkerung vorgelesen. Dann wurde er am Burgtor in
goldenen Buchstaben befestigt, damit die Stadt Menschen-Seele ihn immer vor Augen hat, sich des großen Wohlwollens ihres
hoch gelobten Fürsten erinnert, in immer neuer Freude aufjauchzt
und in immer neuer Liebe zu dem großen *Immanuel* entbrennt.
Alles hallte wider vom Jauchzen und Frohlocken der glücklichen
Stadt. Die Diabolianer aber waren froh, wenn sie sich jetzt nur verkriechen konnten, sie waren wie wandelnde Leichen.

Die Gläubigen werden unter die Leitung des Heiligen Geistes und
des durch ihn geheiligten Gewissens gestellt.

Bald nachher ließ der Prinz die Ältesten von Menschen-Seele
abermals zu sich kommen, um mit ihnen über die Einrichtung
eines ständigen *Predigtamtes zu* beraten. »Denn«, sprach er, »ohne
Lehrer und Führer seid ihr nicht fähig, meines Vaters Willen auch
nur recht zu erkennen noch viel weniger ihn zu tun« (Röm. 10,
1317). Wie überhaupt jetzt jedes Vornehmen des Prinzen die Freude der ganzen Stadt erregte, so begrüßten sie auch diesen neuen
Plan Immanuels, als sie davon Kenntnis erhielten, mit allgemei-
nem Beifall; denn was wünschten sie mehr als die Förderung in
der Erkenntnis und Übung in allem Guten! Sie baten daher ihren
geliebten Fürsten, ihnen näher zu sagen, was er im Sinn habe.
Er deutete aber auf zwei Personen hin, die das Predigtamt unter
ihnen verwalten sollten: zuerst auf einen, der von seines Vaters
Hof wäre, dann auf einen andern, der aus Menschen-Seele selbst
stammen sollte.

»Der von meines Vaters Hof kommt«, sprach er, »ist eine Person,
die an Eigenschaften und Würde meinem Vater und mir ganz
gleich ist. Er ist der Herr *Obersekretär* an meines Vaters Hof *(der*
Heilige Geist); denn er ist und war jederzeit der Hauptverfasser und

Verkündiger aller Gesetze meines Vaters[9], eine Person, die einge-
weiht ist in alle Geheimnisse, wie mein Vater es ist und ich es bin[10].
Wahrlich, er ist mit uns eins im Wesen, eins mit uns in der Liebe
zu Menschen-Seele. Dieser Geist muss euer Hauptlehrer sein und
bleiben; denn wie des Menschen Geist weiß, was im Menschen ist,
so versteht auch niemand das Wesen und die Heilspläne meines
Vaters besser als dieser hohe Geist (1. Kor. 2, 11); niemand kennt so
wie er die Sitten und Gewohnheiten an meines Vaters Hof, sodass
niemand euch besser unterrichten kann über alle diese Dinge als
er. Besonders weiß keiner eindringlicher und beweglicher zu zeugen von der Liebe, mit der meines Vaters Herz zu Menschen-Seele
erfüllt ist, sodass diese Liebe gleichsam ausgegossen wird in aller
Herzen (Röm. 5, 5). Und wie er alles weiß, so vermag er euch auch
ebenso wohl Vergangenes ins Gedächtnis zurückzurufen[11] als auch
Zukünftiges zu enthüllen[12], sodass er euch zu ebenso wahrhafti-
gen Lehrern als hellen Sehern macht. Er ist es auch, der mit über-
natürlicher Kraft eure Herzen des Glaubens gewiss macht, sodass
diesen Glauben nichts erschüttern kann[13]. Auch lehrt er euch, was
und wie ihr meinen Vater bitten sollt, und hilft eurer Schwachheit
auf, wenn ihr nicht wisst, was ihr beten sollt, wie sich's gebührt,
und vertritt euch selbst aufs Beste mit unaussprechlichem Seufzen
(Röm. 8, 26). Darum sollt ihr ohne seinen Rat und Hilfe nichts reden
und nichts tun und euch ganz seiner weisen und heiligen Leitung

---

9   2. Petr. 1, 21: Denn es ist noch nie eine Weissagung aus menschlichem Willen her-
vorgebracht; sondern von dem heiligen Geist getrieben haben Menschen im Namen
Gottes geredet. 2. Tim. 3, 16.

10   Joh. 16, 13: Wenn aber jener, der Geist der Wahrheit, kommen wird, der wird euch in
alle Wahrheit leiten. Denn er wird nicht aus sich selber reden; sondern was er hören
wird, das wird er reden. 1. Kor. 2, 10.

11   Joh. 14, 26: Aber der Tröster, der heilige Geist, welchen mein Vater senden wird in
meinem Namen, der wird euch alles lehren und euch erinnern alles des, was ich
euch gesagt habe.

12   Joh. 16, 13: Was er hören wird, das wird er reden, und was zukünftig ist, wird er euch
verkündigen.

13   1. Thess. 1, 5: Unsre Predigt des Evangeliums kam zu euch nicht allein im Wort,
sondern auch in der Kraft und in dem heiligen Geist und in großer Gewissheit.

hingeben. Hütet euch aber, diesen höchsten Prediger zu betrüben, durch den ihr das Siegel zu eurer ewigen Erlösung empfangt[14], ja viel weniger erzürnt oder entrüstet ihn[15]; denn sollte das geschehen, so würde er als ein Feind sich gegen euch kehren und wider euch streiten, und in diesem Kampf würdet ihr erfahren, dass er euch mehr schaden kann, als wenn zwölf Legionen von meines Vaters Hof gegen euch ausgesandt würden. Werdet ihr ihn aber lieben und ihm gehorchen, so sollt ihr gewahr werden, dass ihr in ihm mehr Trost, Friede, Freude und Kraft findet als in der ganzen Welt, und ihr werdet durch ihn das reichste Erbe empfangen, unter allen Völkern das gesegnetste und seligste Volk werden.«

Hierauf berief der Prinz den alten Herrn *Gewissen*, den früheren Syndikus der Stadt, zu sich, der vor seinem Abfall sich stets wohlerfahren in der äußeren Regierung der Stadt und in der Handhabung der bürgerlichen Gesetze gezeigt hatte. Auch ihn setzte er zum Prediger ein. »Du bist in der Stadt Menschen-Seele geboren«, sprach er zu ihm, »aber der Herr *Sekretär* ist ebenbürtig mit meinem Vater, das vergiss nie. Du besitzt nur, weil du von der Erde bist, Kenntnis von den irdischen Dingen und von den Gesetzen, die das irdische Wohl der Stadt sichern und die bürgerliche Gerechtigkeit lehren[16], von den übernatürlichen, himmlischen Dingen, von den Geheimnissen meines Vaters, von den Wegen, wie ein Mensch vor ihm und vor mir im Glauben wahrhaft gefällig und selig wird, hat nur die-

---

14 Eph. 4, 30: Betrübet nicht den heiligen Geist Gottes, mit dem ihr versiegelt seid auf den Tag der Erlösung.

15 Jes. 63, 10: Aber sie waren widerspenstig und betrübten seinen heiligen Geist; darum ward er ihr Feind und stritt wider sie.

16 Augsburger Bekenntnis, Artikel 18: Wir bekennen, dass in allen Menschen ein freier Wille ist, denn sie haben alle angebornen und natürlichen Verstand und Vernunft, nicht, dass sie aber vermögen, mit Gott zu handeln, als: Gott von Herzen zu lieben, zu fürchten, sondern allein in *äußerlichen* Werken *dieses* Lebens haben sie Freiheit, Gutes oder Böses zu wählen; gut, meine ich, was die Natur vermag, als: auf dem Acker zu arbeiten oder nicht, zu essen und zu trinken, zu einem Freund zu gehen oder nicht, ein Kleid an- oder abzutun, zu bauen, ein Weib zu nehmen, ein Handwerk zu treiben und dergleichen etwas Nützliches und Gutes zu tun, welches alles ohne Gott doch nicht ist und durch ihn ist.

ser hohe Geheimsekretär meines Vaters die rechte Kenntnis und die, denen er es offenbaren will[17]. Deinen Ruhm sollst du daher allein darin suchen, das Sittengesetz den Bürgern der Stadt scharf einzuprägen, die Strafen, die auf seine Übertretung folgen, nachdrücklich zu zeigen und auf die bürgerliche Gerechtigkeit mit allem Ernst zu halten. Aber in allen hohen und übernatürlichen Dingen hast du allein vom Herrn Sekretär die rechte Erkenntnis und Unterweisung einzuholen, weil von diesem hohen Geist allein die rechte Erleuchtung in dem Verständnis der göttlichen Heilswahrheit und des Heilsweges kommt[18]. Darum, mein lieber Syndikus, halte fest an der Demut und bedenke stets, dass die Diabolisten, weil sie sich nicht begnügten mit dem ihnen übertragenen Fürstentum, sondern verließen ihre Behausung und wollten mehr sein, als ihnen zukam, in den Abgrund verstoßen sind (Jud. 6), dass es dir nicht auch so geht. In allen vorerwähnten Dingen habe ich dich aber zum *Vize-Regenten* meines Vaters auf der Erde eingesetzt. Das sei dir genug, und nun nimm alle deine Einsicht und Kraft zusammen, Menschen-Seele mit kräftigem Wort und scharfer Zucht zur Erfüllung deiner Gebote anzuhalten. Weil du aber alt und durch viele Sünden und böse Gewohnheiten geschwächt bist, so gebe ich dir Erlaubnis und volle Freiheit, sooft du willst, zu meinen Brunnquellen und Wasserleitungen (*Gottes Wort und Sakrament, wodurch sich das Gewissen reinigen und stärken soll*) zu gehen und frei zu trinken von dem Blut meiner Reben; denn mein Brünnlein rinnt und ergießt stets reinen Wein. Tust du das, so wirst du damit bewirken, dass alle faulen und schädlichen Säfte aus deinem Herzen entfernt, deine Augen erleuchtet und dein Gedächtnis gestärkt wird zur Aufnahme und Bewahrung alles dessen, was dich der höchste *Sekretär* des Königs lehren wird.« Nachdem nun der Prinz den frühe-

---

17   1. Kor. 2, 14: Der natürliche Mensch aber vernimmt nichts vom Geist Gottes; es ist
      ihm eine Torheit, und er kann es nicht erkennen; denn es muss geistlich verstanden
      sein.
18   2. Kor. 4, 6: Denn Gott, der da hieß das Licht aus der Finsternis hervorleuchten, der
      hat einen hellen Schein in unsre Herzen gegeben, dass durch uns entstünde die
      Erleuchtung zur Erkenntnis der Herrlichkeit Gottes in dem Angesicht Jesu Christi.

ren Syndikus Herrn *Gewissen* auch als bestallten Prediger in Menschen-Seele eingeführt und dieser das Amt dankbar angenommen
hatte, wandte sich Immanuel noch in einer besonderen Rede an
die Bürger der Stadt. »Siehe«, sprach der Prinz zu Menschen-Seele,
»meine Liebe und Sorgfalt gegen dich! Allen früheren Gnadener-
weisungen habe ich nun auch noch die große Wohltat hinzugefügt,
dass ich dir zwei Lehrer und Prediger bestellt habe, um dich teils
in den hohen himmlischen Geheimnissen zu deiner Seele Seligkeit,
teils auch in allen menschlichen Dingen zu deinem leiblichen Wohl
zu unterrichten, sodass du an keiner Erkenntnis Mangel hast. Das
Letztere ist die Sache des dir längst bekannten und in der guten
alten Zeit viel bewährten *Syndikus* oder *Gewissen*, den ich eben mit
dem Predigtamt betraut habe. Er wird sich hüten, in das Amt des
ihm weit übergeordneten andern Predigers überzugreifen, dem
die Offenbarung der himmlischen Geheimnisse ausschließlich zugehört. Aber es ist ihm unverwehrt, euch auch mitzuteilen, was er
vom himmlischen Prediger empfangen, und ihr selbst sollt davon
untereinander reden, denn darin ruht euer Leben. Nur müsst ihr
Acht geben, dass ihr ja nicht das eine mit dem andern verwechselt.
Ich werde euch noch ein anderes Reich zuteil werden lassen, das
anbricht, wenn dieser Zeitlauf vollendet ist. Die tröstliche Erwartung, dass ihr dort für immer selig seid, dürft ihr einzig und allein
auf das Wort Gottes stützen, das euch der obere Prediger (*der Heilige Geist*) aufschließt und zusichert. Selbst Herr Gewissen hat sich
zu hüten, dass er nicht ein ewiges Heil von dem erhofft, was er aus
sich selbst weiß. Das wahre Leben kommt nicht von ihm, sondern
von meinem himmlischen Vater, der es euch durch seinen Sekretär
offenbart (1. Kor. 2, 416). (*Unsere Seligkeit beruht nicht in menschlicher
Erkenntnis und Werk des Gewissens, sondern in der Offenbarung und
Kraft des Heiligen Geistes.*) Herr Syndikus muss sich daher seiner
Abhängigkeit von seinem Oberprediger stets bewusst bleiben, damit er nie in Widerspruch zu ihm tritt. Er halte sich immer bereit,
von ihm zu lernen. So werdet ihr das Ziel erreichen, zu dem euch
diese beiden Prediger helfen sollen, die ihr in Ehren halten werdet.«

*Die Gläubigen sollen die im Wort Gottes dargereichten Gnaden-
kräfte treu benutzen.*

Wir haben gesehen, wie der Prinz viele hohe *Hauptleute* mit sich
gebracht, durch deren Eifer und Tapferkeit die Erlösung der Stadt
aus der Hand des Diabolus hauptsächlich bewirkt wurde. Der
Prinz hielt es nun auch für nötig, dass er der Stadt diese Hauptleute besonders vorstellte und ihr ihre Pflichten ihnen gegenüber
nachdrücklich einschärfte. »Diese Hauptleute«, sprach er, »lieben
die Stadt Menschen-Seele, wie ich euch liebe. Als Männer, auser-
wählt unter vielen, treu und bewährt in den Kämpfen Schaddais,
sind sie am geschicktesten, den noch übrigen Streit gegen Diabolus auszukämpfen und euer gegenwärtiges Glück zu beschützen. Ich warne euch daher ernstlich, ihr Einwohner der jetzt blühenden Stadt Menschen-Seele, dass ihr euch nicht ungebührlich
gegen meine Hauptleute oder ihre Mannschaften betragt. Denn
obgleich sie Herz und Angesicht von Löwen haben, wenn es den
Streit gegen die Feinde des Königs und der Stadt Menschen-Seele
gilt (2. Petr. 1, 38), so erwarten sie doch eure Mitwirkung, und
wenn ihr ihnen die versagt, wenn ihr sie verachtet oder euch auch
nur gleichgültig gegen sie verhaltet (Offb. 3, 16), so wird das ihren
Mut lähmen, ihre Erfolge hindern. Darum geht mit ihnen Hand
in Hand, folgt ihren Bewegungen, lasst euch von ihnen treiben[19],
ermutigen und entflammen, so werden sie euch zum Sieg führen,
sodass alle Diabolisten, die euren Untergang wollen, die Flucht
ergreifen müssen[20]. *(Die von Gott dargereichten Gnadenkräfte helfen
zum Sieg, wenn wir ihrer Wirksamkeit Raum geben.)* Unter diesen
Hauptleuten sind etliche bestellt, dass sie euch meine Verheißungen und Befehle bekannt geben und euch so im Kampf beistehen
(Prediger des Wortes). Wenn der Streit zu hart und langwierig würde, könnte es sein, dass sie ermüden oder zu Tode krank wür-

---

19   Röm. 8, 14: Denn welche der Geist Gottes treibt, die sind Gottes Kinder.
20   1. Tim. 6, 12: Kämpfe den guten Kampf des Glaubens; ergreife das ewige Leben,
      dazu du berufen bist und bekannt hast das gute Bekenntnis vor vielen Zeugen.

den[21]. Da sollt ihr bedenken, dass sie euer Schutz, eure Wache, eure Mauer, eure Tore, eure Schlösser und Riegel, Wagen und Reiter (2. Kön. 2, 12) sind. Und welche Heldentaten haben sie ausgeführt, als sie gesund und stark waren! So viele von euch noch munter und frisch sind, die sollen die Hauptleute rüsten, stärken und aufrichten[22], damit ihr unter ihrer Leitung den Kampf wieder fröhlich aufnehmt und zu einem erwünschten Ende führt. Denn wenn die Hauptleute schwach bleiben, kann die Stadt nicht stark sein; wenn sie aber stark sind, kann Menschen-Seele nicht schwach sein. Ihr Wohl und euer Wohl sind unauflöslich miteinander verbunden. Darum lasst euch auf keine Weise von ihnen abwenden, sondern haltet treu zu ihnen in Not und Tod.

Die Gläubigen sollen wachsam sein angesichts der ihnen noch drohenden Gefahren.

Das alles habe ich euch vor Augen geführt, weil mir euer Wohl und eure Ehre am Herzen liegen. Euer Heil hängt einzig und allein davon ab, dass ihr alle – die Obersten wie die Untergebenen, ihr mein Volk als Ganzes und jeder Einzelne für sich – meine Befehle auf das Pünktlichste ausführt. Und umso nötiger ist es, dass ihr darin fest zusammenhaltet, da euch noch ein schwerer Kampf bevorsteht, obgleich ihr jetzt von der Hand des Diabolus errettet und ein glückliches Volk seid. Denn ich weiß es, und ihr werdet es später selbst noch mehr, als ihr wünscht, erfahren, dass noch Diabolianer in der Stadt zurückgeblieben sind – Diabolianer, frecher, störrischer, unversöhnlicher als je. Als solche erheben sie jetzt schon ihr Haupt, während ich noch bei euch weile. Was wird erst werden, wenn ich mich von euch entfernt habe? Sie werden Ränke schmieden, Fall-

---

21 1. Kön. 19, 4: Elia aber ging hin in die Wüste eine Tagereise weit und kam und setzte sich unter einen Wacholder und wünschte sich zu sterben und sprach: Es ist genug, so nimm nun, Herr, meine Seele; ich bin nicht besser als meine Väter.

22 Jes. 35, 4: Sagt den verzagten Herzen: Seid getrost, fürchtet euch nicht! Seht, da ist euer Gott! Er kommt zur Rache; Gott, der da vergilt, kommt und wird euch helfen.

stricke legen und alle ihre Kraft aufbieten, euch in ein schreckliche-
res Verderben zu stürzen als das, aus dem ich euch rettete. Vordem
wohnten sie bei ihrem Fürsten im Schloss, als *Unglaube* noch Oberbürgermeister der Stadt war. Aber seitdem ich hierher gekommen
bin, liegen sie draußen an den Mauern versteckt, haben sich Gruben, Höhlen und Löcher gemacht und hausen in Schlupfwinkeln,
sodass man sie nicht gewahr wird. Ganz los werdet ihr sie nicht
werden, ihr müsstet denn die Mauern eurer Stadt *(Leib)* ganz niederreißen wollen, was doch nicht geschehen kann, denn ich habe
sie erbaut[23]. Fragt ihr aber, was ihr tun sollt, wohlan: Seid nüchtern
und wachet (1. Petr. 5, 8), habt Acht auf die Mauern *(das Fleisch)*,
in denen sie versteckt sind, macht ihre Schlupfwinkel ausfindig,
wo sie auf der Lauer liegen[24], ergreift sie und verhandelt mit ihnen
nicht, lässt euch auf gar nichts mit ihnen ein, wenn ihr mit mir im
Frieden bleiben wollt (Matth. 6, 24). Und damit ihr sie desto besser
von den Einheimischen in Menschen-Seele unterscheiden könnt,
will ich euch die wichtigsten Diabolianer nennen. Es sind: Herr
*Hurer, Ehebruch, Mörder, Zorn, Zügellosigkeit, Betrug, Neid, Trunken-
heit, Schwelgerei, Abgötterei, Zauberei, Zwietracht, Eifersucht, Zank,
Empörung* und *Irrlehre.* Das sind einige von denen, die dich, Menschen-Seele, für immer ins Unglück zu stürzen suchen. Du kennst
sie nun. Wenn du ihnen je gestatten solltest, nach Belieben in der
Stadt herumzuschwärmen, so werden sie gar bald wie Schlangen
eure Eingeweide und euer Herz gleichsam verzehren, eure Hauptleute vergiften, euren Kriegsleuten die Nerven zerschneiden, die
Wehre und Riegel eurer Tore zerbrechen und eure jetzt so herrlich
blühende Stadt Menschen-Seele in eine unfruchtbare und wüste
Wildnis, in einen öden Schutthaufen verwandeln (Jes. 34). Und damit ihr rechten Mut fasst, euch dieser Buben zu bemächtigen, gebe
ich euch, Herr Oberbürgermeister *Wille,* Herr *Syndikus,* nebst allen

---

23 Röm. 13, 14: Wartet des Leibes nicht so, dass ihr seinen Begierden verfallt.
24 Ps. 139, 23. 24: Erforsche mich, Gott, und erkenne mein Herz; prüfe mich und erkenne, wie ich's meine. Und sieh, ob ich auf bösem Wege bin, und leite mich auf ewigem
Wege.

Einwohnern der Stadt Menschen-Seele, unumschränkte Vollmacht und Befehl, alle Arten von Diabolianern, wo immer man sie antrifft, innerhalb oder außerhalb der Stadt, aufzuspüren, zu ergreifen und ans Kreuz zu schlagen (Kol. 3, 5; Gal. 5, 24). Ich habe besonders zwei Prediger unter euch bestellt, die euch in allem unterrichten sollen, was zu eurem geistigen und leiblichen Wohl gehört. Aber ihr sollt nicht meinen, dass nicht noch andere zu eurer Unterweisung bereit sein werden. Meine vier Hauptleute, die den ersten Kampf gegen Diabolus und seine Rotte so gut ausgeführt haben, werden euch gerne auf eure Bitte öffentlich und in den Häusern[25] lehren, was euch nütze ist, um den euch nun noch verordneten Kampf zu bestehen. Ja sie werden nach eurem Wunsch regelmäßige Versammlungen wöchentlich oder auch täglich einrichten, um mit heilsamer Belehrung und Ermahnung euch zu stärken. Diese Versammlungen wollt ihr dann ja nicht verlassen[26], sondern aufeinander Acht haben, euch anzureizen zur Liebe und guten Werken. Seht euch aber vor, dass ihr nicht unversehens betrogen werdet. Denn wisset, die Diabolianer, ob sie gleich inwendig reißende Wölfe sind, werden doch im Schafskleid gottseliger Lehre zu euch kommen (Matth. 7, 15); sie werden die Gestalt der Lehrer der Gerechtigkeit annehmen und unter diesem Schein mit verführerischen Worten euch blenden, Böses gut und Gutes böse heißen, aus Finsternis Licht und aus Licht Finsternis, aus sauer süß und aus süß sauer machen (Jes. 5, 20) und so unbemerkt euch in zeitliches und ewiges Verderben locken. Und wenn ihr euch nicht recht vorseht, werden sie euch selbst zu ihren Bundesgenossen machen[27], dass der letzte Betrug ärger wird als der erste. Darum seid wacker

---

25 Apg. 20, 20: Ich habe euch nichts vorenthalten, was da nützlich ist, dass ich's euch nicht verkündigt hätte und euch gelehrt öffentlich und in den Häusern.

26 Hebr. 10, 25: Und nicht verlassen unsre Versammlung, wie etliche pflegen, sondern einander ermahnen; und das umso mehr, je mehr ihr sehet, dass sich der Tag naht.

27 Apg. 20, 29. 30: Denn das weiß ich, dass nach meinem Abscheiden werden unter euch kommen gräuliche Wölfe, die die Herde nicht verschonen werden. Auch aus euch selbst werden aufstehen Männer, die da verkehrte Lehren reden, die Jünger an sich zu ziehen.

und glaubt nicht jedem Geist, sondern prüft die Geister, ob sie von Gott sind; jeder Geist, der mich nicht bekennt, ist nicht von Gott, sondern der Geist des Widerchrists, von dem ich euch gesagt habe und sage es abermals, dass er kommen wird, und er ist jetzt schon in eurer Mitte« (1. Joh. 4, 13).

Die Gläubigen sollen das ihnen aus Gnaden geschenkte Kleid der Gerechtigkeit und Heiligkeit rein halten.

Mit diesen Ermahnungen und dem Einsetzen der beiden Prediger bewies Immanuel der Stadt seine unaussprechliche Liebe. Wenn Menschen-Seele die Predigt recht benutzt, wird sie dadurch in drohenden Gefahren bewahrt werden können. Nun bestimmte Immanuel einen Tag, an dem er sein Gnadenwerk an der Stadt zum Abschluss bringen wollte. An diesem Tag erschien der Prinz im vollen Glanz seiner Herrlichkeit in der Mitte seiner geliebten Menschen-Seele. In göttlichem Wohlwollen eröffnete er ihnen, dass er sie jetzt sichtbar *auszeichnen* wolle vor allen Völkern und Menschen als sein Volk. So würde jedermann erkennen, dass sie die Seinen sind[28], und auch sie selbst sich dessen stets bewusst bleiben, zu welcher Würde sie erhoben wären. Und sofort befahl er den Dienern, die ihn umstanden, aus seinem Schatzhaus jene weißen und glänzenden Kleider herbeizubringen. »Ich habe sie für meine Menschen-Seele besorgt und aufbewahrt«, erklärte er. Und nun wurden diese Kleider von weißer, reiner, schöner Seide vor den Augen des staunenden Volkes ausgebreitet, und jeder durfte herzutreten und frei für sich das Kleid nehmen, das ihm am besten passte, wie Immanuel sagte: »Nach eines jeden Gestalt und Größe.« Und so wurde denn das Volk ganz in Weiß gekleidet, in die feinste Leinwand, weiß und rein[29]. Und man kann sich

---

28 Tit. 2, 14: Der sich selbst für uns gegeben hat, auf dass er uns erlöste von aller Ungerechtigkeit, und reinigte sich selbst ein Volk zum Eigentum, das fleißig wäre zu guten Werken.

29 Offb. 19, 8: Und es ward ihr gegeben, sich anzutun mit schöner reiner Leinwand.

Fürst Immanuel teilt weiße Kleider aus

keine Vorstellung davon machen, wie Menschen-Seele in diesem
Kleid glänzte. Wie eine Braut stand sie da in reinem, köstlichem
Gold und in gestickten Kleidern (Ps. 45,14. 15), ja schön wie die
Sonne, so klar wie der Mond und »gewaltig wie ein Heer« (Hohel. 6, 3). Der Fürst sprach: »Seht da, das Ehrenkleid, an dem ihr
als die Meinen nun überall erkannt werdet, an dem aber auch
ich euch allein als die Meinen erkennen werde und ohne das niemand mein Angesicht sehen wird[30]. Kein König oder Fürst, kein
Gewaltiger oder Machthaber der Welt verleiht diesen Ehren-
schmuck als ich allein. Darum sollt ihr daran auch als die Meinen
erkannt werden. Nun aber gebt wohl Acht und merkt, wie ihr
dieses Ehrenkleid tragen sollt: 1. Tragt es Tag für Tag, damit ihr
nie vor andern als solche erscheint, die nicht zu den Meinen gehören. 2. Haltet es immer weiß und rein, und hütet es vor Befleckung, denn das erfordert meine und eure Ehre[31]. 3. Haltet eure
Kleider hoch und lasst sie nicht im Staub und Kot schleppen[32]. 4.
Seht euch ja vor, dass ihr sie nicht verliert und ihr in der Schande
eurer Blöße vor mir steht[33]. 5. Wenn ihr diese Kleider je einmal
besudeln solltet (was mir freilich zuwider wäre, dem Fürsten *Diabolus* aber herzliche Freude machen würde): dann beeilt euch,
sie gleich wieder in der Quelle zu reinigen, die ich zu diesem
Zweck euch bereitet und zu der ihr stets einen offenen Zutritt

---

Die köstliche Leinwand aber ist die Gerechtigkeit der Heiligen. Jes. 61, 10: Ich freue
mich im Herrn, und meine Seele ist fröhlich in meinem Gott; denn er hat mir die
Kleider des Heils angezogen und mich mit dem Mantel der Gerechtigkeit gekleidet,
wie einen Bräutigam mit priesterlichem Kopfschmuck geziert und wie eine Braut, die
in ihrem Geschmeide prangt. Matth. 22, 11.

30   Hebr. 12, 14: Jaget dem Frieden nach gegen jedermann und der *Heiligung*, ohne die
        niemand den Herrn sehen wird. 2. Tim. 2, 19.

31   2. Kor. 7, 1: Weil wir nun solche Verheißungen haben, meine Lieben, so lasset uns
        von aller Befleckung des Fleisches und des Geistes uns reinigen und die Heiligung
        vollenden in der Furcht Gottes.

32   Kol. 3, 2: Trachtet nach dem, was droben ist, nicht nach dem, was auf Erden ist.

33   Offb. 3, 18: Ich rate dir, dass du Gold von mir kaufest, das mit Feuer durchläutert ist,
        dass du reich werdest, und weiße Kleider, dass du dich antust und nicht offenbar
        werde die Schande deiner Blöße, und Augensalbe, deine Augen zu salben, dass du
        sehen mögest.

haben sollt[34]. Wenn ihr aber die Reinigung versäumt, so habt ihr keinen Teil mehr an mir, und ich wende mich von euch, und ihr werdet mein Angesicht nicht mehr sehen.«

Seliger Zustand der Gläubigen in reichem und unablässigem Genuss der göttlichen Gnade und des Friedens mit Gott.

Jetzt war nun Menschen-Seele wie ein Siegelring an *Immanuels* rechter Hand, und seine Liebe, stärker als der Tod, behütete sie[35]. Keine Stadt in der ganzen Welt war ihr gleich. Hier und sonst nirgends wollte er wohnen, hier seinen königlichen Sitz haben. Diese Stadt war nun errettet aus der Hand des Diabolus und gesichert gegen seine Angriffe durch die Stärke ihrer Befestigungen, die Macht und die Tapferkeit ihrer Armee und ihrer Führer, die Trefflichkeit ihrer Waffen. Sie hatten Prediger, aus deren Mund Ströme göttlicher Erkenntnis flossen zur Befruchtung des Herzens, Gnadenkräfte, die sie stark machten, weiße Kleider, deren Licht leuchtete wie die Sonne. Über diesen neuen Zustand der Stadt, der Immanuel zu verdanken war, freute sich der Prinz und ließ zum sichtbaren Zeichen seiner Freude seine Fahne auf den Zinnen der Burg aufpflanzen. Aber er war auch darauf bedacht, die Liebe, die zu ihm in Menschen-Seele entzündet war, auf jede Weise zu erhalten und zu mehren, damit das Band zwischen ihm und ihr immer fester gezogen und sie vor jedem Abfall bewahrt werde. Darum trat er in *ununterbrochenen Verkehr* mit den Bewohnern seiner geliebten Menschen-Seele. Es verging kein Tag, wo er die Ältesten der Stadt nicht zu sich in seinen Palast kommen ließ oder die Liebe diese zu ihm führte. Da ergossen sich denn die Herzen ineinander, wenn sie von dem sprachen, was Immanuel an Menschen-Seele getan hatte

---

34 Sach. 13, 1: Zu der Zeit werden das Haus David und die Bürger Jerusalems einen offenen Quell haben gegen Sünde und Befleckung (Christi Blut).

35 Hohel. 8, 6: Lege mich wie ein Siegel auf dein Herz, wie ein Siegel auf deinen Arm. Denn Liebe ist stark wie der Tod und Leidenschaft unwiderstehlich wie das Totenreich. Ihre Glut ist feurig und eine Flamme des Herrn.

und noch tun wollte. Besonders häufig verkehrte er in dieser Weise mit Herrn Oberbürgermeister *Wille*, mit dem ehrwürdigen Herrn Unterlehrer und Prediger *Gewissen*. Aber kein Bewohner von Menschen-Seele war von seinem Umgang ausgeschlossen. In allen Straßen, Gärten, Anlagen und wohin er kam, durften die Armen und Notleidenden sich seiner Gnade erfreuen. Ja, er küsste sie wohl gar, und waren sie krank, so legte er ihnen die Hände auf und heilte sie. Und die Hauptleute ermunterte er zum freudigen Erfüllen ihrer wichtigen Aufgaben durch seine stärkende Gegenwart und seine milden, von Freude und Leben überfließenden Worte. Das bloße Lächeln seines Mundes gab ihnen mehr Trost und Kraft als sonst etwas unter dem Himmel. Daneben veranstaltete der Prinz auch Feste und Gastmähler, bei denen er selbst nie fehlte (1. Kor. 11, 2325). Kaum verging eine Woche ohne ein solches Festmahl (1. Kor. 5, 8; Offb. 3, 20). Eigentlich aber war in dieser seligen Zeit in Menschen-Seele jeder Tag ein Festtag um der Freude willen, von der alle Herzen erfüllt waren[36]. Und Immanuel entließ seine geliebten Gäste auch nie, ohne ihnen noch ein Geschenk mitzugeben. Bald war es ein Ring *(Zeichen der Erwählung)*, eine goldene Kette, eine Armspange *(Zeichen von Liebe und Ehre)*, ein weißer Stein *(Zeichen der Gnade)* oder eine ähnliche Kostbarkeit. So lieb und wert war jetzt dem Prinzen Menschen-Seele, so hoch gehalten und geehrt in seinen Augen. Wenn aber die Ältesten und Bürger verhindert waren, zu diesen Festmahlen zu kommen, so ließ er sie darum nicht darben, sondern sandte ihnen Brot und Fleisch, das er selbst bereitete, und Wein, der von seinem Weinstock genommen und in seinem Haus gekeltert war – eine rechte Lebensspeise und ein rechter Lebenstrank[37]. Wer davon kostete, musste gestehen, dass so etwas

---

36   Apg. 2, 46. 47: Und sie waren täglich und stets beieinander einmütig im Tempel und brachen das Brot hin und her in den Häusern, nahmen die Speise mit Freuden und lauterem Herzen, lobten Gott und hatten Gnade bei dem ganzen Volk. Der Herr aber tat hinzu täglich, die gerettet wurden, zu der Gemeinde.

37   Joh. 6, 54. 55: Wer mein Fleisch isset und trinket mein Blut, der hat das ewige Leben, und ich werde ihn am Jüngsten Tage auferwecken. Denn mein Fleisch ist die *rechte* Speise, und mein Blut ist der *rechte* Trank.

in allen Königreichen der Welt nicht zu finden war. Oder wenn etliche lässiger zu werden schienen, zu ihm zu kommen, so ging er selbst zu ihnen und klopfte an ihre Türen[38]. Wenn sie ihn dann hörten und ihm öffneten, was auch gewöhnlich geschah, wenn sie zu Hause waren (nicht zerstreut), so bereitete er ihnen solche Genüsse[39], dass ihre Liebe aufs Neue entzündet wurde und sie von nun an desto inniger nach ihm verlangten.

Was für ein erhebender Anblick war es, dort, wo vorher Diabolus sein Wesen getrieben und seine Diabolianer zur größten Unehre Schaddais und zur Schmach von Menschen-Seele bewirtet wurden, jetzt den Fürsten aller Fürsten sitzen und mit seinem erwählten Volk essen und trinken zu sehen. Seine mächtigen Hauptleute und Kriegshelden umstanden ihn, und die Sänger und Sängerinnen seines Vaters ließen zur Freude der Stadt ihre lieblichen Stimmen ertönen. Jetzt floss der Freudenbecher von Menschen-Seele über! Sie aßen nun von dem feinsten Weizen und tranken Milch und Honig aus dem Felsen! Jubelnd rühmten sie zu dieser Zeit: »Wie groß ist seine Güte; denn seitdem ich Gnade gefunden habe vor seinen Augen, wie bin ich da zu Ehren gekommen!« Der hoch gelobte Prinz stellte jetzt auch einen neuen Beamten in der Stadt an, einen Mann, dessen Angesicht aussah wie das eines Engels; er hieß Herr Gottes-Friede. Er war nicht in der Stadt geboren, sondern einst mit Prinz Immanuel vom Hof des Königs gekommen. Innige Freundschaft verband ihn mit den Hauptleuten Glaube und Gute-Hoffnung. Einige sagen, sie wären verwandt, und ich bin selber dieser Meinung (Röm. 15, 13). Er wurde noch über Herrn Oberbürgermeister Wille, Herrn Syndikus, Herrn Gemüt und über alle Einheimischen gesetzt und zum General-Gouverneur der Stadt

---

38   Offb. 3, 24: Siehe, ich stehe vor der Tür und klopfe an. So jemand meine Stimme hören wird und die Tür auftun, zu dem werde ich eingehen und das Abendmahl mit ihm halten und er mit mir.

39   Hohel. 2, 4-6: Er führt mich in den Weinkeller, und die Liebe ist sein Zeichen über mir. Er erquickt mich mit Traubenkuchen und labt mich mit Äpfeln; denn ich bin krank vor Liebe. Seine Linke liegt unter meinem Haupt, und seine Rechte herzt mich.

ernannt[40] und das Schloss *(Herz)* ihm zur Wohnung angewiesen. Herr Glaube aber wohnte dicht neben ihm, um zu seiner Hilfe gleich bereit zu sein. Es war aber deutlich zu sehen, dass die Stadt sich in einem höchst glücklichen Zustand befand, solange sich alles in Menschen-Seele nach dem Willen dieses menschenfreundlichen Herrn richtete. Da gab es keinen Zank, keinen Streit, kein Schelten und keine Widerwärtigkeit. Ein jeder in Menschen-Seele bestrebte sich nur, dem andern zu dienen. Der Adel, die Offiziere, die Soldaten und alle Einwohner waren eines Sinnes und immer nur bedacht, einander zu helfen und Immanuels Willen zu tun. Auch Frauen und Kinder schafften freudig an ihren großen und kleinen Aufgaben. Vom Morgen bis Abend durchwürzten sie ihre Arbeit mit Freudengesängen, sodass jetzt in der ganzen Stadt Menschen-Seele nichts anderes zu finden war als Einmütigkeit, Friede, Freude und Glückseligkeit. Und dieses währte den ganzen Sommer hindurch.

---

40   Kol. 3, 15: Und der Friede Christi regiere in euren Herzen, zu welchem ihr auch berufen seid in einem Leibe; und seid dankbar. Phil. 4, 7.

III. TEIL
Der Rückfall

1. Kapitel

Halte, was du hast, dass niemand deine Krone nehme! Offb. 3, 11.

Halt ja deine Krone feste, halte männlich, was du hast; recht beharren ist das Beste, Rückfall ist ein böser Gast.

Es gab keine glückseligere Stadt in der ganzen Welt als Menschen-Seele, nachdem sie von ihrem schweren Fall erstanden, von Immanuel begnadigt und endlich seine Residenz geworden war. Wer hätte es sich träumen lassen, dass sie je von ihm wieder abfallen wird; hatte sie doch einmal die Schrecken des Abfalls und sogar zweimal die Glückseligkeit der Vereinigung mit ihm ganz durchgekostet! Und doch geschah das Unglaubliche[1]! Und wer stürzte sie in diesen Abgrund? Es war ein Mann, der hieß *Fleischliche-Sicherheit*. Wir wollen Näheres von ihm hören.

---

[1]   2. Petr. 2, 20. 21: Denn wenn sie durch die Erkenntnis des Herrn und Heilandes Jesus Christus entflohen sind dem Unrat der Welt, werden aber wiederum von demselben betört und überwunden, dann ist's mit ihnen am Ende ärger geworden als zuvor. Denn es wäre ihnen besser, dass sie den Weg der Gerechtigkeit nicht erkannt hätten, als dass sie ihn erkennen und sich abkehren von dem heiligen Gebot, das ihnen gegeben ist.

Sicherheit des Fleisches bewirkt Rückfall der geretteten Sünder[2].

Als *Diabolus* die Stadt Menschen-Seele in Besitz genommen hatte, brachte er eine große Anzahl von Diabolianern mit, Menschen, die ihm an Gesinnung ganz gleich waren. Unter diesen befand sich auch ein gewisser Herr *Selbsteinbildung*[3], ein Mann, der es an rüstiger Tatkraft allen zuvortat, die in diesen Tagen Menschen-Seele beherrschten. *Diabolus* wusste ihn ganz auf seiner Seite, und daher bediente er sich seiner oft, um verzweifelte Unternehmungen auszuführen. Solche Aufträge vollbrachte er so gut, und sein Herr fand ihn so geschickt zur Durchführung aller seiner Pläne, dass er ihm eine hohe Stellung gab: Er wurde Beigeordneter von Herrn Oberbürgermeister *Wille*. Der aber fand bald solch Gefallen an ihm, dass er ihm seine Tochter, die Dirne *Fürchtenichts*[4], zur Frau gab. Und aus dieser Ehe zwischen Herrn *Selbsteinbildung* und Frau *Fürchtenichts* entspross eben jener *Fleischliche-Sicherheit*. *(Die fleischliche Sicherheit geht daraus hervor, dass man an sich selbst Gefallen hat und Gott nicht fürchtet.)* Wie sein Vater ein Diabolianer und seine Mutter die entartete Tochter eines verdorbenen Einwohners der Stadt war, so taugte er wegen seiner Abstammung zwar in der Wurzel nichts; er konnte sich aber den Schein geben, als stammte er nur aus Menschen-Seele und nicht von einem Diabolianer ab, und fand umso mehr Einfluss auf die Bürger der Stadt. Voll eitler Einbildung, immer munter und geschäftig, immer kühn und ohne Furcht, war er überall der Erste und Letzte, und es kam keine bedenkliche Lehre, kein böses Werk in Menschen-Seele auf, wobei nicht Herr *Fleischliche-Sicherheit* seine Hand im Spiel gehabt hätte.

---

2   1. Thess. 5, 3: Wenn sie sagen werden: Es ist Friede, es hat keine Gefahr, dann wird
       sie das Verderben schnell überfallen gleichwie der Schmerz ein schwangeres Weib,
       und werden nicht entfliehen.
3   Gal. 6, 3: Wenn sich jemand lässt dünken, er sei etwas, so er doch nichts ist, der
       betrügt sich selbst.
4   Ps. 10, 6: Er spricht in seinem Herzen: »Ich werde nimmermehr wanken, es wird für
       und für keine Not haben.«

Er hielt sich aber am liebsten zu den starken Geistern. Mit Leuten, die ihre Schwäche fühlten, hatte er nicht gern etwas zu tun[5].

Das leichtfertige Vertrauen auf die empfangene Gnade macht die Gläubigen sicher und stürzt sie in neue Sünde und größeres Verderben und Elend[6].

Als der Kampf mit *Schaddai* und seinem Sohn *Immanuel* begann, war es vor allem dieser *Fleischliche-Sicherheit*, der die Einwohner zum hartnäckigen Widerstand gegen die Mächte des Königs anstachelte. Aber als er sah, dass Diabolus mit Schimpf und Schande aus seiner Burg heraus musste und Immanuel als Sieger seine Fahne hier aufpflanzte, schien es ihm am geratensten, sich aus der Schlinge zu ziehen, und er fing an, die größte Freundschaft für den neuen Herrn zu heucheln. Er wusste sich in die neue Ordnung der Dinge zu schicken, freilich nur ganz äußerlich, lernte über manches schwatzen, mischte sich dann, wie es seine Natur war, unter die Bewohner der Stadt und begann, auf seine Weise unter ihnen zu plaudern. Er sah, wie zufrieden sie mit ihrem jetzigen Zustand waren[7], und dachte: »Erhebst du diese Sicherheit in lauten Lobsprüchen, wird ihnen das sehr gefallen.« So pries er denn in überschwänglichen Reden die Macht und Stärke von Menschen-Seele und behauptete laut, sie sei uneinnehmbar. Er lobte bald ihre Hauptleute, ihre Schleudern, Wurfmaschinen und Mauerbrecher, bald die Festungswerke und Türme der Stadt. Bis in den Himmel aber erhob er die Verheißungen ewigen Glücks, die sie von ihrem Fürsten Immanuel empfangen hatte. Da er aber bemerkte, wie sehr solche Reden einige Bürger kitzelten und wie glatt sie ihnen hinuntergingen, lief er von Straße zu Straße, von Haus zu Haus, von einem zum andern und brach-

---

5   2. Kor. 12, 10: Wenn ich schwach bin, so bin ich stark. Jer. 9, 23.

6   Ps. 2, 11: Dienet dem Herrn mit Furcht und küsst seine Füße mit Zittern. Phil. 2, 12: Schaffet, dass ihr selig werdet, mit Furcht und Zittern. Röm. 11, 20.

7   Offb. 3, 17: Du sprichst: Ich bin reich und habe gar satt und bedarf nichts!, und weißt nicht, dass du bist elend und jämmerlich, arm, blind und bloß.

te es endlich dahin, dass Menschen-Seele nach seiner Pfeife tanzte und fast ebenso sicher wurde wie er selbst. Vom Geschwätz kam es zum Handeln. Man fing an, das neue Glück in Scherz, Spiel, Tanz und Schmausereien zu genießen. Sogar Herr Oberbürgermeister *Wille* und Herr Syndikus ließen sich von dem schlauen Diabolianer umstricken und vergaßen, was ihnen ihr Fürst so nachdrücklich eingeschärft hatte: Sie sollten ja auf ihrer Hut sein vor der List und den Kunstgriffen der Diabolianer, die noch immer in Menschen-Seele versteckt wären. Er hatte ihnen so deutlich und eindringlich gesagt, sie sollten sich nicht auf die Stärke der Mauern, der Türme, der Heeresmacht verlassen[8], sondern es komme alles darauf an, wie sie diese Geschenke seines Wohlwollens zu ihrem Heil benutzen. Und weil auf der Verbindung mit ihm eigentlich ihre ganze Rettung beruhte, so hatte er ihnen nichts so sehr eingeschärft, als seine und seines Vaters Liebe nie zu vergessen. Dahin sollte ihr ganzes Streben gehen, immer fester in Gottes Liebe zu wurzeln, sie immer treuer zu bewahren[9]. Die enge Verbindung mit Herrn *Fleischliche-Sicherheit*, einem Diabolianer, war aber wirklich nicht der Weg zu diesem Ziel. Sie hätten aus Ehrfurcht, Anhänglichkeit und Liebe zu ihrem Fürsten diesen verführerischen Diabolianer geradezu steinigen und ihre Bemühungen, in den Wegen ihres Fürsten zu wandeln, verdoppeln sollen. Dann würde ihr Friede gewesen sein wie ein Wasserstrom und ihre Gerechtigkeit wie Meereswellen.

Wo fleischliche Sicherheit und damit die Sünde die Oberhand gewinnt, weicht der Herr immer mehr aus dem Herzen der Gläubigen, bis er endlich ganz entschwindet.

Immanuel war nichts verborgen geblieben von diesen traurigen

---

8   Ps. 33, 16-18: Einem König hilft nicht seine große Macht; ein Held kann sich nicht retten durch seine große Kraft. Rosse helfen auch nicht, und ihre große Stärke errettet nicht. Siehe, des Herrn Auge achtet auf alle, die ihn fürchten, die auf seine Güte hoffen. Ps. 118, 8. 9.

9   Matth. 24, 13: Wer aber beharret bis ans Ende, der wird selig.

Vorgängen in Menschen-Seele, denn, weil er sie so lieb hatte, hatte er sie nie aus dem Auge verloren. Er sah, wie durch die Umtriebe von *Fleischliche-Sicherheit* die erst so innige Liebe zu ihm in den Bürgern der Stadt immer mehr erkaltete[10], und er beklagte und beweinte zunächst mit dem erhabenen Sekretär *(dem Heiligen Geist)* ihren Fall und sprach: »Wenn doch mein Volk auf meine Stimme gehorcht hätte und in meinen Wegen gewandelt wäre! Mit dem besten Weizen würde ich sie speisen und mit Honig aus dem Felsen sättigen« (Ps. 81, 11-17). Und dann sagte er bei sich selbst: »Ich will zurückgehen an den Hof! Ich will wieder an meinen Ort gehen, bis sie ihre Schuld erkennen und mein Angesicht suchen; wenn's ihnen übel ergeht, so werden sie mich suchen« (Hos. 5, 15). Und wie konnte er anders! Ihre Gleichgültigkeit gegen ihn nahm ja täglich zu, und immer mehr kamen sie ab von den lobenswerten Gewohnheiten und Sitten, womit sie früher ihre Liebe zu ihrem König bewiesen. Sie besuchten ihn nicht mehr in seinem Palast, fragten nichts mehr nach seinen Besuchen. Die Liebesmahle, die der Fürst veranstaltet hatte, fanden zwar noch immer statt, und die Einwohner wurden auch von dem Prinzen stets dazu geladen, doch entweder kamen sie gar nicht, oder wenn sie kamen, zeigten sie keine Freude mehr daran. *(Vernachlässigung der Gnadenmittel: Wort Gottes, Gebet und die heiligen Sakramente.)* Sie suchten nicht mehr seinen Rat, sie vertrauten sich selbst und meinten, sie wären selbst stark genug, um allen Angriffen der Feinde zu trotzen, ja sie seien unüberwindlich[11].

Zu groß aber war die Liebe Immanuels zu seiner eben erst unter so großem Kampf wiedergewonnenen Menschen-Seele, als dass er sogleich und plötzlich sie hätte verlassen können. Er sandte zu-

---

10 Offb 2, 4: Aber ich habe wider dich, dass du die erste Liebe verlässest.

11 Jes. 14, 13-15: Du aber gedachtest in deinem Herzen: »Ich will in den Himmel steigen und meinen Thron über die Sterne Gottes erhöhen, ich will mich setzen auf den Berg der Versammlung im fernsten Norden. Ich will auffahren über die hohen Wolken und gleich sein dem Allerhöchsten.« Ja, hinunter zu den Toten fuhrest du, zur tiefsten Grube!

nächst den Herrn Obersekretär zu ihnen, um sie vor ihren gefährlichen Wegen zu warnen. Aber die beiden Male, als er zu ihnen
kam, fand er sie beim Festgelage im Hause des Herrn *Fleischliche-
Sicherheit* und gar nicht geneigt, auf Vorstellungen zu hören, die
doch nur ihr eigenes Heil bezweckten. Bekümmert[12] ging er daher
weg. Als er die betrübende Nachricht dem Prinzen mitteilte, wurde dieser aufs Neue vom Kummer ergriffen und versuchte noch
ein Letztes, um die unglückliche Stadt zur Besinnung zu bringen.
Er fing an, sich ihnen seltener zu zeigen. Wenn er ja noch in ihre
Gesellschaft kam, so war seine Rede nicht mehr so freundlich und
vertraulich wie zuvor. Er sandte ihnen auch nicht mehr die herrlichen Leckerbissen von seiner Tafel, wie es früher geschehen war.
Auch ließ er sich, wenn sie sich zum Besuch bei ihm einstellten,
was wohl noch manchmal, jedoch selten genug geschah, nicht so
leicht mehr von ihnen sprechen; ja er ließ sie mehrere Male an seine Tür klopfen, ohne dass er es beachtete[13], obwohl er sonst schon
beim Rauschen ihrer Füße aufstand, ihnen auf halbem Wege ent-
gegeneilte, sie umarmte und an sein Herz drückte. Er wollte ihnen
durch dies alles fühlbar machen, was sie an seiner Gnade verlieren. Wenn sie doch diesen unersetzlichen Verlust erkannt hätten[14]!
Aber sie waren durch ihre Sicherheit ganz verblendet, sie merkten
nichts, und es fiel ihnen gar nicht ein, dass Immanuel sie verlassen
könnte. Aber es geschah doch, was sie nicht glauben wollten. Ihr
Erlöser entzog sich ihnen immer mehr, bis er dann unvermerkt
seinen Palast *(Herz)* verließ. Er ging zum Tor der Stadt hinaus,
hinweg von Menschen-Seele, und überließ die Einwohner ihrem
selbst gewählten Verderben, bis sie es dereinst erkennen und sein

---

12 Eph. 4, 30: Betrübet nicht den Heiligen Geist Gottes, mit dem ihr versiegelt seid auf
    den Tag der Erlösung.
13 Jes. 1, 15: Und wenn ihr auch eure Hände ausbreitet, verberge ich doch meine
    Augen vor euch; und wenn ihr auch viel betet, höre ich euch doch nicht; denn eure
    Hände sind voll Blut.
14 Luk. 19, 42: Und sprach: Wenn doch auch du erkenntest zu dieser Zeit, was zu
    deinem Frieden dient! Aber nun ist's vor deinen Augen verborgen.

Angesicht wieder suchen würden[15]. Auch Herr *Gottes-Friede* legte sein Amt nieder und wollte vor der Hand nicht mehr in einer Stadt wohnen, die sich dem Unheil schon preisgegeben hatte[16]. Und kaum glaublich! Sie hatten aus dem Taumelkelch des Herrn *Fleischliche-Sicherheit* schon so starke Züge getan, dass sie in ihrem Rausch jetzt auch den Weggang ihres Fürsten nicht einmal merkten, ihn ganz vergaßen[17] und ihn gar nicht mehr erwähnten.

Die in dem Gewissen erwachende Furcht vor Gott bahnt den Weg zur Wiederkehr.

Da Immanuel von Menschen-Seele gewichen war, so war auch ihr Schutz von ihr weg, und der sie jetzt beherrschte, Herr Fleischliche-Sicherheit, hatte nun freie Hand, sein Werk zu vollenden. Er gab ein Fest nach dem andern. Eines Tages wollte er Menschen-Seele mit einem Gastmahl belustigen. In ihr lebte damals aber ein gewisser Herr *Gottesfurcht*, ein gegen früher, wo eine große Nachfrage von allen Seiten nach ihm war, nur noch verhältnismäßig sehr gering geachteter Mann[18]. Doch schien er dem alten *Fleischliche-Sicherheit* nicht ungefährlich, jedenfalls wollte dieser ihn unschädlich machen (Weish. 2, 10-15). Deshalb lud er auch ihn zur Tafel, um ihn womöglich durch Schwelgerei zu entwürdigen und ihn so dem Spott der Leute preiszugeben. Wirklich kam er. Alle setzten sich zur Tafel, aßen und tranken und wurden lustig, bis

---

15   Matth. 23, 39: Denn ich sage euch: Ihr werdet mich von jetzt an nicht sehen, bis ihr sprecht: Gelobt sei, der da kommt im Namen des Herrn! Hesek. 11, 21; 3. Mose 26, 21-24; Jes. 26, 16.

16   Hes. 7, 25: Angst kommt; da werden sie Heil suchen, aber es wird nicht zu finden sein.

17   Jes. 17, 10: Denn du hast vergessen den Gott deines Heils und nicht gedacht an den Felsen deiner Stärke. Darum setze nur Pflanzen zu deiner Lust und lege Reben aus der Fremde! Jer. 2, 32.

18   Hiob 15, 4: Du selbst zerstörst die Gottesfurcht und raubst dir die Andacht vor Gott.

auf Herrn *Gottesfurcht*, der wie ein Fremder beim Mahl saß, weder aß noch trank und auch nicht an der allgemeinen Fröhlichkeit der Gäste teilnahm. Als Herr *Fleischliche-Sicherheit* das bemerkte, redete er ihn ohne Umschweife folgendermaßen an: »Herr *Gottesfurcht*, ist Euch nicht wohl? Ihr scheint geistig oder körperlich krank zu sein oder gar beides. Da habe ich eine Herzstärkung, ein Fabrikat von Herrn *Vergiss-Gutes*, und ich bin überzeugt, wenn Ihr nur einen Schluck davon nehmt, so würde Euch der auch munterer, fröhlicher und aufgeräumter machen, dass Ihr für die schmausende, fröhliche Gesellschaft genießbarer würdet.« Mit edlem Anstand erwiderte der alte Biedermann: »Ich danke Euch, mein Herr, für Euer freundliches Anerbieten, muss aber gestehen, dass mich nach Eurer Herzstärkung durchaus nicht gelüstet. Aber ich habe ein Wort an euch, ihr Einwohner von Menschen-Seele! Es bekümmert mich tief, dass ich namentlich euch, ihr Ältesten und Häupter von Menschen-Seele, so lustig sehe, während sich die Stadt in der beweinenswertesten Lage befindet[19].« Herr *Fleischliche-Sicherheit* erwartete nichts Gutes von dieser unerwarteten Anrede. Er fuhr deshalb gleich dazwischen und rief: »Ihr bedürft des Schlafs, guter Herr, dessen bin ich ganz gewiss. Legt Euch etwas nieder, wenn es Euch beliebt, und macht ein Schläfchen[20], während wir fortfahren, fröhlich zu sein.« So bald ließ sich der alte *Gottesfurcht* indes nicht einschüchtern. Er verwies seinem mutwilligen Wirt diesen ungeziemenden Scherz, verbat sich jede Unterbrechung und sprach zu den übrigen Anwesenden unbeirrt weiter: »Es ist wahr, die Stadt Menschen-Seele war fest und stark, ja unüberwindlich. Doch ihr habt sie selbst geschwächt, ihr die Krone ihrer Blüte abgebrochen und sie ihren Feinden preisgegeben. Und Ihr seid es, Herr *Fleischliche-Sicherheit*, der Menschen-Seele betrogen,

---

19 Jer. 8, 21: Mich jammert von Herzen, dass mein Volk so ganz zerschlagen ist; ich gräme und entsetze mich.

20 Spr. 6, 10. 11: Ja, schlafe noch ein wenig, schlummre ein wenig, schlage die Hände ineinander ein wenig, dass du schlafest, so wird dich die Armut übereilen wie ein Räuber und der Mangel wie ein gewappneter Mann.

ihre Türme niedergerissen, ihre Tore zerbrochen und ihr Schloss und Riegel geraubt habt. Seit Ihr Euch so breit gemacht habt, seit durch Euer Geschwätz die Ältesten und Häupter der Stadt so aufgeblasen, so vermeintlich stark und so sicher geworden sind, ist die Stärke von Menschen-Seele gewichen[21]. Oder ist er, der eure Stärke war, nicht von euch gegangen? Wo ist der Prinz *Immanuel?* Wo hat ihn noch ein Auge in Menschen-Seele gesehen? Wo habt ihr noch seine liebliche Rede vernommen oder etwas gekostet von seiner edlen Speise? Jetzt schmaust ihr bei diesem diabolischen Ungeheuer, und es ist euch schon zu mächtig geworden, ihr seid schon in seinen Klauen, die euch bald ganz zerreißen werden. Wenn ihr doch euren Fürsten nicht vergessen hättet!«»Pfui, pfui!«, rief jetzt *Fleisches-Sicherheit* dazwischen; »pfui, Herr *Gottesfurcht!* Werdet Ihr denn nie Eure *Peinlichkeit* vergessen? Jagt Euch denn der Aufflug eines Sperlings schon einen Todesschrecken ein? Wer hat Euch etwas zuleide getan? Seht doch, ich stehe ja auf Eurer Seite; der Unterschied ist nur der, dass Ihr Euch töricht genug stets mit dem Zweifel plagt und martert, ich aber habe Glauben und Zuversicht. Ist es denn jetzt Zeit, traurig und trübsinnig zu sein? Ein Gastmahl stellt man zur Fröhlichkeit an. Was sollen diese trübseligen Reden? Was stört Ihr unsere unschuldige Freude? Kommt, lasst uns essen und trinken und fröhlich sein.« *(Die beständige Sprache der sichern Weltleute!)*
Voll Abscheu wandte sich *Gottesfurcht* von diesen leichtfertigen und frechen Reden ab. »Wohl«, sprach er, »will ich trauern und weinen, denn *Immanuel* ist dahingezogen von Menschen-Seele, unsres Herzens Freude ist dahin[22]! Und Ihr seid der diabolische Mann, der ihn fortgetrieben hat! Ja, er ist gegangen, ohne den Ed-

---

21   Jer. 9, 22. 23: So spricht der Herr: Ein Weiser rühme sich nicht seiner Weisheit, ein Starker rühme sich nicht seiner Stärke, ein Reicher rühme sich nicht seines Reichtums. Sondern wer sich rühmen will, der rühme sich dessen, dass er klug sei und mich kenne.

22   Klagel. 5, 15. 16: Unsres Herzens Freude hat ein Ende, unser Reigen ist in Wehklagen verkehrt. Die Krone ist von unserm Haupt gefallen. O weh, dass wir so gesündigt haben!

Fleischliche-Sicherheit spricht bei seinem Gastmahl
mit Gottesfurcht

len von Menschen-Seele von seinem Weggang auch nur zu sagen. Wenn das nicht ein Zeichen seines Zornes ist, so kenne ich ihn nicht. Schon längst hat er sich euch entfremdet. Je mehr er sah, dass eure Liebe gegen ihn erkaltete, ihr Bürger von Menschen-Seele, je seltener hat er sein Angesicht euch leuchten lassen. Dadurch hättet ihr merken sollen, welch einen Jammer und Herzeleid es bringt, den Herrn, seinen Gott, verlassen und ihn nicht fürchten, und hättet ihn in Reue wieder suchen sollen. Weil er aber sehen musste, dass keiner diese schrecklichen Anfänge seines Zornes und Gerichts zu Herzen nahm; da schied er von diesem Ort, und das sah ich mit meinen Augen. Während ihr euch in eitlem Stolz aufbläht, ist eure Kraft von euch genommen. Ihr seid betrogen wie Simson durch die falsche Delila um das Haupthaar eurer Stärke, und schon sind die Philister gekommen, um euch mit euren Stricken zu binden und euch schließlich ganz zu verderben (Richt. 16, 1521). Esst und trinkt nur mit eurem lockern Gastgeber, schüttelt jede Furcht ab und seid toll und voll, aber Immanuel ist fort, und das Totenreich hat den Schlund weit aufgesperrt und den Rachen aufgetan ohne Maß, dass hinunterfährt, was da prangt und lärmt, alle Übermütigen und Fröhlichen« (Jes. 5, 14).

Und die entschlossene Rede des Herrn *Gottesfurcht* weckte nun auch den ehemaligen Registrator von Menschen-Seele, Herrn *Gewissen*, auf, dessen Stimme sie so oft zu ihrem Schrecken gehört hatte. Aufs Nachdrücklichste bekräftigte er diese Rede. Auch er bezeugte, dass er sich kaum an den Tag erinnern könne, wo er Immanuel gesehen. Bange Ahnungen steigen in ihm auf, ja Furcht und Entsetzen ergreifen ihn, wenn er an das Schicksal von Menschen-Seele denke. Und als *Gottesfurcht* aufs Neue versicherte, Menschen-Seele würde Immanuel nicht mehr sehen, weil ihre Sünden ihn vertrieben haben[23] und ihr schändlicher Undank, schien es, als wollte *Gewissen* bei der Tafel tot zu Boden sinken. Auch alle übrigen Anwesenden, außer dem Hauswirt, sahen blass und

---

23   Jes. 59, 2: Eure Verschuldungen scheiden von euren Gott, und eure Sünden verbergen sein Angesicht vor euch, dass ihr nicht gehört werdet.

bleich aus[24]. Schließlich wurden sie darin einig, dass die Worte des Herrn *Gottesfurcht* die lautere Wahrheit enthielten. Herr *Fleischliche-Sicherheit* hatte sich aber in ein Nebenzimmer zurückgezogen, denn er konnte solch närrisches Zeug nicht leiden und hören. Sie berieten aber nun desto freier, was sie mit dem Mann anzufangen hätten, der sie in solches Verderben gestürzt habe, und wie sie es machen sollten, dass sie die Liebe *Immanuels* wiedergewinnen. Da brannte ihnen auf einmal die Erinnerung an die Rede ihres Fürsten heiß im Herzen, in der er ihnen so nachdrücklich eingeschärft hatte, dass sie keinen Diabolianer oder falschen Propheten unter sich dulden sollten, wenn er sich sehen ließe. Und ohne Umstände ergriffen sie Herrn *Fleischliche-Sicherheit* und steckten ihm sein Haus über dem Kopf an, weil er ein echter Diabolianer war.

Wie schwer die einmal verlorene Gnade sich wieder finden lässt.

Aber damit war ihnen Immanuel noch nicht wiedergegeben. Ihn vor allem mussten sie wiederhaben, wenn ihr Seele wieder still werden sollte (Ps. 73, 25. 26). Ihn suchten sie, aber fanden ihn nicht[25]. Und so hatte es ihnen Herr *Gottesfurcht* vorher gesagt. O wie wurde ihnen da so bange! Wie riefen sie überall nach ihrem Freund[26]! Wie klagten sie sich selbst an, dass sie ihn mit ihren Sünden weggetrieben hatten! Zu wem sollten sie ihre Zuflucht nehmen? Sie wussten jetzt keinen als den, der ihrem Fürsten am nächsten war – den Herrn Sekretär *(Heiliger Geist)*. Zwar hatten sie ihn bei ihrem Abfall auch schon grob beleidigt, aber die Not überwand all ihre Bedenken. Sie eilten zu seinem Palast, sie klopften mit zagendem Herzen an seine Tür – aber sie wurde weder aufgetan noch

---

24   Dan. 5, 6: Da entfärbte sich der König, und seine Gedanken erschreckten ihn, so-
      dass er wie gelähmt war und ihm die Beine zitterten. Klagel. 3, 1-20.

25   Hoheslied 5, 6: Aber als ich meinem Freund aufgetan hatte, war er weg und fortge-
      gangen. Meine Seele war außer sich, dass er sich abgewandt hatte. Ich suchte ihn,
      aber ich fand ihn nicht; ich rief, aber er antwortete mir nicht.

26   Hoheslied 6, 1: Wo ist denn dein Freund hingegangen, o du Schönste unter den
      Frauen? Wo hat sich dein Freund hingewandt? So wollen wir ihn mit dir suchen.

sahen sie das Angesicht des Freundes ihres Fürsten[27]. Damit war denn freilich ein dunkler und finsterer Tag für Menschen-Seele angebrochen, ein wolkiger Tag, ein nebliger Tag (Joel 2, 2). Immer deutlicher erkannten sie ihre Torheit, immer schwerer fiel es ihnen aufs Herz, welch einen unersetzlichen Schaden der Umgang und die verführerischen windigen Worte des Herrn *Fleischliche-Sicherheit* ihnen gebracht hätten. Was ihnen das aber noch ferner kosten würde, konnten sie noch gar nicht überschauen. Nun aber kam Herr *Gottesfurcht* wieder zu Ansehen bei den Einwohnern der Stadt, denn alles hatte sich so ganz bestätigt, was er ihnen gesagt hatte[28]. Der nächste Sonntag brach an, und sie gingen in den Tempel, um ihren Herrn Unterprediger *(Gewissen) zu* hören. Doch mit welchem Blitz und Donner fuhr der Unterprediger an diesem Tag daher! Sein Text waren die Worte aus dem Propheten Jona: »Die sich halten an das Nichtige, verlassen ihre Gnade« (Jona 2, 9). Es lag eine solche Kraft und Gewalt in dieser Predigt, und auf den Angesichtern der Zuhörer malte sich eine solche Bestürzung, dass wohl selten etwas Ähnliches gesehen und gehört wurde. Sie waren von der Predigt so zerschmettert, so mürbe, ja krank gemacht, dass sie kaum nach Hause gehen konnten und den ganzen Tag, ja die ganze Woche hindurch in Ängsten umherschlichen[29]. Besonders das hatte sie so ergriffen, dass der Herr Unterprediger selbst in laute Klagen über seine Sünden ausbrach[30]. »Unglücklicher Mann, der ich bin!«, rief er, »ich, ein Prediger! Hatte mich nicht

---

27   Jes. 64, 6: Du hast dein Angesicht vor uns verborgen und lässt uns vergehen unter der Gewalt unsrer Schuld. Jes. 63, 10.

28   Hab. 2, 3: Die Weissagung wird ja noch erfüllt werden zu ihrer Zeit und wird endlich frei an den Tag kommen und nicht trügen. Wenn sie sich auch hinzieht, so harre ihrer; sie wird gewiss kommen und nicht ausbleiben.

29   Ps. 38, 5-7: Denn meine Sünden gehen über mein Haupt; wie eine schwere Last sind sie mir zu schwer geworden. Meine Wunden stinken und eitern um meiner Torheit willen. Ich gehe krumm und sehr gebückt; den ganzen Tag gehe ich traurig einher.

30   Hiob 42, 5. 6: Ich hatte von dir nur vom Hörensagen vernommen; aber nun hat mein Auge dich gesehen. Darum spreche ich mich schuldig und tue Buße in Staub und Asche.

der Fürst angestellt, Menschen-Seele sein Gesetz zu lehren? Und ich konnte selbst einer der Ersten in der Übertretung des Gesetzes sein! Hätte ich nicht vor allen meine Stimme erheben sollen wie eine Posaune gegen alle Gottlosigkeit und Sünde? Ich Unglücklicher! Bin ich nun nicht vor allen der Frevler, der *Immanuel* aus der Stadt getrieben und diese ihres Heils beraubt hat?«

Um das Maß des Elends voll zu machen, brach nun auch um diese Zeit eine große Krankheit[31] in der Stadt Menschen-Seele aus, von der die meisten Einwohner schwer befallen wurden. Ja selbst die Hauptleute und ihre Krieger wurden davon so mitgenommen, dass im Fall eines Angriffs von außen nichts hätte zur Abwehr geschehen können. Wie viele bleiche Gesichter, schwache Hände, wie viele matte und strauchelnde Knie, schwankende und taumelnde Gestalten sah man jetzt auf den Straßen von Menschen-Seele umherwandeln! Hier hörte man Seufzen und Gestöhn, und dort lagen wieder welche, die mit dem Tode rangen[32]. Auch die Kleider, die ihnen Immanuel gegeben hatte, waren in einem kläglichen Zustand, teils zerrissen, teils abgetragen, und sie hingen so lose und locker am Körper, dass der nächste Strauch, dem sie nahe kamen, sie noch vollends hätte herabreißen können[33].

---

31 Ps. 107, 11-13: Weil sie Gottes Geboten ungehorsam waren und den Ratschluss des Höchsten verachtet hatten, sodass er ihr Herz durch Unglück beugte und sie dalagen und ihnen niemand half, die dann zum Herrn riefen in ihrer Not, und er half ihnen aus ihren Ängsten.

32 Amos 8, 3: Und die Lieder im Tempel sollen in Heulen verkehrt werden zur selben Zeit, spricht Gott der Herr. Es werden an allen Orten viele Leichname liegen, die man heimlich hinwirft.

33 Jes. 64, 6: Aber nun sind wir alle wie die Unreinen, und alle unsre Gerechtigkeit ist wie ein beflecktes Kleid. Wir sind alle verwelkt wie die Blätter, und unsre Sünden tragen uns davon wie der Wind.

2. Kapitel

Die Stadt Menschen-Seele ist in großer Not. Eine Bittschrift, durch den Oberbürgermeister an den Hof gebracht, findet keine günstige Aufnahme; aber Menschen-Seele hält an mit Bitten.

Die Bußpredigt bringt die Abgefallenen zur neuen und tieferen Erkenntnis ihrer Sünde.

»Herr, wenn Trübsal da ist, so suchen wir dich; wenn du uns züchtigst, sind wir in Angst und Bedrängnis.« Es war ganz natürlich, dass Menschen-Seele in dem kläglichen Zustand, in den sie die Züchtigungen des Herrn gebracht hatten, ihre Angst vor dem Herrn auszuschütten begehrte. Deshalb war es auch ihr sehr willkommen, als ein allgemeiner Fast-, Buß- und Bettag ausgeschrieben wurde. Die Predigt hielt an diesem Tag nicht der Unterprediger, sondern der Hauptmann *Boanerges* oder *Erschütterung*. Es war ein gewaltiger Text, den er dieser Predigt zugrunde legte: »Da sprach er zu dem Weingärtner: Siehe, ich bin nun drei Jahre lang alle Jahre gekommen und habe Frucht gesucht auf diesem Feigenbaum und finde sie nicht. Haue ihn ab! Was hindert er das Land?« (Luk. 13, 7). Und ebenso gewaltig schlugen seine Worte ein, recht wie Donnerkeile. Wie traf es ihr Herz, als er gegen Immanuels Geduld, Güte und Langmütigkeit ihre eigne Unfruchtbarkeit, ihre Undankbarkeit und Sündengräuel hielt! Wie erbebten sie, als er ihnen die Axt in der erhobenen Hand des Herrn zeigte, die bald zu dem tödlichen Streich niederfallen müsse, wenn sie nicht durch schnelle und wahre Buße und Umkehr ihn aufzuhalten suchten. Diese Predigt war geeignet, die Wirkung der ersten, durch die Herr Gewissen die Herzen aus dem Sündenschlaf erweckt hatte, zu verstärken. Daher war es nicht zu verwundern, dass Angst, Klage und Weinen in Menschen-Seele noch vermehrt wurden, was eigentlich auch ganz in Ordnung war[1]. Ebenso natürlich war

---

1   Jer. 31, 14: Nachdem ich bekehrt war, tat ich Buße, und als ich zur Einsicht kam,

es, dass sie bald zu einer Beratung zusammentraten, was in dieser trübseligen Lage geschehen sollte, denn so konnte es doch nicht bleiben. Herr *Gewissen*, der selbst noch in Not war, wusste keinen andern Rat zu geben, als dass man sich an Herrn Gottesfurcht wendete, der ja selbst bezeugt hatte, dass er des Fürsten Sinn besser kenne als sie alle[2]. Als der ehrwürdige alte Herr eingetreten war, gab er seine Meinung dahin ab, dass Menschen-Seele unverzüglich eine demütige Bittschrift an ihren wieder so schwer beleidigten Fürsten *Immanuel* absenden soll, er möchte doch Gnade für Recht ergehen lassen, seinen Zorn nicht ewiglich behalten und sein Angesicht wieder zu ihnen wenden.

Was abtrünnige Heilige, wenn sie zu neuer Buße erweckt sind, im Bitten leisten können.

Gern befolgte Menschen-Seele diesen Rat, und nachdem die Bittschrift aufgesetzt war, beschlossen sie einstimmig, dass der Herr Oberbürgermeister selbst sie überbringen soll. Der machte sich auch gleich zur Reise fertig und begab sich an den Hof *Schaddais*, wohin *Immanuel*, der Fürst von Menschen-Seele, sich begeben hatte. Aber er fand das Tor verschlossen[3] und streng bewacht. Zum Glück fand er einen Mann, der sich dazu verstand, dem Prinzen zu melden, wer am Tor stehe und was sein Anliegen sei. Aber wie dringend dieser auch bat, dass er dem demütigen Mann eine Audienz bewillige, so wollte der Prinz weder an das Tor hinabkommen noch auch gestatten, dass es dem Ankömmling geöffnet würde, sondern ließ ihm kurz sagen: »Sie kehren mir den Rücken zu und nicht das Angesicht. Aber wenn die Not über sie kommt, sprechen sie: Auf und hilf uns! (Jer. 2, 27). Lass sie gehen zu dem

---

    schlug ich an meine Brust. Ich bin zuschanden geworden und stehe schamrot da; denn ich muss büßen die Schande meiner Jugend.

2   Spr. 9, 10: Der Anfang ist die Furcht des Herrn, und den Heiligen erkennen, das ist Verstand.

3   Klagel. 3, 8: Wenn ich auch schreie und rufe, so stopft er sich die Ohren zu vor meinem Gebet.

Herrn *Fleischliche-Sicherheit,* dem sie zufielen, als sie sich von mir abwandten, und ihn zu ihrem Führer, Oberherrn und Beschützer machen in ihrer gegenwärtigen Not! Warum kommen sie denn jetzt in ihrer Not zu mir, da sie in ihrem Glück von mir ließen?« Bei dieser Antwort ergriffen den Oberbürgermeister Schrecken des Todes, und Totenblässe überzog sein Angesicht (Klagel. 4, 8); denn nun erkannte er erst, was für Folgen es hat, sich mit Diabolianern einzulassen, wie der Herr *Fleischliche-Sicherheit* einer war. Er begriff auch, dass wenigstens jetzt keine Hilfe, weder für ihn selbst noch für seine Freunde in Menschen-Seele, zu hoffen sei, schlug an seine Brust, kehrte weinend wieder um und beklagte auf seinem ganzen Heimweg das Schicksal von Menschen-Seele. Als er in die Nähe der Stadt gekommen war, eilten die Ältesten und Häupter der Stadt vor das Tor hinaus ihm entgegen, um von ihm den Erfolg seiner Sendung zu erfahren. Sie brauchten sein totenbleiches Angesicht nur anzuschauen, um die Antwort schon zu wissen. Als er aber ausführlich erzählte, wie es ihm ergangen war, erhoben alle ein lautes Geschrei und erfüllten mit ihren Klagen die Luft. Sie warfen Staub und Asche auf ihre Häupter und legten Säcke um ihre Lenden. Welch ein Tag voll innerer Vorwürfe und Selbstanklagen, voll Unruhe und Angst war dieser für die Stadt Menschen-Seele! (Jona 2,6-8) .

Mit der Zeit schöpften sie wieder einigen Mut und traten zu einer neuen Beratung zusammen. Wieder wandten sie sich an den ehrwürdigen Herrn *Gottesfurcht.* Der aber wusste ihnen keinen andern Rat als den ersten zu geben. Er sagte, sie sollten sich nur durch die bei Hofe erfahrene Abweisung nicht entmutigen lassen, ja auch dann nicht, wenn die immer neuen Bittschriften nur immer neuen Vorwürfen begegneten. »Denn«, sprach er, »dieses ist der Weg des weisen *Schaddai,* die Menschen weise zu machen und sie in der Geduld zu üben; und die in Not sind, sollten willig auf die von ihm bestimmte Zeit zu ihrer Errettung warten.« Zu viel war ihnen an der Gnade ihres Fürsten gelegen, deren Süßigkeit sie früher geschmeckt hatten, als dass sie nicht diesen guten und treuen Rat hätten befolgen sollen. Es verging kein Tag, ja keine Stunde, wo man auf der Landstraße nicht einer oder der andern reitenden Post begegnet wäre, die das Horn von Menschen-Seele blies und an den Hof von *Schaddai* hineilte. Und alle waren mit Bittschriften versehen, deren gemeinsamer Inhalt war: der König möge sich der Stadt erbarmen, sich *ihrer* wieder annehmen und sie durch die Rückkehr des Prinzen beseligen. Auch den langen, strengen und beschwerlichen Winter hindurch war die Landstraße mit hin- und hereilenden Boten bedeckt, die sich bei ihrem Hin- und Herreiten stets auf dem Weg begegneten[4].

3. Kapitel

Der zurückgebliebene Schlangensame in Menschen-Seele erhebt das Haupt und verbindet sich zu ihrem Verderben mit Diabolus draußen.

Es steht in der Heiligen Schrift (Hebr. 6, 7. 8): »Die Erde, die den Regen trinkt, der oft über sie kommt, und dann nützliche Frucht trägt denen, die sie bauen, empfängt Segen von Gott. Wenn sie aber Dornen und Disteln trägt, so ist sie nichts nütze und dem Fluch nahe, dass man sie zuletzt abbrennt.« Ähnlich sei es mit denen, die einmal erleuchtet sind und geschmeckt haben die himmlische Gabe und teilhaftig geworden sind des Heiligen Geistes und geschmeckt haben das gütige Wort Gottes und die Kräfte der zukünftigen Welt. Wenn die so Begnadigten wieder abfielen, kreuzigten sie sich selbst den Sohn Gottes abermals, machten ihn zum Spott und brächten so nichts als Dornen und Disteln. Damit wären

---

4   Luk. 11, 8. 9: Ich sage euch: Und ob er nicht aufsteht und gibt ihm, darum dass er sein Freund ist, so wird er doch um seines unverschämten Drängens willen aufstehen und ihm geben, wie viel er bedarf. Und ich sage euch auch: Bittet, so wird euch gegeben; suchet, so werdet ihr finden; klopfet an, so wird euch aufgetan.

Bei seiner Rückkehr vom Hof Schaddais beklagt
der Oberbürgermeister das Schicksal von Menschen-Seele

sie auch dem Fluch nahe, und es sei unmöglich, dass sie wieder zur Buße erneuert würden. Zu einem so tiefen Rückfall war Menschen-Seele freilich noch nicht gekommen. Sie hatten ihren Immanuel zwar schnöde vergessen, aber ihm niemals geflucht, und wie hatten sie nun ihre Sünden beweint, was hatten sie aufgeboten, um ihres Fürsten Gunst wiederzuerlangen! Aber sie sollten doch erfahren, was irgendwo gesagt ist: »Recht beharren ist das Beste, Rückfall ist ein böser Gast«, und dass es viel leichter ist, aus dem ersten Fall sich erheben als aus dem zweiten. Es gab zwar viel Weinen und Beten in der armen, durch Fleisches-Sicherheit betrogenen Menschen-Seele, aber nun sollte erst das rechte Wehe über sie kommen; einen Kampf sollte sie noch bestehen auf Leben und Tod, in dem ihr Blut aus tausend Wunden fließen sollte. In diesem Kampf würde es sich erst zeigen, ob sie es wert ist, dass Immanuel mit seiner vollen Gnade sich wieder zu ihr wendet. Von wem anders aber sollte ihr dieser Kampf bereitet werden als von ihrem Erzfeind, der zwar durch den ersten Kampf aus ihren Grenzen vertrieben war, aber darum noch nicht Ruhe gefunden hatte und in höllischer Ungeduld nur darauf lauerte, dass er mit größerer Macht als zuvor zu der unvergessenen Stadt zurückkehren und sie wieder in Besitz nehmen könnte.

Als sie sicher waren, hat Satan nicht gefeiert, da sie nun betrübt sind, nimmt er seinen Vorteil noch mehr wahr.

Wir wissen, dass nach der Vertreibung Satans kaum noch etliche *Diabolianer* in Menschen-Seele zurückgeblieben waren, aber schlimme Gesellen. Ich will nur einige nennen: Herr *Hurer, Ehebruch, Mörder, Zorn, Zügellosigkeit, Betrug, Neid, Lästersucht,* fast der Schlimmste von allen war ein gewisser Herr *Habsucht (1.* Tim. 6, 10). Sie wagten sich zwar erst nicht ans helle Tageslicht, sondern lagen in finstern schmutzigen Löchern an der Mauer verborgen. *(Die in dem Bekehrten zwar unterdrückten, aber noch nicht ausgerotteten und ihnen selbst verborgenen sündlichen Lüste des Fleisches.)* Immanuels Auge sah die Gefahr, die seiner geliebten Men-

schen-Seele von diesem Geschmeiß drohte. Daher hatte er ihnen nichts so ernstlich eingeschärft, als zu wachen, dass diese Diabolianer ja nicht einmal aus ihren Schlupfwinkeln hervorkriechen. Und wenn es geschieht, sollten sie dieses Gesindel ohne Gnade und Barmherzigkeit gleich töten (Kol. 3, 5). Aber Menschen-Seele war diesem Befehl je länger, je weniger treu nachgekommen; und besonders zu der Zeit, als *Fleischliche-Sicherheit* die Gewalt in Menschen-Seele hatte, bekam das Ungeziefer neuen Mut. Weil es sich gar nicht mehr verfolgt sah, steckte es nicht allein die Köpfe weit aus den Löchern heraus, die Schurken wagten auch mit etlichen Bürgern der Stadt Verbindungen anzuknüpfen, die sich das wirklich auch gefallen ließen[1]. Als aber die Häupter dieser Diabolianer gar noch wahrnahmen, dass Menschen-Seele infolge ihrer schweren Versündigungen von *Immanuel,* ihrem Fürsten, und so von jedem wirksamen Schutz verlassen war, dachten sie schon daran, ihre vorige Herrschaft über sie wiederherzustellen. Sie versammelten sich in dem Haus eines gewissen Herrn *Unheil,* der ebenfalls einer ihres Gelichters war, und berieten sich darüber, wie sie Menschen-Seele am besten wieder in die Hände des *Diabol*us spielen könnten. Nach manchem Hin- und Herreden riet Herr *Zügellosigkeit,* es möchten sich einige der Diabolianer, die sich noch in der Stadt gehalten hätten, den Einwohnern zum Dienst als Knechte anbieten. Nimmt Menschen-Seele ihren Dienst an, so ist sie schon halb in ihrer Gewalt. (*Lässt du Satan dir dienen, so wirst du ihm bald dienen müssen.*)
Das wollte Herrn *Mörder* doch bei der gegenwärtigen Lage der Dinge ein gefährliches Spiel dünken. Menschen-Seele sei jetzt sehr aufgeregt und wolle alles tun, um sich nur mit ihrem Fürsten zu versöhnen. Wie könnten sie wohl besser seine Gunst wiedererlangen, als wenn sie ihm die Köpfe der Diabolianer darbrächten! »Nein«, sagte er, »lasst uns klug sein wie die Schlangen. Sind

---

1   Spr. 1, 10: Mein Sohn, wenn dich die bösen Buben locken, so folge nicht. Luk.14,33: Also auch ein jeglicher unter euch, der nicht absagt allem, was er hat, kann nicht mein Jünger sein.

wir einmal tot, so ist es mit uns aus. Leben wir noch, so wird der Sieg bald unser sein; und wie wir ihn erlangen können, wird uns keiner besser sagen als unser Fürst Diabolus selbst.« Das leuchtete allen gleich ein, und einstimmig beschlossen sie, sogleich eine Botschaft an diesen zu senden. Sie schrieben an ihn: »Großer Vater und mächtiger Fürst *Diabolus!* Wir, deine treuen Diener, die wir das von dir empfangene Leben in der rebellischen Stadt Menschen-Seele noch fristen, können es länger nicht mehr ruhig mit ansehen, wie du von ihr fortwährend so schmählich verachtet und verhöhnt wirst. Aber es ist vielleicht die Zeit der Rache gekommen. Die Stadt hat sich schwer gegen ihren Fürsten *Immanuel* versündigt, und sein Zorn lastet auf ihr. Außerdem ist eine Verderben bringende Krankheit in der Stadt ausgebrochen. Du wirst diese Gunst des Geschicks am besten zu benutzen wissen. Darum eile herbei, gebiete, und du wirst uns zu deinem Dienst bereit finden.« Herr *Ruchlos* wurde zum Überbringer des Briefs bestimmt. Es dauerte nicht lange, so war er auf dem *Höllenpfort-Hügel* und klopfte an das eherne Tor. Der Pförtner *Zerberus* öffnete, und als er diesem vorläufige Kunde von dem Zweck seiner Sendung mündlich gegeben, stürmte der mit Jubel hinein und übergab *Diabolus* den Brief unter dem Freudenruf: »Gute Botschaft, mein Herr, aus Menschen-Seele, von unsern treuen Freunden in Menschen-Seele.«

Freude der Hölle über den Rückfall der Gläubigen und über deren Angst.

Wie ein glühender reißender Feuerstrom wälzte sich die Nachricht durch die Hölle. Aus allen Winkeln eilten *Beelzebub, Luzifer, Apollyon* und die Übrigen der Rotte herbei, um die Neuigkeiten aus Menschen-Seele zu vernehmen. Als der Brief öffentlich verlesen wurde, stand Zerberus vor staunender Freude wie angewurzelt da und vergaß fast darüber sein Amt. Als man die ganze Nachricht vernommen hatte, stürzte man zur Höllenglocke. Furchtbar erdröhnte ihr Schall durch den ganzen Raum des Abgrunds, dass er erbebte, und dazwischen ergoss sich aus den Hälsen der Bewohner der Hölle wie ein Meeressturz das Gebrüll: »Die Stadt Menschen-Seele ist wieder unser! Hoch lebe Diabolus!« Nach einiger Beratung überließ man auch Diabolus, dem gefeierten Fürsten, allein die Beantwortung des Briefes, dessen Inhalt einen so unmäßigen Jubel in der Hölle erweckt hatte. Er lautete so: »Geliebte Kinder und Schüler, *Hurer, Ehebruch, Mörder, Betrug, Habsucht* und wie ihr weiter heißen mögt, seid alle gegrüßt von mir und euren Brüdern, allen Bewohnern des Abgrunds! Welche Freude, welch einen Jubel hat eure Botschaft, die wir durch die Hand des Herrn *Ruchlos* empfangen haben, unter uns allen erregt! So haben wir doch noch Freunde in der Stadt Menschen-Seele, die mit uns ihr den Untergang geschworen haben! Und sie ist dem Tod nahe. Sie ist mit dem Zorn ihres Fürsten beladen. Ihr Schutz ist von ihr gewichen, Krankheiten und Seuchen verzehren ihre Kräfte. Welch ein Tag unsers Triumphs, wenn wir die Banner der Hölle auf ihren Märkten und Türmen wieder aufpflanzen werden! Wie sollen unsere Schwerter in ihren Eingeweiden wühlen! Zu welchen Ehren sollt ihr, meine Sprösslinge, mein Fleisch und Blut, dann erhoben werden! Und jetzt noch einmal Sieger, wie werden wir unsere Herrschaft befestigen, welche Ketten werden wir für sie schmieden, mit welchen Wällen sie umringen, mit welcher Heeresmacht sie bezwingen! Es soll ihnen nicht wieder gelingen, diese Ketten zu zerbrechen, diese Wälle zu überspringen, diese Heere zu vertreiben, so wahr es auch ihnen schon zuvor gesagt ist, dass es am Ende mit ihnen ärger sein soll als zuvor und dass sie dann keine Gnade mehr von ihrem Fürsten je erlangen sollen[2]. Aber noch steht uns ein Kampf bevor. Darum auf, ihr Getreuen! Lasst es an keiner List, an keinem Mut fehlen! Denkt selbst nach, ob wir besser durch Schmeichelei und Verführung oder durch heimliche

---

2   1. Joh. 5, 16: So jemand sieht seinen Bruder sündigen, eine Sünde nicht zum Tode, der mag bitten; so wird er das Leben geben denen, die da sündigen nicht zum Tode. Es gibt eine *Sünde zum Tode;* die sage ich *nicht,* dass jemand *bitte.* Hebr. 6, 7.8;12,16.17; 2. Petr. 2, 20-22; Matth. 12, 31. 32.

Einschüchterung oder durch offenbare Gewalt und plötzlichen
Angriff zu unserm Zweck gelangen werden; denn ihr seid an Ort
und Stelle und könnt die Gelegenheit besser erspähen als wir, die
wir noch fern sind. Seid aber, ihr wackern Diabolianer und getreu-
en Söhne der höllischen Grube, stets bereit, uns zu helfen, wenn
wir nun mit der ganzen höllischen Macht kommen, denn Einigkeit, ja Einigkeit in dem höllischen Bund, das sei unsere Losung[3]!
Aller Segen der Grube komme über euch! Lebt wohl!«

*Höllische Pläne zur neuen Überwindung der Rückfälligen bei dem
Anfang ihrer Buße.*

Auf den Flügeln der Hölle war *Ruchlos* bald mit diesem Brief zurück bei seinen Genossen. Im Haus des Herrn *Unheil* warteten sie
schon auf ihn. In welchen Jubel brachen sie aus, als sie ihn wohl-
behalten in ihrer Mitte erblickten, und wie steigerte sich ihr Jubel,
als er ihnen den Brief ihres Fürsten vorlas. Sie bestürmten ihn dann
mit tausend Fragen nach dem Befinden ihrer Freunde im Abgrund.
»Es geht ihnen sehr gut«, rief er, »so gut, wie es einem an ihrem Ort
nur gehen kann. Und sie ließen die Freudenglocke ertönen, als sie
eure Botschaft vernahmen.« Es folgte nun eine lange Beratung über
die Aufgabe, die ihnen in dem Brief von Diabolus gestellt war. Zuerst wurden sie darin einig, dass sie alle ihre Verhandlungen fürs
Erste noch geheim zu halten haben, damit Menschen-Seele keine
Vorkehrungen gegen die Ausführung ihrer Pläne treffen kann. Sodann meinte man doch, das letzte Ziel ihrer Bestrebungen könne
unter den gegenwärtigen Umständen nur das sein, Menschen-Seele in *Verzweiflung* zu stürzen. Zu andern Sünden, zum Hochmut,
zu einem zügellosen, gottlosen Leben würden sie sich jetzt, wo die
Angst um ihre frühern Sünden sie fast verzehrte, nicht leicht ver-

---

3   Luk. 11, 17. 18: Er aber erkannte ihre Gedanken und sprach zu ihnen: Ein jegliches
       Reich, wenn es mit sich selbst uneins wird, das wird wüste, und ein Haus fällt über
       das andere. Ist aber der Satan auch mit sich selbst uneins, wie will sein Reich be-
       stehen?

leiten lassen. Aber wenn man sie bereden könnte: »Es wird euch doch all euer Seufzen und Klagen, all euer Bitten und Flehen nichts helfen, eure Sünden sind zu groß, eures Fürsten Liebe werdet ihr doch nie wiedergewinnen«, so würden die Einwohner vom Bitten am Ende ablassen und die Gnade Immanuels auf ewig verscherzen, und dann wären sie ihre sichere Beute. Die Frage war nur die, wie man diesen Zweck am besten erreichen konnte.

Dafür aber wusste keiner bessern Rat als Herr *Betrug*. Er meinte zuerst, dass mit offener Gewalt hier gar nichts auszurichten ist, und kam im Grunde auf den früher schon in ihrem Rat gemachten Vorschlag zurück, dass sie sich Menschen-Seele zum Dienst anbieten sollten. »Lasset«, sprach er, »so viele der Unsrigen, die bereit sind, für unsere Sache etwas zu wagen, sich in fremde Kleider hüllen, ihre Namen ändern und wie Landleute, die von weit her kommen, auf den Markt gehen und sich als Knechte und Diener der berühmten Stadt Menschen-Seele zu verdingen suchen. Werden sie angenommen, dann müssen sie zum bösen Spiel die beste Miene machen und sich stellen, als wollten sie in dem Dienst ihrer Herren sich gleichsam verzehren. Gebt Acht, ob sie nicht in kurzer Zeit die ganze Bürgerschaft so verderben und vergiften werden, dass ihr gegenwärtiger Fürst sich endlich ganz von ihnen abwendet, und die Verzweiflung ist dann nicht weit.« Kaum war dieser Vorschlag gemacht, als alle anwesenden Diabolianer wie ein Mann aufstanden, um zu einem so ruhmwürdigen, trefflichen Unternehmen sich selbst anzubieten. Aber es würde ein zu großes Aufsehen erregt haben, wenn alle Diabolianer zugleich in Menschen-Seele hereinbrechen, darum wurden fürs Erste nur drei gewählt: Herr *Geiz*, Herr *Zügellosigkeit* und Herr *Zorn*. Herr Geiz nannte sich aber *Weise-Sparsamkeit*, Herr Zügellosigkeit *Harmlose-Freude* und Herr Zorn legte sich den Namen *Heiliger-Eifer* bei.

Die ersten Erfolge der satanischen Kunst bei den zurückkehrenden Abtrünnigen, die nicht recht wachen.

An einem Markttag kamen diese drei auf den Marktplatz, drei rüstige, in die Augen fallende Burschen, bekleidet mit Schafpelzen[4], die fast so weiß waren wie die weißen Kleider der Einwohner von Menschen-Seele. Und die Sprache von Menschen-Seele konnten sie auch reden, als wäre es ihre eigene. So fanden sie in der arglosen Stadt bald einen Dienst, umso eher, als sie nur einen kleinen Lohn verlangten und desto größere Versprechungen machten[5]. Herr *Gemüt* mietete den *Weise-Sparsamkeit* und Herr *Gottesfurcht* den *Heiligen-Eifer*. Der Bursche *Harmlose-Freude* aber konnte nicht so schnell einen Herrn finden, denn die Stadt Menschen-Seele stand jetzt in der Fastenzeit; doch nach nicht langem Verlauf mietete diesen *Harmlose-Freude* Herr Wille, weil die Fastenzeit sich ihrem Ende zuneigte, damit er beides, sein Vorleser und Aufwärter, werde, und so bekamen sie alle ihren Herrn.

Kaum aber waren die Bösewichter in die Häuser ihrer Herrn eingetreten, als sie hier auch schon allerlei Unheil anzurichten begannen. Aller Laster voll, dabei schlau und verschlagen, verdarben sie die Familien, besonders das Hausgesinde, dessen Herren von ihrer Verführung auch nicht unberührt blieben, besonders jener *Weise-Sparsamkeit* und der, den sie *Harmlose-Freude* nannten. Nicht so gut gelang es dem Dritten, der sich unter dem viel versprechenden Namen *Heiliger-Eifer* bei Herrn *Gottesfurcht* eingeschlichen hatte. Sein gerader biederer Herr fand bald heraus, dass jener nur ein heuchlerischer Schurke war, und als der Bube das merkte, machte er sich bald aus dem Staube, fast hätte ihn sein Herr auch noch aufhängen lassen. Sie hätten aber nicht die zähe Natur ihres höllischen Meisters haben müssen, wenn dieser kleine Zwischenfall sie in ihrem Vorhaben hätte irremachen sollen. Im Ganzen hatten sie ja so guten Erfolg gehabt, dass sie schon planen konnten, wann der Hauptschlag zu vollführen ist. Ein *Markttag*, meinte man, sei der beste Tag dazu, da hätten die Leute so viel im Kopf, dass sie an einen

---

4   Matth. 7, 15: Sehet euch vor vor den falschen Propheten, die in Schafskleidern zu *euch* kommen, inwendig aber sind *sie* reißende Wölfe.

5   Matth. 4, 8: Wiederum führte ihn der Teufel mit sich auf einen sehr hohen Berg und zeigte ihm alle Reiche der Welt und ihre Herrlichkeit.

Überfall am wenigsten denken würden. Da könnten sie sich auch am besten ohne Verdacht in genügender Zahl versammeln, und misslänge ja das Unternehmen, so könnten sie desto leichter entwischen und sich in dem allgemeinen Menschengewühl verlieren. *(An den Tagen unruhigen Welttreibens macht der Teufel noch immer die besten Geschäfte.)* Infolge dieser Beratung wurde sogleich neue Botschaft an Diabolus wieder durch die Hand des Herrn *Ruchlos* gesandt. Es war ein langer Brief, der einen weitläufigen Bericht über alle die bereits mitgeteilten Verhandlungen, Pläne und Beschlüsse der Diabolianer zur Verderbung von Menschen-Seele enthielt sowie über die Vorteile, die ihre beiden Genossen bereits über die getäuschten Bürger der Stadt erlangt hatten, sodass nun schon alles zum Hauptschlag fertig sei. Sie bezeichneten Diabolus auch den Markttag, an dem sie losbrechen wollten, baten ihn, zur rechten Zeit mit seiner Heeresmacht zu ihnen zu stoßen, versicherten ihn noch einmal ihrer ganzen Hingebung, Treue und Dienstwilligkeit und sprachen in überschwänglichen Ausdrücken von der Gewissheit des großen Sieges, der bald in ihren Händen sein werde.

4. Kapitel

Trostloser Zustand der abgefallenen Stadt Menschen-Seele. Die Hölle entwirft neue wirksame Pläne zu ihrer neuen Unterjochung. Alle Hoffnung scheint verloren. Bewusstsein der Schuld und heimliche Sündenliebe hindern die Rückkehr der Abfälligen.

Während der ganzen Zeit, in der jene wütenden Landstreicher und höllischen Diabolisten im Verborgenen am Verderben der Stadt Menschen-Seele arbeiteten, befand sich diese selbst noch immer in einem bejammernswerten Zustand.

Das Schuldbewusstsein, *Schaddai* und seinen Sohn durch ihren Rückfall so gröblich beleidigt zu haben, lastete umso schwerer auf ihnen, als die unzähligen Bittschriften, die sie an den Prinzen Immanuel hatten abgehen lassen, neue Gnade und Gunst für sie bei seinem Vater zu erwirken, noch immer nicht die geringste Berücksichtigung gefunden hatten. Kein Sonnenblick göttlichen Wohlwollens erhellte die schwarze Nacht, die über ihren geängsteten Herzen lagerte. Sie fragten die Hüter auf ihren Türmen: »Ist die Nacht bald hin?« Sie aber gaben die trostlose Antwort: »Wenn auch der Morgen kommt, so wird es doch Nacht bleiben. Wenn ihr fragen wollt, so kommt wieder und fragt« (Jes. 21, 11. 12). Dazu kam, dass die ausgebrochene Krankheit noch in der Stadt wütete und die Hauptleute und Einwohner zu Boden warf, während ihre Feinde von Mut, Gesundheit und Kraft zu strotzen schienen. Was ihnen aber insgeheim Mut und Kraft lähmte, das war der wachsende Einfluss ebendieser Feinde auf sie, die wie eine bittere Wurzel unter ihnen aufschossen und alles verderbten[1]. Das aber erkannten sie noch nicht.

Ebenso wenig wussten sie von den *Plänen*, die gegen sie in der Hölle geschmiedet wurden. Es war um diese Zeit, dass Herr *Ruchlos* den letzterwähnten Brief der Diabolianer an ihren Fürsten überbrachte. Der schon bekannte willkommene Bote wurde vom Pförtner bis zum Oberhaupt des Abgrunds allerseits mit den höchsten Ehren und Freuden begrüßt, und ebenso tönte es von *Ruchlos'* Seite wider: »Lasst Menschen-Seele Eigentum meines Herrn, des *Diabolus*, werden! Er sei ihr König ewiglich!« Der hohle Bauch und aufgesperrte Rachen der Hölle antwortete mit solch einem entsetzlichen Seufzer (*denn das ist die Musik dieses Ortes*), dass die Berge über ihr erzitterten, als wollten sie wie Tonkrüge in Scherben zerspringen. Nun aber begann eine lange Beratung unter den Fürsten des Abgrunds, bei der Diabolus den Vorsitz führte, über die Antwort, die man den Freunden zu geben habe.

---

1   Hebr. 12, 15: Sehet darauf, dass nicht jemand Gottes Gnade versäume; dass nicht etwa eine bittere Wurzel aufwachse und Unfrieden anrichte und die Gemeinde dadurch befleckt werde.

Mit Weltlust und Sündenlust will die Hölle sich in der Seele einnisten.

Luzifer meinte, es gelte als eine uralte Regel unter allen Diabolianern, dass die Verführung zu Sünde und Laster das wirksamste Mittel zur Ausbreitung ihrer Herrschaft sei. Ihr alter Freund Bileam habe damit schon die größten Erfolge erzielt (4. Mose 31, 16). Es frage sich aber, ob es geraten sei, gerade an einem Markttag dies Unternehmen durchzuführen; denn da sei alle waffenfähige Mannschaft beisammen, und es könnte gleich einen harten und zweifelhaften Kampf geben. *Beelzebub* leugnete dies nicht, aber er sagte, es komme allein darauf an, ob Menschen-Seele die Gefahr ihres gegenwärtigen Zustandes so erkenne, dass sie zur Vorsicht überall Posten und Wachen aufgestellt habe, die sie dann an Markttagen verdoppeln würde. Sollte sich aber nach genauer Erforschung herausstellen, dass sie im tiefen Schlummer der Sicherheit liegt, so werde sich jeder Tag – obwohl ein Markttag am besten – zu dem Unternehmen eignen. *Ruchlos* musste gleich Auskunft über die wahre Lage der Dinge geben. Er sagte, Menschen-Seele sei in ihrem Glauben und in ihrer Liebe entkräftet, seit Immanuel ihr den Rücken zugekehrt. Vergeblich bitte sie schon lange um seine Rückkehr. Sonst seien eben keine Veränderungen wahrnehmbar. Das *Gebet,* das der Berichterstatter erwähnte, jagte sichtlich dem Diabolus einen Schrecken ein *(denn auch das Gebet des schwächsten Menschen fürchtet Satan mehr als alles).* Aber er tröstete sich damit, dass Menschen-Seele mit ihrer Umkehr doch noch keinen rechten Ernst macht. Und die bloß Herr, Herr! zu Immanuel sagen, wolle dieser selbst ja nicht hören (Matth. 7, 21). *Apollyon* unterschätzte die Kraft des Gebets gleichfalls nicht, aber er führte noch mehr aus, wie nur eines ihre Sache in Menschen-Seele wesentlich fördern werde, die Sünde, allein die Sünde ist der Leute Verderben (Spr. 14, 34). *(Merke das, liebe Seele!)* Man habe gesehen, was *Fleischliche-Sicherheit* in so kurzer Zeit für eine Verwüstung in Menschen-Seele angerichtet habe. Es komme alles darauf an, dass nun auch Herr *Geiz* und Herr *Zügellosigkeit,* die glücklicherweise Eingang in das Innere der Stadt gefunden haben, ihre Schuldigkeit tun, und zwar ohne Aufsehen, ganz im Stillen, damit Menschen-Seele die Gefahr nicht merkt. Gelänge es ihnen, festen Boden in ihr zu finden, so würde Wachsamkeit und Gebet von selbst in ihr aufhören[2]. Sie würden ihren *Immanuel* vergessen, und er würde sie vergessen.»Lasst es euch gesagt sein«, so schloss er seinen entsetzlichen Rat,»zwei oder drei Diabolianer, in die Stadt gesetzt *(mutwillige Sünden)*, können mehr tun, Immanuel fern zu halten und uns den Sieg zu geben, als eine ganze Armee, die von draußen heranrückt[3]. Und wenn es gelingt, noch mehrere von unsern zuverlässigen Leuten in die Stadt einzuschmuggeln, sodass sie festen Fuß in ihr fassen, ich versichere euch, dann wird Menschen-Seele unser, auch ohne Schwertstreich, Wurfgeschosse und Schleudern. Kein Immanuel wird ihr mehr zu Hilfe kommen, sie wird selbst uns die Tore öffnen und uns jubelnd als ihre Herren empfangen[4].« *(Merke das, liebe Seele!)*

Mit Unglauben und Verzweiflung soll der Hauptschlag geschehen.

Ein Glück war es, dass dieser gefährlichste aller Ratschläge, der ohne Zweifel die arme Menschen-Seele einem unwiederbringlichen Untergang geweiht hätte, wenn er angenommen worden wäre, an der Ungeduld des wütenden Diabolus scheiterte.»Meine Herren und Mächte des Abgrunds, meine treuen und zuverlässigen Freunde!«, so unterbrach er Apollyons Rede.»Mit großem Missbehagen, wie es mir geziemt, habe ich eure langen und langweiligen Reden mit angehört. Doch mein wütender, gieriger Schlund und mein leerer Bauch gelüsten so nach dem Wieder-

---

2   Mache dich, mein Geist, bereit, wache, fleh und bete, dass dich nicht die böse Zeit
       unverhofft betrete; denn es ist Satans List über viele Frommen zur Versuchung kom-
       men.

3   1. Kor. 5, 6. 7: Wisset ihr nicht, dass ein wenig Sauerteig den ganzen Teig versäuert?
       Darum feget den alten Sauerteig aus, auf dass ihr ein neuer Teig seid.

4   Hebr. 10, 26. 27: Denn so wir mutwillig sündigen, nachdem wir die Erkenntnis der
       Wahrheit empfangen haben, haben wir hinfort nichts als ein schreckliches Warten
       auf das Gericht und das gierige Feuer, das die Widersacher verzehren wird. Eph. 5,
       3-6.

besitz meiner berühmten Stadt Menschen-Seele, dass, mag auch daraus kommen, was da wolle, es mir unmöglich ist, länger auf den Schluss dieser zaudernden, weit aussehenden und sich abzehrenden Pläne zu warten. Eine unersättliche Begierde reißt mich fort, Menschen-Seele muss nach Leib und Seele mein werden! Darum leiht mir jetzt euren Kopf, euer Herz, euren Arm zur Wiedereroberung meiner Stadt Menschen-Seele.« Als die Herren und Fürsten des Abgrunds die flammende Begierde sahen, die in Diabolus hervorloderte, die unglückliche Stadt Menschen-Seele zu verschlingen, wagten sie es nicht länger, Einwendungen zu machen, sondern boten ihm alle ihre wirksame Unterstützung an.

Auf die von den Diabolianern in Menschen-Seele gemachten Vorstellungen, dass man unter den gegenwärtigen Umständen es besonders darauf anlegen müsse, die schon verzagten Herzen in den Abgrund der Verzweiflung zu stürzen, ging Satan besonders ein. Eine furchtbare Armee von wenigstens 20-30000 Mann *Zweiflern*[5] wollte er sofort zu der geängstigten Stadt entsenden. Die Fürsten des Abgrunds selbst sollten diese Armee kommandieren. Er ließ auch sogleich die Werbetrommeln im Land des Zweifels schlagen, das ganz nahe dem *Höllenpfort-Hügel* lag, und war ebenso eilig, einen Brief aufsetzen zu lassen, der die Diabolianer von dem eben entworfenen Plan schleunigst benachrichtigen sollte. »Fahrt fort«, sagte er in diesem Schreiben, »alle eure Macht, Arglist und Kunst aufzubieten, die Arglosen und Betörten der Stadt in Sünde und Gottlosigkeit zu verwickeln, damit sie Sünde auf Sünde häufen. Dann werden sie vergeblich auf die Hilfe *Immanuels* hoffen, und *Schaddai* wird sich zum Zorn und Eifer gegen sie rüsten.Wir werden mit einem Heer von Zweiflern kommen, und Menschen-Seele wird dem als reife Feige ins Maul fallen, der sie fressen will. Ja, seid versichert, dass wir sie dann mit großer Gemächlichkeit überwinden und uns zu Meistern von ihr machen können. Auch uns

---

5   Matth. 17, 19. 20: Da traten zu ihm seine Jünger besonders und sprachen: Warum
       konnten wir ihn nicht austreiben? Jesus aber sprach zu ihnen: Um eures Kleinglau-
       bens willen. Mark. 16, 17.

scheint es ganz ratsam, dass wir an einem Markttag die Sichern überraschen. Haltet euch jedoch bereit, sobald ihr die Lärmtrommel draußen vor der Stadt wirbeln hört, und bietet dann alles auf, drinnen eine schauerliche Verwirrung anzurichten. Dann wird Menschen-Seele von vorn und von hinten in Angst und Schrecken gesetzt und bestimmt nicht wissen, wohin sie sich um Hilfe wenden soll, und uns so in die Hände fallen.« Mit diesem Brief eilte Herr *Ruchlos* nach Menschen-Seele wie im Flug zurück. Im Haus des Herrn *Unheil* warteten schon längst die Diabolianer auf ihn, die in höllischer Freude die Kunde von den Plänen und Rüstungen Satans empfingen und nun ihrerseits auch mit allem erdenklichen Eifer sich zu dem Hauptschlag bereiteten.

Blindheit und Untätigkeit erstickt alle Hoffnung der Errettung.

Und die arme Menschen-Seele, wie stand es jetzt um sie? Wahr ist es, sie hatte ihre Sünde erkannt, doch die Diabolianer waren schon in ihre Eingeweide eingedrungen. Die Einwohner hatten die Mächte der Hölle durch ihre Lässigkeit zum neuen furchtbaren Angriff gegen die Stadt ermutigt. Und dabei hatten sie keine Ahnung von den Ränken, die die Hölle gegen sie schmiedete, und von den schrecklichen Rüstungen, die Diabolus von innen und außen so unablässig betrieb. Zwar sandten sie noch immer Bittschrift auf Bittschrift an den Fürsten ab, sie schrien zu ihm, aber ihr Geschrei prallte wie von einem ehernen Himmel ab. Wie konnte sie ihr König auch erhören? Sein Wort sagt: »Der feste Grund Gottes besteht und hat dieses Siegel: Der Herr kennt die Seinen; und: Es trete ab von Ungerechtigkeit, wer den Namen des Herrn nennt« (2. Tim. 2, 19). Wie konnte er die annehmen, die diesen Grund umkehrten, der Ungerechtigkeit nachhingen und die Diabolianer an ihren Busen legten, während sie um Rettung von deren Macht flehten[6]? An

---

6   1. Sam. 28, 5. 6: Als aber Saul das Heer der Philister sah, fürchtete er sich, und sein
        Herz verzagte sehr. Und er befragte den Herrn; aber der Herr antwortete ihm nicht,
        weder durch Träume noch durch das Los »Licht« noch durch Propheten.

diesem einen Widerspruch siechte ihre Kraft immer mehr dahin, und ein gut Teil von ihnen wurde auch eine Beute des Todes[7]. In eben dem Maß wuchs aber die Kraft der Diabolianer. Sie hüteten sich wohl, ihre wahre Gestalt zu zeigen, und Menschen-Seele war viel zu sehr mit ihren Zweifeln und ihrer Angst beschäftigt, zu sehr im geheimen Bund mit ihnen, als dass sie die Arglist der Diabolianer hätte erkennen können. So geschah es, dass Diabolianer und Bürger von Menschen-Seele miteinander ganz friedlich durch die Straßen wandelten, und diese merkten nicht, dass jene sich schon heimlich den Besitz von ganz Menschen-Seele versprachen. Beide schienen Herren der Stadt zu sein. Die Bürger von Menschen-Seele wähnten es zu sein, und das blendete sie noch mehr, und ihre Feinde waren nahe daran, es wirklich zu werden. Mehr als elftausend Menschen, Männer, Frauen und Kinder, waren in dieser Zeit schon gestorben, und die Diabolianer mehrten sich täglich – was wird das Ende dieses Jammers sein?

5. Kapitel

Menschen-Seele erwacht wie aus einem Traum und trifft Maßnahmen, sich gegen ihre Feinde zu schützen.

Der Prophet Jesaja bezeugt (Kap. 1, 9): »Hätte uns der Herr Zebaoth nicht einen geringen Rest übrig gelassen, so wären wir wie Sodom und Gomorra.« Gottlob, dass auch in Menschen-Seele noch einige Leute da waren, die sich von den Verführungskünsten der Diabolianer unbefleckt erhalten hatten. Zu diesen gehörte Herr *Scharfsichtig*. Als abgesagter Feind jener bösen Rotte ging er mit spähendem Auge überall in Menschen-Seele umher, um zu

---

7   1. Kor. 11, 30: Darum sind auch viele Schwache und Kranke unter euch, und ein gut Teil sind entschlafen. Vgl. 1. Kor. 10, 21.

erforschen, ob von den Diabolianern etwa ein geheimer Plan gegen die Stadt geschmiedet wird. Da begab es sich einst, dass Herr *Scharfsichtig*, der auf jedes verdächtige Zeichen lauschte, in dem Stadtteil *Schlechthügel*, wo sich die Diabolianer in Menschen-Seele versammelten, ein sehr verdächtiges Gemurmel vernahm. Unter dem Schutz der Nacht schlich er sich leise heran, und bald hörte er auch ganz deutlich die Worte: »In kurzem wird *Diabolus* wieder im Besitz von Menschen-Seele sein, und dann sollen alle Einwohner von Menschen-Seele, die Hauptleute des Königs voran, über die Klinge springen (getötet werden). Denn über 20 000 streitbare Männer sind von unserm Fürsten schon gerüstet, und nicht zwei Monate werden vergehen, da wird jeder sehen, was kommt.«

Erkennen der Gefahr ist der erste Schritt zur Rettung.

Kaum hatte Herr *Scharfsichtig* diese saubere Geschichte vernommen, als ihn der Schreck sogleich zum Herrn Oberbürgermeister trieb, um ihm davon Anzeige zu machen. Dieser schickte schnell nach dem Herrn Unterprediger, und nachdem er diesem alles mitgeteilt hatte, machte der – denn der Herr *Obersekretär* war zu der Zeit noch unpass – gleich Lärm. Er ließ die Glocke zum Gottesdienst läuten, und als das Volk zusammenströmte, rief er, selbst noch voll Schrecken: »Es ist eine entsetzliche Verschwörung gegen Menschen-Seele angezettelt worden, bei der man nichts Geringeres im Sinn hat, als uns alle an einem Tag zu ermorden. Und niemand nehme es mit dieser Nachricht leicht, denn Herr *Scharfsichtig*, den ihr alle als den treuesten Liebhaber von Menschen-Seele kennt und als einen Mann, der kein Schwätzer ist und allen Sachen auf den Grund geht, hat es mir selbst gesagt, und ihr könnt es auch aus seinem eigenen Mund hören.«

Schnell wurde Herr *Scharfsichtig* herbeigerufen, und nachdem er den ganzen Verlauf seiner Entdeckung aufs Überzeugendste erzählt, fuhr der Prediger fort: »Kein Wunder, dass es so gekommen ist. Wir haben *Schaddai* zum Zorn gereizt, haben durch unsere Sünden *Immanuel* vertrieben, wir haben uns sogar mit den

Diabolianern eingelassen. Alles ist matt und krank, unsere besten Leute *(gute Wünsche und Vorsätze)* sind ins Grab gesunken. Unsere Feinde haben ihr Haupt hoch emporgehoben. Wie konnte es anders kommen, als dass sie ihren Vorteil wahrnahmen und unsern Untergang beschlossen?«

Wachsamkeit, wahre Buße steigern die Hoffnung auf Errettung.

Wie ein Blitz trafen diese Worte, denen keiner widersprechen konnte, die versammelte Menge. Menschen-Seele fuhr mit Schrecken aus ihrem Schlaf empor[1]. Alles weinte und heulte. Weil sie wohl fühlten, dass hier allein Immanuel helfen konnte, wurden vor allem neue Bittschriften an ihn gesandt. Dann aber auch flehten sie die Hauptleute und ihre Krieger an, das Werk mit neuem Mut wieder aufzunehmen und sie gegen die nahen und schrecklichen Angriffe des kühnen Feindes, so viel sie vermöchten, zu schützen. Da keiner besser als die Hauptleute die Gefahr erkannte, beschlossen sie nach kurzer Beratung gleich folgende Maßnahmen: Vor allem sollten die Tore von Menschen-Seele fest verschlossen bleiben und alle ein- und ausgehenden Personen scharf ausgeforscht werden, ob sie zu den Verrätern gehörten. Sodann sollten aber auch in der ganzen Stadt ebenso scharfe Haussuchungen angestellt werden, wobei kein Bürger, gleich welchen Standes, verschont wird[2]. Und bei wem noch ein Diabolianer gefunden würde, der sollte zu seiner eigenen Beschämung und zum warnenden Beispiel für die andern auf dem Markt öffentlich Buße tun[3]. Darauf sollte auch die ganze Stadt einen öffentlichen Fast- und Bußtag[4]

---

1 Eph. 5, 14: Wache auf, der du schläfst, und stehe auf von den Toten, so wird dich Christus erleuchten.

2 Klagel. 3, 40: Lasst uns erforschen und prüfen unsern Wandel und uns zum Herrn bekehren!

3 Hes. 16, 52: So trage du nun auch deine Schande, weil du an die Stelle deiner Schwester getreten bist durch deine Sünden, mit denen du größere Gräuel getan hast als sie; sie steht gerechter da als du. So schäme du dich nun auch und trag deine Schande, während deine Schwester gerecht dasteht. Jer. 2, 34; 5, 26.

halten, vor Schaddai ihre schweren Sünden bekennen und ihn um Erbarmung anrufen. Alle diejenigen aber, die in diese Ordnung sich nicht fügen und leichtsinnig umherlaufen würden, sollten für Diabolianer angesehen werden und die gebührende Strafe empfangen. Ja es sollte diese allgemeine Buße sich nicht auf diesen Tag allein beschränken, täglich sollten alle ihre Sünden beweinen und zu Schaddai um Gnade und Hilfe schreien. Endlich sollte die ganze Stadt Menschen-Seele dem Herrn *Scharfsichtig* für seine treue Sorge um ihr Wohl ihren Dank abstatten. Damit Menschen-Seele durch seine wirksamen Dienste auch ferner vor Schaden bewahrt würde, wurde er zum *General-Wachtmeister* der Stadt ernannt[5].

Es war ein Glück für Menschen-Seele, dass alle diese Beschlüsse aufs Pünktlichste ausgeführt wurden wie auch, dass der neu ernannte General-Wachtmeister sein Amt mit solcher Hingebung ausrichtete. Er durchsuchte nicht nur *in* der Stadt alle Winkel, sondern auch in ihrer ganzen Umgebung forschte er weithin nach, ob sich nichts Verdächtiges findet. Auf seinen Streifzügen kam er eines Tages auch nach Höllenpfort-Hügel in die Landschaft der Zweifler und hörte hier zu seinem Entsetzen, dass *Diabolus* seine Armee fast marschfertig hatte. Schnell eilte er nach Menschen-Seele zurück und berichtete zu allgemeiner Bestürzung, Diabolus könne jeden Augenblick vor den Toren der Stadt stehen, seine Armee zähle schon 20000 Zweifler, denen täglich noch mehr Freiwillige aus der schwarzen Höhle zulaufen. Die Hauptfürsten des Abgrunds habe Diabolus zu Feldobersten über sie gesetzt. Das Oberkommando habe er aber dem alten *Unglaube* übertragen, weil er ihn nicht allein für den Geschicktesten, sondern auch für den Treuesten unter allen seinen Leuten hält; denn er wusste wohl, dass Unglaube den Schimpf, den ihm Menschen-Seele angetan, nicht vergessen hatte und dass er vor Begierde glüht, diese Schmach in ihrem Blut abzuwaschen.

---

4   Jod 2, 12-17: Doch auch jetzt noch, spricht der Herr, bekehret euch zu mir von ganzem Herzen mit Fasten, mit Weinen, mit Klagen! usw.
5   Kol. 4, 2: Haltet an am Gebet und wachet in ihm mit Danksagung.

6. Kapitel

Die Diabolianer in Menschen-Seele werden gesucht und verhaftet.

Viel ist gewonnen, wenn man die Sünde greift und tötet.

Je größer die Gefahr war, die nach den Mitteilungen des Herrn *Scharfsichtig* Menschen-Seele jetzt bedrohte, desto mehr waren auch alle Hauptleute und Ältesten der Stadt neben dem genannten Herrn darauf bedacht, die Diabolianer, die schon so großes Unheil über alle gebracht, vollends aufzuspüren und unschädlich zu machen. Und sehr bald fand man wirklich in den Häusern zweier angesehenen Männer zwei Diabolianer. In dem Haus des Herrn Verstand wurde der Schurke *Geiz* entdeckt, der seinen Namen in *Weise-Sparsamkeit* verwandelt hatte. Und bei Herrn Wille zog man den Burschen *Zügellosigkeit* ans Licht, der sich mit dem Namen *Harmlose-Freude* geschmückt hatte. Beide wurden sofort nach dem Gefängnis *(Gesetz)* abgeführt und der Bewachung des Kerkermeisters *Treumann* übergeben. Dieser behandelte sie aber so streng und belastete sie so stark mit Ketten, dass sie sehr bald die Schwindsucht bekamen und im Gefängnis ihr Leben aushauchten. Aber auch ihre Herren wurden nach einhelligem Gutfinden der Hauptleute und Stadtältesten zu einer öffentlichen Buße verurteilt und mussten sich dieser zu ihrer eigenen Beschämung und zum warnenden Beispiel für die Übrigen der Stadt Menschen-Seele unterziehen, indem sie öffentlich ihre Sünden bekannten und Besserung ihres Lebens versprachen. Durch diesen Erfolg ermutigt, setzten die Hauptleute und Ältesten mit doppeltem Eifer ihre Nachforschungen fort. Aber obgleich sie in allen Höhlen und Löchern, Gewölben und Gruben suchten, die Spuren und Fußstapfen der Diabolianer oft auch deutlich sahen und ihnen bis in die Tiefe nachspürten, so waren doch deren Wege so krumm und verschlungen, jene selbst so flink und behände, dass ihre Verfolger zuletzt nur das Nachsehen hatten[1]. *(Je gläubiger der Mensch, je feiner die Sünde.)* Aber die Folge von diesen strengen Maßnahmen gegen die Diabolianer war doch die, dass sie, wenn sie bis vor kurzem noch wagen durften, öffentlich und am Tage sich sehen zu lassen, nun die Verborgenheit und die Schatten der Nacht suchten, ja Toten gleich sich unter die Erde flüchteten. Sie durften sich nicht mehr erfrechen, mit den Bürgern von Menschen-Seele Arm in Arm zu wandeln; denn sie sahen sich von allen wie von Todfeinden bis aufs Blut verfolgt[2]. *(Feindschaft gegen die Sünde bis in den Tod ist die rechte Frucht der Buße.)* Diese große Umwandlung bewirkte besonders Herrn *Scharfsichtigs* Eifer, Umsicht und Treue in der berühmten Stadt Menschen-Seele.

7. Kapitel

Die Armee des Diabolus. Sein erster Angriff.

Aller Eifer, der Menschen-Seele jetzt gegen Diabolus und seinen Anhang entflammte, war doch nicht imstande, Diabolus zu entmutigen. Seinen unersättlichen Schlund dürstete umso mehr nach dem Blut seiner erwählten Schlachtopfer. Er wusste aber wohl, was für einen Kampf er zu bestehen haben würde, deshalb war seine Rüstung auch so furchtbar. Wir wollen nur die Reihe der schrecklichen Hauptleute ansehen, die unter Obergeneral *Unglauben* mit ihren grässlichen Bannern daherzogen.

---

1   Ps. 19, 13: Wer kann merken, wie oft er fehlet? Verzeihe mir die verborgenen Sünden! Ps. 139, 23. 24. Luther unterscheidet zwischen schwarzem und weißem Teufel.

2   2. Kor. 7, 11: Siehe: eben dies, dass ihr seid betrübt worden nach Gottes Sinn, welchen Fleiß hat das in euch gewirkt, dazu Verantwortung, Unwillen, Furcht, Verlangen, Eifer, Bestrafung! Hebr. 12, 1-4.

Bestürmung der wieder zu Gott sich wendenden Herzen mit Zweifeln aller Art.

Der erste Hauptmann war Hauptmann *Wut*. Er war Befehlshaber über die Erwählungszweifler mit roter Fahne. Sein Fahnenträger war Herr *Verderber*. Als Wappen hatte er den großen roten Drachen (Offb. 12, 3. 4). Der zweite Hauptmann hieß *Raserei*. Er befehligte die Berufungszweifler. Sein Fahnenträger war Herr *Finsternis*. Seine Fahne war fahl, und als Wappen führte er die feurige Schlange (4. Mose 21, 6). Der dritte Hauptmann, Anführer der Gnadenzweifler, hieß *Verdammnis,* er hatte eine rote Fahne, die Herr *Nichtleben* trug, im Wappen führte er die schwarze Grube (Offb. 9, 2). Der vierte Hauptmann hieß Hauptmann *Unersättlich*, Befehlshaber der Glaubenszweifler. Rot war seine Fahne, getragen von Herrn *Verschlinger,* und als Wappen führte er den gähnenden Schlund (Spr. 27,20). Dann kam Hauptmann *Schwefel,* der die Beharrlichkeitszweifler unter einer roten Fahne führte, die Herr *Feuerbrand* trug. Als Wappen war darauf eine blaue stinkende Flamme (Offb. 14, 10). Der sechste Hauptmann hieß *Qual*. Er befehligte die Auferstehungszweifler unter einer Fahne von fahler Farbe, die Herr *Gewissensbiss* trug. In seinem Wappenschild stand ein schwarzer Wurm (Mark. 9, 44). Der siebente Hauptmann hieß *Ohneruhe*. Unter seinem Befehl standen die Seligkeitszweifler. Die rote Fahne trug Herr Rastlos. Darauf war als Wappenschild das Bild des Todes zu sehen. Dem folgte gleich der Hauptmann *Grab*, Befehlshaber der Herrlichkeitszweifler. Seine fahle Fahne trug Herr *Verwesung,* und sein Wappen zeigte einen Schädel mit kreuzweise darunterliegenden Totenknochen. Der neunte Hauptmann endlich war Herr *Hoffnungslos,* unter dessen Befehl die Glückszweifler standen. Seine rote Fahne wurde von *Verzweiflung* getragen. Als Wappen bemerkte man ein glühendes Eisen und ein hartes Herz. Unter diesen berühmten Hauptleuten hatte Diabolus auch eine auserwählte Schar um sich zu seinem besonderen Rat und Dienst: Herrn *Beelzebub, Luzifer, Legion, Apollyon, Python, Zerberus.*

Wachsamkeit, Mut, Gebet treiben Satans ersten Angriff zurück.

Der Höllenpfort-Hügel war der Sammelplatz dieser ganzen furchtbaren Armee des Satans. Nachdem sie geordnet war, setzte sie sich unverzüglich in Marsch, gerade auf Menschen-Seele los. Wie wir gesehen, war die Stadt wohl vorbereitet auf ihren Empfang. Man verdoppelte an den Toren die Wachen. Man stellte an passenden Orten die Wurfmaschinen auf, um von dort aus große Steine *(Gottes Wort unter Gebet)* auf die wütenden Feinde schleudern zu können. Auch hatten sie die Diabolianer in der Stadt nicht sonderlich zu fürchten, denn Menschen-Seele war aus ihrem Traum erwacht und jetzt auf ihrer Hut. Und doch, welch eine Bestürzung ergriff das arme Völklein, als sich das ganze höllische Heer vor ihren Augen ausbreitete und der entsetzliche Schall der Höllentrommel an ihr Ohr drang (1. Petr. 5, 8). Dieser Schall war aber auch wirklich über alle Beschreibung schauerlich und ließ alle Menschen wohl über zehn Kilometer im Umkreis erbeben. Und der Anblick der Fahnen mit ihren gräulichen Zeichen betäubte vollends ihre Sinne. Aber wenn man nur einmal ernst und nüchtern der Gefahr ins Auge geschaut hat und sich vorbereitet, den Kampf zu bestehen, so dauert die erste Bestürzung nicht lange. Auch Menschen-Seele sammelte sich bald. Als Diabolus nun heranstürmte gegen das Ohrtor, rechnete er fest mit der Unterstützung durch seine Genossen in der Stadt. Doch durch die Wachsamkeit der Hauptleute in Menschen-Seele schlug die Unterstützung fehl, und dieser erste wütende Angriff wurde zurückgetrieben. Die kaum überstandene Krankheit lähmte noch die Kraft der Hauptleute, und viele Lücken zeigten sich in den Reihen der Soldaten, doch richteten die Wurfmaschinen *(Gebete)* eine schreckliche Zerstörung unter Satans Heer an, und alle Soldaten taten so sehr ihre Schuldigkeit, dass Diabolus bald zum Rückzug blasen lassen musste[1].

---

1   Jak. 4, 7: So seid nun Gott untertänig. Widerstehet dem Teufel, so flieht er von euch.

Wohl dem, der weder auf die Drohungen noch auf die Schmeiche-leien Satans hört!

Aber damit war der höllische Würger noch nicht weg. Nun erst begann für Menschen-Seele die viel größere Gefahr einer langen entschlossenen Belagerung. Zunächst ließ Diabolus gerade gegen-über der Stadt vier furchtbare Anhöhen aufwerfen. Der ersten gab er seinen eigenen Namen, die drei andern Berge nannte er nach den fürchterlichen Furien der Hölle *Alekto, Megaira* und *Tisipho-ne. So* fing er sein Spiel mit Menschen-Seele an, ein Spiel, wie der Löwe mit seiner Beute spielt. Doch die Hauptleute und Soldaten ließen nicht ungestraft so mit sich spielen, und Diabolus erlang-te fürs Erste keine weiteren Vorteile. Da pflanzte der Tyrann auf dem Berg Diabolus, der auf der Nordseite der Stadt aufgeworfen war, seine eigene Standarte auf, gräulich anzusehen. Er hatte in sie durch teuflische Kunst, nach Art eines Wappens, eine lodern-de Flamme hineingewirkt und in diese das Bild der brennenden Menschen-Seele! Dann befahl er seinem Trommler, in jeder Nacht, wenn sie sicher vor den Schleudern der Belagerten waren, sich den Mauern der Stadt zu nähern, dort seine Trommel zu rühren, um Menschen-Seele zu ängstigen und zu ermüden. Und man muss gestehen, dieser Trommler tat seine Schuldigkeit. Nie war je auf Erden ein fürchterlicherer, so durch Mark und Bein dringen-der Klang gehört worden – ausgenommen die Stimme Schaddais, wenn er redet – als der Schall dieser Trommel, und Menschen-See-le wurde dadurch in einen Zustand versetzt, wie ihn der Prophet Jesaja schildert, der sagt: »Wenn man dann das Land ansehen wird, siehe, so ist's finster vor Angst, und das Licht scheint nicht mehr über ihnen« (Jes. 5, 30). Der Trommelschlag hatte eigentlich zu-nächst nur den Zweck, die Aufmerksamkeit von Menschen-Seele auf eine Botschaft zu richten, die für sie war. Diese Botschaft war keine andere als die: »Wenn ihr euch willig dem Teufel unterwerft, so sollt ihr das Mark der Erde genießen; wollt ihr aber nicht, sollt ihr seine Rache fühlen.« Glücklicherweise aber hatte die Angst alle Leute weg von den Wällen zum Schloss getrieben, wo die Haupt-

leute versammelt waren und es wie Feuerglanz leuchtete[2]; darum
hörten sie gar nichts von der lügnerischen Botschaft des Diabolus. So versuchte es dieser Tausendkünstler denn ohne Trommel
und ließ Menschen-Seele ohne alles Geräusch ganz höflich wissen,
dass er eine friedlich Unterredung mit ihnen begehre. Die Städter wussten aber schon aus eigner langer Erfahrung, was er wollte. Es war ihnen noch in frischer Erinnerung, wie teuer es ihnen
zu stehen gekommen war, dass sie sich nur auf wenige Wochen
mit ihm eingelassen hatten. Darum würdigten sie ihn gar keiner
Antwort. Zwar sandte er in der nächsten Nacht den schrecklichen
Hauptmann *Grab* noch einmal zu ihnen. Der sagte mit fürchterlich
drohender Stimme, sein höllischer Fürst besitze noch immer das
volle Anrecht an sie, das sie ihm selbst eingeräumt hatten. Daher
forderte er sie auf, sich ihm unverzüglich zu ergeben, sonst würde
er sie wie ein offenes Grab verschlingen. Dabei tat er seinen grässlichen Schlund weit auf, dass es ein Entsetzen war für alle, die es
sahen. Aber eine Antwort bekam er trotzdem nicht.

Die Rückfälligen scheinen vergebens die Hilfe des Heiligen Geistes
zu suchen, den sie beleidigt haben.

Herzlich bange war der armen Menschen-Seele doch. Aber Gottlob!, sie gingen in ihrer Not vor die rechte Tür. Der Herr Obersekretär war noch immer ihr Oberprediger, allerdings seit ihrem
Rückfall nicht mehr recht zugänglich. Doch als Tröster in allem
Leid blieb er ihre Hoffnung *(der Heilige Geist)*. Vertrauensvoll
wandten sie sich an ihn und baten flehentlich, er möge ihnen doch
sein freundliches Angesicht wieder zuwenden, sich nicht länger
so fern von ihnen halten und ihnen erlauben, ihre trostlose Lage
vorzubringen. Doch vergebens! Es wurde ihnen die kurze Antwort
gegeben, er sei nicht zu sprechen. Noch einmal machten sie den

---

2   Jes. 4, 5: Dann wird der Herr über der ganzen Stätte des Berges Zion und über ihren
        Versammlungen eine Wolke schaffen am Tage und Rauch und Feuerglanz in der
        Nacht. Ja, es wird ein Schutz sein über allem, was herrlich ist.

Der Trommler des Diabolus vor Menschen-Seele

Versuch, an ihn heranzukommen. Sie schilderten ihm mit ergreifenden Worten ihre Bedrängnis, Diabolus sei mit nicht weniger als 20 000 Zweiflern gegen die Stadt herangezogen und liege vor ihr in einem verschanzten Lager. Grausen erregende Boten habe er zu ihnen gesandt, die ihnen das Fürchterlichste androhten. Herr Obersekretär möge doch die Gnade haben, ihnen wenigstens seinen Rat zu erteilen. Aber kurz erwiderte er ihnen: sie sollten nur in dem Gesetz ihres Fürsten forschen, da würden sie alles Nötige finden. *(Der Heilige Geist hält dem Sünder das Gesetz vor, dass er seine Sünde besser erkennt.)* Aber sie ließen sich auch durch diese Antwort nicht schrecken. Demütig baten sie, er möge ihnen doch wenigstens seine Hilfe zum Entwerfen einer Bittschrift an *Schaddai* und seinen Sohn *Immanuel* nicht entziehen und diese mit einem Siegel beglaubigen; denn sie wüssten aus eigner mehrfacher Erfahrung, dass ohne seinen Beistand keine Friedensantwort zu erlangen sei. Doch die ganze Antwort, die sie auf diese so dringend erneuerte Bitte erhielten, lautete: Sie hätten ihren *Immanuel* so sehr erzürnt, auch ihn selbst so tief betrübt, dass sie erst noch die Frucht ihrer Sünde schmecken müssten[3].

Wo wahre Buße ist, schöpft der Glaube aus dem vom Heiligen Geist geredeten Wort bald Trost und gewinnt dadurch neuen Mut und Vorteil gegen den Satan[4].

Wie ein Mühlstein fiel diese Antwort des Herrn Obersekretärs der armen Menschen-Seele aufs Herz und zermalmte sie so, dass sie keinen Rat mehr wusste. In das Begehren des *Diabolus* und seines Hauptmanns konnten und wollten sie nicht willigen; umso mehr hatten sie deren schreckliche Rache zu fürchten. Und ihre Freun-

---

3   Jes. 59, 1. 2: Siehe, des Herrn Arm ist nicht zu kurz, dass er nicht helfen könnte, und seine Ohren sind nicht hart geworden, sodass er nicht hören könnte, sondern eure Verschuldungen scheiden euch von eurem Gott, und eure Sünden verbergen sein Angesicht vor euch, dass ihr nicht gehört werdet.

4   Sach. 9, 12: So kehrt heim zur festen Stadt, die ihr auf Hoffnung gefangen liegt. Denn heute verkündige ich, dass ich dir zweifach erstatten will.

de standen ferne von ihnen[5]. Es war Nacht um sie her, und kein Lichtstrahl erhellte diese Dunkelheit. Aber »dein Wort«, o Herr, »ist meines Fußes Leuchte und ein Licht auf meinem Wege« (Ps. 119, 105). Wie wohl tat der Herr Oberbürgermeister *Verstand*, dass er sich daran erinnerte und in seinem Herzen sprach: »Ich bedenke meine Wege und lenke meine Füße zu deinen Mahnungen« (Ps. 119, 59). So nahm er denn die Worte, die der Herr Obersekretär gesprochen, immer wieder vor sich, bis er einigen Trost aus der scheinbar so bittern Rede geschöpft hatte. Und je länger, je mehr brachte er reines Gold heraus. »Erstens«, sagte er, »folgt unbestreitbar aus der Rede meines Herrn, dass wir noch um unserer Sünde willen leiden müssen. Aber zweitens«, sprach er, »klingt das Wörtlein *noch* zugleich so lieblich süß, dass es wie ein heller Lichtstrahl in unsere dunkle Nacht fällt. Ja, wir werden zuletzt doch noch aus der Hand unserer Feinde erlöst werden, und wenn uns auch noch eine Weile um Trost sehr bange sein wird, so wird Immanuel sich unserer Seele doch noch herzlich annehmen (Jes. 38, 17) und zu unserer Rettung herbeieilen!« Der Herr Oberbürgermeister hatte aber vollkommen Recht, dass er die Worte des Herrn Obersekretärs so genau zu erforschen suchte; denn der hohe Herr war mehr als ein Prophet, und alle seine Worte hatte er von Schaddai selbst und seinem Sohn empfangen und waren die reine Wahrheit für alle Ewigkeit[6]. Zunächst teilte der Herr Oberbürgermeister den Hauptleuten den Trost mit, den er selbst eben empfangen hatte. So fassten auch sie frischen Mut. Ihre alte Lust zu kriegerischen Unternehmungen erwachte wieder, zumal sie es täglich sahen, welch loses und gefährliches Spiel die überall umherschwärmenden Zweifler, die Diabolus herzugeführt, samt

---

5   Ps. 38, 12. 13: Meine Lieben und Freunde scheuen zurück vor meiner Plage, und meine Nächsten halten sich ferne. Die mir nach dem Leben trachten, stellen mir nach; und die mein Unglück suchen, bereden, wie sie mir schaden; sie sinnen auf Trug den ganzen Tag.

6   Joh. 16, 13: Wenn aber jener, der Geist der Wahrheit, kommen wird, der wird euch in alle Wahrheit leiten. Denn er wird nicht aus sich selber reden; sondern was er hören wird, das wird er reden, und was zukünftig ist, wird er euch verkündigen.

allen seinen Anhängern trieben. Nach kurzer Beratung riefen alle ihre Mannschaften zusammen und stellten sich an ihre Posten. Diabolus aber war unvermerkt der Stadt wieder so nahe gekommen, dass ihn die Wurfmaschinen der Belagerten erreichen konnten. Und nun wurden diese von den mutigen Streitern der Stadt in eine solche Tätigkeit gesetzt, dass die Geschosse wie Hornissen den Diabolianern um die Köpfe flogen. War Menschen-Seele der Schall der Höllentrommel schrecklich gewesen, so wurde den Diabolianern das Spiel dieser Wurfmaschinen noch schrecklicher, und es dauerte gar nicht lange, da befand sich Diabolus in vollem Rückzug. Nun ließ der Oberbürgermeister die Glocken läuten und dem Herrn Obersekretär durch den Mund des Unterpredigers den wärmsten Dank abstatten, dass er durch seine Worte den Mut der Hauptleute und Ältesten von Menschen-Seele aufs Neue belebt hat.

Durch den Trost des Heiligen Geistes gestärkt, verachten die Gläubigen alle List und Wut des Satans, die er immer wieder aufbietet.

Als aber *Diabolus* gewahrte, dass so viele seiner besten Soldaten von den Steinen, die aus den goldnen Schleudern des Prinzen flogen, zu Boden gestreckt waren und dass über die andern die Furcht kam, griff er zu seinem alten Kunststück und sprach: »Ich will versuchen, sie durch Liebkosen zu fangen und durch Schmeichelei in mein Netz zu ziehen.« So trat er denn nach einiger Zeit wiederum an die Mauer der Stadt Menschen-Seele heran, aber nicht mit seiner Trommel noch in Begleitung des Hauptmanns *Grab*, sondern mit ganz überzuckerten Lippen, von denen es wie Honig troff. Er erbat sich Gehör und sprach etwa so: »O du Verlangen meiner Seele, du hoch gepriesene, berühmte Stadt Menschen-Seele! Meine Krieger umringen deine Mauern, und es hat den Anschein, als wäre ich dein Feind und wollte dir Gewalt und Leid antun. Nein, nein! Dein verlornes Glück will ich dir wiederbringen! Schaut zurück! Welche Zeiten der Unruhe, der Angst, der Verzweiflung habt ihr durchleben müssen, seit ich euch verlassen! Wie waren eure Tage mit Freude gewürzt, wie reihte sich eine Lust an die andere, als mein Zepter noch über euch waltete! Warum wollt ihr nicht unter meinen Herrscherstab zurückkehren? Ich verspreche euch mehr, als ihr je hattet! Alles, was die Erde an Schätzen, an Gütern, an Freuden und Ergötzlichkeiten bietet, soll euer sein. Frei sollt ihr's gebrauchen. Keiner soll es wagen, euch in euren Genüssen zu stören. Glaubt nicht, dass sich meine Freunde, die sich jetzt aus Furcht vor euch in Höhlen, Löchern und Winkeln haben verkriechen müssen, je an euch rächen werden. Nein! Eure Knechte und Diener sollen sie sein, nur darauf bedacht, euern Wohlstand zu mehren, euer Glück zu erhöhen. Warum sollte denn noch länger Streit unter uns sein? Da ist meine Hand, schlagt ein! *(Nein, nein!)* Mein Herz glüht von Liebe gegen euch, ich kann nicht ohne euch sein. Ich muss euch wieder haben; es koste, was es wolle. Oder wollt ihr eurem Immanuel mehr trauen als mir? *(Ja, ja!)* Hat er euch nicht verlassen? Ruft ihr seine Gnade und Hilfe nicht vergebens an? Und wenn er auch käme, seht mein unüberwindliches Kriegsheer mit den Fürsten meines Reichs, mit den Hauptleuten, schneller als der Adler, stärker als Löwen und begieriger nach Beute als die Abendwölfe[7].« Und was erwiderte Menschen-Seele auf diese trügerische und doch so trotzige Rede Satans? Ließ sie sich noch einmal fangen? Der Oberbürgermeister ergriff für alle das Wort und sagte:»O du Fürst der Finsternis, du Meister alles Betrugs! Wir haben aus deinem Taumelbecher gekostet, wir begehren nicht noch einmal daraus zu trinken. Unsern großen Schaddai kennen wir auch. Noch nie hat er uns betrogen. Seine Treue ist unser Trost. Er, der dich in den Pfuhl verstoßen hat, ist mächtiger als du. Wir begehren nicht, dir dort Gesellschaft zu leisten. Wisse denn, dass deine Lügen uns nicht noch einmal betören sollen. Wir wollen lieber sterben als von Immanuel lassen.« *(Stimme ein, liebe Seele!)* Als der Tyrann sah, dass er mit seinen Lügen nichts schaffte, ergriff

---

7　Hab. 1, 8: Ihre Rosse sind schneller als die Panther und bissiger als die Wölfe am Abend. Ihre Reiter fliegen in großen Scharen von ferne daher, wie die Adler eilen zum Fraß.

ihn höllische Wut und Raserei. »Es koste, was es wolle«, brüllte er, »Menschen-Seele muss mein sein.« Der höllische Trommler machte einen Lärm wie nie, dass Menschen-Seele zitterte und bebte, und als das ganze höllische Heer sich vereinigt hatte, gab Diabolus den Schlachtplan bekannt: Hauptmann *Grausam* und *Qual* sollen das *Fühltor* bestürmen, und nötigenfalls soll Hauptmann *Ohneruhe* sie unterstützen. Gegen das *Nasentor* lässt er Hauptmann *Schwefel* und *Grab* mit seinem Gefolge von Moder und Verwesung los und gegen das *Augentor* den grimmig blickenden Hauptmann *Hoffnungslos*. Dort pflanzt er auch seine schreckliche Standarte auf. Der Hauptmann *Unersättlich* soll die *Wagenburg* des Diabolus bewachen und dahin alle Personen und Sachen, die dem Feind als Beute entrissen werden, in Sicherheit bringen.

Kein Tor wurde von den Einwohnern der Stadt so scharf bewacht wie das *Mundtor*[8], denn durch dieses sandten sie ja ihre Bittschriften *(Gebete)* an ihren Fürsten Immanuel. Von den Zinnen dieses Tores ließen die Hauptleute auch ihre Wurfmaschinen mit viel Erfolg gegen die Feinde spielen *(Bekenntnis)*. Dahin entsandte Diabolus ganze Haufen, um es womöglich mit Schmutz zu verstopfen.

Der Streit ist zwar noch hart, aber Gott lässt es den Aufrichtigen gelingen[9].

Aber nicht minder geschäftig waren die Hauptleute in der Stadt, um die schrecklichen Pläne des Höllenfürsten zunichte zu machen. Sie besetzten die gefährlichen Posten mit den tapfersten Leuten. Sie versahen ihre Wurfmaschinen mit ausreichender Munition. Sie erteilten den Unterbefehlshabern die genauesten Anweisungen und schärften allen Soldaten ein, bei dem ersten Trompetenstoß auf die

---

8   Jes. 62, 6. 7: 0 Jerusalem, ich habe Wächter über deine Mauern bestellt, die den ganzen Tag und die ganze Nacht nicht mehr schweigen sollen. Die ihr den Herrn erinnern sollt, ohne euch Ruhe zu gönnen, lasst ihm keine Ruhe, bis er Jerusalem wieder aufrichte und es setze zum Lobpreis auf Erden!

9   2. Tim. 2, 5: Und wenn jemand auch kämpft, wird er doch nicht gekrönt, er kämpfe denn recht. Spr. 2, 7.

Wälle zu eilen[10]. Herr Wille aber hatte ein wachsames Auge auf die *Rebellen* in der Stadt, um sie zu hindern, mit Diabolus gemeinschaftliche Sache zu machen; denn diese Vereinigung konnte der Stadt ein sicheres Verderben bringen[11]. Und in Wahrheit, seitdem dieser Herr *Wille* für seine Fehler Buße getan hatte, führte er einen so ehrenwerten Wandel und zeigte solch herzhaften Geist wie irgendeiner in ganz Menschen-Seele. Davon gab er jetzt einen recht augenscheinlichen Beweis. Er hatte ja Buße getan, weil er einen Diabolianer, der sich unter dem Namen *Harmlose-Freude* bei ihm eingeschlichen, in seinem Haus beherbergt hatte. Der war nun zwar ins Gefängnis abgeführt, aber er ließ zwei Söhne, der eine hieß *Lustig* oder *Ausgelassen,* der andere *Wildfang,* im Haus des Herrn *Wille* zurück. Herr *Wille* hatte erst nichts zu beanstanden; aber als er erfuhr, dass sie allerlei tolle Streiche verübten, mit den Töchtern ihres Herrn scherzten und liebäugelten, üppig lebten und leichtsinnig Schulden machten, und diese Anklagen durch seine treuen Diener, *Nachforscher* und *Berichterstatter,* auch hinlänglich bestätigt wurden, machte er gar keine Umstände mehr, ergriff die beiden jungen Diabolianer, führte sie zum Augentor, ließ dort vor den Augen des *Diabolus* und seiner ganzen Armee ein hohes Kreuz errichten und hing die beiden jungen Schurken, zum Trotz gegenüber Hauptmann *Hoffnungslos* und der Schrecken einflößenden Standarte des Tyrannen, ohne weiteres daran auf[12]. Diese rechtschaffene Tat des Herrn *Wille* beschämte nicht nur den Hauptmann *Hoffnungslos* und zeigte dem ganzen höllischen Heer, dass noch Männer in der von ihnen verachteten Stadt waren, sondern stärkte auch den Mut der Hauptleute des Prinzen *Immanuel;* denn sie sahen, dass es Menschen-Seele doch Ernst ist mit dem

---

10   2. Tim. 2, 3. 4: Leide mit als ein guter Streiter Christi Jesu. Kein Kriegsmann verstrickt sich in Sorgen des alltäglichen Lebens, auf dass er gefalle dem, der ihn geworben hat.

11   Jes. 11: Weicht, weicht, zieht aus von dort und rührt nichts Unreines an! Geht weg aus ihrer Mitte, reinigt euch, die ihr des Herrn Geräte tragt! 2. Kor. 6, 14-18.

12   Röm. 8, 13: Denn wenn ihr nach dem Fleisch lebet, so werdet ihr sterben müssen; wenn ihr aber durch den Geist des Fleisches Geschäfte tötet, so werdet ihr leben.

Kampf gegen Diabolus und dass sie auf sie zählen konnten. Und wie eine gute Tat die andere hervorruft, so wurde auch der Herr *Verstand* durch den Vorgang des Herrn *Wille* veranlasst, ein ähnliches Gericht über zwei Diabolianer ergehen zu lassen, die noch in seinem Haus waren. *Herr Geiz*, der sich darin unter dem Namen *Weise-Sparsamkeit* einschlich, aber ins Gefängnis abgeführt war, hatte zwei Kinder, *Knicker* und *Zusammenkratzer*, im Haus zurückgelassen, die er mit der Bastardtochter des Herrn Verstand, *Haltbösesfest*, gezeugt hatte. Als diese sahen, wie Herr *Wille* mit ihrer saubern Verwandtschaft verfahren war, ahnten sie nichts Gutes für sich und wollten durch eilige nächtliche Flucht ihrem Schicksal entgehen. Aber gerade, als sie wegwollten, traf sie der wachsame Hausherr. Er setzte sie bis zum Morgen ein und führte sie dann zu demselben Platz, wo Herr *Wille* seine zwei Diabolianer gekreuzigt hatte (1. Tim. 6, 10-12). Da hatten Diabolus und seine Armee noch einmal ein für sie wenig ermutigendes Schauspiel von der Entschlossenheit der belagerten Stadt. *(Die Sünde ans Kreuz ist dem Satan ein Schrecken.)* Sehr aufgefrischt durch die beiden herrlichen Taten, deren Zeugen sie soeben gewesen waren, brannten die Städter vor Begierde, noch mehr solche diabolischen Ruhestörer und Meuterer zu ergreifen. Aber die Übrigen hielten sich noch so still und verborgen, dass sie nicht aufzuspüren waren. Die Städter versäumten jedoch nicht, überall Wachen gegen diese verborgenen und nur umso schädlicheren Feinde aufzustellen. *(Hast du die groben Sünden abgetan, wache gegen die verborgenen desto mehr! 2. Kor. 11, 14.)* Die allgemeine Stimmung in Menschen-Seele war jetzt so gehoben, dass sie sich eigentlichgar nicht mehr vor Diabolus fürchteten. Und eine Predigt, die um diese Zeit ihr Unterprediger ihnen hielt, stärkte vollends ihren Mut. Der Text war: »Gad wird gedrängt werden von Kriegshaufen, er aber drängt ihnen nach auf der Ferse« (1. Mose 49, 19), d. h. er lässt sich anfallen, rafft sich aber wieder auf und drängt den Feind zurück. So zeigte der tapfere Prediger der jetzt noch bedrängten Menschen-Seele am Ende herrlichen Sieg und dass ihre Hoffnung nicht zuschanden werden sollte (Röm. 5, 5).

Es ist wahr, das Schauspiel, das dem Diabolus am Augentor von den Herren Wille und Verstand bereitet worden war, hatte ihn für den Augenblick etwas entmutigt. Bald schämte er sich aber wegen seines Kleinmuts, und umso schrecklicher brach seine Wut aus. Der Trommler musste wieder wild seine Höllentrommel rühren, und der Höllenfürst nahm mit seinem Heer einen rasenden Anlauf gegen die Burg. Die Hauptleute Immanuels ließen aber ihre silbernen Posaunen hell erklingen, und an der Tapferkeit der schnell sich um ihre Fahnen sammelnden Krieger prallte der Ansturm glücklicherweise ab. Aber damit war der Kampf noch nicht aus, und gar verschieden sah es auf beiden Seiten aus. Während man in Diabolus' Heerhaufen Ausbrüche der Wut und gotteslästerlicher Raserei vernahm, hörte man in der Stadt erbauliche Reden, Gebet und Psalmengesang. Während man im Heer Satans mit schrecklichen Flüchen sich zu einem neuen Angriff anstachelte, ermahnte man sich in Menschen-Seele unter dem melodischen Klang der Posaunen mit heiligen Worten, aus dem Mund Immanuels genommen, festzustehen im Mut, nicht abzulassen und auszuhalten in dem verordneten Kampf. Übrigens trugen die Hauptleute Immanuels silberne Waffenrüstungen und ihre Soldaten feste, erprobte Harnische[13]. Die Scharen des Diabolus aber waren in Eisen gekleidet, das aber den Schüssen aus *Immanuels* Wurfmaschinen nachgab[14]. Mit weniger Unterbrechung dauerte dieser Kampf mehrere Tage hindurch. Verwundungen und Verluste gab es auf beiden Seiten. Sehr schlimm war es für Menschen-Seele, dass, weil *Immanuel* nicht da war, es auch an einem ordentlichen Arzt fehlte[15]. Doch gab es einen gewissen Baum, man nannte ihn das Holz des Lebens,

---

13   Eph. 6, 11: Ziehet an die Waffenrüstung Gottes, dass ihr bestehen könnt gegen die listigen Anläufe des Teufels.

14   Ps. 33, 16: Einem König hilft nicht seine große Macht; ein Held kann sich nicht retten durch seine große Kraft.

15   2. Mose 15, 26: Wirst du der Stimme des Herrn, deines Gottes, gehorchen und tun, was recht ist vor ihm, und merken auf seine Gebote und halten alle seine Gesetze, so will ich dir keine der Krankheiten auferlegen, die ich den Ägyptern auferlegt habe; denn *ich bin der Herr, dein Arzt.*

dessen Blätter dienten zur Gesundheit (Offb. 22, 2). Diese erwiesen sich auch hier sehr wirksam, aber viele Wunden waren doch recht schlimm[16]. *Vernunft* wurde in das Haupt getroffen; der tapfere Oberbürgermeister erhielt eine Wunde am Auge (*Vernunft und Verstand richten am wenigsten aus, wenn der Kampf hart ist*), Herr *Gemüt* über dem Magen. Auch der ehrwürdige Unterprediger erhielt einen Streifschuss nahe am Herzen. Zum Glück waren alle diese Wunden, wenn auch schlimm, doch nicht tödlich[17]. Manche Streiter, die sich nicht so tapfer wehrten wie die genannten, mussten es aber doch mit dem Leben büßen. (*Die Hoffnung der Schwachgläubigen stirbt im harten Kampf.*) Aber des Diabolus Verlust war auch nicht klein. Hauptmann *Wut* und Hauptmann *Grausam* wurden stark verletzt, Hauptmann *Verdammnis* musste sich zurückziehen und sich in weiter Entfernung von Menschen-Seele verschanzen. Die Standarte des *Diabolus* wurde niedergeschossen, und seinem Fahnenträger Hauptmann *Schadenfroh* wurde, zu nicht geringem Ärger und zur Beschämung seines Fürsten Diabolus, durch einen Schleuderstein das Gehirn ausgeschossen. Auch viele von den Zweiflern fanden ihren Tod, obgleich auch noch genug von ihnen am Leben blieben, um Menschen-Seele in Angst und Atem zu halten.

Im Ganzen hatte sich doch die Siegespalme Menschen-Seele zugeneigt. Eine schwarze Wolke schien über dem Lager des Diabolus zu hängen, was ihn und seine Rotte freilich nur noch mehr zur Wut entflammte. Menschen-Seele war mit neuem Mut und mit neuer Kraft erfüllt. Zur Feier des Sieges wurden die Glocken geläutet. Freudiger Posaunenschall ertönte überall, und von den Hauptleuten wurden Freudenschüsse rund um die Stadt her abgefeuert. Viel zum Sieg hatte die rastlose Arbeit des Herrn *Wille* in der Stadt beigetragen. Keiner der Diabolianer, die dort noch verborgen waren, hätte sich rühren dürfen. Er erwischte auch mehrere, zum Beispiel jenen lockern Vogel *Allesgleich*, von dem schon vorhin

---

16   Ps. 38, 6: Meine Wunden stinken und eitern um meiner Torheit willen.
17   1. Joh. 5, 17: Alles Unrecht ist Sünde; aber es gibt Sünde nicht zum Tode.

die Rede gewesen ist. Er war es ja, der jene drei Nachzügler, die die Diabolianer von Hauptmann *Erschütterungs* Abteilung abgeschnitten hatten, dem Diabolus vorstellte und sie überredete, der Fahne des Tyrannen zu folgen und gegen die Armee *Schaddais* zu kämpfen. Herr *Wille* ergriff auch einen hervorragenden Diabolianer namens *Leichtfuß*. Der machte sich mit den Landstreichern in Menschen-Seele viel zu schaffen, brachte sie überall unter und gebrauchte sie dazu, Nachrichten aus Menschen-Seele zu den Feinden ins Lager hinauszubringen und auch umgekehrt, wie es ihm gerade vorteilhaft war. Beide ließ Herr *Wille* unter sichrer Wache dem Kerkermeister *Treumann* übergeben, um sie nächstens auch kreuzigen zu lassen, den Feinden zum Schrecken, den Städtern zur Sicherheit. *(Mit dem Leichtsinn muss es ein Ende haben.)* Der Herr Oberbürgermeister konnte zwar jetzt, seiner neulich erhaltenen Wunde wegen, nicht mehr so viel ausgehen wie früher. Trotzdem ermüdete er nicht, die gebürtigen Einwohner von Menschen-Seele zur unausgesetzten Wachsamkeit und beharrlichen Tapferkeit zu ermahnen. Auch Herr *Gewissen*, der Prediger, ließ nicht ab, durch kräftige Zeugnisse der Wahrheit den Mut der Leute zu stärken und aufrechtzuerhalten.

8. Kapitel

Ausfall der Hauptleute. Sie werden zurückgeschlagen. Diabolus dringt in die Stadt ein.

Die Proben der Wachsamkeit und Tapferkeit, die Menschen-Seele bisher in dem Kampf mit Diabolus gegeben, waren sehr rühmlich und auch mit schönen Erfolgen gekrönt. Aber die Städter hatten das Wort vergessen: »Wer sich lässt dünken, er stehe, mag wohl zusehen, dass er nicht falle« (1. Kor. 10, 12). Sie hatten sich eben erst aus ihrem tiefen Fall erhoben. Der Kampf hatte gezeigt, dass

sie noch keine Riesen waren, die den Feind gleichsam hätten auf-
speisen können. Aber in dem Rausch des eben erlangten Sieges
hatten sie allerdings solche Gedanken. Anstatt allein darauf zu sehen, wie sie im Innern der Stadt sich noch mehr gegen die Angriffe ihres immer noch so mächtigen Feindes befestigen, beschlossen
sie unbesonnener Weise, einen Ausfall aus der Stadt zu machen.
Sie glaubten, es recht klug ausgedacht zu haben, dass dies nicht
am Tag, sondern in der Nacht geschehen sollte. Doch war das für
sie ebenso unwürdig wie gefährlich[1].

Sicherheit und törichtes Selbstvertrauen hemmt den nahen Sieg.

Aber sie waren so kampfbegierig, dass sie nichts von der Ausführung ihres mehr als bedenklichen Unternehmens hätte abhalten
können. Das Los bestimmte die Hauptleute, die die Sturmspitze
führen sollten. Es waren die Hauptleute *Glaube, Gute-Hoffnung* und
Erfahrung. Letzteren hatte der Fürst, wie wir wissen, erst kurz vor
seinem Wegzug von der Stadt zum Hauptmann ernannt. *(Erfahrung
war noch wenig.)* Der erste Angriff auf die diabolianische Armee, die
in den Laufgräben um die Stadt her lag, war ziemlich stürmisch,
und es glückte den mutigen Kriegern auch, gleich mitten in das
Lager ihrer Feinde einzudringen. Aber *Diabolus* und seine Mannen,
als die Fürsten der Finsternis in allem Nachtwerk sehr geübt und
erfahren, hatten sich bald gesammelt und standen in kurzem so
vollkommen in Schlachtordnung, als wenn ihnen die Städter ihr
Heranrücken hätten ansagen lassen. Die Diabolianer feuerte der
schauerliche Schall ihrer höllischen Trommel, die heute wütender
als je geschlagen wurde, zum Kampf an und die Städter der starke
und doch liebliche Klang ihrer Posaunen und Trompeten. Bald war
das Handgemenge so allgemein, dass man im Dunkel der Nacht
kaum Feind und Freund unterscheiden konnte, und Hauptmann

---

1   1. Thess. 5, 4.5: Ihr aber, liebe Brüder, seid nicht in der Finsternis, dass der Tag wie
ein Dieb über euch komme. Denn ihr alle seid Kinder des Lichtes und Kinder des
Tages. Wir sind nicht von der Nacht noch von der Finsternis.

Unersättlich sah lüstern auf die Beute, die er für sich in Sicherheit bringen wollte. Die Hauptleute des Prinzen taten Wunder an Tapferkeit. Wirklich schien schon der Sieg in ihren Händen, da die ganze Armee des *Diabolus* wankte und eine rückgängige Bewegung machte. Doch ich weiß nicht, wie es kam. Als die tapfern Hauptleute *Glaube, Gute-Hoffnung* und *Erfahrung* im heftigen Verfolgen der Feinde begriffen waren, viele niederhieben und der Nachhut des Feindes bedeutenden Schaden zufügten, stolperte Hauptmann *Glaube* in der Dunkelheit der Nacht, fiel zu Boden, zog sich durch den Fall auch eine solche Verletzung zu, dass es wirklich um ihn geschehen wäre, wenn nicht Hauptmann *Erfahrung* ihm schnell zu Hilfe geeilt wäre. Sein Schreck und sein Schmerz aber waren so groß, dass er laut aufschrie[2]. Weil man so etwas aber von ihm am wenigsten vermutet hätte, so gerieten die andern Hauptleute dadurch in eine solche Bestürzung, dass ihr Siegeslauf plötzlich gehemmt wurde. *(Wenn der Glaube hinfällt, ist es aus mit dem Siegeslauf.) Diabolus* aber, der listige Fuchs, merkte gar bald die Stockung. Nie gewohnt, einen Vorteil aus den Händen zu geben, sammelte er schnell sein fliehendes Heer, wendete sich und machte nun einen so wütenden Angriff auf die unentschlossene Armee des Prinzen, wie nur die Hölle die Macht dazu geben konnte. Plötzlich stieß er gerade auf die drei Hauptleute *Glaube, Gute-Hoffnung* und *Erfahrung* und hieb so grausam auf sie ein, verwundete, ja verstümmelte sie so, dass an eine Gegenwehr gar nicht mehr zu denken war. Sie konnten nur von Glück sagen, dass sie in eiliger Flucht noch lebendig zur Stadt zurückkamen. *(Mit dem Glauben flieht auch die Hoffnung und Heilserfahrung.)* Die natürliche Folge davon war, dass die ganze Armee, ihrer Führer beraubt, den wütenden Angriffen des ermutigten Feindes nicht mehr standhielt und so eilig wie möglich die Pforte zu erreichen suchte, aus der sie eben erst so siegesgewiss den Ausfall gemacht hatte[3].

---

2   Luk. 8, 24: Da traten sie zu ihm und weckten ihn auf und sprachen: Meister, Meister, wir verderben!

3   Zeph. 3, 11: Zur selben Zeit wirst du dich all deiner Taten nicht mehr zu schämen

Satans Übermut bringt die Wankenden wieder zum Stehen.

Diabolus aber wurde durch das Werk dieser Nacht so aufgeblasen, dass er sich mit der Hoffnung trug, er werde sich in wenigen Tagen leicht zum vollkommenen Sieger über die Stadt machen können. Er hatte daher die Kühnheit, am folgenden Tag an die Stadtmauer zu treten und schlechtweg die Übergabe von Menschen-Seele zu fordern. Aber der mannhafte Herr Oberbürgermeister gab ihm die verdiente Antwort: Was er sich nehmen wolle, das solle er sich mit Gewalt nehmen; denn solange ihr Fürst Immanuel lebt, gehöre die Stadt ihm, und sie werde sich einem andern nie übergeben. Herr *Wille* trat auch herzu, und was Diabolus schon oft hatte hören müssen, das gab er ihm nun auch wieder recht derb zu hören: Einmal hätte er ihnen schon die Schlinge über den Kopf geworfen, weil sie seinen Lügen getraut hätten, nun wüssten sie aus eigner bittrer Erfahrung, wie sie durch ihn in den Abgrund des Verderbens gestürzt seien. Es lüstete sie nicht noch einmal, aus seinem von Gift schäumenden Taumelkelch zu trinken. Habe er jetzt auch einen kleinen Vorteil über sie errungen, so sei es doch ferne von ihnen, die Waffen vor ihm zu strecken. Ihre Losung sei: Entweder siegen oder sterben! Und ehe er sich versehe, werde Immanuel über ihn kommen und ihn unter seine Füße treten. Das war ein Wort zur rechten Zeit, das Diabolus nicht erwartet hatte. Wenn er auch in neuer Wut schäumte, hatte es ihn doch getroffen. Die Bürger und Hauptleute aber fassten neuen Mut, und für die Wunden des tapfern Hauptmanns *Glaube* war diese Rede ein wahrer Balsam. Und Herr *Wille* ließ es auch nicht bei den Worten. Als die Diabolianer in der Stadt die Erfolge ihres Fürsten durch Spione erfahren hatten, regten sie sich aufs Neue. »Jetzt«, riefen sie, »ist unsere Zeit gekommen, hervorzubrechen und einen Aufruhr in der Stadt zu machen.« Und schnell sammelten sie sich zu einer Bande und erreg-

---

brauchen, mit denen du dich gegen mich empört hast; denn ich will deine stolzen Prahler von dir tun, und du wirst dich nicht mehr überheben auf meinem heiligen Berg. Spr. 28, 26.

ten einen Sturm in Menschen-Seele, als wenn man dort nichts als Wetter und Wirbelwind antreffen sollte. Herrn Wille aber war das eben recht. Er hatte sie nun alle vor sich, und mit seinen Getreuen stürzte er unter sie und hieb so fürchterlich auf sie ein, dass bleicher Schrecken sie ergriff und sie ihren Löchern wieder zuflohen. Etlichen aber brachte er tödliche Wunden bei, wie den Burschen *Spitzfindigkeit, Hitzkopf, Naseweis* und *Murren*.

Fromme Gefühle können nicht retten im heißesten Kampf.

Diese tapfere Tat des Herrn *Wille* rächte einigermaßen das Leid, das *Diabolus* den Hauptleuten zugefügt hatte, und überzeugte den Bösewicht wohl, dass er diesmal mit Menschen-Seele doch nicht so leicht fertig werden würde. Aber Besonnenheit war nicht seine Sache. Er wollte und musste einmal Menschen-Seele haben. Der Widerstand mehrte nur seine Begierde, und diese spiegelte ihm leicht vor: Einmal hatte er Menschen-Seele geschlagen, so werde er sie auch das zweite Mal schlagen können. Gedacht, getan! Gleich berief er einen Kriegsrat und kündigte an, es solle sich alles sofort zum Sturm bereithalten, der allein gegen das *Gefühlstor* gerichtet wird. Das Feldgeschrei solle sein: »*Höllenfeuer!*« Und wenn man in die Stadt eingedrungen sei, so solle man keinen andern Ruf hören als: »Höllenfeuer! Höllenfeuer! Höllenfeuer!«, und dazwischen solle der Trommler seine Höllentrommel, wie er nur könne, rühren und die Fahnenträger ihre Fahnen schwenken, und ganz Menschen-Seele müsse mit Graus und Schrecken erfüllt werden. *(Das Gefühl und die Sinne sollen bestürmt werden, wenn Verstand und Wille nicht zu überwinden ist.)* Und mit Einbruch der Nacht stürzte das höllische Heer unter dem Wirbeln der Höllentrommel und dem verabredeten grässlichen Feldgeschrei mit einer solchen Gewalt auf das überdies nur schwach besetzte *Gefühlstor* los, dass es keinen Widerstand mehr leistete. Hier ließ Diabolus seine beiden Hauptleute *Qual* und *Ohneruhe* zurück, und wie ein Sturm, der die Bäume entwurzelt, wie eine Flut, die die Dämme zerreißt, drang er mit den Übrigen vorwärts. Zwar eilten die Hauptleute Immanuels herbei, um ihn aufzuhalten, und es ist wahr, Wunder an Tapferkeit taten sie. Aber drei der Besten lagen bald verwundet am Boden und konnten nicht mehr helfen. Die Übrigen vermochten kaum dem Heer der Zweifler, das von allen Seiten heftiger vordrang, standzuhalten. Vergebens mühten sie sich, sie zurückzutreiben. Was sollten die Hauptleute Immanuels tun? Die Burg, das Schloss *(Herz)*, wollten sie wenigstens ihrem König Immanuel und sich selbst erhalten. Dahin traten sie einen geordneten Rückzug an und waren entschlossen, das Schloss mit ihrem letzten Blutstropfen zu verteidigen; denn es gehört Immanuel, und dorthin hat er das Unterpfand *(den Heiligen Geist)* gegeben, dass Menschen-Seele noch teilhat an ihm.

IV. TEIL
Letzter Kampf.
Sieg und Zusage seliger Vollendung

1. Kapitel

Muss nicht der Mensch immer im Dienst stehen auf Erden, und sind seine Tage nicht wie die eines Tagelöhners? Hiob 7, 1

Vor dem Sieg geht her die tiefste Demütigung[1] in Unglauben und Verzweiflung.

Die Hauptleute Immanuels hatten sich auf die Burg zurückgezogen und waren hier fest eingeschlossen, während die übrige Stadt dem höllischen Feind ganz preisgegeben war. Unter dem schauerlichen Wirbeln der Höllentrommel und mit dem schrecklichen Ruf, den Diabolus ausgegeben:»Höllenfeuer! Höllenfeuer! Höllenfeuer!« zog das höllische Heer in die Stadt ein und nahm Besitz von allen Märkten, Plätzen und Häusern. Bald war auch das Haus des Herrn Unterpredigers gestopft voll von diesen ausländischen Zweiflern und ebenso das des Herrn Oberbürgermeisters. Ja, es gab jetzt keine Hütte, keine Scheune, keinen Winkel, selbst keinen Schweinestall, die nicht voll gewesen wären von diesem Geschmeiß. Sie warfen die Bürger aus ihren Häusern, setzten sich wie die Hausherren an ihre Tische, legten sich in ihre Betten! Und

---

1   Ps. 71, 20. 21: Denn du lässest mich erfahren viele und große Angst und machst mich wieder lebendig und holst mich wieder herauf aus den Tiefen der Erde. Du machst mich sehr groß und tröstest mich wieder.

wo sie nicht gleich zum Ziel kommen konnten, steckten sie sogar
die Häuser in Brand. *(Brandmal der Schuld.)* In ihrer Wut verschon-
ten sie nicht die kleinen Kinder *(zarte Regungen der heiligen Liebe)*,
sie zerschmetterten sie an den Mauern, ja das Kind im Mutterleib
war vor ihnen nicht sicher. Frauen und Jungfrauen *(keusche heilige
Liebe)* schändeten sie, sodass sie dahinwelkten und an den Straßenecken eine Beute des Todes wurden. Keiner war vor diesen
diabolischen Zweiflern geborgen; überall Misshandlungen, tödliche Verwundungen[2]! Herrn *Gewissen* verwundeten sie so gefährlich, dass seine Wunden stark eiterten und er Tag und Nacht keine
Ruhe hatte und unausgesetzt wie auf einer Folter zu liegen schien.
Hätte nicht *Schaddai,* der alles lenkt, seine Hand über ihn gehalten, so hätten sie ihm das kaum noch glimmende Lebenslicht ganz
ausgeblasen. Mit dem Herrn Oberbürgermeister *(Verstand)* gingen
sie so niederträchtig um, dass sie ihm fast beide Augen ausschlugen. Und wäre Herr *Wille* nicht noch zur rechten Zeit in die Burg
entkommen, sie hätten ihn ohne Gnade und Schonung in Stücke
zerhauen; denn sein jüngst bewiesener Eifer für Immanuels Ehre
hatte Diabolus und seine Bande zu seinen unversöhnlichsten Feinden gemacht, was ihm keineswegs zur Schande gereichte. *(Wie der
Glaube das Leben aller Seelenkräfte ist, so die Verzweiflung ihr Tod.)* So
schien denn Diabolus völlig die Oberhand in Menschen-Seele zu
haben. Überall diese ausländischen Zweifler, die in blutroten und
höllenschwarzen Röcken scharenweise lärmend durch die Straßen
zogen, die Häuser mit schändlichen, schmutzigen Liedern, lügenhaften Erzählungen und Geschichten erfüllten und die gräulichsten Lästerungen gegen *Schaddai* und dessen hoch gelobten Sohn
ausstießen. Alle Diabolianer, die unter den Wällen, in den Höhlen
und Löchern der Stadt Menschen-Seele verborgen gelegen, waren aus ihren Verstecken hervorgebrochen und wandelten jetzt
öffentlich mit den Zweiflern Arm in Arm in der Stadt umher. Sie

---

2   2. Kor 12,7 Und auf daß ich mich nicht der hohen Offenbarung überhebe, ist mir
     gegeben ein Pfahl ins Fleisch, nämlich des Satans Engel, der mich mit Fäusten
     schlage, auf daß ich mich nicht überhebe.

streiften mit einer Kühnheit und Frechheit umher, wie es nie zuvor gesehen wurde. *(Verzweiflung ist die Mutter aller Schanden und Laster.)* Das war der grauenvolle Zustand der einst so blühenden Stadt Menschen-Seele. Sie schien nur eine Behausung der Drachen zu sein, ein Ort der Finsternis, ein Bild der Hölle, ein verfluchter Acker voll Disteln und Dornen. Das war die Frucht ihres Rückfalls. Damit sollte sie innewerden, was es für Jammer und Herzeleid bringt, den Herrn, seinen Gott, wieder zu verlassen, nachdem man ihn einmal gefunden, und wie es am Ende ärger geworden ist als zuvor (2. Petr. 2,20), und was es heißt, wenn sieben Teufel kommen statt einer, den man erst ausgetrieben und nun wieder in der Sicherheit des Herzens eingelassen hat! (Luk. 11, 26).

Wer sich gegen Sünde und Teufel noch wehrt, ist nicht verloren, wie tief er auch gefallen ist.

Unter allen diesen Umständen war es aber ein Trost, dass Menschen-Seele nur mit Unwillen dieses harte Joch des Satans trug[3]. Die Bürger zeigten den Eindringlingen bei jeder Gelegenheit eine finstere, saure Miene, teilten ihnen gutwillig auch nicht die geringsten Lebensbedürfnisse mit, sondern die Feinde mussten ihnen alles mit Gewalt entreißen. So viel sie konnten, versteckten die Bürger vor ihnen, und wenn es ihre raubsüchtigen Gäste doch fanden, so machten sie es ihnen noch streitig. Viel lieber wären die guten Leute allein in ihren Zimmern gewesen, aber was wollten sie machen? Durch ihren Abfall hatten sie die Schuld, dass jetzt Diabolianer ihre Herren waren, und noch hatten sie nicht vermocht, das verhasste Joch zu brechen[4]. Ein Glück aber war es, dass die

---

3   Röm. 7, 15: Denn ich weiß nicht, was ich tue. Denn ich tue nicht, was ich will; sondern was ich hasse, das tue ich.

4   Röm. 7, 22-24: Denn ich habe Lust an Gottes Gesetz, nach dem inwendigen Menschen; ich sehe aber ein ander Gesetz in meinen Gliedern, das da widerstreitet dem Gesetz in meinem Gemüt und nimmt mich gefangen in der Sünde Gesetz, welches ist in meinen Gliedern. Ich elender Mensch! Wer wird mich erlösen von dem Leibe dieses Todes?

Hauptleute die Burg so tapfer verteidigten. Man kann sich schon
denken, dass Diabolus seinerseits nichts unversucht ließ, diesen
einzigen Ort, der seiner Herrschaft noch offenen Widerstand leistete, zu überwinden. Doch Herr *Gottesfurcht* war zum Hüter der
Burg bestellt. Dieser Mann war so wachsam, so umsichtig in der
Leitung der ganzen Verteidigung und wusste alle Kräfte so fest
miteinander zum Widerstand gegen Diabolus zu vereinigen, dass
alle Pläne, Unternehmungen und Angriffe des Höllenfürsten, wie
listig oder wie wütend sie auch sein mochten, an der Überlegenheit dieses Helden und seiner Schar scheiterten. *(Wo Gottesfurcht
noch im Herzen regiert, wird der Teufel nicht siegen.)*
Was nun bei alledem so betrübend war, das war die ganze Lage
der Dinge. Wenn die Stadtbewohner nur hätten gemeinsame Sache mit den Hauptleuten in der Burg machen können! Aber Satan
hatte ja die Herrschaft in der Stadt; sie war sein Zelt, hinter ihren
Häusern richtete er seine Laufgräben ein, benutzte sie als Befestigungswerke und Angriffsplätze gegen das Schloss, das doch mitten in der Stadt lag. So kämpfte ja nun die Stadt gegen die Stadt,
und ein Teil von ihr musste dem Feind selbst die Mittel gewähren,
um ihr eigenes Leben, ihre Kraft und Krone womöglich zerstören
zu helfen! Welch ein Bild innerer Zerrissenheit! Wer ist, der einem
Löwen, der die Krallen schon nach ihm ausstreckt, den eigenen
Leib selbst aufschlitzt, damit er das Herz aus ihm herausreißt!
*(Das Fleisch lässt sich vom Teufel brauchen, um gegen das dem Herrn
noch ergebene Herz zu streiten.)*

2. Kapitel

Herr, wenn Trübsal da ist, so suchen wir dich; wenn du uns züchtigst, sind wir in Angst und Bedrängnis. Jes. 26,16

Auf die arme Menschen-Seele konnte man mit Recht jetzt das prophetische Wort anwenden: »Du Elende, über die alle Wetter gehen, die keinen Trost fand!« Und wenn es gleich darauf heißt: »Siehe, ich will deine Mauern auf Edelsteine stellen und will deinen Grund mit Saphiren legen« (Jes. 54,11), so war ihr diese trostvolle Verheißung in ihrem gegenwärtigen Zustand ganz und gar rätselhaft. Denn kein Hoffnungsstrahl fiel in ihre finstere Nacht. Alle Bittschriften, die sie an ihren Fürsten noch fortwährend hatte abgehen lassen, waren erfolglos geblieben. Unter dem zentnerschweren Druck solches namenlosen Elends kamen die Ältesten und Häupter von Menschen-Seele zu einer neuen Beratung zusammen, ob denn nirgends Hilfe zu finden sei. Kummer malte sich auf ihren Angesichtern. Mit Tränen in den Augen sahen sie einander an, um zu erspähen, ob nicht einer unter ihnen Rat wüsste. Aber keiner wusste am Ende eine andere Auskunft, als in immer neuen Bittschriften die Gnade Immanuels anzuflehen. Aber Herr *Gottesfurcht* sprach: »Es ist vergebens. Ich weiß ganz bestimmt, dass der Fürst, unser Herr, noch niemals eine Bittschrift dieser Art von irgendjemand angenommen hat noch auch je annehmen wird, außer dass sie die Unterschrift des Herrn *Obersekretärs* trägt[1]. Und weil diese euch fehlte, darum allein wurdet ihr nicht erhört!« »Nun«, antworteten die Bürger, »so wollen wir unter die neue Bittschrift den Namen des Herrn Obersekretärs setzen!« »Was bildet ihr euch ein!«, rief Herr Gottesfurcht. »Denkt ihr, dass Immanuel die Hand des

---

1   Weish. Sal. 9, 17. 18: Wer hat deinen Ratschluss erkannt? Es sei denn, du hast Weisheit gegeben und deinen heiligen Geist aus der Höhe gesandt. Und so wurden die Erdenbewohner auf den rechten Weg gebracht und die Menschen in dem unterwiesen, was dir gefällt.

Die Hauptleute verteidigen die Burg gegen die Diabolianer

Herrn *Obersekretärs* nicht kennt und sich von euch täuschen lassen wird[2]? Und wenn ihr eure Bittschrift dem Herrn Obersekretär selbst vorlegen wollt, dann lasst euch gesagt sein, dass er nie eine Bittschrift unterschreibt, die er nicht selbst entworfen hat[3]. Ich kann euch daher keinen andern Rat geben, als dass ihr auf eure eigene Hilfe ganz verzichtet und euch dem Herrn Obersekretär ohne allen Vorbehalt in die Arme werft[4].« Menschen-Seele war jetzt zu allem bereit, was ihr Hilfe bringen konnte, deshalb fügten sich auch alle gern in den Rat des Herrn *Gottesfurcht*.

Das durch den Glauben dargebrachte und durch den Heiligen Geist vertretene Gebet ist die Bürgschaft der Hilfe.

Herr *Obersekretär* war auch im Schloss zurückgeblieben, wo sich die Hauptleute befanden. Man hatte es daher gar nicht weit zu ihm. Die Botschafter fanden bei ihm die freundlichste Aufnahme, und in der leutseligsten Weise befragte er sie, welche Bitten er Immanuel in ihrem Namen vortragen solle. Sie aber schilderten ihm wohl das Elend, in das sie durch ihre eigene Schuld geraten waren, die Unruhe, in der sie lebten, den Übermut der Feinde, die sie an ihrer eigenen Brust großgezogen hätten, und ihre Ohnmacht, ihnen zu widerstehen, sowie die Misshandlungen, die Männer, Frauen und Kinder von ihnen zu erdulden hätten; sie hielten sich aber in gebührender Demut zurück, dem hohen Herrn irgendwie vorzugreifen, und schlossen:»Möge unser Herr nach der Weisheit Gottes, die in ihm wohnt, zugunsten seiner armen Knechte eine Bittschrift an *Immanuel,* unsern Fürsten, aufsetzen, wie es ihm gefällt« (Röm. 8, 26). Herr Obersekretär war zufrieden mit

---

2   1. Joh. 4, 1: Ihr Lieben, glaubet nicht einem jeglichen Geist, sondern prüfet die Geister, ob sie von Gott sind; denn es sind viele falsche Propheten ausgegangen in die Welt.

3   Röm. 8, 26: Desgleichen hilft auch der Geist unsrer Schwachheit auf.
     Denn wir wissen nicht, was wir beten sollen, wie sich's gebührt; sondern der Geist selbst vertritt uns mit unaussprechlichem Seufzen.

4   Joh. 6, 63: Der Geist ist's, der da lebendig macht; das Fleisch ist nichts nütze.

dem Vertrauen, das sie ihm zeigten. Doch als sie sich entfernen wollten, bemerkte er, sie müssten bei der Abfassung der Bittschrift nicht nur zugegen sein, sondern auch Papier und Tinte dazu geben, während er selbst Hand und Feder dazu leihen würde, sonst wäre es ja nicht *ihre* Bittschrift. Er für sein Teil bedürfe ja keiner Bittschrift, denn er habe nicht gesündigt. Außerdem fügte er hinzu: »Keine Bittschrift gelangt durch mich zum Fürsten und durch ihn zu seinem Vater, wenn nicht diejenigen, für die sie eingereicht wird, mit Herz und Seele der Sache zustimmen, und das muss darin bemerkt werden. *(Wer sich der Leitung des Heiligen Geistes nicht selbst übergibt, den kann er nicht vertreten.)*

Man kann sich leicht denken, wie gern sich Menschen-Seele allen Anordnungen des Herrn Obersekretärs unterwarf, und so kam denn sehr bald folgende Bittschrift zustande: »Unser Herr und allerhöchster Herrscher, Fürst *Immanuel,* allmächtiger und dennoch so langmütiger Regent! Deine Lippen fließen über von Gnade, und bei dir ist viel Vergebung. Wir, die wir um unserer Abtrünnigkeit willen nicht mehr wert sind, deine Menschen-Seele zu heißen, flehen vor dir und durch dich zu deinem Vater: Lass unsere Übertretungen ferne von dir sein (Dan. 9, 18. 19). Verbirg dein Antlitz vor unsern Sünden, aber nicht vor unserer Not, und lass die Ströme deines Mitleids sich über uns ausgießen. Von allen Seiten werden wir bedrängt; unsere eigenen Sünden und Missetaten zeugen gegen uns; die Diabolianer in unserer Mitte schrecken uns; und die Armee des Engels aus dem bodenlosen Abgrund macht uns erzittern. Du allein, Herr, bist unsere Zuflucht! Denn die uns noch trösten, stärken und aufrichten könnten in unserer Bedrängnis *(Geistesgaben),* haben wir durch unsere Lässigkeit selbst zu Schaden gebracht. Weil wir ihnen nicht halfen, haben sie dem Feind das Feld lassen müssen und liegen zum Teil an ihren Wunden schwer auf ihrem Schmerzenslager danieder. Darum haben unsere Feinde ihr Haupt höher erhoben als je. Diese vieltausend Zweifler, die so über uns gefallen sind, treiben ihren Spott mit uns, und ihr Trotzen gegen uns und dich selbst, Fürst Immanuel, muss ein köstliches Ding heißen. Unsere Weisheit ist dahin, unsere Kraft ist davongeflogen, weil du von uns gezogen bist. Nichts ist unser als Ohnmacht, Schande, Sünde und Tod. Darum erbarme dich unser, Herr, unser Herrscher, und rette deine unglückliche Stadt Menschen-Seele von der Hand ihrer übermächtigen Feinde. Amen.« Das war die neue Bittschrift, die der Herr Obersekretär mit freudiger Zustimmung der ganzen Stadt selbst geschrieben und mit seinem Siegel versehen hatte. Und wer sollte sie überbringen? Man wusste keinen andern als den tapfern Hauptmann *Glaube*. Der war auch gleich dazu bereit, und obwohl er noch lahm war, machte er sich getrost auf den Weg. Er ging zum Mundtor hinaus, der bekannten einzigen Ausfallspforte, um *Immanuel* die Bittschrift zu überreichen. *(Das gläubige Gebet muss es tun.)*

Fester Widerstand gegen Satans List und Macht ist der Vorbote der endlichen Rettung.

Wie es nun zuging, weiß ich nicht genau anzugeben, kurz, es kam die Sache dem *Diabolus* zu Ohren. Besonders dass sich Glaube zum Überbringer der Bittschrift hergegeben hatte, erfüllte ihn mit ebenso großer Furcht wie Wut. *(Das gläubige Gebet ist des Teufels Schrecken.)* Deshalb überschüttete er Menschen-Seele nicht allein mit den rasendsten Vorwürfen, sondern ließ auch gleich seine Trommel rühren, was alle mit Entsetzen erfüllte. Als beim Trommelschall alle Diabolianer zusammengeströmt waren, redete er sie so an: »Wisset, ihr trotzigen und starken Diabolianer! In dieser verräterischen Stadt Menschen-Seele wird ein Verrat gegen uns geschmiedet. Denn obgleich die Stadt in unserm Besitz ist, sind diese erbärmlichen Menschen-Seelianer doch so kühn gewesen, eine Bittschrift um Hilfe an den *Immanuel* abzuschicken. Auf denn! Schreckt und quält sie mit allen erdenklichen Plagen, bringt Unglück auf Unglück über sie! Das soll der Lohn ihrer verräterischen Rebellion gegen mich sein!« Und dann trat er trotzig an das Schlosstor und verlangte unter Androhung der Todesstrafe augenblicklichen Einlass für sich und sein Volk. Aber Herr *Gottesfurcht*, dem die Torwache anvertraut war, schlug kurzweg sein unverschämtes Begehren ab und eröff-

Hauptmann Glaube überreicht dem Fürsten Immanuel
die Bittschrift

nete ihm in trostvoller Zuversicht: »Wenn Menschen-Seele noch eine kleine Zeit gelitten hat, um voll bereitet, gestärkt, gekräftigt, gegründet zu werden[5], so wird ihr Stern wieder aufgehen.« Darauf nahm Diabolus zwar von der ersten Forderung Abstand, erbot sich sogar, ganz abzuziehen von der Stadt, wenn man ihm nur den Überbringer der Bittschrift, Hauptmann *Glaube*, ausliefern wolle. Und ein Diaboliander mit Namen *Narr* trat dann auch gleich hinzu und sagte: »Mein Herr macht euch ein sehr gutes Angebot; es ist ja besser, dass ein Mann umkommt, als dass die ganze Stadt zugrunde geht.« Aber Herr *Gottesfurcht* kehrte es gleich um und erwiderte: »Du Narr, meinst du, ich wüsste nicht, dass, wenn ihr diesen einen Mann *Glaube* habt, ihr die ganze Stadt habt, und wenn dieser eine Mann fort ist, es auch aus ist mit ganz Menschen-Seele[6]?« *(Glauben verloren, alles verloren.)* Der Narr aber verstummte. Dagegen rief der Oberbürgermeister: »Du gieriger Tyrann! Ein für alle Mal sei dir gesagt: Wir haben nichts mit dir zu schaffen, wir werden gegen dich streiten, solange noch ein Hauptmann, ein Krieger, ein Wurfgeschoss und ein Stein, der gegen dich abgeschleudert werden kann, in Menschen-Seele ist!« Aber Satan erwiderte spöttisch in seiner gewohnten Weise: »Verlasst euch nur auf eure Bittschriften! Eure Gottlosigkeit klebt zu fest an eurem Saum, als dass ein unschuldiges Gebet über eure Lippen kommen könnte. Nicht nur ich, sondern euer Immanuel selbst ist gegen euch. Ja, er hat mich gesandt, dass ich die Strafe an euch vollziehe, die ihr mit euren Sünden verdient habt.« Der Oberbürgermeister aber fing die feurigen Pfeile[7], die Satan mit diesen Worten gegen ihn abgeschossen hatte, mit seinem guten Schild auf und sprach: »Du lügst, Frevler, in deinem Zorn

---

5   1. Petr. 5, 9. 10: Dem widerstehet, fest im Glauben, und wisset, dass ebendieselben Leiden über eure Brüder in der Welt gehen. Der Gott aber aller Gnade, der euch berufen hat zu seiner ewigen Herrlichkeit in Christus, der wird euch, die ihr eine kleine Zeit leidet, voll bereiten, stärken, kräftigen, gründen.

6   Joh. 3, 18: Wer an ihn glaubt, der wird nicht gerichtet; wer aber nicht glaubt, der ist schon gerichtet, denn er glaubt nicht an den Namen des eingebornen Sohnes Gottes.

7   Eph. 6, 16: Vor allen Dingen aber ergreifet den Schild des Glaubens, mit welchem ihr auslöschen könnt alle feurigen Pfeile des Bösen.

bist du über uns gekommen, weil du weißt, dass du nur wenig Zeit hast (Offb. 12, 12). Es ist wahr, wir haben gesündigt, aber unser Immanuel hat es mit seinem Wort bekräftigt: ›Wer zu mir kommt, den werde ich nicht hinausstoßen‹ (Joh. 6, 37). Und wenn wir ihn selbst gelästert hätten, so hat er auch verheißen: ›Alle Sünde und Lästerung wird den Menschen vergeben‹ (Matth. 12, 31). Und Immanuel glauben wir mehr als dir, du Lügner und Mörder von Anfang! Hebe dich weg von uns, Satan!«

3. Kapitel

Es kommt Anerkennung und Erquickung von Immanuel.

Noch während der Herr Oberbürgermeister so tapfer mit dem arglistigen Diabolus stritt, war Hauptmann *Glaube* vom Hof *Immanuels* zurückgekehrt. Satan hatte sich nicht so schnell entfernt, wie ihm befohlen war; aber der Oberbürgermeister kümmerte sich nicht mehr um sein ohnmächtiges Getobe, begab sich vielmehr schnell zu unserm tapfern Hauptmann, als er dessen Rückkehr erfahren hatte. Die Tränen standen ihm in den Augen, als er eintrat, aber schon der Anblick des Hauptmanns ließ sie versiegen. »Seid getrost mein Herr!«, sprach der Hauptmann, »denn es wird mit der Zeit noch alles gut gehen.« Mit diesen Worten zog er ein ziemliches Bund Schriften hervor und legte es mit verheißungsvoller Miene vor dem Herrn Oberbürgermeister nieder. Dann veranlasste er, dass alle Hauptleute gerufen wurden, um die wichtigen Mitteilungen zu vernehmen, die er allen zu machen hatte.

Die erst rückfälligen, nun aber in der Wiederkehr bewährten Sünder werden angenommen und ihnen der Gnadenlohn verheißen.

In Gegenwart aller öffnete er das Paket und langte mehrere Handschreiben daraus hervor. Das *Erste* war an den Herrn *Oberbürger-meister (Verstand)* gerichtet. In den gnädigsten Ausdrücken sprach hier der Fürst *Immanuel* seine Anerkennung aus, dass dieser Beamte den allgemeinen Angelegenheiten der Stadt so wohl vorgestanden und besonders dass er dem Diabolus so tapfer widerstanden hatte. Dafür wurde ihm auch ein Ehrenlohn zugesichert, den er in kurzem erhalten werde. Das *zweite* Handschreiben war für Herrn *Wille*. Von ihm rühmte Immanuel vor allem, dass er ein scharfes Auge auf die noch in Menschen-Seele vorhandenen Diabolianer hatte und mit eigener Hand einigen der Hauptempörer den gebührenden Lohn zahlte. Damit entmutigte er den ganzen Haufen, gab aber der ganzen Stadt Menschen-Seele ein gutes Beispiel. Es soll ihm das nicht vergessen werden. Im *dritten* Schreiben erhielt der *Unterprediger (Gewissen)* das ihm gebührende Lob nicht allein für den Eifer, mit dem er das Ansehen des Gesetzes in Menschen-Seele jederzeit aufrechtzuerhalten bemüht gewesen war, sondern auch dafür, dass er die verirrte Stadt unter dem Beistand des Hauptmanns *Erschütterung* zur Feier eines öffentlichen Buß- und Festtages veranlassen konnte. Auch ihm wurde ein Gnadenlohn zugesichert. Das *vierte* Schreiben, das an Herrn *Gottesfurcht* gerichtet war, rühmte vor allem die Umsicht, womit er den arglistigen *Fleischliche-Sicherheit* entlarvt hatte, ferner seinen Kummer und seine Tränen um den Verfall von Menschen-Seele, seinen Mut, womit er die Feinde von Menschen-Seele, selbst in seinem eigenen Haus, verfolgte, die treue Bewachung der Tore des Schlosses gegen alles Andringen des Tyrannen und auch den weisen Rat, den er der Stadt in Bezug auf die Bittschriften gab, die sie an ihren Fürsten richten wollten. Die Stunde seiner Belohnung sei nahe[1]. Zuletzt wurde ein Handschreiben herausgenommen mit der Anschrift: »*An die ganze Stadt Menschen-Seele.*« Darin sprach der Fürst zunächst die trostvolle Versicherung aus, dass er ihre Bitte in Gnaden angenommen hat. Dann teilte er auch seine Freude darüber

---

1 Hebr. 6, 10: Denn Gott ist nicht ungerecht, dass er vergäße eures Werks und der Liebe, die ihr erzeigt habt seinem Namen, da ihr den Heiligen dientet und noch dienet.

mit, dass ihr Herz jetzt doch endlich fest zu werden scheint[2], da sie sich weder durch Schmeicheleien noch Drohungen des Diabolus, ja selbst nicht durch Blutvergießen von ihm abwenden ließ und in der Treue gegen ihn verharrte bis zu dieser Stunde. Am Schluss des Schreibens stand noch:»Seine königliche Hoheit hat die Stadt den treuen Händen des Herrn *Obersekretärs* und der sichern Leitung des Hauptmanns *Glaube* übergeben, denen alle Einwohner Gehorsam leisten sollen, damit sie auch zu seiner Zeit ihren Gnadenlohn empfangen können.«

Der Glaube in der Kraft des Heiligen Geistes ist der Regent in den Herzen der aus dem Rückfall erstandenen Sünder.

Nachdem der tapfere Hauptmann *Glaube* alle Zuschriften den betreffenden Personen eingehändigt hatte, begab er sich in die Wohnung des Herrn *Obersekretärs* und brachte eine ziemliche Zeit in vertraulicher Unterredung mit ihm zu. Denn weil sie beide, besser als sonst irgendeiner, wussten, wie es um Menschen-Seele stand, hatten sie viel miteinander zu sprechen über ihre damalige Lage, ihre Erwartungen und Hoffnungen. Beide standen in innigem Einvernehmen miteinander. Der Herr Obersekretär liebte Herrn Glaube, er vertraute sich ihm ganz, er sandte ihm manchen köstlichen Bissen von seiner fürstlichen Tafel und überschüttete ihn gleichsam mit den Gaben seiner Gunst. *(Der wahre Glaube ist das Füllhorn der Gaben des Heiligen Geistes. 1. Kor. 12, 111.)* Nach einiger Zeit ließ der Herr Obersekretär den Hauptmann wieder zu sich kommen. Mit ungewöhnlicher Freundschaft ergriff er seine Hand, führte ihn etwas beiseite und versicherte ihn wiederholt seines ganzen Vertrauens. Darm sprach er feierlich zu ihm:»Ich habe dich zum Statthalter über Menschen-Seele und zum Befehlshaber aller ihrer Kräfte ernannt, sodass von heute ab alle Einwohner von Menschen-Seele deinem Befehl gehorsam sein sollen, und

---

2   Hebr. 13, 9: Es ist ein köstlich Ding, dass das Herz fest werde, welches geschieht durch Gnade.

du sollst Menschen-Seele ein- und ausführen. Dieser deiner hohen Stellung gemäß wollest du auch ferner den Krieg gegen die Macht des *Diabolus* für deinen Fürsten und zum Besten von Menschen-Seele führen, und alle übrigen Hauptleute sollen unter deinem Befehl stehen« (Röm. 1, 5; 16, 26; 1. Joh. 5, 4).

Schon waren die Bürger gewahr geworden, in welch hohem Ansehen der Hauptmann bei Hofe und bei dem Herrn Obersekretär in Menschen-Seele steht. Was sie ihm verdankten, wussten sie schon längst. Laut beklagten sie ihre Torheit, dass sie in ihrer Bedrängnis nicht besser auf seinen Rat gehört und seine Hilfe nicht vermehrt in Anspruch genommen hatten, und ließen durch ihren Unterprediger eine Botschaft an den Herrn Obersekretär gelangen, es möge ihm gefallen, die ganze Stadt Menschen-Seele der Obhut und Leitung des Hauptmanns *Glaube* zu übergeben. Wie schön traf ihr einmütiges Wünschen mit den eben erfolgten Anordnungen des Herrn Obersekretärs zusammen! Dieser teilte dem Unterprediger die Erhebung des Hauptmanns *Glaube* in seine neue Würde mit. Dankbar und freudig eilte der zur Stadt zurück und verbreitete in ihr die glückliche Nachricht zur allgemeinen Zufriedenheit.

4. Kapitel

Beratung, Kampf, Niederlage des Diabolus und seines Anhangs.

Immer neue Pläne Satans, die Gläubigen durch Sünden und Weltlust zu berücken.

Die bisher erzählten Verhandlungen zwischen Immanuel und Menschen-Seele waren ganz im Stillen vor sich gegangen. Diabolus hatte keine Kunde davon empfangen. Aber der offene Widerstand, den er beim Herrn *Oberbürgermeister* und Herrn *Gottes-*

furcht gefunden, hatte ihn so in Eifer und Wut gebracht, dass er alle Fürsten der Tiefe zusammenrief, um einen neuen Plan gegen Menschen-Seele zu schmieden. Die Wiederaufrichtung der verlorenen Herrschaft Satans über die Stadt war natürlich das letzte Ziel aller dieser Pläne. Weil aber das Schloss noch immer den hartnäckigsten Widerstand leistete, handelte es sich besonders darum, wie man dieses einnehmen könnte.

Nachdem schon mancherlei Meinungen darüber auf- und niedergetaucht waren, erhob sich der Präsident des Kriegsrats, *Apollyon*, und meinte, solange das Schloss noch in den Händen der tapferen Hauptleute sei und namentlich der Hitzkopf *Gottesfurcht* noch Wächter der Tore bleibe, sei an eine Überwältigung des Schlosses nicht zu denken. Man solle sich vielmehr den Schein geben, als wolle man die Stadt ihrem Schicksal überlassen und in die Ebene hinabziehen. Die Leute würden dann sorgloser werden *(Merke dir's, Seele!)*. Und wenn es gelingt, die Hauptleute aus dem Schloss zu locken *(das Herz in die Welt)*, so könne man ihnen einen Hinterhalt legen und sie von der Burg abschneiden *(Hüte dich, Seele!)*, wodurch diese dann von selbst in die Hände ihres rechtmäßigen Eigentümers fallen würde. *Beelzebub*, der hierauf das Wort nahm, bezweifelte, dass es gelingen werde, die Hauptleute aus dem Schloss herauszulocken. Einige wenigstens würden gewiss zur Schutzwehr zurückbleiben und den geteilten Angriff zurückschlagen. Der geriebene Ratgeber empfahl vielmehr aufs Dringendste die altbewährte diabolische Praxis, man solle alles aufbieten, um die Leute wieder zur Sünde zu verführen. »Denn«, sagte er, »nicht dadurch, dass wir in der Stadt bleiben oder uns auf die Ebene zurückziehen, nicht durch unsere gewonnenen Schlachten oder dass wir die Mannschaften niederhauen, können wir in Besitz der Stadt kommen und uns darin behaupten; denn solange nur noch einer in Menschen-Seele bleibt, der mit uns nicht gemeinschaftliche Sache macht und nicht der Sünde dient, wird *Immanuel* ihre Partei ergreifen, und dann ist's aus mit unsern Hoffnungen. Mit den Zweiflern«, meinte Beelzebub, »ist auch nicht viel ausgerichtet. Wenn es nicht gelingt, sie mitten ins Schloss *(Herz)* zu werfen, schwärmen sie nur umher. Sie sind dann wie Kletten, die man bald abschüttelt. Übrigens habe ich nichts dagegen, dass man sich in die Ebene zurückzieht, aber bloß um darin ein Mittel zum eigentlichen Zweck zu finden. Menschen-Seele muss sorglos gemacht werden, damit die noch in der Stadt befindlichen Diabolianer sie desto leichter wieder in das Netz der Sünde einfangen können. Daher muss man zunächst mit den Diabolianern zu Rate gehen.« Diesem schlauen Rat *Beelzebubs* fiel die ganze Rotte bei, auch *Luzifer*. Aber dieser hatte nun auch schon einen Plan fertig, wie man die Diabolianer zur Ausführung des Hauptzwecks am geschicktesten anstellen könnte.»Ihr wisst«, sprach er,»Menschen-Seele ist eine Handelsstadt und hat an allem, was Handel heißt, eine große Freude. Wie wäre es nun, wenn sich einige unserer Diabolianer für weit hergekommene, fremde Kaufleute ausgeben und einige von unsern Waren in Menschen-Seele zum Verkauf bringen? Auf den Preis käme es nicht an. Ihr wisst ja, viel wert sind alle unsere Sachen nicht. Aber die, die dieses Geschäft übernehmen wollen, müssen treue, gewandte Leute sein, listig und verschlagen, und dann setze ich meine Krone zum Pfand, das Kunststück wird gelingen. Mir fallen zwei ein, die ich als zu diesem Geschäft sehr tauglich gleich vorschlage: Herr ›*PfennigweiseTalernärrisch*‹ und Herr ›*Gewinne hundert und verliere eine ganze Grafschaft*‹. Erschreckt nicht vor den langen Namen dieser Leute, sie machen manchmal sehr kurzen Prozess mit den Leuten. Und gesellt ihr ihnen noch Herrn *Weltliebe* und *Zeitlichgut* zu, so hätten sie einen vortrefflichen Beistand an diesen höflichen, glatten, klugen Männern, die zu unsern treuesten Freunden gehören. Sie müssen nur nicht gleich mit der Tür ins Haus fallen. Sie müssen ihre Waren nicht unverschämt, sondern in bescheidener zierlicher Rede anpreisen, müssen sie nicht wegwerfen, aber doch für ein Billiges lassen, größern Gewinn verheißen und die Freuden des Reichtums und der Weltlust auf recht bezaubernde Weise vorzumalen verstehen. Ihr erinnert euch ja, wie wir auf diese Weise unser Glück in Laodicea (Offb. 3, 17) und an so vielen andern Orten machten. Wenn die guten Leute dann erst anfangen reich und üppig zu werden, so werden sie ihr Elend vergessen, und wenn wir sie nicht aufschrecken, so werden sie gar bald in den tiefen Schlaf der Sicherheit verfallen, wodurch wir schon einmal so viel gewonnen haben. Ist die Stadt so mit einer Fülle von Geld und Gut überschüttet, so werden sie auch das Schloss *(Herz)* zu einem Warenlager und Lusthaus machen, und es wird aufhören, ein wohl ausgefülltes, starkes, gegen uns befestigtes Zeughaus zu sein, das durch eine wohl gewappnete Besatzung verteidigt wird. Und wenn das geschähe, hätten wir alles gewonnen. Das weiß Immanuel selbst auch sehr wohl, denn er hat zu Menschen-Seele gesagt und lässt es durch seine Prediger immerfort ihr predigen: ›Das aber unter die Dornen fiel, sind die, die das Wort hören und gehen hin unter den Sorgen, Reichtum und Freuden des Lebens und ersticken und bringen keine Frucht‹ (Luk. 8, 14), und dann: ›Hütet euch, dass eure Herzen nicht beschwert werden mit Fressen und Saufen und mit Sorgen der Nahrung und dieser Tag nicht schnell über euch komme wie ein Fallstrick; denn er wird unversehens hereinbrechen über alle, die auf Erden wohnen. So seid nun wach allezeit und betet, dass ihr stark werden möget, zu entfliehen diesem allem‹ (Luk. 21, 3436). Hört ihr? Der Fallstrick wird schnell über das Vöglein Menschen-Seele kommen, wenn wir es nur recht gefügig zu machen verstehen mit unsern Leckerbissen. Bedenkt auch, wenn wir ihre Häuser und Herzen nur erst mit unsern Waren gefüllt haben, so werden sie gar nicht mehr fertig werden können, ohne unsere Diabolianer zu Handlangern, Kaufleuten, Buchhaltern und Dienern anzunehmen. Es ist leicht einzusehen, dass Leute wie die Herren *Verschwendung, Ausschweifung, Zügellosigkeit, Naseweis, Geschäftig, Prahlhans, Leckermaul, Eitelkeit, Schaulust* sehr bald ihr Unterkommen bei ihnen finden würden. Und wir brauchten diese gar nicht einmal alle. Ein Einziger von dieser Sorte wäre schon genug, die ganze Burg in die Luft zu sprengen und Immanuel es zu verleiden, dahin zurückzukehren[1]. Das ist der Plan, mit dem wir früher

---

1   Jak. 2, 10: Denn so jemand das ganze Gesetz hält und sündigt an einem, der ist's ganz schuldig.

zum Ziel kommen als mit einer Armee von 20000 Mann. Darum wollen wir ruhig aus der Stadt abziehen, von allen gewaltsamen Angriffen auf das Schloss absehen, wenigstens für jetzt, und im Stillen unser Werk treiben, wie ich euch gesagt habe.«

Tröstliche Verheißung des treuen Gottes für seine Getreuen².

Dieser Rat fand einen so großen Beifall, dass man ihn laut als das eigentliche Meisterstück der Hölle rühmte, und schon sah die höllische Schar sich im Besitz der viel gewünschten Stadt. Aber: »Beschließt einen Rat, und es werde nichts daraus; beredet euch, und es geschehe nicht! *Denn hier ist Immanuel!*« (Jes. 8, 10). Gerade als der Kriegsrat der höllischen Diabolianer abgesprochen wurde, erhielt Hauptmann *Glaube* einen Brief von *Immanuel* des Inhalts: »Am dritten Tag werde ich dir begegnen in dem Feld, auf den Ebenen um Menschen-Seele her!« »Mir begegnen in dem Feld?«, sprach der Hauptmann zu sich selbst. »Was mag mein Herr damit meinen? Ich verstehe nicht, was das heißen soll, mir im Feld begegnen.« Ratlos eilte er mit dem Brief zum Herrn *Obersekretär,* denn der hohe Herr war ja ein Seher in allen Dingen, die den König und das Wohl von Menschen-Seele betrafen. Der Herr Obersekretär nahm das Schreiben in die Hand, las es und sprach nach einigem Nachdenken: »Die Diabolianer haben heute einen neuen Plan gegen Menschen-Seele entworfen, und gelingt er, so ist es um sie geschehen. Sie wollen die Stadt verlassen und in der Ebene sich lagern, um abzuwarten, ob ihr Plan gelingt. Aber nun mache du mit den Kriegern deines Herrn dich bereit; denn der Fürst wird bei Tagesanbruch mit einer gewaltigen Streitmacht im Feld erscheinen. Dort wird er die Feinde von vorn, du aber sollst sie von hinten anfallen, dass sie erdrückt, zerrieben und auf immer vertilgt werden.«

---

2   1. Kor. 10, 13: Gott ist getreu, der euch nicht lässt versuchen über euer Vermögen, sondern macht, dass die Versuchung so ein Ende gewinne, dass ihr's könnet ertragen.

Mutiger Glaubenskampf[3].

Voll Freude über diesen Aufschluss eilt Hauptmann *Glaube* zu den übrigen Hauptleuten und bringt ihnen die frohe Kunde, die sie alle mit Entzücken erfüllte. Hauptmann *Glaube* aber befahl allen königlichen Trompetern, auf die höchste Zinne des Schlosses zu steigen und von dort vor den Ohren des *Diabolus* und der ganzen Stadt Menschen-Seele die lieblichste und herrlichste Musik hören zu lassen, die das Herz nur zu erfinden und zu erfreuen vermag. Man kann sich denken, mit welchem Entzücken Menschen-Seele diesen tief ergreifenden, nur Trost und Glück verheißenden Tönen lauschte (Sir. 50, 20).

Aber Diabolus waren sie ein Schrecken, und er fragte: »Was mag das bedeuten? Sie blasen weder zum Ankleiden noch zum Satteln, weder zum Aufsitzen noch zum Abmarsch, auch nicht zum Angriff. Was fällt denn diesen wahnsinnigen Menschen ein, dass sie noch obendrein so lustig und fröhlich sind?« Einer aus ihrer Mitte aber antwortete: »Es geschieht aus Freude, weil ihr Fürst *Immanuel* mit seiner ganzen Streitmacht heranzieht und ihre Errettung nahe ist.« Diese Bemerkung, obwohl keinem willkommen, mochte doch dem ganzen Haufen als so wohl begründet einleuchten, dass sie zueinander sagten: »Es wird doch das Beste für uns sein, möglichst bald die Stadt zu räumen. Wir hatten ja ohnehin beschlossen, den Angriff der Feinde in der Ebene zu erwarten.« Sie verließen daher ohne Säumen die Stadt, und unterwegs hörte man etliche sagen: »Es ist gut, dass wir aus dem Bereich der Wurfmaschinen kommen; denn erstens können wir so besser fechten und, wenn es nötig sein sollte, auch besser entfliehen.«

Sie taten gut daran, sich an diese letzte Möglichkeit zu erinnern; denn Menschen-Seele rüstete sich mit Macht zu dem bevorstehenden Kampf. Hauptmann *Glaube* begeisterte die Krieger immer wieder durch den Zuruf: »Morgen werdet ihr den Fürsten im Feld

---

3   1. Kor. 15, 58: Darum, meine lieben Brüder, seid fest, unbeweglich und nehmet immer zu in dem Werk des Herrn, weil ihr wisset, dass eure Arbeit nicht vergeblich ist in dem Herrn.

sehen!« Das war Balsam für ihr Herz, das so lange den geliebten Fürsten entbehrt hatte, und wie Öl auf eine glimmende Lampe. Beim Anbruch des Tages führte dieser tapfere Hauptmann das siegesgewisse Heer mit klingendem Spiel zur Ausfallspforte hinaus, gab das Losungswort: »Das Schwert des Fürsten *Immanuel* und der Schild des Hauptmanns *Glaube*«, oder: »*Das Wort Gottes und der Glaube!*« Den Hauptmann *Erfahrung* hatte man in der Stadt zurückgelassen, weil er an seinen Wunden, die er im letzten Kampf mit den Diabolianern erhalten hatte, noch sehr litt. Aber als der Kampf schon begonnen hatte und er wahrnahm, wie scharf die Hauptleute dreinhieben, forderte er hastig seine Krücken und sprach: »Sollte ich denn hier untätig liegen, während meine Brüder im Kampf stehen und *Immanuel,* unser Fürst, sich heute seinen Soldaten im Feld zeigen wird!« *(Die Erfahrung kommt bald, wenn der Glaube etwas tut.)* Als aber der Feind den Mann auf seinen Krücken daherkommen sah, verwunderte er sich und sprach: »Was für ein Geist ist in diese Leute gefahren, dass sie sogar auf ihren Krücken gegen uns fechten wollen!« Ja, es war ein neuer Geist, ein Geist der Kraft und des unbezwingbaren Mutes, mit dem *Glaube* das ganze Heer beseelt hatte[4], und darum wichen sie nicht einen Schritt breit den allerdings wütenden Angriffen des Satans, der wohl wusste, dass dieser Kampf die letzte Entscheidung bringen würde. Hauptmann *Glaube* im Verein mit Hauptmann *Wille* drang mit furchtbarer Macht auf die Haufen der Zweifler ein und richtete unter ihnen mit seinem zweischneidigen Schwert, das durch Mark und Bein drang (Hebr. 4, 12), eine gräuliche Niederlage an. Da auch Hauptmann *Gute-Hoffnung* und *Erfahrung* ihnen noch zu Hilfe kamen, ergriff dieses wilde Heer bald überall die Flucht. Doch noch war der Sieg nicht erkämpft, weil die Diabolianer an andern Punkten weiterhin verzweifelten Widerstand leisteten. Da gab der Herr *Obersekretär* den Befehl, dass man die Schleudern und Wurfmaschinen vom Schloss her auf die Feinde spielen lassen soll. Seine Leute waren aber so geschickt, dass

---

4   1. Joh. 5, 4: Denn alles, was von Gott geboren ist, überwindet die Welt; und unser Glaube ist der Sieg, der die Welt überwunden hat.

Hauptmann Erfahrung eilt auf das Schlachtfeld

sie Steine auf ein Haarbreit schleudern konnten. *(Die Gebete der Heiligen.)* Das tat nun wohl seine Wirkung und sprengte die Reihen der Diabolianer, aber sie fingen bald an, sich wieder zu sammeln, und griffen mit erneuter Wut den Nachtrab der prinzlichen Armee an. Dieser Angriff erfolgte unerwartet und brachte die Armee in einiges Schwanken. Doch zu rechter Zeit erinnerten sie sich, sie sollten heute noch das Angesicht ihres Fürsten sehen. Und von neuem erhoben die Hauptleute das Feldgeschrei:»Das Schwert des Fürsten *Immanuel* und der Schild des Hauptmanns *Glaube!*« Wie dieser Ruf nun so frisch und stark durch den Lärm der Schlacht drang, erschreckte er Diabolus; denn der meinte, Immanuel erscheint. Doch noch war er nicht da, und von beiden Seiten ruhte der Streit eine Weile. Diabolus säumte nun freilich nicht, seine Leute zu neuer Wut zu entflammen. Auf der anderen Seite versäumte Hauptmann *Glaube* noch weniger, die Streiter Immanuels zu mannhafter Ausdauer anzufeuern.»Denn«, sprach er,»noch einen letzten Sturm auf das Heer des Tyrannen, und Immanuel wird im Feld erscheinen!«

Der Herr gibt den Sieg[5].

Kaum hatte der Hauptmann seinen Soldaten so zugesprochen, als auch schon ein gewisser Herr *Eilig* herbeikam und dem Hauptmann die Nachricht überbrachte:»*Immanuel* ist schon in der Nähe.« Wie ein Lebensfunke drang diese frohe Botschaft in das ermattete Heer ein, und wie ein Sturm stürzten die Hauptleute mit ihren Scharen unter dem erneuten Ruf:»Das Schwert des Fürsten *Immanuel* und der Schild des Hauptmanns *Glaube!*« auf den Feind los. Aber noch wichen die Diabolianer nicht[6], obgleich ein Zweifler nach dem andern zu Boden sank. Da blickte Hauptmann *Glaube* auf und sah *Immanuel* mit fliegenden Fahnen unter hellem Trompeten- und Po-

---

5   2. Mose 15, 3. 18: Der Herr ist der rechte Kriegsmann, Herr ist sein Name. Der Herr wird König sein immer und ewig.

6   Ps. 94, 1. 2: Herr, du Gott der Vergeltung, du Gott der Vergeltung, erscheine! Erhebe dich, du Richter der Welt; vergilt den Hoffärtigen, was sie verdienen!

saunenschall herankommen. Die Füße seiner Leute schienen kaum die Erde zu berühren, mit solcher Schnelligkeit eilten sie den noch immer kämpfenden Hauptleuten zu Hilfe. Hauptmann *Glaube* machte dem unbezwingbaren Fürsten Platz und wandte sich der Stadt zu. Immanuel drang von der andern Seite auf den bestürzten Feind ein, der in die Mitte der beiden anstürmenden Heere kam. Bald begegneten sich *Immanuel* und der mutige Hauptmann *Glaube. So* wurde die feindliche Rotte erdrückt. Diabolus sah seine Hoffnungen vernichtet. Eilig und schimpflich ergriff er die Flucht mit seinen Trabanten und Hauptleuten und überließ das unglückliche Heer der Schärfe des guten Schwertes Immanuels und des Hauptmanns Glaube. Das Feld war mit Toten bedeckt, wie man Dünger ausstreut auf das Land. Immanuels Heer aber erhob ein Freudengeschrei, dass die Erde erbebte.

5. Kapitel

Immanuels Einzug in Menschen-Seele und dessen Folgen.

Es war nun der mit so vielen Bitten und Tränen ersehnte glückliche Augenblick gekommen, wo der siegreiche Fürst Immanuel in seine zum zweiten Mal erlöste Stadt Menschen-Seele einziehen sollte. Wir wollen diesen ruhmreichen Einzug der Reihe nach beschreiben.

Der erneuerte Mensch unterwirft sich mit allem, was er ist und hat, Christus[1].

Der Fürst war bekleidet mit seiner prächtigen, aus gediegenem Gold bereiteten Waffenrüstung. Im Glanz seiner Herrlichkeit saß

---

1   1. Thess. 5, 23: Er aber, der Gott des Friedens, heilige euch durch und durch, und euer Geist ganz samt Seele und Leib müsse bewahrt werden unversehrt, unsträflich auf die Ankunft unsers Herrn Jesus Christus.

Fürst Immanuel zieht in Menschen-Seele ein

er auf seinem Triumphwagen, dessen Wände von Silber, dessen Boden von Gold, dessen Decke von Purpur war, und vor allem prangte an ihm das Sinnbild der barmherzigen Liebe Immanuels zu seiner Stadt Menschen-Seele. Nicht bloß die Tore der Stadt waren geöffnet, sondern auch die des Schlosses. Am Eingang der Stadttore standen die Ältesten der Stadt. Als der Prinz nahte, riefen sie laut: »Machet die Tore weit und die Türen in der Welt hoch, dass der König der Ehre einziehe!« Und im Wechselgesang, eins ums andere, erscholl es: »Wer ist der König der Ehre? Es ist der Herr, stark und mächtig, der Herr, mächtig im Streit. Machet die Tore weit und die Türen in der Welt hoch, dass der König der Ehre einziehe! Wer ist der König der Ehre! Es ist der Herr Zebaoth; er ist der König der Ehre« (Ps. 24). Und auf dem ganzen Weg durch die Stadt hörten die Jubellieder, begleitet von Trompeten- und Posaunenschall, nicht auf. Sie hatten aber alle nur einen Text: »Man sieht, Gott, wie du einherziehst, wie du, mein Gott und König, einherziehst im Heiligtum. Die Sänger gehen voran, am Ende die Spielleute, in der Mitte die Jungfrauen, die da Pauken schlagen« (Ps. 68, 25. 26). Die Hauptleute aber begleiteten den Fürsten, alle nach ihrer Ordnung, zur Rechten und zur Linken; voran Hauptmann *Glaube;* neben ihm *Gute-Hoffnung;* hinter ihnen Hauptmann *Liebe* mit den andern Hauptleuten, hinter allen kam Hauptmann *Geduld.* Die Fahnen flatterten, und die Soldaten erhoben ein anhaltendes Freudengeschrei. Alle Straßen waren mit Lilien und Blumen bestreut, Triumphbogen errichtet aus grünen Zweigen von den Bäumen, die um die Stadt her standen. Auch die Häuser waren mit Blumen und Inschriften geschmückt, vor denen die Familienväter mit den Ihren standen, mit den Tüchern wehend riefen sie immer wieder: »Gelobt sei, der da kommt in dem Namen des Herrn! Hosianna in der Höhe!« An den Schlosstoren erwarteten Immanuel der Herr Oberbürgermeister *Verstand,* Herr *Wille,* der Unterprediger *Gewissen,* Herr *Erkenntnis,* Herr *Gemüt* mit dem übrigen Adel der Stadt. Sie neigten sich ehrfurchtsvoll vor ihm zur Erde und küssten den Staub seiner Füße. (*Alle Kräfte der Seele weihen sich Christus.*) Das Schloss aber war zu seiner Aufnahme auf das Herrlichste und

Würdigste geschmückt durch den Herrn *Obersekretär* selbst und durch die Hand des Hauptmanns *Glaube*. *(Der Heilige Geist bereitet durch den Glauben das Herz zur Aufnahme Christi. 1. Kor. 12, 3.)*

Freude und Schmuck des erneuerten Menschen.

Nachdem der Fürst im Schloss seinen Wohnsitz aufgeschlagen hatte, strömte das Volk von Menschen-Seele zu ihm, um unter Tränen und Wehklagen ihren Schmerz über ihren Rückfall vor ihm auszuschütten. Sie warfen sich vor ihm in den Staub, baten ihn unter lautem Schluchzen um Vergebung und flehten, er möge doch wieder wie früher seine Gnadensonne über ihnen leuchten lassen. Der gnadenvolle Fürst aber erwiderte wohlwollend: »Weinet nicht, sondern geht hin und esst fette Speisen und trinkt süße Getränke und sendet davon auch denen, die nichts für sich bereitet haben; denn dieser Tag ist heilig unserm Herrn. Und seid nicht bekümmert; denn die Freude am Herrn ist eure Stärke (Neh. 8, 10). Ich bin wieder gekommen in Menschen-Seele mit Erbarmungen, und mein Name soll dadurch erhöht und herrlich gemacht werden.« Er hob die Weinenden auch auf, küsste sie und drückte sie an sein Herz. Den Ältesten von Menschen-Seele und einem jeden Befehlshaber in der Stadt gab er auch eine Kette von Gold und ein Handsiegel (Joh. 3, 33). Ihren Frauen sandte er Ohrringe, Juwelen, Armbänder; und den *ebenbürtigen* Kindern verlieh er ähnliche kostbare Geschenke (Offb. 7, 410). Einige Zeit darauf sprach er zu Menschen-Seele: »Lass deine Kleider immer weiß sein und lass deinem Haupt Salbe nicht mangeln (Pred. 9, 8; 1. Joh. 2, 27). Legt euren Schmuck an und kommt zu mir auf die Burg.« So gingen sie denn hin zu dem »offenen Quell« für Juda und Jerusalem, um sich darin zu waschen (Sach. 13, 1). Dort wuschen und machten sie ihre »Kleider hell« (Offb. 7, 14. 15) und gingen dann wieder zum Fürsten in das Schloss, um so würdig vor ihm stehen zu können[2].

---

2   Christi Blut und Gerechtigkeit, *das* ist mein Schmuck und Ehrenkleid, damit will ich vor Gott bestehn, wenn ich zum Himmel werd eingehn.

Das neue Leben zeigt sich in gänzlicher Ertötung der Sünde.

Nun herrschte nichts als Freude, Jubel und Jauchzen in der ganzen
Stadt Menschen-Seele, denn ihr Fürst gönnte ihnen wieder seine
Gegenwart und ließ über ihnen das Licht seines Angesichts scheinen. Es war keine eitle Freude, sondern eine tiefe und ernste Hingebung an Immanuel, die sich darin zeigte, dass die Einwohner
einen ganz neuen Eifer in der Verfolgung der in der Stadt immer
noch versteckten Diabolianer an den Tag legten. Herr *Wille* kam
mit einem wahren Schreckenssystem zu ihrer Ausrottung über sie.
Er ängstigte und peinigte sie, und wo er sie fand, mussten sie es
büßen (Kol. 3, 5). *(Neuer Eifer gegen die Sünde.)* Auf dem Schlachtfeld lagen die Toten noch unbegraben, die durch das Schwert Immanuels und die Hand des Hauptmanns Glaube gefallen waren.
Immanuel selbst gab Befehl, dass sie eingescharrt würden, teils
damit ihre faulenden Leichname die Luft nicht verpesten und so
der Stadt nicht einen neuen Schaden bringen, teils aber auch, um
selbst die letzte Spur von diesen gefährlichen Zweiflern vor den
Augen der Stadt zu vertilgen. Über die Arbeiter, die man zu diesem
Werk bestimmte, erhielten Herr *Gottesfurcht* und ein Herr *Aufrichtig* die Aufsicht. Man begnügte sich aber nicht, die offen auf dem
Feld liegenden Toten in tiefe Gräben zu versenken, sondern um
die ganze Stadt her, in Wald und Gebüsch, auf Bergen und Tälern
forschte man auch noch, ob sich nicht irgendwo sonst noch ein
Schädel oder ein Knochen von einem gefallenen Zweifler finden
möchte, und man machte da ein Merkzeichen, dass die Totengräber die Spur nicht verfehlten. Denn es sollte jedes Gedächtnis eines diaholistischen Zweiflers in und um Menschen-Seele gänzlich
vertilgt werden, sodass auch die Kinder, die noch später in Menschen-Seele geboren würden, nicht einmal wüssten, was ein Schädel, ein Schenkel oder ein anderer Knochen von einem Zweifler
für ein Ding wäre. So säuberten die Totengräber das Land von all
diesem Unrat, der Menschen-Seele so viel Unglück gebracht hatte.
Sie warfen auch die mörderischen Waffen der bösen Gesellen in
die Gräber: Pfeile, Wurfspieße, Dolche, Streithämmer, Feuerbrän-

de, ebenso ihre Waffenrüstungen, Fahnen und Banner samt der Standarte des Diabolus und was sie nur finden konnten, das nach einem diabolistischen Zweifler roch[3]. Die Fürsten des Abgrunds und ihre Hauptleute samt dem alten *Unglauben,* ihrem General, waren freilich entkommen. Aber Herr *Gottesfurcht* trat wieder in seine volle Amtsgewalt. Wie gut ging es der Stadt Menschen-Seele unter seiner ernsten Leitung!

6. Kapitel

Diabolus macht einen neuen Angriff mit einer gemischten Rotte auf die Stadt Menschen-Seele. Diese fleht Immanuel um neue Hilfe an.

Satan lässt den Gläubigen keine Ruhe bis ans Ende.

Man sollte denken, dass Diabolus nach der furchtbaren und schimpflichen Niederlage, die er eben erlitten hatte, und bei dem neuen Mut, zu dem Menschen-Seele durch die Rückkehr ihres Fürsten entflammt war, jeden Versuch, die Stadt wieder in seine Gewalt zu bekommen, ein für alle Mal aufgegeben hätte. Aber das war nicht seine Art. Als der Tyrann auf seiner Flucht bei Höllenpfort-Hügel mit seinem alten Freund *Unglaube* angekommen war, stiegen sie sogleich hinab in die Grube, in ihr schwarzes Schattenreich, verwünschten dort mit ihren Genossen unter grässlichen Flüchen ihre Niederlage und schworen dann, von entsetzlicher Wut ergriffen, dass sie für diesen Schimpf eine unerhörte Rache nehmen wollten. Ihr Hass, ihre brennende Begierde, ihr aufgesperrter Rachen, der gern Menschen-Seele mit Leib und Seele, Fleisch und Gebein, mit allen den herrlichen, ihr verliehenen Gü-

---

3   1. Kor. 5, 7: Darum feget den alten Sauerteig aus, auf dass ihr ein neuer Teig seid, wie ihr ja ungesäuert seid. 2. Kor. 4, 11; Luk. 14, 33; Matth. 5, 29. 30.

tern verschlungen hätte, raubte ihnen jede Besinnung. Sie hatten auf *Luzifers* und *Apollyons* Rat einen klugen Plan zu neuer Verführung von Menschen-Seele entworfen, aber sie vermochten es nicht abzuwarten, wie er gelingt. In ungestümer Hast wurde ein Kriegsrat berufen, in dem man ebenso ungestüm beschloss, Menschen-Seele ohne Säumen mit einer *gemischten* Armee, die teils aus Zweiflern, teils aus Blutmännern bestehen sollte, noch einmal zu überfallen. Wir müssen darüber aber Näheres sagen.

Durch Unglauben und blutige Verfolgung will Satan die Gläubigen verderben.

Die *Zweifler,* von denen so oft schon die Rede gewesen ist, sind Leute, die über eine jede von *Immanuel* geoffenbarte Wahrheit und über alles, was ihn betrifft, Fragen und Zweifel aufstellen und von vornherein nichts glauben. Das Land der Zweifler liegt im hohen kalten Norden, zwischen dem Land »Finsternis« und dem »Tal der Todesschatten«, eine schauerliche Lage, und man sagt, die Wiege der Zweifler stehe in dem Land der Finsternis, und ihr Grab werde ihnen gegraben in dem Tal der Todesschatten. *(Der Unglaube ist ganz aus der Finsternis.)* Deshalb sind's finstere, harte, wilde Leute. Und solche waren es, die Diabolus zuerst warb, um den letzten Schlag gegen Menschen-Seele auszuführen. Ihnen gesellte er die *Blutmänner zu.* Ihr Land liegt unter dem Hundsstern, und von dem werden sie auch ganz und gar regiert; denn sie sind böse, bissig, und ihre Füße eilen, Blut zu vergießen. Die Provinz, die sie bewohnen, heißt *Widerwille-gegen-das-Gute.* Sie ist erst ziemlich abgelegen vom Land des Zweifels, doch zuletzt stößt sie mit ihm auf dem Hügel zusammen, den wir als Höllenpfort-Hügel bereits kennen gelernt haben. Daher sind diese Blutmänner auch gute Freunde der Zweifler, denn man kann sich schon denken, dass so bitterböse Menschen sehr fern davon waren, Glauben und Vertrauen zu haben. Auch das ist nicht zu verwundern, dass sie der Werbetrommel des Diabolus eilig folgten, sodass dieser bald 10 000 *Zweifler* und 15000 *Blutmänner* zusammenhatte. Um die Wahrheit zu sagen, hegte *Diabolus* nicht gerade übertriebene Hoffnungen von den Heldentaten der Zweifler bei dem neuen Feldzug; war er doch selbst eben erst Zeuge gewesen, dass ihre so hoch gepriesene Mannhaftigkeit nicht weit her war. Er stellte sie daher jetzt nur mit in Reih und Glied, um die Zahl voll zu machen. Dagegen setzte er sein ganzes Vertrauen auf die *Blutmänner,* denn ihre Hauptleute hatten sich schon durch Taten einen Namen gemacht, die Diabolus von ihrer Brauchbarkeit zur Ausführung seiner höllischen Absichten überzeugen mussten. Das war zuerst Hauptmann *Kain,* der zwei Scharen der missgünstigen und zornigen Blutmänner befehligte, Leute von wildem Aussehen. Sein Fahnenträger trug eine rote Fahne, und sein Wappen war die Mordkeule (1. Mose 4, 8). Hauptmann *Nimrod* kommandierte die beiden Kompanien der tyrannischen und räuberischen Blutmänner. Sein Fahnenträger hatte eine rote Fahne, und sein Wappen war der große Bluthund der Jäger (1. Mose 10, B. 9). Hauptmann *Ismael* hatte die zwei Rotten der spottenden und hohnlachenden Blutmänner unter sich. Seine Fahne war auch rot, und sein Wappen stellte einen dar, der über Isaak, Abrahams Sohn, spottete (1. Mose 21, 9. 10). Hauptmann *Esau* führte die Blutmänner an, die den Gesegneten des Herrn ewige Rache und Vertilgung geschworen haben. Auch seine Fahne war blutrot, und auf seinem Wappen stand einer, der auf Jakobs Leben lauert (1. Mose 27, 4245). Hauptmann *Saul* war über die Blutmänner gesetzt, die den Erwählten des Herrn den Tod geschworen haben. Sein schwarzer Fahnenträger schwang ebenfalls eine rote Fahne, und in seinem Wappen sah man drei Wurfspieße, die auf den König David geschleudert wurden (1. Sam. 18, 10. 11). Hauptmann *Absalom* führte die Blutmänner an, die auch das Blut von Vater und Freund nicht schonen, wenn sie ihren ehrgeizigen Absichten im Wege stehen. Auch seine Fahne war rot, und sein Wappen zeigte einen nach dem Blut seines Vaters lechzenden Sohn (2. Sam. 15, 14. 17). Hauptmann *Judas* hatte diejenigen Blutmänner unter sich, die nicht allein Verrat üben an dem besten Freund, sondern sein Blut auch um weniges Geld verhandeln. Seine Fahne war rot wie die der Übrigen, und in seinem Wappen sah man dreißig Silberlin-

ge und den Strick (Matth. 26,1416). Diese furchtbaren Blutmänner
waren die ganze Hoffnung des blutgierigen Tyrannen, nicht allein
weil sie bereits Mordtaten über Mordtaten an allen Menschen und
Heiligen verübt, sondern auch weil sie *Immanuel* selbst schon einmal aus der Welt hinausgeschafft hatten. Sollten sie ihn denn jetzt
nicht aus Menschen-Seele vertreiben können? (*Lässt sich der Glaube
durch Zweifel nicht erschüttern und bleibt standhaft, so kommen blutige
Verfolgungen.*)

Das Oberkommando über diese ganze schreckliche Armee hatte
Diabolus wieder dem alten Herrn *Unglaube* übertragen, ihm zur
Seite aber standen auch wieder, wie früher, die Höllenfürsten *Beelzebub, Luzifer, Apollyon, Legion* und *Zerberus*. Kaum waren die nö-
tigsten Vorbereitungen zum Aufbruch des Heeres getroffen, war
die Wut Satans nicht länger mehr zu zügeln. Bald stand er der Stadt
mit seinen höllischen Bannern gegenüber und schloss sie von allen
Seiten ein. Die Zweifler wurden gegen das Fühltor, die Blutmänner
gegen das Augen- und Ohrtor aufgestellt. Sogleich forderte *Unglaube* im Namen des *Diabolus* und der Blutmänner die Stadt mit
Drohungen, aus denen die Glut der Hölle blitzte, zur sofortigen
Übergabe auf. Es muss hier jedoch bemerkt werden, dass die Blutmänner eigentlich gar nicht wünschten, dass Menschen-Seele sich
friedlich ergibt. Tigern gleich lechzten sie vielmehr nach dem Blut
der Stadt-Menschen-Seele. Es war ihnen jetzt, als könnten sie ohne
dieses Blut nicht mehr leben[1]. Darum hatte auch Diabolus diese
Blutmänner bis zuletzt aufgespart. Sie waren sozusagen die letzte
Karte, die er gegen die Stadt Menschen-Seele ausspielte.

Herr *Scharfsichtig* hatte das Herannahen des höllischen Heeres
längst schon bemerkt, und auf seine Meldung wurden die Tore
von Menschen-Seele gleich geschlossen und die nötigen Vorkehrungen zum Schutz der Stadt getroffen. Die Bürger wollten sich

---

1   Jes. 59, 7: Ihre Füße laufen zum Bösen, und sie sind schnell dabei, unschuldig Blut
     zu vergießen. Ihre Gedanken sind Unheilsgedanken, auf ihren Wegen wohnt Verder-
     ben und Schaden. Ps. 5, 7: Du bringst die Lügner um; dem Herrn sind ein Gräuel die
     Blutgierigen und Falschen.

aber nicht länger auf ihre eigene Klugheit und Macht verlassen (Ps. 118, B. 9), und da der mächtige Fürst in ihrer Mitte war, sandten sie eiligst eine Bittschrift an ihn, deren erstes und letztes Wort war: »Herr, rette Menschen-Seele von den Blutmännern[2].« In hoher Gnade nahm er die Bittschrift sogleich an, erwog sie und berief ohne Säumen den tapfern Hauptmann *Glaube* zu sich und trug ihm auf, in Gemeinschaft mit Hauptmann *Geduld*[3] besonders die von den Blutmännern bedrohte Seite zu beschützen. Die Hauptleute *Gute-Hoffnung* und *Liebe,* in Verbindung mit Herrn *Wille,* sollten dagegen die andere Seite der Stadt gegen die Zweifler schützen. Dem Hauptmann *Erfahrung* aber befahl Immanuel, seine Leute auf dem Marktplatz aufzustellen und sie täglich vor den Augen der Einwohner in den Waffen zu üben. *(Die Heilserfahrung bedarf einer langen Übung.)*

Es denkt vielleicht mancher, der nun beginnende Kampf sei schnell zur Entscheidung gekommen, weil Immanuel selbst in der Stadt war. Dem war aber nicht so. Allerdings wäre es dem mächtigen Fürsten ein Kleines gewesen, mit einem Schlag die Feinde zu vernichten[4]. Wie er selbst aber einst sich nicht weigerte, den Kelch zu trinken, den ihm sein Vater gegeben[5], und in dem Gehorsam des Leidens vollkommen geworden war[6] und ein Herr über alles (Phil. 2, 810): so sollte auch Menschen-Seele durch einen langen, harten und blutigen Kampf im Glauben, in der Geduld und allen göttli-

---

2   Ps. 59, 3. 4: Errette mich von den Übeltätern und hilf mir von den Blutgierigen! Denn siehe, Herr, sie lauern mir auf; Starke rotten sich wider mich zusammen ohne meine Schuld und Missetat.

3   Hebr. 12, 1: Darum auch wir, weil wir eine solche Wolke von Zeugen um uns haben, lasset uns ablegen die Sünde, die uns ständig umstrickt, und lasset uns laufen mit *Geduld* in dem *Kampf,* der uns verordnet ist. Kol. 3, 12; Offb. 13, 10.

4   Joh. 18, 6: Als nun Jesus zu ihnen sprach: Ich bin's! wichen sie zurück und fielen zu Boden. Matth. 26, 53. 54.

5   Joh. 18, 11: Da sprach Jesus zu Petrus: Stecke dein Schwert in die Scheide! Soll ich den Kelch nicht trinken, den mir mein Vater gegeben hat?

6   Hebr. 5, B. 9: Und wiewohl er Gottes Sohn war, hat er doch an dem, was er litt, Gehorsam gelernt. Und da er vollendet war, ist er geworden allen, die ihm gehorsam sind, der Urheber ihres ewigen Heils.

chen Tugenden geübt werden und sich bewähren, damit sie der
hohen Belohnung würdig werde, die Immanuel ihr zugedacht hatte[7]. *(Die blutigen Verfolgungen der ersten Christen dauerten viele Jahr-
hunderte lang und haben sich nachher auch immer wieder erneuert.)*

*Die Gläubigen siegen durch Standhaftigkeit im Glauben, Selbst-
verleugnung, Liebe und Geduld.*

In den ersten Kämpfen mit den Blutmännern, die wild auf Menschen-Seele eindrangen, tat sich besonders Hauptmann *Selbstverleugnung* hervor, dem die Bewachung des Augen- und Ohrtors übertragen worden war. Dieser Hauptmann war ebenso wie
Hauptmann *Erfahrung* in Menschen-Seele geboren. *Immanuel* hatte
ihm bei seiner Wiederkunft den Oberbefehl über 1000 Mann übergeben, alles aus Menschen-Seele gebürtige Leute. Er war ein junger,
kühner und dabei sehr abgehärteter Mann, der bei sich beschlossen hatte, für das Wohl der Stadt alles zu wagen und, wenn es sein
müsste, sich selbst zum Opfer zu bringen[8]. So wagte er denn oft
kühne Ausfälle auf die Blutmänner, unter denen er Verwirrung an-
richtete, hieb dann tapfer um sich und ließ viele den Sand küssen.
Er erlitt dabei zwar selbst auch gar manchen harten Stoß, empfing
sogar Hiebe ins Gesicht und hatte sonst auch manche Wunde an
seinem Leib aufzuweisen, aber er achtete es nicht und ging immer
wieder auf die Feinde los. Neben ihm fochten die Hauptleute *Glaube, Hoffnung* und *Liebe* ebenso tapfer und hatten Gelegenheit, sich
im Kampf zu üben, wie es der Wille Immanuels war. Nachdem die-

---

7   Jak. 1, 2-4. 12: Meine lieben Brüder, achtet es für lauter Freude, wenn ihr in man-
     cherlei Anfechtungen fallet, und wisset, dass euer Glaube, wenn er bewährt ist,
     Geduld wirkt. Die Geduld aber soll ihr Werk tun bis ans Ende, auf dass ihr seid voll-
     kommen und ohne Tadel und kein Mangel an euch sei. Selig ist der Mann, der die
     Anfechtung erduldet; denn nachdem er bewährt ist, wird er die Krone des Lebens
     empfangen, welche Gott verheißen hat denen, die ihn lieb haben.

8   Matth. 16, 24. 25: Da sprach Jesus zu seinen Jüngern: Will mir jemand nachfolgen,
     der verleugne sich selbst und nehme sein Kreuz auf sich und folge mir. Denn wer
     sein Leben erhalten will, der wird's verlieren; wer aber sein Leben verliert um mei-
     netwillen, der wird's finden.

ser sich überzeugt, dass alle seine Hauptleute und Mannschaften die erforderliche Gewandtheit sowie Mut und Kraft erlangt hatten, beschloss er einen Hauptschlag gegen die Feinde auszuführen. Er berief daher einen Kriegsrat und erteilte den Hauptleuten seine Befehle. »Die eine Hälfte von euch«, sagte er, »soll gegen die Zweifler ziehen. Auf die sollt ihr scharf einhauen. Ihr sollt sie alle zu Boden schlagen und keine Ausnahme machen. Die andere Hälfte soll sich auf die Blutmänner stürzen, aber die sollt ihr nicht erschlagen, sondern nur fangen und beim Leben lassen[9].« *(Den Unglauben soll man ausrotten, aber gegen die Verfolger keine Gewalt brauchen.)* Dem erhaltenen Befehl gemäß zogen nun die Hauptleute ohne Säumen aus gegen ihre Feinde: die Hauptleute *Gute-Hoffnung, Liebe, Unschuld* und *Erfahrung* gegen die Zweifler; und die Hauptleute *Glaube, Geduld* und *Selbstverleugnung* gegen die Blutmänner.

Die aber gegen die *Zweifler* entsandt waren, traten hart aneinander und rückten in fest geschlossenen Gliedern unter dem Schmettern der Trompeten mutig auf den Feind los.

Aber siehe, das feige Volk der Zweifler hielt nicht einmal stand, der Schrecken Gottes kam über sie, und in wilder Flucht stoben sie auseinander. Und obwohl die Soldaten des Prinzen scharf hinter ihnen her waren, so wurden doch nur einige erreicht und erlegt, so geschwind konnten sie laufen. *(Gegen das mannhafte Bekenntnis hält der Unglaube nicht stand.)* Einige von diesen Flüchtlingen gingen geradewegs nach Hause; andere aber streiften in ungleichen Haufen von fünf, neun und siebzehn im Land umher und weithin über die Erde, wobei sie an vielen rohen, ungebildeten Leuten, ja ganzen barbarischen Völkern ihre diabolischen Bubenstücke ausübten. Die ließen es sich auch ruhig in ihrer Stumpfheit gefallen und sich gar zu ihren Sklaven machen. *(Rohe Weltkinder wehren sich nicht gegen den Unglauben.)* Zuweilen wagten sich diese Zweifler, wenn auch nur in kleinen Haufen, in die Nähe der Stadt Men-

---

9   Matth. 5, 44: Ich aber sage euch: Liebet eure Feinde; segnet, die euch fluchen; tut wohl denen, die euch hassen; bittet für die, so euch beleidigen und verfolgen. Joh. 18, 36; Apg. 7, 58. 59.

schen-Seele; aber ließen sich die Hauptleute *Glaube, Gute-Hoffnung* oder *Erfahrung* nur blicken, so ergriffen sie schon die Flucht. Einen andern Erfolg hatte der Kampf mit den *Blutmännern*. Mit welcher Wut und Blutgier die Blutmänner auch auf die gegen sie abgesandten Hauptleute und Mannschaften Immanuels eindrangen, so ließen diese dem erhaltenen Befehl gemäß sich doch durch nichts bewegen, Gleiches mit Gleichem zu vergelten (1. Petr. 2, 2123). Sie wichen ihnen zwar keinen Schritt breit und wussten ihre Hiebe mit wunderbarer Kunst *(die Liebe der Gläubigen, die die Welt nicht bezwingt)* aufzufangen, waren aber nur darauf bedacht, sie zu umzingeln. Die Blutmänner wussten nicht recht, was sie zu dieser seltsamen Kampfesweise sagen sollten, zumal sie deren letzte Absicht gar nicht merkten. Sie hielten alles für Überspannung, für eine Art Verrücktheit[10], und verachteten ihre Gegner mehr, als dass sie sie fürchteten. Aber eben das machte den Leuten Immanuels den Sieg umso leichter. Als die andere Heeresabteilung, die die Zweifler bereits in die Flucht geschlagen hatte, noch zu ihnen stieß, sahen sich die Blutmänner bald von allen Seiten eng eingeschlossen. Sie machten noch einen kleinen Versuch zu entrinnen, aber vergeblich. *(Die Geduld und Liebe der heiligen Blutzeugen wird von ihren Verfolgern zwar erst verachtet, aber gewinnt doch zuletzt den Sieg.)* Sie waren auf einmal wie verwandelt. Es ging ihnen gerade so wie manchem Tyrannen, der, solange er die Gewalt in Händen hat, gar nicht zu bändigen ist, sobald er aber seinen Mann gefunden hat, so feig wird, dass ihn ein Kind bezwingen könnte. Sie ließen sich alle von den Hauptleuten greifen, und diese führten sie sogleich vor ihren Fürsten.

Die Verfolger erhalten, je nach ihrer Schuld, ihren Lohn.

Der Prinz nahm sie in ein scharfes Verhör, und dieses ergab die merkwürdigsten Aufschlüsse über ihre eigentliche Herkunft. Es

---

10   Apg. 2, 13: Die andern aber hatten ihren Spott und sprachen: Sie sind voll süßen Weins. Kap. 26, 24.

erwies sich, dass eine Sorte aus *Blindmanns* Land war. Wie böse ihre Taten auch sein mochten, sie gingen aus purer Unwissenheit hervor[11]. Eine andere Art stammte aus *Blindeifers* Land. Die aber waren durch einen gottlosen Aberglauben zu ihren Bluttaten aufgestachelt[12]. Die dritte Art kam aus der Stadt *Bosheit*, die im Land *Neid* liegt, und die machten ihrer Abkunft wirklich Ehre. Sie sannen nur auf Böses, hatten an nichts Lust als an Schaden und Blutvergießen und waren die echten Blutmänner[13]. So verschieden die Abkunft und der Sinn dieser Leute war, so verschieden war auch ihr Benehmen beim Verhör. Als denen aus *Blindmanns* Land die Augen aufgingen und sie nun sahen, vor wem sie standen, da fielen sie nieder vor dem Fürsten, beklagten ihre Unwissenheit und flehten um Erbarmen. Sie taten es nicht vergeblich, denn er hatte schon längst für sie gebeten (Luk. 23, 34) und neigte ihnen jetzt das goldene Zepter zu (1. Tim. 1, 13). Die aus *Blindeifers* Land aber verteidigten lange hartnäckig ihren Frevel. Sie gaben ihre Taten als Heldentaten aus, für die sie eher Lob und Ehre verdienten als Strafe, und nur sehr wenige von ihnen konnten dahin gebracht werden, ihr Unrecht einzusehen. Die aber, die sich zuletzt noch dazu bewegen ließen und um Gnade flehten, wurden auch von ihr nicht ausgeschlossen. Unter denen aus der Stadt *Bosheit* war aber nicht einer, dem seine Bosheit leid gewesen wäre. Sie standen dem Fürsten bei dem Verhör kaum Rede und verhehlten nicht im Mindesten ihre Wut, dass ihnen ihre blutigen Absichten mit Menschen-Seele nicht gelungen waren. Sie sahen trotzig drein und knirschten mit den Zähnen. Diese unverbesserlichen Bösewichter sowie alle übrigen, die sich nicht hatten entschließen können, demütig und bußfertig Immanuels Gnade anzuflehen, wurden si-

---

[11]   1. Tim. 1, 13: Der ich zuvor war ein Lästerer und ein Verfolger und ein Frevler; aber mir ist Barmherzigkeit widerfahren, denn ich habe es unwissend getan im Unglauben. Apg. 9, 1. 2.

[12]   Joh. 16, 2: Ja, es kommt die Stunde, dass wer euch tötet, wird meinen, er tue Gott einen Dienst damit.

[13]   Jer. 8, 6: Keiner ist, dem seine Bosheit leid wäre und der spräche: Was mache ich doch? Sie laufen alle ihren Lauf wie ein grimmiger Hengst im Streit.

cher verwahrt auf den großen allgemeinen Gerichtstag, der noch
bevorstand, wo ihnen der Lohn für ihre Taten pünktlich und rich-
tig ausgezahlt werden soll[14].

7. Kapitel

Gericht über einige Zweifler und Diabolianer.

*Der Kampf mit den sich einschleichenden Zweifeln und Sünden
endet für die Gläubigen in dieser Welt nicht.*

Menschen-Seele hatte ja wohl alle Ursache, Immanuel zu danken,
dass er die grausamen Blutmänner nun ganz unschädlich gemacht
hatte; außerdem waren die feigen Zweifler verjagt: was nun für
Not? Die arme Menschen-Seele sollte doch nicht ganz zur Ruhe
kommen, und im Grunde genommen war ihr das auch sehr heilsam; kam sie doch einst durch *Fleischliche-Sicherheit* so schrecklich
zu Fall. Die Feinde von Menschen-Seele waren auch lange nicht
alle überwunden und tot; von der in die Flucht geschlagenen Armee der Zweifler lebten noch die meisten, und wie viele Diabolianer waren noch versteckt in der Stadt! Zu den Letztern gehörte
unter andern der alte grauköpfige Sünder *Böses-Bezweifler*. Er besaß sogar ein eigenes Haus, was er freilich, solange Immanuel in
der Stadt war, so hatte anzutünchen gewusst, dass man solch einen Bewohner darin nicht vermutete. Zu dem kamen eines Tages
einige Leute von der versprengten Armee der Zweifler, denen es
gelungen war, sich in die Stadt einzuschleichen. Das Haus war ihnen genau bezeichnet worden, überdies hatten sie einen Empfeh-

---

14   2. Kor. 5, 10: Denn wir müssen alle offenbar werden vor dem Richterstuhl Christi, auf
      dass ein jeglicher empfange, wie er gehandelt hat bei Leibesleben, es sei gut oder
      böse.

lungsbrief, und so wurden sie mit tausend Freuden aufgenommen und von dem alten Bösewicht aufs Herrlichste bewirtet. Bei Tisch erkundigte er sich sehr angelegentlich nach ihrem Herkommen; er wusste wohl, dass sie alle aus *einem* Land waren, aber sonst kannte er sie doch nicht. Da sagte der eine: »Ich bin ein *Gnaden-wahlszweifler*«, »und ich«, sprach der andere, »bin ein *Berufungs-zweifler*.« Der Dritte gab sich für einen *Seligkeitszweifler* aus, und der Vierte sagte: »Ich zweifle an *aller Gnade*.« *(Die Gläubigen haben andere Zweifel als die rohen Weltkinder.)* »Gut«, sagte der alte Herr, »mögt ihr sein, wer und woher ihr wollt, so sehe ich doch, dass ihr wackere Burschen und meines Namens und meiner Art seid, und ich heiße euch darum noch einmal willkommen.« Natürlich lenkte sich das weitere Gespräch auf die Vorgänge der letzten Zeit. Man bedauerte, dass die 15000 Blutmänner dem Angriff der Armee Immanuels nicht standhalten konnten. Als aber die Rede auf die 10000 Zweifler kam, die dem Feind Menschen-Seele entgegengezogen waren, konnte der alte Sünder doch nicht recht begreifen, dass sie so schnell die Flucht ergriffen hätten. »Unser General«, antworteten die Gäste, »war der Erste, der davonlief!« »Bitte«, sprach ihr Wirt, »wer war denn dieser Feigling, der sich doch General nennen ließ?« »Er war einst Oberbürgermeister von Menschen-Seele«, erwiderten sie, »aber wir bitten Euch, nennt ihn nicht einen Feigling; denn keiner von allen unsern Leuten in der ganzen Welt hat unserem Fürsten Diabolus wesentlichere Dienste geleistet als eben Herr *Unglaube*, und hätten sie ihn erwischt, wäre ihm wohl der Galgen sicher gewesen. Aber bedenkt selbst, gehängt zu werden, ist doch ein schlechtes Geschäft.« Aber der kühne Wirt rief: »Ich sollte nur zehntausend wohl bewaffnete Zweifler in Menschen-Seele jetzt haben, ich wollte euch schon zeigen, was mit solcher Macht auszurichten wäre.« »Ach«, sagten sie, »es würde uns eine Lust sein, das mit ansehen zu können! Aber bloße Wünsche sind doch nichts als hüpfende Irrlichter!« Diese Worte sprachen sie sehr laut. »Sacht, sacht!«, sagte der alte *Böses-Bezweifler* und gab damit keine besondere Probe von dem Mut, dessen er sich eben erst so sehr gerühmt hatte. »Ihr dürft nicht so laut sprechen, solange ihr hier seid. Man könnte euch sonst beim Kopf nehmen und an den Galgen hängen.«»Warum?«, fragten die Zweifler. »Warum?«, antwortete der alte Herr, »warum? Weil beide, der Fürst und der Herr Obersekretär, sowie ihre Hauptleute und Soldaten alle in der Stadt sind. Und unter ihnen ist ein Herr *Wille,* der ist ein gefährlicher Mann. Er ist zum Aufseher über die Stadt bestellt, soll nach den Diabolianern fahnden, einen schlimmern Feind haben wir nicht. Wenn der euch zu Gesicht bekommt, seid ihr verloren, und wären eure Köpfe auch von Gold.«

Die Gläubigen üben an den mit Fleiß erforschten Zweifeln und Sünden ein ernstes Gericht.

Doch was geschah? Einer der treuesten Diener des Herrn *Wille,* ein Kriegsknecht mit Namen *Fleiß,* hatte während der ganzen Unterhaltung unter dem Fenster des alten *Böses-Bezweifler* gestanden und auf jedes Wort gelauscht, was sie miteinander gesprochen hatten. *(Der ernste Wille ist fleißig, dem Bösen nachzuspüren.)* Unverzüglich machte er seinem Herrn Anzeige von der Sache. »Sagst du mir die Wahrheit, und sind sie dort noch versammelt?«, sprach sein Herr mit Erstaunen. »Ja«, antwortete der treue Diener, »und wenn es Euer Gnaden gefällt, mit mir zu kommen, so könnt Ihr Euch selbst von allem überzeugen.« Unterwegs sagte Herr *Wille:* »Ich weiß jetzt nicht mehr, wo der alte *Böses-Bezweifler* wohnt, denn ich habe ihn lange nicht mehr gesehen. Früher, zur Zeit unseres Abfalls, waren wir leider sehr gute Bekannte und hoch angesehene Leute.« »Seid unbesorgt«, erwiderte der treue *Fleiß,* »ich werde Euch das Haus schon zeigen, aber würdet Ihr wohl seine Stimme gleich herauskennen?« »Jawohl«, sagte Herr *Wille,* »ich kenne sie recht gut; aber ich weiß, dass er sehr munter ist. Wenn er uns mit seiner Gesellschaft nur nicht entschlüpft!« Darum war seinem Begleiter aber gar nicht bange. Als sie noch eine Strecke gegangen waren, bogen sie um eine Ecke, und *Fleiß* sprach: »Hier sind wir zur Stelle, mein Herr!« Noch aber sprachen die drinnen laut miteinander. Herr *Wille* horchte ein Weilchen und fand alles so, wie ihm gesagt war. »Doch wo finden wir die Tür?«, lispelte er. »Kommt«, sprach *Fleiß.* Sie brachen ein, mit fester Hand ergriffen sie die Bösewichter und übergaben sie den Händen des Kerkermeisters *Treumann,* der sie in festen Gewahrsam nahm[1]. Frühmorgens wurde dem Herrn Oberbürgermeister Nachricht von allem gegeben, was in der Nacht vorgefallen war. Der würdige Mann freute sich besonders, dass der alte *Böses-Bezweifler* verhaftet wurde. Denn er kannte ihn als einen der größten Unruhestifter in Menschen-Seele, wo er ihm schon eine rechte Plage gewesen war. Man hatte auch oft schon nach ihm gefahndet, aber bis jetzt vergeblich. Herr *Wille* hätte wohl die Macht gehabt, die Übeltäter augenblicklich zu töten, als er sie gefangen nahm, und es würde kein Aufhebens davon gemacht worden sein. Doch er glaubte, dass es unter den gegenwärtigen Umständen mehr zur Ehre des Prinzen, zum Trost für Menschen-Seele und zur Demütigung der Feinde gereichen werde, wenn sie öffentlich vor Gericht gestellt würden. Der Herr Oberbürgermeister war damit ganz einverstanden, daher wurde schnell der Gerichtshof zusammengerufen, zuerst *Böses-Bezweifler* vorgeführt und die Anklageschrift verlesen. Darin wurde er beschuldigt, dass er als ein Diabolianer voller Hass gegen den Fürsten Immanuel sei, dass er die verderblichsten Anschläge zum Untergang der Stadt gemacht und den Feinden des Königs allen möglichen Vorschub geleistet habe, zum Hohn der Gesetze des Königs. *Böses-Bezweifler* war aber weit davon entfernt, seine Schuld einzugestehen. »Mein Herr«, sprach er zu dem Oberrichter, »ich verstehe gar nicht, was mit dieser Anklage gemeint sein soll. Es ist in ihr die Rede von einem *Böses-Bezweifler.* Den Namen führe ich aber gar nicht, denn der meine ist: *Ehrenhafter-Forscher.* Mögen beide Namen auch öfter zusammengestellt werden, so weiß doch ein hoher Gerichtshof, dass zwischen beiden ein großer Unterschied ist. Und ich meine, dass selbst in Zeiten, die von den größten Vorurteilen beherrscht wer-

---

1   Ps. 18, 38: Ich will meinen Feinden nachjagen und sie ergreifen und nicht umkehren, bis ich sie umgebracht habe.

den, ein Mann Anerkennung finden muss, der über die höchsten
Angelegenheiten des Menschen eine gewissenhafte Forschung
anstellt.« *(Freidenker und Ungläubige wollen jederzeit als ehrenhafte
Forscher gelten.)* Dagegen erhob sich Herr *Wille,* denn er war einer
der Zeugen, und sprach:»Mein Herr und ihr ehrwürdigen Richter
samt den Häuptern der Stadt Menschen-Seele, ihr habt alle gehört, wie der Gefangene, der jetzt vor den Schranken steht, seinen
Namen verleugnet hat und dadurch die schwere Anklage von sich
abzuwälzen meint. Aber ich kenne ihn, dass er *der* Mann ist, der
in den Akten bezeichnet wird, und weiß, dass sein Name wirklich
Böses-Bezweifler heißt und dass er ein echter Diabolianer, ein Feind
unsers Fürsten und unserer gesegneten Stadt Menschen-Seele ist,
wie es wenige gibt. Ich kenne ihn schon seit dreißig Jahren; denn
er und ich, ich muss es zu meiner großen Schande sagen, waren
sehr gute Bekannte, als Diabolus, jener Tyrann, das Regiment
über Menschen-Seele führte. Er war damals oft in meinem Haus,
ja zwanzig Tage und Nächte hintereinander blieb er bei mir, wo
wir denn ebensolche Gespräche miteinander führten, wie er sie
erst vor kurzem mit jenen losen Zweiflern anstellte. *(Solange der
Wille böse ist, gibt er auch bösen Zweifeln Raum.)* Es ist wahr, ich hatte ihn lange nicht mehr gesehen. Der Einzug *Immanuels* hatte ihn
veranlasst, seine Wohnung zu ändern, wie er jetzt seinen Namen
zu ändern bemüht ist. Aber dies ist der Mann, ich täusche mich
nicht in seiner Person.« Als der Angeklagte gefragt wurde, ob er
noch etwas zu sagen hätte, rief er:»Jawohl! Nur ein Zeuge ist bis
jetzt gehört worden, und in der berühmten Stadt Menschen-Seele
ist es ungesetzlich, dass durch den Mund eines einzigen Zeugen
ein Mann verurteilt wird.« Da stand Herr *Fleiß* auf, und als ihm
der Zeugeneid abgenommen war, berichtete er alles genau, was er
eben gesehen und gehört hatte. Da sprach der *Gerichtshof:*»*Böses-
Bezweifler!* Hier ist noch der zweite Zeuge, den du verlangst. Er
aber schwört, dass du jene Fremden, obgleich du wusstest, dass
sie Diabolianer waren, in dein Haus aufgenommen und bewirtet
hast. Er schwört, dass du zehntausend von ihnen in Menschen-
Seele wünschtest. Er schwört, du hast sie angewiesen, sich fein ru-

hig und still zu verhalten, damit sie noch mehr Schaden tun können und nicht von den Leuten des Königs ergriffen würden. Das
sind genug Beweise, dass du ein Diabolianer bist; denn wärest du
ein Freund des Königs, so würdest du die Zweifler sogleich ergriffen und an uns abgeliefert haben.« Aber *Böses-Bezweifler* gab
sich so bald noch nicht gefangen. »Seit wann«, sprach er, »ist es in
Menschen-Seele denn ein Verbrechen geworden, Fremdlinge aufzunehmen und zu bewirten? Seit wann ist Liebe und Gastfreund-
schaft ein Verrat? Ich soll gewünscht haben, zehntausend solcher
Leute in Menschen-Seele zu haben? Ja, ich habe das gewünscht,
aber nur, dass sie gefangen genommen würden, was doch nur zum
Heil und Wohlergehen unserer Stadt hätte gereichen können! Ich
ermahnte sie freilich, sich in Acht zu nehmen, dass sie den Hauptleuten des Königs nicht in die Hände fallen. Aber ich tat es nur
aus einer vielleicht tadelnswerten Weichherzigkeit; denn ich kann
es nicht sehen, dass einem Menschen Leid geschieht. Und das soll
ein so großes Verbrechen sein?« Diese leeren Ausflüchte halfen
dem arglistigen Mann freilich wenig. Der Herr Oberbürgermeister erwiderte ihm kurz: »Die Feinde des Königs beherbergen ist
eine *Verräterei,* und sogar fremden Diabolianern behilflich sein, die
Stadt Menschen-Seele zu verderben, ist ein todeswürdiges Verbrechen.« Jetzt vermochte der alte Sünder nichts mehr vorzubringen
und sagte bloß: »Ich sehe schon, wo das Spiel hinaus will: ich muss
sterben um meines Namens und meiner Menschenfreundlichkeit
und Liebe willen!« *(Wie schwer weicht der Unglaube!)*
Nun wurden die ausländischen *Zweifler* vor die Schranken gerufen. Der Erste, der vorgeführt wurde, war der *Erwählungs-Zweifler.*
Auch gegen ihn war die Anklage erhoben worden, er sei ein Feind
des Prinzen *Immanuel,* einer, der Menschen-Seele hasst, und ein
Gegner ihrer höchst heilsamen Lehre. Er gestand, dass er allerdings ein Gnadenwahls-Zweifler sei, das wäre aber die Religion,
in der er auferzogen wurde. »Und muss ich für meine Religion
sterben«, sprach er, »so werde ich ein Blutzeuge meiner Religion
sein und mir deshalb nicht die geringste Sorge machen.« Der Richter antwortete: »Die *Gnadenwahl* bezweifeln heißt eine große Lehre

des Evangeliums (Eph. 1, 36; Röm. 9, 10-24) umstoßen, nämlich die Allwissenheit, die Allmacht und den Willen Gottes verwerfen, Gott die Freiheit absprechen, mit seinen Geschöpfen nach seinem Willen zu verfahren, den Glauben von Menschen-Seele hindern und die Erlösung von Werken und nicht *allein* von der Gnade abhängig machen. Auch heißt das nichts anderes, als das Wort Gottes Lügen strafen wollen und die Gemüter der Einwohner von Menschen-Seele beunruhigen.« Und daher müsse ein solcher nach der gelindesten Auslegung des Gesetzes sterben[2].

Sodann wurde der *Berufungs-Zweifler* hereingeführt. Seine Anklage lautete fast ebenso wie die des Ersten, nur dass ihm noch besonders zur Last gelegt wurde, er leugne die Berufung von Menschen-Seele[3]. Der Angeklagte sagte, er habe noch niemals geglaubt, dass es irgendein Ding gibt, das man einen bestimmten und kräftigen Ruf Gottes an Menschen-Seele nennen kann. Unter einem Ruf könne man doch nur die allgemeine Stimme des Wortes verstehen. Und

---

2   *Bunyan* redet hier nach der *reformierten* Lehre seiner Kirche. Als Lutheraner müssen wir uns gegen diese Auffassung erklären. Die Gnade ist *allgemein*, weil die Sünde *allgemein* ist. Durch *eines Menschen* Sünde ist die Verdammnis über alle Menschen gekommen, und durch *eines* Gerechtigkeit ist die Rechtfertigung zum Leben für alle Menschen gekommen (Röm. 5, 18). Christus ist für *alle* Menschen gekommen und gestorben, nicht bloß für die Auserwählten. In ihm hat Gott »die ganze Welt geliebt« (Joh. 3, 16), hat »unser aller Sünde auf ihn geworfen« (Jes. 53, 6) und will nun auch, »dass allen Menschen geholfen werde und sie zur Erkenntnis der Wahrheit kommen« (1. Tim. 2, 4). Darum bietet er *allen* die Gnadenmittel an: *Wort und Sakrament.* Wer sie mit wahrer Buße und wahrem Glauben annimmt, recht gebraucht, wozu Gott eben auch schon *durch* die Gnadenmittel Gnade und Kraft gibt, der ist erwählt, und wenn er treu bleibt, wird er selig. Wer »widerstrebt« (Apg. 7, 51), sich nicht »versammeln« lässt (Matth. 23, 37), im Unglauben bleibt, der wird verdammt (Mark. 16, 16). Die Gnadenwahl ist folglich nicht *absolut,* sondern *bedingt.* Die Bedingung liegt im *Glauben.* Und die Praescienz (das Vorherwissen) Gottes bildet keinen Grund zur Praedestination (Vorherbestimmung, Gnadenwahl). Kurz, wer Christus »hört« (Matth. 17, 5), ihn im Glauben annimmt, ihm »folgt« (Joh. 10, 27), »bis zum Todetreu bleibt« (Offb. 2, 10), dem gibt er *hier* Gnade und Vergebung der Sünden, *dort* die Krone des ewigen Lebens. Wer es *nicht* tut, wird verdammt.

3   2. Tim. 1, 9: Er hat uns gerettet und berufen mit einem heiligen Ruf, nicht nach unsern Werken, sondern nach seinem eigenen Vorsatz und nach der Gnade, die uns gegeben ist in Christus Jesus vor der Zeit der Welt.

Gott wirke doch auch auf keine andere Weise durch das Wort, als dass er die Menschen dadurch ermahne, vom Bösen abzulassen und Gutes zu tun, und wenn sie das täten, so verheiße er ihnen die Seligkeit. Der *Richter* aber sprach: »Du bist ein Diabolianer und hast einen wichtigen Teil einer der erprobten und erfahrungsreichen Wahrheiten des Fürsten der Stadt Menschen-Seele verleugnet. Denn er hat gerufen, und sie hat einen sehr deutlichen und kräftigen Ruf von ihrem Immanuel gehört, durch den sie wie vom Todesschlaf erweckt, neu belebt und mit himmlischer Gnade erfüllt worden ist, sodass sie das herzlichste Verlangen hatte, mit ihrem Fürsten in Gemeinschaft zu treten, ihm zu dienen, seinen Willen zu tun, ihr Heil und ihre Seligkeit übrigens allein von seiner Gnade abhängig zu machen. Darum musst du wegen der Verwerfung dieser guten Lehre des Todes sterben.«

Darauf wurde der *Gnadenzweifler* vorgeführt und ihm seine Anklageschrift vorgelesen, gegen die er folgenden Einwand erhob: »Obgleich ich aus dem Land des Zweifels komme, ist mein Vater doch der Sprössling eines Pharisäers gewesen und hat mit seinen Nachbarn in gutem Einvernehmen gelebt. Mein Vater hat mir nun die Lehre eingeprägt, die ich auch bis an mein Ende festhalten will: dass Menschen-Seele niemals bloß durch freie Gnade selig werden kann.« Der Richter erwiderte: »Deutlich steht im Gesetz unsers Fürsten: *Nicht* aus den *Werken*, sondern aus *Gnade* seid ihr selig geworden (Röm. 3, 28; Eph. 2, B. 9). Deine Religion hat ihre Wurzel allein in den Werken des Fleisches; denn die Werke des Gesetzes sind die Werke des Fleisches. Überdies raubst du durch deine Worte Gott die Ehre und gibst sie einem sündlichen Menschen. Du raubst ferner Christus die Ehre, denn da du die *Notwendigkeit* seines Verdienstes und die *Allgenügsamkeit* seines Erlösungswerkes leugnest, lästerst du ihn und richtest dagegen den Ruhm menschlicher Werke auf. Du verachtest auch das Werk des Heiligen Geistes, erhebst und stärkst dagegen den Willen des Fleisches und verführst die Herzen, darauf ihr Vertrauen zu setzen und ihre Seligkeit auf Sand zu bauen. Du bist ein Diabolianer, der Sohn eines Diabolianers; und wegen deiner diabolianischen

Grundsätze musst du des Todes sterben.« So wurde nun dieser Diabolianer, wie auch alle übrigen Angeklagten, vom Gerichtshof zum Kreuzestod verurteilt. Das Urteil wurde an ihnen auf demselben Platz vollzogen, auf dem *Diabolus* seine letzte Armee zum Sturm gegen Menschen-Seele aufführte. Nur der alte *Böses-Bezweifler* wurde an der Ecke der *Bösen-Straße*, seinem eigenen Haus gegenüber, aufgehängt.

Diese Feinde war die Stadt Menschen-Seele nun wohl los, aber es gab in ihr doch noch Diabolianer *(heimliche Sünden)* genug, auf die Herr *Wille* mit seinem treuen Diener *Fleiß* nun aber eine ordentliche Jagd machte. Zu diesen gehörten: *Narr, Lass-Gutes-Fahren, Zeit-Vergeuder, Knechtische-Furcht, Lieblos, Misstrauen, Fleisch* und *Faulheit*; auch die hinterbliebenen Kinder des *Böses-Bezweifler*. Sein ältester Sohn hieß *Zweifel*, dann kamen seine Brüder: *Gesetzliches-Leben, Missglaube, Verkehrte-Gedanken-von-Christus, Verheißungs-Beschneider, Fleischlicher-Sinn, Gefühls-Leben, Selbstliebe.* Diese hatte er alle mit *einer* Frau gezeugt, deren Name *Hoffnungslos* war. Sie war eine Nichte des alten *Unglaube*. Als ihr Vater, der alte *Finster*, gestorben war, nahm er sie zu sich, erzog sie und gab sie später dem *Böses-Bezweifler* zur Frau. Von dieser ganzen Gesellschaft gelang es Herrn Wille zuerst den oben genannten *Narr*, als er gerade über die Straße ging, zu ergreifen. Er machte wenig Umstände mit ihm und knüpfte ihn im *Dummkopf-Gässchen* gegenüber Narrs eigenem Haus auf. Dieser *Narr* hatte einst den lächerlichen Rat gegeben, Menschen-Seele solle dem *Diabolus* den Hauptmann *Glaube* ausliefern, dadurch würde jener am ersten zum Abzug aus der Stadt bewogen werden. Ein ähnliches Schicksal wie den *Narr* ereilte *Lass-Gutes-Fahren*. Zur Zeit des Abfalls war er ein angesehener Mann in Menschen-Seele und hatte sich ein ziemliches Vermögen gesammelt, das aber bei Immanuels Einzug mit Beschlag belegt worden war. Man fand sich bewogen, es einem sehr ehrenwerten Herrn namens *Nachdenken* zu übergeben, der zur Zeit des Abfalls zwar wenig geachtet war, jetzt aber ein desto größeres Ansehen genoss. Man traute ihm zu, dass er diesen Schatz allein zum Besten der Stadt verwalten werde, und man bestimmte zugleich, dass nach ihm sein Sohn *Wohlgesinnt* dieses Amt übernehmen soll. Diesen *Wohlgesinnt* hatte ihm seine Frau *Frömmigkeit* geboren, die eine Tochter des Herrn Syndikus war. Nun kam *Verheißungs-Beschneider* auch an die Reihe. Er war allgemein als ein schlechter Kerl bekannt, und durch seine Spitzbübereien wurden viele königliche Münzen teils beschnitten, teils umgeprägt, teils ganz beiseite geschafft. Deshalb wurde an ihm auch ein abschreckendes Beispiel aufgestellt. Er wurde zuerst öffentlich am Pranger ausgestellt, vor den Augen der Kinder und Dienstboten in Menschen-Seele mit Ruten gehauen und endlich an den Galgen gehängt, bis er tot war. Es mag sich mancher darüber wundern, dass man so hart mit diesem Menschen verfuhr. Aber alle wohlgesinnten Einwohner der Stadt waren darin einig, dass ein einziger *Verheißungs-Beschneider* auch nur durch die Beschneidung und Verkümmerung einer einzigen Verheißung Menschen-Seele in kurzer Zeit total ruinieren kann[4].

Nicht so gelang die Bestrafung von *Fleischlicher-Sinn*, den zwar Herr Wille ergriff und dem Kerkermeister übergab. Aber – Gott weiß, wie es geschah – der verwegene Schurke brach wieder durch und trieb es in seiner Frechheit so weit, dass er sich überall noch in Menschen-Seele umhertrieb und des Nachts sogar wie ein Gespenst in Häuser ehrlicher Leute eindrang. Er richtete dadurch ein solches Unheil an, dass man einen Preis auf seinen Kopf setzte. Wer diesen ablieferte, sollte täglich Zutritt zu des Fürsten Tafel haben und zum Schatzmeister aller Güter in Menschen-Seele erhoben werden. Dieses lockte wohl viele, aber welche Mühe sie sich auch gaben, den Buben zu ergreifen, auf die Spur kamen sie wohl manchmal – doch immer entschlüpfte er ihnen wieder, kurz, er blieb leben. (*Luther sagt: Das Fleisch stirbt in dem Wiedergebornen erst, wenn man die Schaufeln über ihm zusammenschlägt.*)

Besser gelang es mit dem Burschen *Verkehrte-Gedanken-von-Christus*, der, nachdem er ergriffen war, im Gefängnis an einer langwierigen Abzehrung dahinsiechte und starb.

---

4   2. Kor. 1, 20: Denn auf *alle* Gottesverheißungen ist in ihm (Jesus Christus) das Ja; darum sprechen wir auch durch ihn das Amen, Gott zu Lobe. 1. Kor. 5, 6.

Nicht so leicht ging es mit *Selbstliebe*. Zwar wurde er durch Herrn *Wille* festgenommen, da aber in Menschen-Seele viele mit ihm befreundet, selbst verwandt waren, schob man seine Verurteilung von einem Tag zum andern hinaus. Da erhob sich endlich Herr *Selbstverleugnung* und sagte: »Wenn man solchen Schurken wie diese in Menschen-Seele noch durch die Finger sehen kann, dann will und muss ich mein Amt niederlegen.« Aber der Eifer überkam ihn so, dass er den Übeltäter durch seine Soldaten greifen ließ, die ihm ohne Umstände das Gehirn ausschlugen. Zwar murrten einige in Menschen-Seele darüber, aber es wagte sich doch keiner recht mit der Sprache heraus, denn man fürchtete *Immanuel*. Als dieser aber die Tat des tapfern Hauptmanns *Selbstverleugnung* erfuhr, erhob er ihn in den Grafenstand von Menschen-Seele. (*Wer die Eigenliebe verleugnet und ertötet, ist ein Fürst Gottes.*) Gleiches Lob erntete Herr *Wille* von ihm. Und dadurch ermutigt, setzten diese beiden würdigen Hauptleute die Verfolgung der noch übrigen Diabolianer mit solchem Eifer fort, dass sie noch eine ganze Menge fingen, unter ihnen auch *Gefühls-Leben* oder *Gefühls-Schwärmer* samt dem *Gesetzliches-Leben*, die sie ins Gefängnis warfen, bis sie starben.

Aber der alte Unglaube war ein loser Fuchs. Er lebte nicht allein noch, sondern hatte sich auch wieder in Menschen-Seele eingeschlichen, und wie sie es auch anstellten, sie konnten seiner nie habhaft werden. Er und noch einige andere der feinsten und verschlagensten aus der Sippschaft der Diabolianer blieben daher noch in Menschen-Seele bis zu der Zeit, wo sie zum Himmel aufstieg. Aber sie hielten die Diabolianer in ihren Winkeln und Löchern unter strenger Wache, und wenn sich einer von ihnen auf den Straßen von Menschen-Seele blicken ließ, so ergriff die ganze Stadt die Waffen gegen sie. Ja, selbst die Kinder in Menschen-Seele schrien hinter ihnen wie hinter Dieben her und drohten sie durch Steinwürfe zu töten[5].

---

5   Wahre Treu führt mit der Sünde bis ins Grab beständig Krieg, richtet sich nach keinem Winde, sucht in jedem Kampf den Sieg. Hebr. 12, 4; 1. Tim. 6, 12.

Und nun gelangte Menschen-Seele zu einem hohen Grad von Ruhe und Frieden. Es blieb auch ihr Fürst in ihrer Mitte, und ihre Hauptleute und Soldaten taten ihre Schuldigkeit. Menschen-Seele gab sich nun auch immer völliger der Gemeinschaft mit dem Land hin, das zwar fern von ihr lag, von dem sie aber manche entzückende Kunde hatte[6]. Und auch im ganzen häuslichen und öffentlichen Leben, in allen Geschäften, Arbeiten und Werken zeigte sich eine solche Ordnung, ein solcher Fleiß, eine solche Treue, dass man seine Lust daran haben musste, und überall war ein fröhliches Gedeihen, Glück und Segen sichtbar (Spr. 31).

8. Kapitel

Sei getreu bis an den Tod, so will ich dir die Krone des Lebens geben. Offb. 2, 10

Nachdem die Stadt Menschen-Seele in ihren letzten Kämpfen mit ihren Feinden sich so wohl bewährt hatte, ließ der Prinz die ganze Einwohnerschaft auf den Markt kommen. In einem feierlichen Aufzug erschien er in ihrer Mitte. Alle seine Hauptleute standen in ihren Staatsuniformen zur Linken und zur Rechten um ihn her. Auf einen Wink trat eine heilige, tiefe Stille ein. Der Prinz öffnete seinen Mund und hielt folgende lange und inhaltschwere Rede an die versammelte Menge:

»Ihr, meine Menschen-Seele! Geliebte meines Herzens! Ich habe euch ausgesondert und euch mir selbst erwählt, nicht um eurer Würdigkeit, sondern um meines Namens willen. Ich habe euch geliebt und alles hinweggetan, was euch am Zutritt zu den Freuden des Paradieses hindern möchte. Eine vollkommene Genugtuung

---

6   Phil. 3, 20: Unsre Heimat aber ist im Himmel, von dannen wir auch warten des Heilands Jesus Christus, des Herrn.

Fürst Immanuels Rede an Menschen-Seele

für deine Sünden habe ich geleistet und dich mit Leib und Seele zu meinem Eigentum erkauft, und das nicht mit vergänglichem Gold oder Silber, sondern mit meinem eigenen Blut. Um solchen Preis habe ich dich mit meinem Vater versöhnt, meine Menschen-Seele, und dir auch bei meinem Vater eine Stätte bereitet in der königlichen Stadt, wo für dich aufgehoben ist, was kein Auge gesehen hat und kein Ohr gehört hat und in keines Menschen Herz gekommen ist. Du weißt aber, wie du dich zu der verlockenden Stimme meines und deines Feindes gewandt, wie du dich losgerissen hast von meinem Vater und mir und wie willig du das schändliche Joch unsers Widersachers trugst. Du kennst deine Sünden und deine Missetaten. Aber ich wandte mein Angesicht nicht ganz von dir. Ich habe deine Sünden mit Geduld getragen. Ich wartete auf deine Umkehr, denn ich wollte nicht, dass du verloren gehst, obgleich du blindlings in dein Verderben eiltest. Ich umringte dich und vermachte dir deinen Weg mit Dornen, damit ich dich ermüden möchte in deinen Wegen und dein Herz bei dem Druck der Leiden sich beugte unter mein sanftes Joch, dass du deine Seele rettest. Und da ich einen vollkommenen Sieg über dich erlangt hatte, strafte ich dich nicht, sondern tat dir Gutes. Du siehst, was ich es mich habe kosten lassen, dich von der Hand deiner Feinde zu erlösen. Welch ein Heer habe ich zu dir entsandt, welche Hauptleute und Befehlshaber, Soldaten und Kriegsleute, um deine Feinde niederzuschmettern! Sie sind meine Diener und sollen auch die deinen sein. Sie sollen dich mir erhalten. Sie sollen dich verteidigen, reinigen, stärken und dich geschickt machen, vor meinem Vater zu erscheinen und seiner Herrlichkeit teilhaftig zu werden. Denn das ist deine Bestimmung, Menschen-Seele! Das ist das letzte Ziel aller Wege, die ich dich geführt habe. Siehe, ich habe dir alle deine Übertretungen und selbst deine Rückfälle vergeben und habe dich geheilt von deinem verzweifelt bösen Schaden. Mein Zorn musste freilich über deine Sünde entbrennen, aber er hat mehr deine Feinde als dich getroffen. Ich habe im Augenblick des Zorns mein Angesicht ein wenig vor dir verborgen, aber mit ewiger Gnade habe ich mich deiner erbarmt. Als ich dir meine Gegenwart entzog, hat nicht deine Tugend mich wieder zu dir gewendet, ich bin wieder zu dir gekommen aus lauter Güte. Ich erfand die Mittel zu deiner Rückkehr. Ich umzäunte dich, wie eine Mauer war ich um dich her, als du anfingst, von mir zu weichen. Ich war es, der in deinen süßen Taumelbecher bittern Wermut träufelte, deinen heitern Tag in tiefe Nacht verwandelte, deinen glatten, schlüpfrigen Weg mit Dornen bestreute (Hos. 2, 8) und alle die in Verwirrung brachte, die deinen Untergang suchten. Ich war es, der den rechtschaffenen Mann *Gottesfurcht* in dir erweckte, dass er dich wieder zu mir führt. Ich allein habe dein *Gewissen* und deinen *Verstand,* deinen *Willen* nach deinem großen schrecklichen Fall wieder geweckt. Ich war es, der neue Lebenskraft in dich strömen ließ, Menschen-Seele, damit du mich suchen und finden möchtest und dabei deine Rettung, deine Ehre und Erhöhung, dein Heil und deine Seligkeit findest. Ich war es, der zum zweiten Mal den Tyrannen und seinen Anhang von dir trieb. Ich allein war es, der sie zu Boden warf und in den Staub trat vor deinen Augen.

Und nun, meine Menschen-Seele, bin ich zu dir im Frieden zurückgekehrt, und deine Übertretungen gegen mich sind vergessen, als wären sie niemals geschehen. Das zweite Licht soll das erste weit überstrahlen, und dein Ausgang soll noch ein weit herrlicherer sein als dein Anfang. Denn noch eine kleine Weile, dann will ich diese berühmte Stadt Menschen-Seele abbrechen, und zwar bis auf den Grund, bis auf Stock und Stein. Dann aber will ich die Steine und das Bauholz, ihre Mauern, ja selbst ihren Staub samt allen ihren Einwohnern in mein eigenes Land, in das Reich meines Vaters, versetzen. Und dort will ich sie in solcher Schönheit, Stärke und Herrlichkeit wieder aufbauen[1], von der weder ihr noch irgendeiner in diesem untern Reich eine Ahnung hat. Dort

---

1   1. Kor. 15, 42-44: So auch die Auferstehung der Toten. Es wird gesät verweslich und wird auferstehen unverweslich. Es wird gesät in Unehre und wird auferstehen in Herrlichkeit. Es wird gesät in Schwachheit und wird auferstehen in Kraft. Es wird gesät ein natürlicher Leib und wird auferstehen ein geistlicher Leib. Gibt es einen natürlichen Leib, so gibt es auch einen geistlichen Leib. Hiob 19, 25. 26.

werde ich sie aufbauen zu einer Wohnung für meinen Vater und damit zu einem Schauspiel des Wunders, zu einem Denkmal der unbegreiflichen Gnade. Dort sollen die Einwohner von Menschen-Seele in hellem Licht sehen, was ihnen hier dunkel war, und sie sollen selber leuchten wie die Sonne und den Engeln gleich sein (Matth. 22, 30). Mit mir aber, meine Menschen-Seele, mit meinem Vater und dem, der uns gleich ist, dem Herrn Obersekretär, wirst du in einer Gemeinschaft stehen, wie sie hier noch nicht möglich ist. Und eine Freude wird dir dadurch bereitet werden, gegen die alle Freudengenüsse dieser Erde wie ein Nichts verschwinden (Offb. 21).

Dort, meine Menschen-Seele, werde ich dir ein ewiger Schutz sein vor deinen Feinden. Sie sollen keinen Verrat und keine Ränke mehr gegen dich schmieden. Keine böse Nachricht soll dich erschrecken. Vor keiner Lärmtrommel des Diabolus und keinem Getümmel sollst du dich entsetzen, keine Standarte noch Schreckbild des grausamen Tyrannen soll deine Blicke verwirren. Keine Wälle, Schanzen und Bollwerke des höllischen Heers sollen deine Augen mehr sehen. Kein Diabolianer wird deinen Grenzen mehr nahen, keiner in deine Mauern sich einschleichen noch deinen Blicken mehr begegnen dürfen. Keine Sorge soll dich mehr bekümmern, kein Schmerz dich berühren, keine Träne deine Augen benetzen. Ewige Freude wird über deinem Haupt sein. Jeder Tag wird dir neue Herrlichkeit offenbaren, und dieser Tage wird kein Ende sein[2]. Dort, Menschen-Seele, wirst du wiedersehen, die mit dir hier des Tages Last und Hitze getragen, mit dir gekämpft, gelitten und geweint haben, mit dir durch das Meer und die Wüste gezogen sind, bis sie nach Kanaan kamen. Die ich gleich dir erwählt, erkauft, erlöst und herrlich gemacht habe, werden dir entgegenkommen und mit Jauchzen dich begrüßen, und ihr werdet euch zusammen freuen mit unaussprechlicher Freude, und eure Ju-

---

2   Jes. 35, 10: Die Erlösten des Herrn werden wiederkommen und nach Zion kommen mit Jauchzen; ewige Freude wird über ihrem Haupte sein; Freude und Wonne werden sie ergreifen, und Schmerz und Seufzen wird entfliehen.

bellieder werden die Ewigkeit erfüllen. Ja, wenn die Zeit kommt, dich an den Ort zu führen, wo ich dich aufbauen will, wird mein Vater aussenden, die dich heimholen. Wie auf den Fittichen des Windes wirst du fahren, und wie eine geschmückte Braut zu der Hochzeit eilen, die dir bereitet ist[3]. Da sind dir von meinem Vater Dinge aufgehoben und versiegelt, die kein menschlicher Verstand je erkannt, kein menschliches Herz je geahnt und kein menschlicher Wunsch je erreicht hat.

Siehe, meine geliebte Menschen-Seele, so habe ich dir das herrliche Los gezeigt, das dir zuteil wird. Ja, zu dieser Herrlichkeit wirst du eingehen, diese Krone wirst du erlangen, wenn du treu bleibst bis an den Tod. So höre nun, wie du diese Treue bewahren sollst. Ein weißes Kleid habe ich dir verliehen, Menschen-Seele, als ich zuerst zu dir kam. Du hast es befleckt. Nun aber, nachdem deine Tränen und mein Blut es wieder gewaschen haben, hüte dich, es wieder zu besudeln. Dies Kleid ist von reiner weißer Seide, dein Hochzeitsschmuck, das Unterpfand deines ewigen Glücks. Das ist deine Weisheit, dass du es rein und weiß behältst. Wenn eure Kleider weiß sind, so werden meine Augen sich an euch ergötzen, und ich werde euch segnen. Wenn eure Kleider weiß sind, so wird die Welt erkennen, dass ihr die Meinen seid. Ihr werdet vor ihnen leuchten (Matth. 5, 14), bald wie ein Blitz, der in ihre Finsternis fährt, dass sie erschrecken, bald wie ein mildes Licht, in dem sie sich sonnen wollen, damit auch sie von diesem Licht erfüllt werden. An deiner lichten Schöne werden Menschen und Engel ihre Lust sehen, und neben deinem König wirst du stehen wie eine geschmückte Braut (Ps. 45, 10-17). Und damit du deine Kleider allezeit weiß behalten mögest, habe ich einen offenen Quell für dich bereitet. Solange du durch diese unreine Welt wandeln musst, meine nicht, dass deine Kleider nicht besudelt werden könnten. Wehe aber dir, wenn du dich nicht schämst, im befleckten Rock des Fleisches einherzugehen. Darum säume nicht, zu meinem

---

3   Offb. 19, 7: Lasst uns freuen und fröhlich sein und ihm die Ehre geben, denn die Hochzeit des Lammes ist gekommen, und seine Braut hat sich bereitet.

Quell zu gehen, dass du deine Kleider wäschst. Wasche sie rein, damit nie ein Flecken an dir gesehen wird und du herrlich seist (Jud. 23; Eph. 5, 27).

Meine Menschen-Seele! Ich habe dich je und je geliebt und dich zu mir gezogen aus lauter Güte. Ich habe dich immer wieder aus der Hand der Feinde errettet. Für das alles begehre ich nichts von dir, als dass du meine Güte mir nicht mit Bösem lohnst, sondern meine Liebe in deinem Herzen bewahrst und niemals an ihr zweifelst, damit ich dich an meiner Hand meine Wege führen, dich vor den Irrwegen bewahren und zu einem lebendigen, meinem Vater wohlgefälligen Opfer bereiten kann. Vor alters wurden die Opfer mit Stricken an den Brandopferaltar gebunden. Das merke dir, meine Menschen-Seele! Ich habe gelebt und bin gestorben. Und nun lebe ich in Ewigkeit (Hebr. 9, 2628) und werde nie mehr sterben für dich. Ich lebe, damit du leben mögest. Und weil ich lebe, sollst auch du nicht sterben, sondern sollst leben mit mir (Joh. 11, 25. 26; Kap. 14, 19). Ich versöhnte dich mit meinem Vater (Kol. 1, 20) durch das Blut an meinem Kreuz, und da du nun durch mich versöhnt bist, sollst du auch durch mich in Ewigkeit leben. Ich will für dich beten, ich will für dich streiten, ich will dir Gutes tun ohne Unterlass. Nichts kann dir schaden als die Sünde. Nichts kann mich betrüben als die Sünde. Nichts kann dich erniedrigen und schwächen vor deinen Feinden als die Sünde. Hüte dich also vor Sünden, meine Menschen-Seele! Fragst du mich aber, warum ich das dulde, auch noch jetzt leide, dass Diabolianer in deinen Mauern wohnen, die darauf lauern, dich zur Sünde zu verführen: so wisse, es ist nicht zu deinem Schaden, ich suche damit dein Heil. Während du diesen Rest der ehemaligen Tyrannei, deren Joch du so willig trugst, gleichsam noch in deinen Eingeweiden trägst, soll dir deine vorige Schmach, dein Unglück und all dein Jammer in lebendigem, fühlbarem Gedächtnis bleiben, damit du in der Demut erhalten wirst und niemals aufhörst zu wachen, zu beten und mit Furcht und Zittern deine Seligkeit zu schaffen. Denn hätte ich auch alle Diabolianer in deinen Mauern erschlagen, so würde es doch noch genug draußen geben, die nach deiner Freiheit und nach deinem Leben stehen. Und wenn ich dich durch die Diabolianer in dir nicht täglich übte im Kampf, so würden dich die Diabolianer von außen bald schlaff und ungeschickt finden, und in kurzem würdest du wieder ihre Beute geworden sein! Wenn du nun gegen die Feinde in deinen Mauern treu kämpfst, so müssen sie gegen ihren Willen dazu helfen, dass du immer demütiger und kleiner, immer wachsamer und vorsichtiger, immer streitkräftiger und kühner wirst, dass du je länger, je mehr wirklich von ihnen los- und ganz allein mein Eigentum wirst; denn ich habe eure unablässigen Bitten erhört, euch im Kampf gestärkt und euch endlich den Sieg gegeben. So kämpfe nun, meine Menschen-Seele, solange du hier lebst, den guten Kampf des Glaubens gegen die Feinde, den Teufel und seinen ganzen Anhang, in dir und außer dir. Ich bin mit dir. Den höllischen Fürsten habe ich überwunden und dich mehr als einmal aus seiner Hand errettet. Halt aus in dem Streit, damit ich dir die Krone des Lebens geben kann!

Erinnere dich aber auch stets daran, was meine Hauptleute, mein ganzes Heer und Rüstung für dich getan haben. Als sie zu deiner Hilfe herbeieilten, wurdest du auf Anstiften deines Feindes ihr Feind und strittest gegen sie. Hätten sie nicht Geduld mit dir gehabt und hätte ihre Liebe nicht deine Undankbarkeit überwunden, so wärest du heute noch in der Gewalt deiner Feinde. Darum sei bedacht, deine Schuld gegen sie dadurch abzutragen, dass du sie umso mehr liebst, nährst und pflegst, damit sie frisch, munter und stark bleiben. Wenn sie schwach sind, kannst du nicht stark sein; und sind sie krank und ohnmächtig, so kannst du nicht den Sieg gewinnen. Auch musst du dich allein auf mein Wort gründen und nicht auf deine Gedanken, Empfindungen und Vorsätze; denn die sind alle wie ein zerbrechlicher Rohrstab, und wer sich auf sein Herz verlässt, der ist ein Narr. Aber mein Wort ist der rechte Stab, Fels und ein zweischneidiges Schwert, wodurch du einen Sieg nach dem andern davontragen wirst. So sei denn getrost, meine Menschen-Seele. Mein Herz bleibt bei dir. Wenn auch Berge und Hügel hinfielen, meine Gnade soll nicht von dir weichen und der Bund meines Friedens nicht hinfallen. Siehe, ich komme bald.

Ein Kleines noch, so wirst du mich sehen in meiner Herrlichkeit, und du wirst auffahren zu mir, und meine Braut wird zur Rechten stehen, mit Gold bekleidet. *Halte, was du hast, dass niemand deine Krone nehme!«* Amen.

Worterklärungen

Adma	Stadt, die mit Sodom, Gomorra und Zeboim unterging
Alekto	die Unablässige (griechische Rachegöttin)
Apollyon	Verderber (Engel des Abgrunds, Offb. 9,11)
Atheismus	Gottesleugnung, Verneinung der Existenz Gottes
Atheist	Gottesleugner
Beelzebub	Oberster der Teufel (Matth. 12, 24 u. a.) von Baal-Sebub (hebräisch, »Fliegenherr«, 2. Kön. 1, 2)
Boanerges	(aramäisch wörtlich:) Söhne des Donners
Diabolus	(wörtlich: Durcheinanderwerfer) Verleumder, Teufel
Einbläser	Einflüsterer
Einluller	einer, der durch beruhigende Versprechungen kritiklos, arglos, unvorsichtig macht
Einrauner	einer, der murmelnd (auf geheimnisvolle Weise) etwas einsagt
El Schaddai	der allmächtige Gott (hebräisch El = Gott)
Furie	römische Rachegöttin (wörtlich: die Wütende)
Gouverneur	Statthalter, Befehlshaber (einer Festung)
Harnisch	Ritterrüstung, kriegerische Ausrüstung
Legion	altrömische Heereseinheit (4 000-5 000 Mann); Name unsauberer Geister (Mark. 5, 9 u. a.)
Luzifer	»Lichtbringer«: Morgenstern und Name des Teufels nach Jes. 14, 12
luziferisch	teuflisch
Megaira	die Neidische (griechische Rachegöttin)
Python	(griechische Sage:) Drache, der von Apollo getötet wurde
Registrator	Register (des Standesamts, Grundbuch usw.) führender Beamter
Standarte	Feldzeichen, Fahne berittener und motorisierter Truppen; Flagge von Staatsoberhäuptern
Syndikus	Leitender Gemeindebeamter mit Rechts-Aufgaben

Tisiphone	die den Mord Rächende (griechische Rachegöttin)
Tyrann	(durch einen Staatsstreich zur Macht gelangter) unumschränkter Gewaltherrscher
Zeboim	Stadt, die mit Sodom, Gomorra und Adma unterging
Zepter	Herrscherstab
Zerberus	(griechische Sage:) der den Eingang zur Unterwelt bewachende Hund